TOUT SAVOIR
SUR
LA COMMUNICATION ORALE

L'AUTEUR

Dominique Neirynck, Dynkerquois : Après 10 années de radio, deux années de cabinet ministériel, puis le lancement du réseau de développement territorial « Quai des entreprises » à Dunkerque, il dirige la Chambre de commerce, d'industrie et des services de Béthune.

Dominique Neirynck est aussi auteur de *La Saga Leroux*, parue aux Éditions de l'Aube en 1999, et de *La Vie d'abord, entretiens avec Léonce Deprez*, paru chez Asa Éditions en 2000.

Dominique Neirynck

TOUT SAVOIR SUR LA COMMUNICATION ORALE

Éditions
d'Organisation

Éditions d'Organisation
1, rue Thénard
75240 Paris Cedex 05
Consultez notre site :
www.editions-organisation.com

CHEZ LE MÊME ÉDITEUR

Nicole AUBERT, *Diriger et motiver*, 2ᵉ édition 2002.
Patrick AUDEBERT-LASROCHAS, *La négociation*, 2ᵉ édition 1999.
Jean-François BALLAY, *Tous managers du savoir*, 2002.
Mireille BRAHIC, *Mieux rédiger les écrits professionnels*, 2001.
Mireille BRAHIC, *Arrêtez de râler*, 2003.
Michel JOSIEN, *Techniques de communication interpersonnelle*, 2ᵉ édition 2002.

DU MÊME AUTEUR

Les paradoxes du marketing : déjouez les pièges des idées reçues ! 2000.

© Éditions d'Organisation, 2003
ISBN : 2-7081-2923-6

« L'intelligence d'un discours dépend
surtout de celui qui écoute. »

COLUCHE
Et vous trouvez ça drôle ?
Le Cherche midi Éditeur (1998)

Ce livre est dédié aux artistes
qui utilisent la voix pour exprimer leur art :
ils créent par la communication orale...

**Aux grands maîtres de la polyphonie :
le Corse, Jean-Paul Poletti
le Flamand, Paul Van Nevel**

Remerciements

Mes remerciements vont à mes employeurs, pour ce qu'en communication ils m'ont appris : successivement, en politique, Claude Prouvoyeur (alors sénateur et maire de Dunkerque) et Robert Lenoir (alors adjoint à la culture de Dunkerque), puis Jean-Jacques Descamps (alors secrétaire d'État au tourisme, aujourd'hui député) ; dans les systèmes de représentation des entrepreneurs : Claude Bloch et Jean Dellac, puis Georges Guillaume, enfin Henri Feltz, Jean-Pierre Guillon et Thierry Malot.

Merci à Marguerite-Marie et Patrick Audebert pour leurs soirées et week-ends au Touquet, au cours desquels Patrick ne fut pas avare de ses conseils : auteur d'un best seller (*La négociation*) chez le même éditeur, il est à l'origine du projet de ce livre.

Merci aussi à Léonce Deprez, député et maire du Touquet, et à Michel Hermand, PDG de Leroux, qui m'avaient déjà fait confiance pour mes deux précédents ouvrages.

Merci enfin à Marie-Jeanne et à nos deux filles Émilie et Marie : pendant trois années, en vacances, elles m'ont plus souvent vu sur mon ordinateur qu'à la plage...

Sommaire

Chapitre 5 :

Positionnement vis-à-vis d'autrui : où il est question de marketing et de cible pour prendre la parole

TROISIÈME PARTIE

Le savoir ou les connaissances et techniques

Chapitre 6 :

Les techniques oratoires

Chapitre 7 :

Les ensembles oratoires : circonstances et situations

© Éditions d'Organisation

Introduction

En réalité, nul n'est nul

Tout est relié à la parole chez l'humain. Ne dit-on pas « Cette peinture me parle » ? Quelle merveilleuse pratique humaine que la parole ! Jugeons-en, on peut :

la tenir	*tenir parole*
la demander	*demander la parole*
la prendre	*prendre la parole*
ou même l'exiger	*exiger la parole*
la donner	*donner la parole*
ou même l'offrir	*offrir la parole*
voire l'arracher	*arracher la parole*
on peut se trouver dessus	*sur parole*
ou sans	*sans parole*
elle peut être mienne	*ma parole !*
ou impersonnelle	*parole !*
on peut la mesurer	*peser ses paroles*
la faire couler	*des flots de paroles*
la consommer	*boire ses paroles*
la dénombrer	*n'avoir qu'une parole*
la perdre	*il a perdu la parole*
l'adresser	*adresser la parole*

---

1. *Pensées, répliques, textes et anecdotes*, Le Cherche midi Éditeur (1999).

la passer	*passer la parole*
l'avoir	*avoir la parole*
ou enfin la porter	*porter la bonne parole*

Un telle activité, aussi humaine et aussi adaptée et diversifiée, ne peut que s'ouvrir et s'offrir à tout un chacun. Les mots dont le sens est proche n'échappent pas à cette même règle ; ainsi par exemple est-il possible de jouer aussi avec l'*oral*... qui peut :

se transmettre	*transmission orale*
se déposer	*déposition orale*
s'examiner	*passer un examen oral*
ou se frayer un chemin	*par voie orale*

Que faut-il être, faire et savoir quand on est « nul », ou plutôt quand on se croit nul ? En quoi les évolutions du monde nous amèneront-elles à prendre de plus en plus la parole ?... Pour éviter ou résoudre des conflits. Pour influencer ou convaincre. Et tout en gagnant ou en renforçant la confiance en soi. Car nous en sommes tous capables.

Parler pour communiquer

L'objet de cet ouvrage est d'aider à mieux vivre cette situation délicate qu'est l'action de communiquer, de s'exprimer par la parole, en toute situation (activité professionnelle ou privée). Il s'agit de traiter les grands domaines de l'expression ou de la communication orale « pour les nuls » que nous sommes tous, tout en reliant, dans la mesure du possible, les principales activités humaines (la vie en entreprise, etc.) à la communication orale : lobbying, management d'équipe, relations avec la presse par exemple. Le défi est double :

- proposer une approche générale de la communication orale, un document qui cherche à être considéré comme l'une des sources en la matière ;
- aborder le sujet d'une manière nouvelle, par l'« entrée » du comportement, particulièrement chez les plus démunis dans ce domaine (timides, etc.).

Méthodologie

Concernant le contenu, il est inenvisageable de traiter la communication orale sans parler de la prise de parole en général et surtout de ses évolutions. En effet on ne pilote bien que ce qu'on maîtrise, et qui peut le plus doit pouvoir le moins... aucun chef d'orchestre ne prend la baguette en main sans connaître au préalable et parfaitement le contenu de la partition des musiciens, mais aussi leur état d'esprit du moment ou leur passé professionnel. On insistera donc ici sur l'acquisition des outils et comportements nécessaires pour préparer, organiser, encadrer efficacement la communication orale, sans pour autant aborder de manière générale le thème de la communication. Ces choix permettront peut-être d'enrichir et de compléter utilement deux approches simples, en elles-mêmes :

- le catalogue des techniques et recettes (les connaissances), qui seront ici volontairement abordées dans la troisième partie, chronologiquement après le savoir être (le comportement) en première partie et le savoir-faire (l'habileté) en deuxième partie ;
- l'approche spécifiquement « psy » (PNL, morphopsychologie, etc.), qui sera complétée ici par l'ouverture de la « boîte à outils » de la prise de parole.

Première partie

Le savoir-être
ou le comportement

« La porte du changement s'ouvre de l'intérieur. »
Jacques Chaize[1]

Esprit de la communication orale, es-tu là ?

Certes la communication – et la communication orale ne déroge pas à la règle – s'appuie sur un ensemble de règles, de techniques pratiques et concrètes. Mais avant tout elle s'appuie sur un état d'esprit. Pour deux raisons :

- nous sommes dans un domaine où l'affectif prend une place essentielle ;
- ce qui sera perçu, ressenti, sera aussi important, voire plus, que ce qui est compris.

C'est pourquoi les meilleures recettes – c'est-à-dire le meilleur savoir – et la meilleure capacité – c'est-à-dire le meilleur savoir-faire – sont d'abord soumises au savoir-être, c'est-à-dire le comportement. Comme il se doit, le quantitatif est soumis au qualitatif.

Cette première partie sera consacrée à la communication comme acte religieux entre les hommes. Nous y travaillerons donc principalement deux éléments : moi et les autres. L'objectif sera, on s'en doute, de se remettre en question et d'évoluer soi-même.

---

1. Ancien président du CJD (Centre des jeunes dirigeants), titre de l'un de ses ouvrages paru chez Calmann-Lévy (1992).

1

« Avoir » confiance en soi : je parle donc je suis.

« Faire » confiance aux autres : le comportement vis-à-vis d'autrui

« — Comment faites-vous pour entrer dans les personnages
que vous devez interpréter ?
— Mais je ne rentre dans rien du tout. Je me lève le matin, je prends ma douche,
je mets du déodorant, de l'eau de Cologne sous les bras,
je prends du linge propre si je tourne plus d'une journée et je vais sur le plateau. »

Jean YANNE
Pensées, répliques, textes et anecdotes
Le Cherche midi Éditeur (1999)

MON PIRE ENNEMI : MOI-MÊME...

> *« Ni dieu ni maître, même nageur ! »*
> Jean YANNE[1]

Le trac

> *« — Vous avez le trac ?*
> *— Dans mon boulot, jamais. Dans la vie, oui. »*
> Jean YANNE[2]

J'ai peur... Est-il risqué d'exprimer ainsi ses sentiments et ses pensées ? Certainement. D'où l'impératif d'une réflexion sur soi et sur ses valeurs, condition pour pouvoir extérioriser son âme et oser demander... Car la parole est religieuse, dans le sens où ce terme rappelle :

- qu'on *re-lit* (relire) la réalité, donc qu'on la traduit, et donc qu'on la trahit, mais peu importe puisque c'est pour agir sur elle et la transformer ;
- qu'on *re-lie* (relier) les êtres humains, pour s'aimer, penser ou agir ensemble...

Le trac, c'est quoi ?

Prendre la parole... Qui n'a pas ressenti cette appréhension, doublée d'une terrible inquiétude, pouvant aller jusqu'à l'anxiété, voire l'épouvante ? Qui n'a pas subi cette anxiété psychique doublée d'une douleur physique ?

Comment s'exprime la sensation de trac ?

Et tout d'abord, qu'est-ce que le trac ? Posons la question plus concrètement encore : quand on demande aux individus qui viennent de le subir ce qu'ils ont ressenti, les réponses se répartissent en :

- « Mon cœur battait trop vite. »
- « Je ne trouvais plus mes mots et je bredouillais. »
- « Je respirais rapidement et fortement, sans pouvoir me calmer. »

---

1. RTL (février 1968), *Pensées, répliques, textes et anecdotes*, Le Cherche midi Éditeur (1999).
2. Opus cité.

- « Je transpirais terriblement. »
- « Le sang me montait au visage. »
- « Mes muscles se crispaient. »
- « Je n'arrivais plus à parler parce que mes idées ne venaient plus. »
- « J'avais la bouche sèche. »
- « Je ne reconnaissais plus le son de ma voix : j'avais les cordes vocales tendues. »

Le trac est un réflexe naturel de défense

Profondément, à quoi correspondent ces matérialisations qui nous affolent ? Tout simplement à une attitude, naturelle et instinctive, de défense physique. De défense contre quoi ? Contre la peur. Mais à quoi correspond cette peur ? À un danger, ou à ce que nous ressentons comme tel. **Le trac est un cas particulier de stress.**

L'exemple du règne animal... Première phase, vitale : la phase d'alarme

Comme le trac est un réflexe naturel, tournons-nous vers le règne animal pour l'éclairer, pour l'apprécier différemment : lorsqu'une gazelle sent la présence de la lionne, que se passe-t-il ? Elle va subir une série de réflexes face à cette stimulation de crise. Le corps – car il s'agit d'abord d'une réaction biologique – va en même temps s'affoler et « décrocher » : le taux de sucre dans le sang s'écroule, les muscles s'affaissent, le cœur s'emporte. Le résultat de cet effondrement désordonné, instinctivement recherché, est la génération d'un message du système nerveux vers une région du cerveau située à sa base, l'hypothalamus. C'est là que se trouvent les centres de commande des activités de base : sexuelle, nutritive, thermique. L'hypothalamus commande alors la glande surrénale, qui libère de l'adrénaline dans le corps. Cette adrénaline fait office de carburant, avec des effets immédiats pour notre gazelle. Son cœur bat plus vite donc débite plus. Pourquoi ? Pour que le cerveau et les muscles soient mieux irrigués alors qu'elle va devoir s'enfuir. Pourquoi respire-t-elle soudain rapidement et fortement ? Pour assurer au sang une meilleure fourniture en oxygène. Pourquoi transpire-t-elle ? Pour éliminer les toxines. Pourquoi ses muscles se tendent-ils ? Pour courir plus vite encore. Pourquoi le foie relâche-t-il graisses et sucres ? Pour fournir l'énergie nécessaire à toutes ces réponses. Et tout cela est-il positif ou négatif ? La réponse est claire et tranchée :

positif, et même vital. **L'ensemble de ces phénomènes de production d'hormones par nos glandes endocrines forme la première phase du trac**, comme en général de tout processus de stress, **qu'on appelle la phase d'alarme.** Nous verrons ci-dessous que **cette phase peut être suivie par une phase de résistance puis malheureusement par une phase d'épuisement.**

La gazelle face au lion, ou l'orateur face à la salle, même combat…

Or la gazelle devant la lionne, c'est chacune ou chacun d'entre nous devant une salle qui nous écoute. Car la force du trac, c'est qu'étant un phénomène d'abord physiologique, il ne s'embarrasse pas de finesses. Et l'orateur profitera donc des mêmes défenses, des mêmes protections, des mêmes outils et de la même création d'énergie que l'animal traqué. Bien sûr cette situation ne peut durer. Mais notre mécanisme a tout prévu : si par malheur le trac, ou plutôt ses causes, doivent durer avec la même intensité ressentie, alors le corps, en un second temps, bat d'autres rappels qui produiront d'autres hormones. Citons la dopamine pour la neurotransmission, l'endomorphine pour la lutte contre la douleur, l'hydrocortisone aux vertus anti-inflammatoires, la sérotonine qui agit sur la tension artérielle.

Seconde phase, dite de résistance

Suit donc, après la phase d'alarme décrite plus haut, la phase de résistance que nous venons de retracer, au cours de laquelle notre corps s'accommode d'une agression longue et doit donc se « recaler », du fait même des dérèglements que génère la phase d'alarme. Jusque là tout va (à peu près) bien. Nous verrons que la phase suivante, dite d'épuisement, doit, elle, être évitée.

Grâce au trac, mobilisation générale !

Voilà un des grands intérêts du trac, en phases d'alarme et de résistance : il est l'expression d'un stress qui sollicite une grande partie du corps humain, et au moins trois de nos systèmes…

- le système endocrinien, c'est-à-dire les glandes qui dans notre corps vont sécréter des substances dans notre sang ;
- le système immunitaire, c'est-à-dire l'ensemble des outils qui nous permettent de ne pas être soumis aux causes de maladies ;

- le système nerveux enfin, soit l'ensemble du système de communication entre le cerveau et le corps.

Le trac, ça fait donc du bien ! Et de toute manière, on n'y peut rien...

C'est le premier paradoxe du trac : le trac est un bienfait ! C'est lui qui permet, face au danger d'une apparition publique et *a fortiori* d'une prise de parole, de se donner les moyens – et d'abord les moyens physiques – de répondre au défi et de traiter ce stress. C'est lui qui fondera notre réactivité, notre présence d'esprit, le fameux « tac au tac », une présence sur les éléments les plus forts du moment de communication qu'on est appelé à vivre, une meilleure ouverture aux stimuli. Et comme cette réaction est instinctive, lorsqu'elle nous surprend il n'est point besoin de lutter : nous n'y pouvons rien. Ni l'intelligence, ni le raisonnement ne permettent, à ce moment-là, de faire disparaître le phénomène.

Le trac, c'est la peur... d'avoir peur

Ajoutons que c'est non seulement la peur qui est à l'origine du trac, mais aussi, et c'est fondamental en communication orale, l'impression de peur : cette dernière suffit, ou même simplement la peur d'avoir peur. La gazelle de notre histoire aura les mêmes réactions si on fait apparaître l'image d'une lionne, ou si on reproduit le cri de la lionne. Il en est de même de toute peur : une personne sensible au vertige aura les mêmes réactions de panique si elle se penche au bord d'un précipice alors qu'on l'a solidement sanglée auparavant et qu'elle sait, de manière raisonnée, qu'il n'y a absolument aucun danger. Il est ici question de peur à cause virtuelle et pourtant la peur, elle, est bien réelle ! Le philosophe Montaigne affirmait que l'imagination, la « folle du logis », était à l'origine de presque toutes nos angoisses. Et un autre philosophe et essayiste français, l'humaniste Alain (1868-1951) – Émile Chartier de son vrai nom –, se plaira à dire quelques siècles plus tard que le premier effet de l'imagination réside toujours dans le corps. Combien de fois ne nous sommes-nous pas réveillés, complètement paniqués pendant quelques instants parce qu'un rêve nous faisait vivre un événement personnel catastrophique ! Il arrive même qu'on en ressente une douleur physique ! Imagination, imagination...

Traiter la dérive

Ne pas lutter contre le trac, mais contre le trop-plein de trac

▪ **Éviter la troisième phase, la phase d'épuisement**

On l'a vu ci-dessus, quoi qu'il en soit cet état de trac ne peut durer très longtemps. Sinon l'ensemble formé par les deux phases que nous avons décrites préalablement – la phase d'alarme et la phase de résistance – est suivi par la phase dite d'épuisement : **le corps ne peut, sur une période trop longue, rester en alerte et en situation de tension extrême.** C'est pourquoi il faut se mettre en capacité soit de ne pas subir un trac trop important, soit de ne pas le subir trop longtemps ou, mieux encore, les deux ! **Si on ne peut faire disparaître le trac, on doit par contre tenter de le maîtriser, de le canaliser.** Car le problème – s'il y en a un – en matière de trac, vient d'ailleurs : il survient lorsque le trac est d'un tel niveau qu'il disqualifie toute capacité à se comporter de manière normale, parce qu'il domine complètement l'individu au point de rendre inopérante, voire inexistante, toute communication orale. Dans ce cas, et dans ce cas seulement, il faut traiter le problème. Mais **en aucune façon il ne faut lutter contre le phénomène en lui-même** : disons qu'il s'agit d'une question de dosage.

Trois outils de dosage du trac ou comment apprivoiser le trac

Alors, que faire pour ramener son trac à un niveau toujours efficace mais supportable, afin d'en conserver les aspects positifs tout en éliminant la dérive du trop-plein de trac ? Le respect de trois règles permet de réintégrer la résistance et le désordre des émotions à la disposition de la communication personnelle.

Intégrer le phénomène

Il est nécessaire de prendre conscience de ce qu'est ce phénomène et, comme nous venons de le voir, d'être persuadé de son caractère fondamental et bénéfique. En quoi consiste précisément le trac ? Ce n'est en réalité pas seulement une peur, nous l'avons dit, mais surtout une peur d'avoir peur : on se met psychologiquement et à l'avance dans une situation d'infériorité qui fonde alors la peur. De quoi a-t-on peur ? Du public ? (A-t-il peur, lui ?) De ne pas y arriver ? (N'y a-t-il pas des techniques pour corriger cette sensation ?) De ne pas savoir parler ? La peur ne se commande pas, sinon par la maîtrise de soi et la préparation. Redisons-le, le contre-exemple du vertige reste significatif : si je me penche du haut d'une falaise, j'ai le vertige, fondé sur la peur ; si je suis dans la même situation, mais sanglé par un système de retenue et protégé par une barrière, la sensation de vertige est pourtant la même, il s'agit là aussi d'une peur mais au second degré.

Repérer les causes personnelles

Se rassurer par une bonne connaissance de soi

Chercher à identifier les causes personnelles de la peur fait prendre conscience de ce qu'elles sont bien souvent différentes d'une personne à l'autre. En ce domaine une bonne connaissance de soi-même rassure donc. Parmi les causes personnelles, on trouve une cause inconsciente : le barrage de l'origine sociale et professionnelle, éducative (éducation familiale et éducation scolaire). Appelons-le le barrage « OSE », en reprenant les initiales de chaque mot.

Comment s'enferme-t-on derrière le barrage « OSE » ?

Le barrage s'appuie sur quatre éléments de fondation, qui peuvent jouer séparément ou ensemble, en tout ou en partie. Bien évidemment, lorsque les quatre éléments existent et qu'en plus ils s'expriment complètement et ensemble, le barrage sera bien difficile à passer ! Voici ces quatre éléments :

▶ Le cas le plus général, on se sent incapable, consciemment ou non, de créer ou d'entretenir des liens avec des interlocuteurs qui font partie d'autres milieux socioprofessionnels, ou d'autres cultures, ou d'autres générations. Nous sommes en réalité tous déterminés par les « lieux » qui nous ont façonnés et continuent à nous façonner durant toute la vie : la famille d'abord, puis l'école et l'université, la religion, le milieu professionnel, l'âge, sans oublier les médias qui depuis quelques décennies jouent aussi un rôle important. Cet ensemble de charges a pour avantage de structurer notre personnalité mais peut simultanément exercer une pesée sur notre inconscient : nos souvenirs, notre culture personnelle sont parfois trop fortement construits, structurés, jusqu'à neutraliser, partiellement ou totalement, notre personnalité, ou au moins ankyloser nos capacités théoriques de communication. L'individu est réduit à un petit commun dénominateur entre d'une part son potentiel complet de communication – qui est bien souvent fortement supérieur à ce qu'on croit – et l'ensemble des clichés qui nous limitent et peuvent aller jusqu'à une forme de sclérose du comportement. C'est d'autant plus vicieux que chez la plupart d'entre nous cette situation nous sert aussi, inconsciemment, à nous trouver une « bonne excuse » pour ne pas agir ni communiquer : cela nous protège aussi, et, trop fréquemment, la pratique du « vivons heureux : vivons cachés » arrange bien notre paresse naturelle !...

▶ En conséquence, cet isolement relatif nous empêche de comprendre, d'intégrer, de dépasser les problèmes que la vie, notamment professionnelle, réserve immanquablement. Le résultat en est une frustration qui peut entraîner un renforcement du repli sur soi. On reste prisonnier d'une représentation de soi, d'une image arrêtée, comme une photographie, et on reproduit et entretient à l'infini et tout au long de la vie ce même modèle comportemental, si possible *a minima*. En réalité, mieux vaut projeter ses capacités les plus larges dans la réalité afin de se donner des chances d'adapter cette dernière à nos besoins et nos désirs.

▶ En miroir, et en réaction, comme pour se protéger, certains vont alors se considérer comme « naturellement » meilleur, sur bien des points, que les autres ou que telle catégorie de personnes, et on ne fait donc pas l'effort de pratiquer les compromissions qui s'imposent pour vivre en société. Dans cette situation, les habitudes intellectuelles d'autrui ou de la société sont ressenties comme une sclérose qui agresse notre propre capacité à nous exprimer, en la disqualifiant.

▶ On finit même par croire en une sorte de complot passif du monde extérieur à notre encontre, ce qui nous pousse à rester tout le temps dans une position défensive et en retrait par rapport aux autres.

▨ Comment le barrage « OSE » nous encercle-t-il ?

Tout le problème vient ensuite des réactions des autres à l'attitude décrite ci-dessus. Et, comme chacun sait, pour reprendre l'expression de l'entrepreneur Gérard Mulliez (Auchan), c'est toujours la balle qu'on envoie qui vous revient. Inutile donc d'attendre d'autrui qu'il résolve le problème, puisque c'est notre problème. La prise de parole se limitera alors à des contacts insipides, à l'amusement ou à l'abandon de ses responsabilités vis-à-vis d'autrui. On n'imagine plus qu'on doit s'améliorer soi-même, mais on ressent au contraire qu'on n'a plus le choix qu'entre deux solutions : soit obéir et se normaliser, soit contester et se rebeller. Cela met en péril la liberté individuelle, qui ne peut être fondée que sur la responsabilité. On perd alors irrémédiablement en indépendance et en identité, en capacité à comprendre et juger le monde extérieur.

Comment contourner le barrage ?

> *« Le vrai mur, c'est la barrière qu'on érige en soi-même.*
> *Il n'y a qu'une façon d'aborder ce mur : il faut le traverser. »*
>
> Edward BOND, dramaturge britannique[1]

La règle est simple : il faut se poser la question de définir et reconnaître sa capacité maximale à communiquer, à prendre la parole. Ainsi ne faut-il pas hésiter à très concrètement lister, sur papier, en prenant le temps de la réflexion, toutes les potentialités dont on peut user, en se demandant : « Sur chaque point de la communication orale, quelle est la limite extrême de compétence que je ne pourrai pas dépasser ? À partir de quand suis-je incompétent ? » Il est toujours enrichissant d'exercer son esprit critique vis-à-vis de soi-même : cela fonde une clair-voyance, un discernement qui seront fort utiles quand on se retrouvera plus tard en situation réelle d'intervenir. Une telle introspection permet d'éviter de se cacher derrière d'éventuelles – et fausses – incompétences, petit jeu de cache-cache avec soi-même qui, une fois encore, n'est qu'un alibi pour « ne pas faire ». **Concrètement, il faut faire mûrir sa personnalité en triant parmi les pressions qu'on a subies et qu'on subit encore.** Cette opération passe par trois phases, qu'on retrouve dans toute activité de préparation à une forme ou à une autre de communication orale : constater, puis évaluer, puis faire.

▶ **Constater.** Dans telle ou telle situation, de quoi suis-je en réalité capable et, du moins en apparence, incapable ? Il faut faire l'inventaire de ses compétences, cas par cas : en réunion, en situation commerciale, etc. **L'objet est de dresser un bilan de la personnalité communicante qui est la nôtre.** On pourra utile-ment saucissonner son caractère en utilisant différents éclaira-ges :

---

1. Émission *Profils*, Arte (3 mai 2002 – 23 h 30).

Les éclairages évidents :

- mon « moi » prétendu : ce que je pense être, à tort ou a raison, et d'ailleurs bien souvent à tort ;
- mon « moi » projeté : ce que je voudrais être, l'objectif.

Les éclairages de réflexion sur soi :

- mon « moi » radical : les bases de ce que je suis objectivement... la partie essentielle, nécessaire ;
- mon « moi » idéal : ce qu'autrui serait heureux de voir en moi. C'est le syndrome du « gendre idéal ».

Les éclairages de réflexion sur moi et autrui :

- mon « moi » miroir : ce qu'autrui constate en moi ;
- mon « moi » exemple : la personne ou les personnes comme lesquelles je voudrais être.

Les éclairages de construction sur moi et autrui :

- mon « moi » visible : ce que je veux qu'autrui voit (la partie visible de l'iceberg) ;
- mon « moi » confidentiel : ce que je veux qu'autrui ne voit pas (la partie invisible de l'iceberg) ;
- mon « moi » protecteur : ce que je veux qu'autrui voit si je suis attaqué, agressé (la partie barrière de moi-même).

▶ **Évaluer**. Une critique ouverte et objective de soi permet en un second temps d'apprécier les limites et les potentialités. Qu'est-ce qui fonde et justifie mes blocages, mes limites et mes champs de progrès potentiels ? **L'objet est de mener une expertise sur sa personnalité, en mettant de l'ordre dans le constat ci-dessus.** On peut soit pratiquer directement et dans l'absolu soit, si cela s'avère être trop difficile, utiliser un intermédiaire, un crible au travers duquel on fait passer la réflexion sur soi. Ce crible s'appelle le projet personnel. Pour évaluer sa propre personnalité, il sera en effet beaucoup plus simple de procéder ainsi. L'examen critique, la dissection, l'introspection qu'on mène ici sont grandement facilités par la possibilité, grâce au rapport à un projet, de se situer dans le temps, étalonné (et talonné...) par un objectif. L'évaluation de soi par rapport à son projet éclaire immédiatement les jugements sur soi car on dispose d'une grille, d'un critère de notation, et même d'une grille et d'un critère d'amélioration, qui sera tout aussi utile pour le point ci-dessous.

► **Faire**. Que dois-je m'imposer pour résoudre telle forme d'incompétence, telle expression de peur ? Car expliquer (le point ci-dessus) n'est pas pour autant pardonner... Et admettre et reconnaître ses défauts n'impliquent pas de les adopter ! Quels progrès dois-je accomplir ? Dans quels domaines ? Avec quelles techniques ? **L'objet est ici de mettre la personnalité en perspective d'agir.**

Se rassurer : préparer consciencieusement sa communication orale, et répéter

La clé d'or : préparer

Ce précepte de préparation sera une constante dans cet ouvrage et un sujet que nous détaillerons à de nombreuses reprises : en effet derrière cette apparente lapalissade, se situe certainement la principale clé d'or de la réussite de la communication par la parole. Car c'est cette préparation qui sera à l'origine directe de la réduction du champ d'incertitude psychologique et physique que génère la communication orale.

Répéter, et le plus souvent possible en situation réelle

On doit répéter autant que possible la situation de communication orale, et ce, nous y reviendrons, dans les deux sens du terme : pratiquer, comme un acteur, la répétition avant l'intervention, mais aussi se trouver autant qu'il est possible dans une situation réelle de communication par la parole. Alors, le trac : ami ou ennemi ? Le trac, c'est dans la tête. **Il faut se servir du trac et du stress. Il faut apprendre à apprivoiser le trac pour en faire un allié.** Bref, comme le dit le titre de cette section : mon pire ennemi... moi-même.

Évacuer le stress, fondation du trac

Le stress, c'est quoi ?

Questionnons autour de nous et la plupart des interlocuteurs nous diront qu'il s'agit d'une tension et que l'impression est désagréable. Le stress correspond en fait à un processus généralement admis dans les termes qui suivent, que nous analysons entre la source, la traduction et les conséquences :

► **La source du stress** est une agression, une attaque, un assaut, une invasion, une violence, une effraction, une intrusion dans notre monde, que ces éléments soient réels ou ressentis comme tels. Ajoutons trois points complémentaires :

- cette agression peut être brutale (un élément unique avec un responsable unique) ou lente (une progression, une succession d'éléments reliés entre eux) ;
- elle peut prendre toute forme : ce peut être une agression chimique, chirurgicale, matérielle, physique, affective ;
- les causes du stress, comme d'ailleurs les réactions décrites ci-dessous, sont profondément différentes d'une personne à l'autre, quant à leur intensité comme quant à leur type.

▶ **Il se traduit** par une tension, une contraction, une résistance, un effort.

▶ **Il a pour conséquence** l'angoisse, la confusion, l'égarement. Le résultat peut être mineur, mais ses conséquences peuvent aussi prendre un caractère de maladie.

▪ Du stress à la dépression

> « *On dort les uns contre les autres, on vit les uns avec les autres,*
> *On se caresse, on se cajole, on se comprend, on se console,*
> *Mais au bout du compte, on se rend compte*
> *Qu'on est toujours tout seul au monde.* »
>
> Luc PLAMONDON[1]

Et pourtant ! **Le stress est**, contrairement à ce qu'on affirme en général, **un bienfait en lui-même**. Rappelons que l'état parfait de non-stress s'appelle... la mort ! Le stress est en effet par définition lié à la vie : là où il y a vie il y a rapport à l'environnement, là où il y a rapport à l'environnement il y a adaptation et donc stress. L'absence de stress prouve en fait chez un individu l'existence d'une relative incapacité à s'adapter... Alors, d'où vient le problème quand on parle du stress ? En réalité, non pas du stress lui-même mais de l'accumulation du stress au-delà de ce qui est supportable. **C'est la dérive du stress qui pose problème, lorsqu'on ne parvient plus à maîtriser la situation de stress.** Si cet état dure trop longtemps, ou s'il est trop aigu, il génère en effet des effets négatifs comme l'asthme, le mal de dos, le mal à la tête,

---

1. Chanson *Les Uns contre les autres*, paroles de Luc Plamondon, musique de Michel Berger, Éditions musicales Colline et Mondon Éditions – Universal Music Publishing.

l'hypertension, l'inflammation intestinale, les troubles cutanés, l'ulcère d'estomac. Sur le long terme, une dépression nerveuse peut se structurer.

Maître de son stress

> « *Dors min p'tit quinquin*
> *Min p'tit pouchin, min gros rojin,*
> *Te m'fras du chagrin*
> *Si te n'dors point j'qu'à d'main.* »
> Alexandre-Joachim DESROUSSEAUX[1]

La question est donc : comment rester en permanence maître de son stress ? Voici les trois groupes de clés d'or pour bien vivre son stress.

▶ **Les clés physiques de fond** :

Le sommeil. Rappelons que nous dormons durant le tiers de notre vie ! Nous dormons pendant 30 ans si nous vivons 90 ans... Respecter son sommeil présente deux avantages :

• être en forme ;

• permettre à la mémoire de se fortifier, de reconstituer son mécanisme.

C'est ce qui ressort des recherches dans ce domaine, même si on est loin d'apprécier dans le détail ces phénomènes. On se reportera utilement aux travaux du professeur Maquet, de l'université de Liège. Sur l'insomnie, ce dernier est rassurant en rappelant que ceux qui en souffrent ne sont pas pour autant amnésiques. Il semble donc que le sommeil, s'il renforce la mémoire, ne la construit pas pour autant.

Le sport. Il fera évacuer la « pollution intérieure » (toxines, etc.) par la transpiration, la respiration, le fait de penser à son effort, ou à autre chose, ou à rien du tout. Rappelons que l'être humain se dé-stresse d'autant plus aisément au contact de l'eau – vieux souvenir originel qui remonte – et qu'il ne faut donc pas hésiter à privilégier la natation. Ceci étant, mieux vaut un footing sur la plage déserte qu'une guerre des coudes dans une piscine bondée et bruyante... Autre conséquence importante

© Éditions d'Organisation

---

1. *Min p'tit quinquin*, chanson populaire lilloise.

de la pratique régulière d'un sport : lorsque le trac surviendra, le taux d'adrénaline sera inférieur à ce qu'il est chez le même sujet qui ne pratiquerait pas de sport.

La respiration par le ventre. C'est celle que choisissent de pratiquer les bébés, et ce n'est pas hasard... C'est le sport du pauvre mais son effet est double :

- on emplit les poumons par le bas et donc on inspire une quantité d'air bien supérieure, allant jusqu'au doublement, avec une conséquence directe : le doublement de la capacité d'oxygénation du sang, donc du cerveau ;

- on pousse vers le bas sur le diaphragme, ce qui réduit les raideurs des muscles et détend le sujet ; c'est la technique la plus simple de relaxation, praticable par tout un chacun, plusieurs fois par jours et en toute circonstance ; c'est de plus gratuit, pas besoin de professeur et, contrairement à la piscine, c'est ouvert en permanence...

▶ **Les clés amont** :

Gérer les priorités de son temps par des tampons de réflexion stratégique. Il s'agit de programmer en priorité, dans notre calendrier ou planning, les moments consacrés à la réflexion stratégique, au bilan et aux perspectives, au recul. Cela implique une gestion intelligente, donc stratégique, de son temps.

On choisira alors, pendant ces moments privilégiés, d'**établir une priorité**, dans les heures, jours et semaines qui suivent, **entre urgence et importance** ; le but est de réduire, voire de faire disparaître, l'urgence... Ces moments de réflexion, de mise au point, permettent ainsi de caler, et de recaler, les priorités. C'est dans ces moments que :

- d'une part, on se définira des objectifs, ou on les acceptera venant d'autrui, à la condition qu'ils soient dans nos cordes, dans nos capacités ;

- d'autre part, on envisagera de piloter un éventuel changement en profondeur ; la décision de changer de stratégie ou d'axe essentiel de vie doit être appliquée de manière lissée et étalée dans le temps, afin d'éviter le stress dû à la brutalité d'une évolution – qui alors deviendrait une révolution – et aussi de corriger le tir, ce qui est inévitable, tout au long de la procédure du changement.

© Éditions d'Organisation

▶ **Les clés directes et immédiates de réaction et de traitement** :

   ▷ **Demander conseil.** On se choisit un panel de relations proches capables d'écouter et de conseiller. Double intérêt : on fait moins de bêtises à plusieurs que seul(e), et on parle, donc on évacue les aigreurs, refoulements et autres frustrations.

   ▷ **Apprendre un nouveau mot : « non ! ».** Lorsque le défi ou le problème est insurmontable ou ne nous convient pas ou ne correspond pas à nos capacités et moyens, il faut refuser le défi. C'est peut-être l'occasion de demander à reconsidérer les moyens dont on dispose, de manière à remplacer le « non » par un « oui mais ». Question de présentation. Dans le cas d'un défi insoluble, il faut par contre être ferme et se mettre en capacité d'exprimer un refus, d'abord vis-à-vis de soi-même.

   ▷ Face à une sollicitation apparemment négative, **ne pas se braquer ni paniquer** mais réfléchir calmement à cet élément objectif en se posant cette question : comment et en quoi puis-je en tirer parti ?

La confiance en soi

> *« La gloire se donne seulement à ceux qui l'ont toujours rêvée. »*
> Charles DE GAULLE[1]

▨ J'y arriverai !

> *« Allo maman bobo, maman comment tu m'as fait ?*
> *J'suis pas beau ! »*
> Alain SOUCHON[2]

Il ne s'agit pas ici de recommander l'auto-persuasion, mais bien de croire qu'on peut y arriver, tout simplement parce que vraiment, réellement, on peut y arriver ! Dans la plupart des cas, lorsqu'on obtient quelque chose dans la vie, c'est surtout parce qu'on s'est comporté très naturellement, d'un bout à l'autre du processus d'obtention, comme s'il était évident qu'on allait l'obtenir. C'est une constante du comportement et de la psychologie individuelle : **le simple fait d'y croire, bien souvent**

---

1. *Vers l'armée de métier*, Berger-Levrault, cité par le magazine *Enjeux les Échos* (mars 1998).
2. Chanson *Allo maman bobo*, paroles et musique d'Alain Souchon, BMG Music Publishing France.

sans même y penser, sans même se poser la question de l'évaluation de nos chances de réussite, suffit à nous mener droit au but. Ce n'est plus, du coup, qu'une simple question de temps.

▨ Parler est un sport... alors suivons l'exemple des sportifs

> « *Je m'voyais déjà en haut de l'affiche,*
> *[...] Mais un jour viendra, je leur montrerai que j'ai du talent.* »
> Charles AZNAVOUR[1]

Le sport nous donne l'exemple de ce comportement. C'est d'autant plus parlant lorsqu'il s'agit de sport de haut niveau, comme par exemple le sport olympique. Retenons ci-dessous quelques cas très parlants, extraits d'un remarquable numéro (juillet-août 2000) du *Magazine Accor*, consacré à 100 ans de Jeux olympiques :

▶ Fanny Blankers-Coen, néerlandaise, en 1948 à Londres : à une époque où les femmes sont bien peu présentes aux JO, elle emporte la médaille dans toutes les épreuves auxquelles elle participe ! 80 mètres haies : championne olympique... 100 mètres : championne olympique... 200 mètres : championne olympique... 4 x 100 mètres : championne olympique... C'est déjà extraordinaire. C'est encore plus extraordinaire quand on sait qu'elle venait de souffrir fortement de la guerre et de toutes les carences que cette situation entraînait. Et qu'elle s'était pendant cette période entraînée dur et chaque jour. Et surtout qu'elle était mère de trois enfants ! Elle entrera dans la légende olympique sous le qualificatif de « la ménagère volante » et fera considérablement progresser, par son exemple, l'athlétisme féminin dans le monde.

▶ Wilma Rudolph, américaine, en 1960 à Rome : elle enlève trois médailles, les mêmes que Fanny Blankers-Coen sauf le 80 mètres haies. On l'appellera « la gazelle noire » pour rappeler ce qu'elle a dû surmonter : la paralysie des jambes à quatre ans du fait d'une poliomyélite !

▶ Sebastian Coe, britannique, en 1984 à Los Angeles : déjà vainqueur, aux Jeux de Moscou, du 1 500 m, il a cette fois pour objectif d'accéder à la première place au 800 m, son épreuve préférée. Les commentateurs n'y croient guère. Il est en effet peu

---

1. Chanson *Je m'voyais déjà*, paroles et musique de Charles Aznavour, Éditions Raoul Breton.

© Éditions d'Organisation

de temps auparavant cloué par une maladie infectieuse qui touche ses glandes lymphatiques. Il refuse cette fatalité et se surentraîne... pour voir la médaille d'or au 800 m lui passer sous le nez. Les commentateurs ont-ils eu raison ? Pas du tout : du fait de sa préparation, dont on imagine le surpassement qu'elle a requis, il remporte à nouveau le 1 500 m. Résultat : Sebastian Coe offre au Royaume-Uni le premier doublé en 1 500 m de l'histoire des Jeux !

Bien sûr il faut relativiser ces exemples dans le cadre de notre sujet – la communication orale – car dans le domaine olympique il s'agit essentiellement de se surpasser. Mais ils sont quand même significatifs : en effet, le surpassement dont les sportifs font preuve s'appuie sur la même base qu'il est conseillé de pratiquer quand on prend la parole : **y croire, croire que c'est possible, croire qu'on peut accéder à l'excellence.**

▨ Un préalable : je m'apprécie !

> « *Et dans les froids moments de l'incertitude*
> *Il y a, au plus profond de ta solitude,*
> *Derrière les murs de l'incompréhension,*
> *Un espoir rempli de passion.*
> *Tu prendras l'avenir comme il te viendra...*
> *Si tu veux, il sera pour toi.* »
> Johnny HALLYDAY[1]

Chacun doit être assuré de sa capacité à la fiabilité afin de se donner de l'assurance. Et le préalable de la communication orale s'impose : il faut s'apprécier soi-même. Ce qui est rassurant dans ce domaine, c'est que si tel n'est pas le cas, la situation peut être corrigée. Pour une bonne raison : l'éventuel doute sur soi-même peut être démonté, analysé, compris, car il trouve ses fondements – tout comme l'estime de soi d'ailleurs – dans la période de l'enfance ; son amplification, son évolution ou son redéploiement interviennent plus tard, à l'adolescence.

© Éditions d'Organisation

---

1. Auteur des paroles de la chanson *La Génération perdue*, interprétée au Stade de France (septembre 1998).

19

Renforcer l'estime de soi

> « Jojo se prenait pour Voltaire et Pierre pour Casanova,
> Et moi, moi qui était le plus fier, moi, moi je me prenais pour moi. »
>
> Jacques BREL[1]

Si un blocage intervient pour prendre la parole, et si ce blocage a pour cause, même partielle, un déficit d'estime de soi-même, il faut donc préalablement analyser le phénomène pour pouvoir corriger le tir. En effet, n'en doutons pas, le niveau – bas ou élevé – d'estime de soi-même encadre les capacités relationnelles d'un individu. Il est donc nécessaire, à un moment donné, de « se lancer », de sortir de la situation confortable du repli sur soi :

> « Les sujets à basse estime de soi persistent dans les choix qui leur ont été dictés par le conformisme social. Cela aboutit parfois à un travail peu intéressant, un couple peu épanouissant, des contraintes pesantes (le déjeuner chez la vieille tante tous les premiers dimanches du mois). Une fois engagés dans ces "choix", ils ont du mal à décider d'arrêter ou de rompre. Nul masochisme là-dedans, mais une difficulté avec les processus décisionnels : les sujets à basse estime de soi se sentent plus facilement et plus rapidement engagés par leurs actes. Leur tendance naturelle est donc de continuer, là où un autre, dont l'estime de soi est haute, dira : "Stop, j'arrête, ce n'est pas ce que je souhaite." »[2]

Quel beau titre que celui de ce livre cité en note ! On pourra aussi utilement se reporter aux deux précédents ouvrages de ces psychiatres, psychothérapeutes et consultants en entreprise[3]. Il faut donc se dire : « Stop, j'arrête de rester replié sur moi-même. Ce que je souhaite, c'est être capable de prendre aisément la parole en public ! »

La dérive : l'arrogance

> « Si la girouette pouvait parler, elle dirait qu'elle dirige le vent. »
>
> Jules RENARD[4]

En tout domaine le dosage s'impose, et une qualité comportementale dérive facilement, pour devenir alors un défaut. Que la confiance en

---

1. Chanson *Les Bourgeois*, paroles de Jacques Brel, musique de Jean Cortinovis, Éditions Sidonie.
2. Christophe André et François Lelord, *L'Estime de soi. S'aimer pour mieux vivre avec les autres*, Éditions Odile Jacob (1998).
3. *Comment gérer les personnalités difficiles*, Éditions Odile Jacob (1996) et *La peur des autres. Trac, timidité et phobie sociale*, avec Patrick Légeron, chez le même éditeur (1995).
4. *Journal*, cité par le site internet « citationsdumonde.com ».

soi s'affirme est un bien, qu'elle prenne des proportions exagérées deviendra vite un défaut. Non seulement sur le plan social et psychologique, mais aussi au travers du critère de l'efficacité. Car la pratique du dédain nous guette, et l'irrespect envers les autres n'est pas loin. Dès lors la communication orale est impossible, ou pour le moins très difficile...

S'auto-évaluer

> *« Le talent, c'est comme l'argent :*
> *il n'est pas nécessaire d'en avoir pour en parler. »*
> Jules RENARD[1]

Il s'agit bien ici de s'auto-évaluer, mais le plus objectivement possible, à l'aide d'une appréciation critique. Et point n'est besoin d'en rajouter ; comme toujours, l'exagération d'une bonne pratique devient un défaut, une dérive. Ce défaut se caractérise alors bien souvent par le fait que si la communication orale semble formellement se pratiquer, en fait l'émetteur ne parle que de lui, ce qui fait qu'en réalité il « communique » bien peu :

> « On aime mieux dire du mal de soi-même que de n'en point parler. »[2]

Exception remarquable, de par la définition même de leur métier... les journalistes :

> « Le journaliste doit avoir le talent de ne parler que de celui des autres. »[3]

La confiance en soi doit permettre d'oser, mais non d'aller jusqu'à s'imposer aux autres malgré eux :

> « L'extrême plaisir que nous prenons à parler de nous-mêmes doit nous faire craindre de n'en donner guère à ceux qui nous écoutent. »[4]

---

1. Opus cité.
2. La Rochefoucauld, cité par le site internet « citationsdumonde.com ».
3. Philippe Bouvard, cité par le site internet « citationsdumonde.com ».
4. La Rochefoucauld, *Maximes*, cité par le site internet « citationsdumonde.com ».

▦ Se sous-évaluer ne peut que conduire à s'améliorer...

> *« Le sentiment de nos forces les augmente,*
> *le sentiment de nos faiblesses les réduit ! »*
> VAUVENARGUES[1]

De toute manière, il n'y a pas que des inconvénients à pratiquer une évaluation médiocre de soi-même :

> « Les personnes à basse estime de soi tiennent davantage compte des conseils qui leur sont prodigués. Ce faisant, elles améliorent leurs performances. Une basse estime de soi peut ainsi être le moteur d'une forme de réussite, grâce à la modestie qui favorise l'acceptation par les autres, à l'écoute des points de vue différents du sien qui améliore sa compréhension d'une situation ou d'un problème, à un travail acharné pour compenser le manque de confiance dans ses capacités. »[2]

Nous reviendrons plus loin sur ce sujet quand nous aborderons le respect de l'interlocuteur.

Authenticité et trahison par la parole

Objectiver et trahir ou bien se taire et rester authentique... il faut choisir

> *« Parler c'est agir : toute chose qu'on nomme*
> *n'est déjà plus tout à fait la même,*
> *elle a perdu son innocence. »*
> Jean-Paul SARTRE[3]

▦ La parole contre l'innocence : « Parler, c'est renoncer à la pureté »

Citons sur le thème de l'origine du langage, l'universitaire Françoise Parot[4]. Elle nous rappelle ici le caractère profondément culturel, donc anti-naturel, de la parole, et en même temps l'ambiguïté de cette perte de pureté :

---

1. Cité par Michel Godet dans la série « L'art du management », *Les Échos* (30 mai 1997).
2. Christophe André et François Lelord, opus cité.
3. Cité par le site internet « citationsdumonde.com ».
4. Maître de conférences à l'université de Paris V – René Descartes.

22

« Les sociétés archaïques ne s'y trompent pas : elles traitent les enfants sans parole (ceux qui, à 4 ans par exemple, ne parlent pas), comme des êtres que l'invisible ne veut pas lâcher et laisser venir vers l'humanité. Dans les mythes fondateurs, parler, nommer les choses du monde, c'est renoncer à la pureté de l'état divin ou adamique. C'est renoncer à adhérer au monde réel comme le font les animaux, c'est payer le prix pour "se représenter" le monde et opérer sur ces représentations : la parole contre l'innocence. L'humanité est un gain, mais c'est aussi une perte. S'éloigner du réel et du même coup de Dieu, tomber sur Terre et se condamner à la nostalgie d'un paradis perdu, vivre dans l'écart, c'est le lot de l'humanité, partout et toujours. C'est cette nostalgie qui nous fait rêver d'un temps d'avant l'écart, un temps de silence humain, de pure nature, ou de pur Paradis. [...] un temps où comme François à Assise, les hommes parlaient le langage des oiseaux, un temps où tout était simple, où quelques sons suffisaient à l'harmonie universelle. »[1]

La parole marque donc **la civilisation. Et la civilisation,** il faut le marteler – c'est le négatif de la théorie du bon sauvage –, **c'est d'abord l'abandon du réel, et même la lutte contre le réel, contre le naturel.** N'a-t-on pas lu, lors du débat sur le lancement du *Loft* en 2001, parmi les critiques négatives, que cette émission était signe de barbarie parce que la télévision, un média, ne re-présentait plus rien mais montrait simplement le réel, tel qu'il est : des individus sans intérêt, avec des problèmes sans intérêt, le tout présenté, naturellement, sans « artifice », donc sans « art », donc sans civilisation ?

▨ Parler, donc tuer les émotions

> « *La parole est un laminoir qui allonge toujours les sentiments.* »
> Gustave FLAUBERT[2]

Parler amène par définition à tuer, ou au moins à traiter les émotions :

« Pourquoi parler ? Pourquoi se mettre en communication avec cet éteignoir de tout enthousiasme et de toute sensibilité : les autres ? »[3]

Parler peut aussi amener à cacher les émotions :

« Quand je suis vraiment impressionné, je suis si ému que je ne peux plus parler. Heureusement, la plupart des gens qui travaillent pour moi sont si émus qu'ils ne peuvent plus s'arrêter de parler. »[4]

---

1. Françoise Parot, « La langue d'Homo Erectus », *Sciences et Avenir*, hors série, 2000.
2. Cité par le site internet « citationsdumonde.com ».
3. Stendhal, *Vie de Rossini*, cité par le site internet « citationsdumonde.com ».
4. Andy Warhol, extrait de *Andy Warhol exposures*, cité par le site internet « citationsdumonde.com ».

23

▨ Parler, donc objectiver

> « *Il est aussi difficile à un poète de parler poésie*
> *qu'à une plante de parler horticulture.* »
> Jean COCTEAU[1]

Il existe un avantage à cette trahison qu'est la parole : elle permet d'objectiver. L'objectivation est l'action de relier à une réalité objective, neutre. Cette attitude aura un double effet, ce qui rend le dosage difficile et montre le caractère complexe de la communication orale et le fait qu'elle impose un jeu permanent d'équilibriste :

- objectiver contrarie le côté naturel de l'expression ;
- mais en même temps cela permet d'éviter d'être subjectif.

▨ Parler, donc devenir un autre

> « *Il suffit de parler pour devenir un autre.* »
> Roland TOPOR[2]

Car l'expression subjective peut obérer l'action de communication : elle est en effet par définition exclusivement personnelle et peut devenir égoïste ou égocentrique. Elle gêne la capacité de communiquer. L'objectivation permet d'éviter le subjectif, qui peut prendre trois formes contre lesquelles il faut lutter, indiquées ci-dessous dans l'ordre décroissant d'intensité :

- ▶ **L'exagération et l'amplification**. On a parfois tendance, pour convaincre – ou se convaincre... – à renforcer une réalité ou un trait chez un individu, dans le but de critiquer ou de contester en mettant en garde contre les aboutissements supposés de la dérive qu'on décrit. On tente par ce moyen de convaincre par la peur du danger potentiel, ce qui est souvent plus facile que de passer par une argumentation solide et réfléchie...

- ▶ À mi-chemin, **on pratique le commentaire**. C'est là un défaut bien français : chacun y va de son commentaire à propos de tout. Il suffit de comparer un journal télévisé ou radiophonique d'un pays anglo-saxon avec celui d'une station française pour constater à quel point en France nous sommes entourés de nombreux

---

1. Cité par le site internet « citationsdumonde.com ».
2. Dessinateur et écrivain, dans *Pense-bêtes*, cité par le site internet « citationsdumonde.com ».

© Éditions d'Organisation

« commentateurs », toujours plus nombreux que les simples « informateurs » qui font parfois défaut... Le commentaire est en réalité un conseil que personne n'a *a priori* demandé, qui cache une représentation de la réalité, donc au pire une illusion.

▶ Enfin, **on réduit la réalité et on pratique par dépersonnalisation.** Cette attitude rend ce qu'on décrit quelconque, banal, médiocre, insignifiant. L'objectif est de mener l'interlocuteur tout droit à l'indifférence en distrayant sa vigilance intellectuelle.

Nous verrons plus loin (« Extérioriser ») que s'impose une exception majeure à cette règle de la trahison, intimement liée à la prise de parole : lorsqu'un choc est tel qu'il fait perdre toute référence culturelle. C'est notamment le cas après un attentat ou l'annonce d'une maladie grave. Cette exception s'explique par le fait que l'individu se retrouve soudainement délié de ses accroches culturelles et évolue dans un contexte libre et « naturel ».

Une réponse : le silence-équilibre

> « *Elle a de ces manières de ne rien dire*
> *Qui parlent au bout des souvenirs.* »
> Pierre BACHELET et Jean-Pierre LANG[1]

Pour les moines c'est, avec la reconnaissance de sa méconnaissance, de sa « pauvreté », comme nous le verrons plus loin, l'un des deux fondements possibles du silence :

> « [Un silence] qui jaillit d'une plénitude en nous. Saint Isaac le Syrien écrivait : "Efforçons-nous d'abord de nous taire. De là va naître en nous ce qui nous conduira au silence. Si tu agis ainsi, je ne saurais te dire quelle lumière se lèvera en toi [...]. De l'ascèse du silence naît avec le temps dans le cœur un plaisir qui force le corps à demeurer patiemment dans l'hésychia. Et nous viennent les larmes abondantes, d'abord dans la peine, puis dans le ravissement ; le cœur sent alors ce qu'il discerne au fond de la contemplation merveilleuse." Ce silence est déjà prière [...]. Il témoigne de la plénitude de la vie de Dieu en nous, plénitude qui doit renoncer à toute parole humaine pour s'exprimer adéquatement. [...] Un moment arrive où seul le silence peut encore rendre compte de l'étrange richesse qu'il nous est donné de découvrir dans notre cœur. »[2]

---

1. Chanson *Elle est d'ailleurs*, interprétée par Pierre Bachelet, Éditions des alouettes/Train Bleu – Monte Carlo.
2. Dom André Louf, *La voie cistercienne. À l'école de l'amour*, Desclée de Brouwer (1991).

25

Et, selon André Louf, le résultat est à la mesure de l'effort :

> « Un tel silence ne blesse jamais personne. Il établit autour du silencieux une zone de paix et de quiétude où Dieu est ressenti comme présent, irrésistiblement [...]. »[1]

▦ Parler à soi, aux autres et à Dieu : la prière en silence... pour parler avec le monde

Les travaux et expressions de Dom André Louf[2] éclairent cette capacité du silence à relier un individu, notamment par la prière, au reste de l'humanité et à l'univers. Nous le citerons à nouveau lorsque nous aborderons le silence sous l'angle du respect (le silence-écoute) ou de la manipulation (le silence-temps de réflexion). Au monastère du Mont des Cats[3], la journée des moines débute à 3 heures le matin, puis jusqu'à 9 heures, c'est le « temps du grand silence » : lectures saintes et prières. La prière, qui est le cœur de l'activité des moines et est appréciée comme un lien avec le monde qui les entoure :

> « Il faut veiller à ce que l'unique nécessaire de l'Évangile soit respecté, que chaque frère ait du temps pour cela. [...] Dites bien à quel point les frères sont très proches de ce qui se passe dans le monde, que les gens dans le monde sentent que leurs soucis sont partagés dans la prière. »[4]

Toujours sur ce fameux silence, Dom André Louf précise, lors de la cérémonie au cours de laquelle l'université catholique de Louvain le fait docteur honoris causa en 1994 :

---

1. *Ibidem*.
2. Dom André Louf, né à Louvain en 1929, passe son enfance à Bruges. Lors d'une reconnaissance des lieux pour préparer un déplacement et un camp pour des jeunes, à la frontière entre la Belgique et le nord de la France, juste après la Seconde Guerre mondiale, il passe une nuit au monastère du Mont des Cats (Katzberg) au sud de Dunkerque. Il a dix-huit ans ; il n'en repartira plus, touché par la vocation. Il en sera élu supérieur en 1963, à trente-trois ans, et le restera pendant trente-cinq ans, jusqu'à la fin du XXe siècle. Il est l'un des grands contemplatifs du siècle, auteur de nombreux ouvrages publiés notamment chez Desclée de Brouwer.
3. Il regroupe aujourd'hui entre 40 et 50 moines. C'est à l'origine, dès le XVIIIe siècle, un ermitage de moines antonins. Abandonné à cause de la Révolution française, il renaît en 1826 grâce au peintre de Hazebrouck, Nicolas Ruyssen, qui l'offre aux moines trappistes de l'abbaye de Gand. D'abord simple prieuré avec une dizaine de moines, l'abbaye cistercienne est reconnue en 1847. Elle produit aujourd'hui un fromage renommé, dont la fabrication, l'affinage et l'expédition occupent 20 frères.
4. Dom André Louf, cité par Christophe Henning dans *La Voix du Nord* (30 juillet 1997).

> « Le moine est normalement quelqu'un qui parle peu. Son témoignage est ailleurs. On sait qu'il est là. Son existence pose question : comment se fait-il qu'une telle vie soit possible ? En fait, la vie des moines est gratuite. Elle ne poursuit pas d'objectif pratique ni précisé. En vivant au cœur de l'Église dans la solitude et la prière, le moine ouvre le monde à Dieu. Il peut aussi accueillir le pèlerin et le passant. Mais il veut se tenir en recul par rapport au monde, non pour s'en éloigner, mais pour ne pas s'y jeter à corps perdu. Il se soucie du monde, le porte dans sa prière, mais il tient à rester un être de retenue : chez nous, on de regarde pas la télévision tous les jours. »

« Quand on est vraiment soi-même, on va vers les autres... »

Frère Jean-Marie, chargé du site internet – même les commandes de fromage passent par le net ! – précise sur ce point :

> « La vie monastique ne ferme pas mais ouvre le cœur sur le monde plus qu'elle ne le ferme. Car quand on est vraiment soi-même, on va vers les autres... »[1]

Correspondre à sa propre image

Refuser de se couler dans un moule

> « Nous gagnerions plus de nous laisser voir tels que nous sommes que d'essayer de paraître ce que nous ne sommes pas. »
> La Rochefoucauld[2]

Le moule, c'est seulement pour « mettre en forme »...

Le moule n'est pas inutile dans notre propos, puisqu'il s'agit de « mettre en forme » la communication. Mais, pour autant, on bannira la copie conforme d'un modèle. La copie devient vite caricature, l'emprunt tourne rapidement au pillage, la simulation dérive en décalcomanie, la reproduction s'assimile promptement à la contrefaçon ou au pastiche.

... Ensuite, il faut dépasser l'original

Qu'on reprenne chez autrui, comme dans un apprentissage, les points positifs de la communication orale, c'est certes positif, mais cet emprunt doit s'arrêter à l'exercice, au sens scolaire du terme. En situation personnelle et réelle de prise de parole, il faudra, après avoir assimilé les élé-

---

1. Propos recueillis par Fanny Magdelaine : « Veilleurs et chercheurs de Dieu » dans *La Croix Magazine Nord-Pas-de-Calais* (21 juillet 2000).
2. Cité par le site internet « citationsdumonde.com ».

ments appris, les dépasser pour fonder sa propre manière de communiquer, unique, identifiable et non interchangeable. **Ignorer un apprentissage peut être corrigé plus tard, mais oublier son propre caractère
d'individu et sa personnalité unique obère toute forme de communication.**

Exprimer sa personnalité pour jouer sur l'émotion

Ce que nous venons d'énoncer a une raison précise : le contenu de ce
qu'on exprime passe autant par les émotions et les sentiments que par
la réflexion des interlocuteurs. Leur réflexion sera certes touchée par
le fond, l'argumentaire, mais nous ne les troublerons et convaincrons
vraiment que si notre personnalité, unique par définition, s'exprime.
D'autant que les sollicitations que subissent nos interlocuteurs, à longueur de vie, dans notre société, pour ce qui est de ce domaine de la
parole, sont innombrables, et de surcroît de qualité : cinéma, télévision,
radio, colloques, etc. C'est la raison pour laquelle la fonction propre
de l'« orateur » a aujourd'hui disparu : il ne suffit plus d'être un tribun
pour enlever l'adhésion. Les salles enflammées dans lesquelles le responsable syndical des dockers d'un port enlevait une décision unanime
en faveur d'une grève ou les sursauts chaleureux des salles du parti
gaulliste en France voici quelques décennies ne satisferaient plus
aujourd'hui les spectateurs avertis et réguliers que nous sommes, à travers notamment le petit écran.

Le naturel, ça s'apprend !

> « Ne me dites pas que ce garçon était fou :
> Il ne vivait pas comme les autres, c'est tout.
> Et pour quelles raisons étranges
> Les gens qui n'sont pas comme nous,
> Ca nous dérange ? »
> Michel BERGER[1]

C'est un paradoxe, mais le meilleur conseil qu'on puisse donner est de
s'écouter ou de se regarder, dans un miroir ou par vidéo, pour chasser
le non-naturel. Le naturel, ça s'apprend ou tout au moins cela s'entretient. On retrouvera bien des conseils pratiques pour assurer une attitude naturelle dans le sixième chapitre du livre (regard, etc.).

---

1. Chanson *Il jouait du piano debout*, paroles et musique de Michel Berger, Éditions musicales
Colline – Universal Music Publishing.

Extérioriser

Au sens propre du terme, extérioriser, c'est s'exprimer, mais aussi se révéler.

La conversation interne :
tu me parles, mais je me parle et tu te parles aussi

▨ **Parler avec soi-même : conscientiser et dépasser la conversation interne**

Pourquoi se parle-t-on à soi-même ?

> « [...] Cette conversation intérieure est là avec l'enregistrement daté de milliers d'échanges entre vous et vos parents, échanges verbaux et non verbaux, réconfortants et frustrants, encourageants et réprobateurs. Et elle repasse souvent au-dessous du seuil de conscience, comme un poste de radio dont on aurait baissé le volume sonore. Lorsque nous prenons conscience de ce dialogue et que nous y entrons, nous glissons d'ici et maintenant dans là-bas et jadis, et nous quittons temporairement la personne avec qui nous nous trouvons. [...] Nous avons tous nos « voix intérieures ». Elles sont uniques, privées, et prêtes à nous enlever au présent même au beau milieu d'une conversation. »[1]

▨ **La conversation interne, une machine à remonter le temps**

Grâce à la conversation interne, on peut donc quitter littéralement le présent :

> « Quelle est la nature de notre conversation intérieure enregistrée ? Nos premières "conversations", quand nous étions encore des nourrissons, étaient faites d'images et de sons. [...] Quand la mère sourit, le souvenir en est gardé. Ce que nous avons fait pour que notre mère sourie constitue notre contribution au dialogue. C'est là une "conversation" souvent répétée car le sourire de la mère, signalant l'arrivée de nourriture ou de caresses, signifie tout bonnement la survie pour le bébé. En parlant du dialogue intérieur, nous ne faisons donc pas seulement référence aux mots, mais au mélange de sensations visuelles et auditives que nous avons perçues et enregistrées. Ces enregistrements comprenaient des mots, mais les enregistrements les plus anciens et les plus déterminants étaient préverbaux. Ces enregistrements passent au présent. [...] C'est [leur] réactivation que nous appelons dialogue intérieur. Quand le dialogue intérieur est réactivé dans le présent, l'enfant et le parent continuent comme ils le faisaient jadis, le parent du haut de ses deux mètres et l'enfant tout petit. »[2]

---

1. Thomas et Amy Harris, *Toujours gagnant*, InterÉditions (1986).
2. *Ibidem.*

La conversation intérieure est donc un réveil, en direct, de tous les mêmes mots, de tous les mêmes tableaux de situation, de toutes les mêmes images que nous avons vécus dans le passé, et qui correspondent à la situation réelle, à la conversation réelle que nous sommes en train de vivre. C'est en fait l'ensemble des conversations – appuyées ou non sur des mots – que nous avons enregistrées avec nos parents, et elles deviennent la référence par rapport au réel que nous sommes en train de vivre comme adulte, auquel nous appliquons inconsciemment la règle : « Face à de telles circonstances, comment mes parents me diraient-ils d'agir ? » Quelle est la concrétisation de cette conversation interne ?

> « Nous avons une preuve que ce dialogue intérieur a été réellement enregistré dans le fait que nous nous parlons à nous-mêmes, que des interjections nous échappent parfois et que nous en prenons conscience en murmurant des épithètes peu flatteuses à notre encontre : Quel idiot je suis ! Celle-là, je ne pouvais pas la rater ! Vous est-il déjà arrivé de vous parler à vous-même dans votre voiture en attendant que le feu passe au vert, et de remarquer soudain que le conducteur de la voiture d'à côté vous regardait ? [...] Qui parlait ? Et à qui ? »[1]

Les harmoniques de la communication orale

Voici la définition qui montre à quel point cette conversation interne va relier, comme des harmoniques en musique, le moment présent et des références vécues dans le passé :

> « Le dialogue intérieur consiste en un déplacement de la conscience d'ici et maintenant (perception de l'adulte) à là-bas et jadis (le vieux cadre du dialogue parent/enfant du passé). »[2]

Thomas et Amy Harris rappellent la définition de Blaise Pascal, datant de trois siècles :

> « L'homme est ainsi fait qu'à force de lui dire qu'il est un sot, il le croit. Et à force de se le dire à soi-même il se le fait croire, car l'homme fait lui seul une conversation intérieure, qu'il importe de bien régler. »[3]

---

1. Thomas et Amy Harris, opus cité.
2. *Ibidem.*
3. Dans *Les Pensées*, cité par les auteurs dans *Toujours gagnant*, InterÉditions (1986).

La conversation interne nous protège et nous identifie

L'effet est important, et double... ce dialogue intérieur protège du dialogue extérieur, et de manière différente d'un individu à l'autre :

> « Les hontes et les blâmes infligés dans notre enfance sont bien pires que n'importe quelle tirade destinée à nous écraser dans le présent. Nous croyons que personne ne peut nous faire de mal, que personne ne peut nous blesser réellement tant que notre parent n'est pas accroché au point de nous accuser intérieurement. Eleanor Roosevelt disait : "Personne ne peut vous rabaisser sans votre consentement." Je dirais : sans le consentement de votre parent. Chacun est vulnérable à sa propre façon, conformément à son histoire qui est unique, à son parent qui est unique aussi. Cela explique pourquoi certaines critiques glissent sur nous comme la pluie sur les plumes d'un canard, tandis que d'autres nous brisent le cœur. »[1]

On n'est jamais à deux seulement

Conséquence : il y du monde dès qu'on parle en tête-à-tête avec quelqu'un. Au minimum, les deux interlocuteurs et leurs parents respectifs. Quand on croit être deux, on est en fait au moins quatre...

Extérioriser pour se révéler à autrui et pour évacuer

Sortons de l'œuf et cassons la coquille. Nous surestimons malheureusement le côté négatif des réactions que notre expression va engendrer. En général, nous nous sous-estimons.

Parler pour évacuer : la psychologie post-attentats

Depuis une décennie, chaque attentat est suivi par l'intervention d'un cortège de psychologues. Leur principal arme : la communication orale. Sa fonction : faire digérer les traumatismes psychologiques. Car à chaque fois se pose le même défi : comment ingurgiter, comment intérioriser ce qu'on a vécu, ce à quoi on a assisté : les cris, les cadavres, le sang, le bruit ? Comment construire une représentation intellectuelle et psychique de la réalité, *a fortiori* si cette dernière est totalement surprenante et en rupture avec les schémas mentaux et culturels de l'individu ? Et ensuite, comment faire pour aller au-delà du sentiment de rage et d'impuissance, de la douleur mentale, de la démoralisation et de la détresse ? Ce fut le cas par exemple pour l'attentat islamiste contre New York et Washington le 11 septembre 2001. Là comme ailleurs les

© Éditions d'Organisation

---

1. Thomas et Amy Harris, opus cité.

spécialistes interviennent essentiellement au moyen d'outils de communication orale :

> « Le débriefing à l'américaine consiste à les faire parler d'abord de ce qu'ils ont vu et fait, et ensuite de ce qu'ils ressentent. "En France, on privilégie l'expression plus spontanée du ressenti", précise le professeur Louis Crocq, fondateur du réseau national de cellules d'urgence médico-psychologique. [...] Une étude réalisée par une jeune étudiante il y a quelques années, à la suite des attentats parisiens, a montré que les névroses post-traumatiques étaient moins fréquentes et intenses et moins durables pour les victimes ayant bénéficié d'un soutien psychologique dans les jours ayant suivi le drame. »[1]

Autre pratique aux effets bénéfiques, les rassemblements marqués par le silence – forme extrême de la parole – ainsi que les moments religieux, comme les messes :

> « "Les mécanismes de deuil et de réparations, comme les prières collectives et les rassemblements, au niveau des communautés et des institutions, qui se font actuellement aux États-Unis, représentent aussi pour la population une manière de tenter de digérer l'événement, de reconstruire un moi communautaire, qui a été attaqué dans ses croyances et dans ses convictions", conclut le professeur Crocq. »[2]

La demande est forte, et vient des gens eux-mêmes ; elle n'est en rien forcée par les autorités, et c'est d'abord une demande d'écoute et de parole :

> « [...] on a ouvert des numéros de téléphone d'urgence, des sites de discussion sur internet, des thérapies de rue. [...] Les numéros verts d'assistance psychologique par téléphone sont pris d'assaut. Derrière ces standards, des centaines de médecins volontaires se relaient jour et nuit pour répondre aux angoisses de la population. Ces hot lines, dont les coordonnées sont placardées sur les murs de New York, explosent tant la demande est importante. »[3]

La journaliste précise que ces séances, lorsqu'elles sont organisées en tête-à-tête ou en réunion, se traduisent par « un flot de paroles, entre-

---

1. Docteur Martine Pérez, « Un choc psychologique lourd à gérer », *Le Figaro* (15 septembre 2001).
2. *Ibidem.*
3. Alexandrine Bouilhet, envoyée spéciale du *Figaro* à New York, *in Le Figaro* (21 septembre 2001).

coupé de silences et de pleurs ». Elle relie par ailleurs cette situation à un profond problème d'identité, comme nous le traitons par ailleurs :

> « Le travail de deuil s'annonce complexe et lent. "Mais surtout, ce qui est très nouveau, c'est le symbole : les tours du World Trade Center se sont effondrées comme un château de cartes. Les twins, ce n'était pas seulement une belle carte postale. Elles symbolisaient le puissance financière et politique de l'Amérique, elles représentaient la fierté du pays, son image dans le monde entier", explique un chercheur du Michigan. "C'est une amputation psychologique à plusieurs niveaux. Les gens se sentent violés, humiliés, atteints au plus profond de leur identité. Aujourd'hui, le sentiment de vulnérabilité, d'insécurité est immense." »[1]

▨ Après un choc, la parole est descriptive et émotive

Dans le cas d'une prise de parole tout de suite après un choc, on n'a pas le temps de passer le ressenti au tamis de la réflexion. Ainsi, dans le cas de l'attentat contre New York et Washington le 11 septembre 2001, les premières réactions parlées entendues à la télévision, à la radio ou lues dans la presse, et venant des témoins de la catastrophe, sont caractérisées par trois éléments, qui ressortent parfaitement à l'écoute des médias audiovisuels, ou à partir de cette succession de réactions, reproduites sans commentaires dans le quotidien *Le Monde* paru le lendemain[2] :

▶ **Un centrage presque systématique sur la description**, qui s'explique par la puissance tout à la fois du marquage visuel et de la pression du vécu collectif... trois exemples :

> « J'ai voulu rentrer chez moi, à Brooklyn. C'était comme dans un film, il n'y avait plus de voitures, plus de bus, ni de métros. Les gens couraient partout. Tout le monde criait. Je ne pouvais pas croire ce que je voyais. Ça sentait le brûlé, tout était poussiéreux, lourd. Les gens sortaient de partout, les yeux hébétés. Du sang coulait sur leurs visages blancs, comme des statues vivantes. Brooklyn était recouvert de cendres, comme si un volcan avait explosé. Il y avait des bus et des camions qui faisaient des allers et retours, on avait dû les réquisitionner pour les victimes, ils les remplissaient visiblement avec tout ce qu'ils pouvaient. Je n'arrive pas à le croire, les mots ne viennent pas. C'était la fin du monde, la fin du monde. »
>
> « On ne savait plus quoi faire. Toue le monde courait vers les téléphones. Les portables ne fonctionnaient plus. Dehors, c'était la nuit, la poussière suffocante, les cendres. Puis tout le monde est parti vers le nord [de Man-

---

1. *Idem.*
2. « Paroles de New-Yorkais », *Le Monde* (13 septembre 2001).

hattan] dans le calme. Mais l'obscurité, la cendre, l'autoroute curieusement vide, plus tard des avions de chasse dans le ciel donnaient une impression de guerre. Demain ? Personne ne sait ce qui se passera. Comment les États-Unis vont réagir. Ce qu'il adviendra de la planète. On ouvre le domaine de tous les possibles. »

« On a cru à une explosion nucléaire. Tout le monde est descendu dans la rue, il y avait une foule énorme. J'ai alors clairement vu le deuxième avion se fracasser sur le côté de la deuxième tour. J'ai récupéré mes enfants à l'école et nous sommes rentrés à la maison. Je ne sais pas si je dois rester ou partir, d'autant qu'à la télévision on évoque la possibilité d'armes chimiques dans les avions... C'est difficile de dire ce que j'ai ressenti en découvrant Manhattan sans les Twin Towers. Manhattan est défigurée. »

▶ **Des pensées d'émotion dirigées vers les victimes et leurs proches...** deux exemples :

« Comme c'est étrange d'être en guerre avec un ennemi invisible. Combien de familles, ce soir, sont assises chez elles, espérant que leur téléphone va sonner et que leur fils, mari ou femme, va s'excuser pour n'avoir pas appelé plus tôt ? Nous sommes tous en deuil. »

« Tout ce qu'on peut faire à cet instant présent, c'est de prier pour tous ceux qui sont encore sous les décombres, ceux qui ont perdu des êtres aimés et puis le personnel des secours. »

▶ **Peu ou pas d'explications intellectuelles ou de tentatives d'explication :**

« J'ai tout de suite pensé : c'est une attaque terroriste. Ma voisine m'a regardée, incrédule : "Comment pouvez-vous penser à un truc comme ça ? Vous êtes Israélienne ?" Non, mais cela me semblait évident. L'Amérique est vulnérable. Dommage qu'elle le réalise de cette façon-là. »

Extérioriser pour... se soigner

La quatrième arme contre le cancer : la parole

De quoi souffrent les femmes qui subissent un cancer du sein ? D'un déficit d'écoute :

« Pour moi, il existe quatre armes contre le cancer du sein : la chirurgie, la radiothérapie, la chimiothérapie et la parole. »[1]

Le Dr Catherine Petitnicolas rappelle dans cet article du *Figaro* l'importante enquête réalisée en France dans ce domaine au niveau national

---

[1]. Dr Daniel Serin, cancérologue, cité par *Le Figaro* (26 novembre 2001).

en 1993 ; elle éclairait le souhait des patients : être informé, recevoir des explications... bref compenser un déficit de communication orale.

Parler avec le cœur

> « Laisse parler ton cœur, interroge les visages,
> n'écoute pas les langues... »
> Umberto Eco[1]

■ L'exigence d'authenticité et de sincérité

Il faut prendre conscience, pour éviter les discours « langue de bois », de l'exigence d'authenticité et de sincérité. Deux avantages à cette attitude :

- **la pertinence**, c'est-à-dire la création d'un lien entre la parole et le sujet, qui est la condition de la communication orale adéquate ;
- **la spontanéité**, c'est-à-dire la parole sans intervention de l'extérieur, la parole sans calcul.

■ L'abandon et don de soi, un art difficile

Cet abandon de soi est un art bien délicat, et l'enjeu est d'autant plus important que c'est une des clés de la réussite de la communication orale. Or seul le jeune enfant ose s'exprimer avec un naturel certain. Deux sollicitations vont détruire petit à petit ce naturel :

- ▶ **L'une vient de l'extérieur** : tout le jeu des parents et de l'entourage va consister à lutter contre ce naturel pour le remplacer par l'« art » de s'exprimer. Or se profile derrière le mot « art » l'ombre du caractère « artificiel » : les techniques, mais aussi le fait de se dominer, de respecter des règles de vie en commun.

- ▶ **L'autre est interne** : l'individu va se forger son propre caractère, se structurer psychologiquement, être marqué par les événements et, de ce fait, apprendre la réserve, relativiser les stimuli de la vie, et donc s'exprimer au second degré.

Petit à petit, on ne pourra plus qu'en partie s'abandonner. Mais cette attitude, cette tendance, a au moins trois effets positifs directs :

---

1. *Le Nom de la rose*, cité par le site internet « citationsdumonde.com ».

- **la conformité** : on est en accord avec soi-même et les autres ;
- **la justesse et la pureté** : ce mélange d'exactitude et de précision permet d'adapter la parole à l'interlocuteur en restant proche de la réalité et en évitant les défauts, les erreurs et les mélanges ;
- **la légitimité**, qui fonde l'acceptation et l'admission par autrui.

« Jouer » la comédie ou « parler vrai » ?

Il est très difficile d'être naturel en public, *a fortiori* si on doit parler. Certains le font aisément. N'a-t-on pas toujours dit de Jean Gabin qu'il était le meilleur acteur du cinéma français après la Seconde Guerre mondiale, justement du fait de sa capacité apparente à ne pas « jouer » la comédie mais à se comporter devant la caméra exactement comme s'il se trouvait dans la vie réelle ?

Bannir la « langue de bois », spécialisée, pompeuse, distante

« Ce n'est pas l'esprit qui fait les opinions, c'est le cœur ! »
MONTESQUIEU[1]

La réalité de cette fameuse « langue de bois » et, *a contrario*, les nécessités du « parler vrai » se posent par exemple à chaque fois qu'une nouvelle émission d'information est créée, ou qu'une émission existante est adaptée. Un exemple : les décisions d'Arlette Chabot lorsque à la rentrée de septembre 2001 elle souhaite tonifier le magazine politique télévisé de France 2. Une occasion s'offre alors à elle... le départ d'Alain Duhamel, avec qui elle animait l'émission depuis trois ans : ce dernier part co-présenter l'émission *Question ouverte* avec Olivier Mazerolle. Arlette Chabot, par l'ensemble des décisions qu'elle prend, dresse inconsciemment le catalogue de la lutte contre la langue de bois, vue par un journaliste. La formule se structure en trois axes :

▶ **Le refus de la spécialisation.** C'est en effet l'une des premières lois de la langue de bois : se cacher derrière un vocabulaire hermétique, même s'il est fondé scientifiquement et professionnellement ; car cela permet de s'ériger en mandarin qui peut en conséquence afficher tout le mépris que mérite le commun des mortels que nous formons. Ce n'est pas les insulter que de rap-

---

1. Cité par Jean-Claude Branquart dans l'hebdomadaire *Autrement dit* (Lille – 29 mars 2002).

peler que les milieux médicaux et les milieux juridiques restent des orfèvres en la matière... À l'inverse, Arlette Chabot affiche deux tactiques :

- elle veut mélanger les genres ;
- et cela l'oblige donc à varier aussi le contenu des plateaux en faisant appel à des personnalités différentes :

> « – Le concept va évoluer ?
> – La formule a changé, mais pas le fond. Maintenant, on traitera plusieurs sujets différents et pas seulement un thème. Le débat existera toujours et on mélangera de plus en plus des hommes politiques et d'autres personnes moins connues, mais compétentes dans leur domaine, comme des maires, des députés, des professeurs ou des agriculteurs. »[1]

▶ **Le refus des longueurs pesantes et d'un ton pompeux, crispé :**

> « Avant, on était réactif, mais consacrer une heure et demie à un sujet donnait parfois des émissions un peu longues. On essaiera de trouver un ton plus détendu, moins solennel. »[2]

▶ **Le refus de la distance**, qui s'appuie sur le manque de transparence, lui-même fondé sur une expression vague, expliquant et excusant l'indécision et l'absence de responsabilité ; car il y a peu de distance entre le flou et le vaporeux ou le fumeux :

> « – Vous avez la volonté d'être plus proche des gens...
> – Oui, arrêtons la langue de bois, les généralités. Je veux sortir du petit groupe de politiques qu'on voit dans toutes les émissions [...]. Il y a un appétit de renouvellement de la part du public qui veut de plus en plus entendre parler vrai. Il apprécie que les intervenants connaissent leur sujet, par exemple un élu qui dit des choses justes sur la violence à l'école parce qu'il y emmène ses enfants.
> – Il y a une critique sous-jacente des hommes politiques dans ce que vous dites...
> – Moi, je réagis comme tout le monde. Ce n'est pas du poujadisme. J'aime bien les hommes politiques, mais il faut qu'ils soient vrais, sincères, modestes, qu'ils redeviennent populaires, non pas en parlant des guerres internes, mais en répondant aux préoccupations des gens. Je leur ai toujours dit que c'est de cette façon qu'ils gagneraient la confiance du public. »[3]

---

1. Propos recueillis pas Nathalie Simon, *Le Figaro* (24 septembre 2001).
2. *Idem.*
3. *Idem.*

▨ Atteindre sa liberté et son autonomie

« Eigen vriedom »[1]

Curieusement, apprendre à s'exprimer correctement passe non seulement par le fait d'intégrer des éléments nouveaux – et c'est tout l'objet de ce livre – mais aussi d'évacuer ou tout au moins de fragiliser les protections que nous avons fabriquées, la cuirasse, l'armure que nous avons endossées. **Au cours des formations basiques à la « prise de parole », le formateur de qualité se juge à sa capacité à révéler une personnalité, autant, sinon plus, qu'à enseigner la pratique des techniques de parole !** Cette nécessité de se construire un terrain de liberté répond à quatre impératifs :

- **acquérir de l'autonomie** par rapport au public, ce qui fonde l'indépendance et même l'autorité vis-à-vis de ses interlocuteurs ;
- **s'affranchir des contingences** : je contrôle et non je suis contrôlé ; on affiche ainsi sa souveraineté par rapport à la tutelle naturelle du public ;
- **être à l'aise**, s'exprimer facilement parce que naturellement, ce qui nous fait ressentir comme familier, et parfois proche jusqu'à l'intimité ;
- **paraître décontracté**, détendu, donc léger et plaisant parce qu'agréable.

▨ Condition de l'ouverture

Sincérité, donc vérité et ouverture : **quand les sentiments sont exprimés avec le moins possible de retenue, la personnalité apparaît et on peut donc jouer de ce registre psychologique et relationnel.** Bien des obstacles s'effacent quand on évite ainsi de se limiter à l'aspect intellectuel ou cérébral de l'expression, comme nous le verrons maintes fois dans les chapitres qui suivent...

CLÉ 1 - Croire en soi : mon meilleur ami... le trac.

---

1. « À chacun sa liberté », devise en flamand au-dessus de la porte d'un estaminet au sud de Dunkerque.

LA COMMUNICATION ORALE... DANS QUEL ÉTAT D'ESPRIT ?

> « *On ne le dira jamais assez :*
> *nous n'avons d'autre concurrent que nous-mêmes.* »
> Gérard MULLIEZ[1]

« Je » n'existe que par rapport aux « autres », ou moi et les autres

> « *Qui ne veut pas être tutoyé*
> *n'a qu'à se dispenser de le faire lui-même.* »
> Hervé SÉRIEYX[2]

Comment s'affirmer, convaincre et dialoguer ? Cela peut prendre tant de formes différentes, à tant d'occasions diverses de la vie, qui vont permettre à l'individu que nous sommes d'exister par ce miroir inévitable qu'est l'Autre ! Le langage, outil humain, à quoi ça sert ? À relier les hommes. **Le langage, outil religieux tissant le lien social, a dix fonctions directes** : manifester sa personnalité, se faire connaître, s'exprimer, être compris, se révéler en toute circonstance, exploiter sa mémoire, surmonter les conflits, susciter l'adhésion, décider ensemble, rappeler à l'ordre.

Manifester sa personnalité

> « *J'irai au bout de mes rêves, tout au bout de mes rêves,*
> *J'irai au bout de mes rêves, où la raison s'achève.* »
> Jean-Jacques GOLDMAN[3]

La personnalité montre le personnage, l'être, le moi. Chacun dispose de cette fameuse personnalité. On se marque en se faisant remarquer. Nous sommes instinctivement et culturellement poussés à la faire connaître : ne dit-on pas « une personnalité » en parlant d'une personne connue ? Ce système qu'est la personnalité regroupe :

---

1. Fondateur et président du Groupe Auchan, dans *La Dynamique du client* de Richard Whiteley, présentation et commentaires de Gérard Mulliez, Éditions Maxima (1994).
2. *La nouvelle excellence*, Maxima – Laurent du Mesnil (2000).
3. Chanson *Au bout de mes rêves*, paroles et musique de Jean-Jacques Goldman, BMG Music Publishing France.

- **les façons de se conduire** (c'est-à-dire l'ensemble des réponses aux stimuli) ;
- et **les facteurs psychologiques** qui nous poussent à agir de telle ou telle manière.

Ce système constitue un tout psychologique et fait preuve d'une constance dans le temps. Il forme l'originalité d'un individu, ce qui le différencie et le particularise par rapport aux autres. Plus précisément, nous employons aussi l'expression « personnalité » pour désigner la puissance, la grandeur, la vigueur dont nous faisons preuve pour affirmer notre particularité. Et l'un des premiers outils que l'homme exploite pour ce faire est la parole.

Se faire connaître

Moment récurrent de l'activité humaine, qui survient à chaque nouveau contact humain... il s'agit de se présenter à autrui. Y compris dans des moments difficiles, à fort enjeu : ne dit-on pas « se présenter » à un examen ou pour un recrutement ? À un moment ou à un autre, la parole sera utilisée.

S'exprimer

S'exprimer, c'est le contraire de parler, ou plutôt cela peut signifier « ne pas parler pour ne rien dire ». C'est d'ailleurs l'enjeu central du présent ouvrage. Il y a dans ce mot deux sens qui s'ajoutent :

- d'une part s'expliquer,
- d'autre part s'extérioriser.

En s'« exprimant », on relie parole et idée, on veut faire sortir l'idée, par l'outil, par le moment qu'est la parole.

Être compris : parler utilement

Il ne suffit pas de s'« exprimer », encore faut-il être compris ! Venant du latin *comprehendere*, se faire comprendre nous rappelle que nous ne sommes pas seul, et qu'à deux ou plusieurs nous allons devoir « prendre ensemble », « prendre avec quelqu'un ». C'est-à-dire que nous allons devoir nous fusionner en partie avec l'autre, nous inclure dans le même ensemble.

Se révéler en toute circonstance

Occasion personnelle, intime, professionnelle, publique, religieuse, à l'occasion d'un fait, d'un événement, d'une exigence ou simplement du hasard ou d'une coïncidence, du fait de son rang ou de son envie, peu importe, tant son nombreuses et inévitables les circonstances de communication orale dans notre société.

Exploiter sa mémoire

Il faut non seulement garder l'information imprimée dans sa mémoire, mais aussi la dominer, être capable de l'exploiter au bon moment. Et cette faculté est directement liée au langage. Or elle permet le classement des souvenirs, l'avertissement face au danger, la structuration de la pensée et du raisonnement. N'oublions pas – c'est important pour la suite car cela nous permettra d'établir de nombreux liens – que :

- le matériau de base de la mémoire, ce sont les informations ou les expériences de la vie, ici reliées ;
- la mémoire, c'est du mental, du comportemental et du psychologique, mais c'est aussi du physique et du biologique ;
- la mémoire peut être individuelle ou collective, humaine ou informatique !

Alzheimer nous guette-t-il ?

Tout d'abord qu'on se rassure, le « mot sur la langue », l'oubli du code de sa porte de bureau, de la clé de son téléphone mobile ou du prénom de la voisine n'est pas annonciateur de la maladie d'Alzheimer ! C'est l'âge qui en est la cause directe. Pour trois raisons :

▶ Tout s'use avec l'âge. Mais, rassurons-nous, l'homme est programmé pour vivre jusqu'à un âge biologique de 120 ans, et il possède donc suffisamment de neurones pour en disposer toute sa vie de manière exploitable et en quantité correcte. Nous en perdons chaque jour, mais c'est tellement peu par rapport au stock en magasin !

▶ La personne plus âgée a statistiquement subi plus de maladies ou de chocs dans son passé que quelqu'un de plus jeune, et elle a statistiquement plus de chance d'en subir au présent et dans l'avenir. Or certaines d'entre ces affections ont des effets négatifs sur la mémoire : angoisses, dépression, fatigue intense. De plus, ces situations poussent parfois à la consommation de médicaments qui sont néfastes pour une bonne mémoire : médicaments pour dormir ou s'endormir, barbituriques, psychotropes.

▶ Mais la principale raison est peut-être qu'en vieillissant les occupations de la vie ne nous obligent plus autant qu'auparavant à faire fonctionner cet outil et, comme tous les outils dont on ne se sert pas, il rouille. La maladie d'Alzheimer ne doit en fait être redoutée que si les trous de mémoire sont importants, de plus en plus fréquents, de plus en plus étendus dans les domaines touchés et longs dans le temps. Ils concerneront d'ailleurs beaucoup plus les situations récentes que le lointain passé : « Dans quelle ville suis-je ? » par exemple... ou encore « Cette personne semble me connaître intimement mais je ne vois pas de qui il s'agit ! »

Le mot sur le bout de la langue...

Dans le cas du mot qui ne vient pas, séparons l'explication de la solution :

▶ Dans ce moment, on remarquera nettement à quel point, en même temps, non seulement le mot ne vient pas (et plus on pense à sa seule forme parlée, moins il vient !), mais combien l'idée qu'on veut exprimer est bien claire dans notre tête, le sens lumineux, jusqu'à pouvoir créer quantité de synonymes ou de locutions approchantes. C'est la preuve que, à ce moment précis, certaines parties du cerveau fonctionnent bien – la conception, l'idée – tandis que d'autres sont déficientes – la mise en forme orale –, ce qui montre que ce n'est pas le fonctionnement de l'ensemble du cerveau qui pose problème, mais seulement la connexion entre certaines de ses parties, donc les flux de circulation en son sein.

▶ La solution est la même que pour l'entretien du cœur ou des muscles : elle vient de l'exercice, tout au long de la vie, de l'activité de mémoire. Pour celles et ceux qui ont le temps de faire fonctionner la mémoire, la recette viendra de ces vieux trucs que sont les mots croisés, le scrabble en famille, et surtout la lecture et l'écriture. Car ces exercices vont activer, ou réactiver, l'activité fondamentale qui permet de retrouver le bon mot ou la bonne formule : l'association à une image. Faites ce test : demandez à quelqu'un de vous écrire vingt mots, choisis au hasard, lisez-les rapidement puis essayez de les réciter de mémoire. Impossible sans entraînement. Reprenez chacun de ces mots isolés, remettez-les dans un contexte – une courte histoire en vingt tableaux qui s'enchaînent sans surprise par exemple – et les réciter par cœur devient d'une facilité déconcertante. C'est parce que le mot est, dans notre esprit, associé à une image ou à une réalité. Pour entretenir sa mémoire il suffit donc de travailler ce jeu d'associations. Le docteur Philippe Boulu[1] propose des formes concrètes d'entraînement qui permettent de maintenir ou d'améliorer les capacités dans ce domaine. Les propositions correspondent à la forme de faiblesse que vous ressentez, et on travaillera selon les cas l'attention, la concentration, la créativité, la logique, l'observation, la rapidité, le vocabulaire. Quelques conseils simples pour la vie courante : lisez beaucoup, et pratiquez autant que possible le calcul mental plutôt que la calculatrice. Bref pratiquez le sport du cerveau comme celui du corps. Car les performances de la mémoire sont en rapport direct avec l'habitude de la faire fonctionner souvent et régulièrement.

Surmonter les conflits

Chaque jour et partout, les êtres humains doivent relier les gens, les générations, négocier, composer et donc se compromettre, pour faire cesser ou réduire les guerres, l'hostilité, les contradictions, contestations, objections, désaccords, lever les obstacles et les doutes, résoudre les litiges et les contentieux. Le tout par la vertu de la parole !

Susciter l'adhésion

Ici nous gravissons une marche : il est maintenant question d'approbation, d'acquiescement, de se faire accepter par l'autre, d'accéder à lui pour collaborer, pour concourir à un but commun, de se faire accueillir, puis tolérer sinon adopter, de s'unir ou de s'associer ou au moins d'être intégré. N'oublions pas que pour les objets l'adhésion est, comme pour le papier mural, affaire de colle... et le premier lien humain, c'est la parole.

---

1. Dans *Dynamique du cerveau*, Éditions Payot – Petite bibliothèque documents (1992).

Décider ensemble

La communication orale est le meilleur vecteur de l'action commune. En tous cas ce fut chronologiquement le premier, dès qu'il fut question, pour notre espèce, d'agir pour un autre objectif que la simple survie.

Rappeler à l'ordre

Exercer son ascendant sur les autres, donc son pouvoir et son autorité. Montrer ses choix, ses décisions, ses conclusions... Comment l'exprimer mieux et plus facilement qu'en parlant ?

La communication orale, acte d'amour ?

> « *Rien n'est jamais acquis à l'homme, ni sa force*
> *Ni sa faiblesse, ni son cœur et quand il croit*
> *Ouvrir ses bras, son ombre est celle d'une croix.*
> *Et quand il croit serrer son bonheur, il le broie.*
> *Sa vie est un étrange et douloureux divorce...*
> *Il n'y a pas d'amour heureux.* »
> Louis ARAGON[1]

Pourquoi et comment faire entrer dans la communication orale des notions de sentiment et d'émotion ? Tout bonnement parce que **donner l'amour à ses interlocuteurs par la parole, c'est potentiellement obtenir d'eux** (entre autres...) :

- **le penchant**, et cela crée l'attraction, le désir, voire la séduction ;
- **l'inclination**, et grâce à cela apparaît l'approbation et le consentement ;
- **le sentiment**, qui permet de fonder l'intuition, de marquer et de jouer sur les opinions ;
- **la passion**, qui engendre le mouvement et le désir ;
- **la flamme**, donc la chaleur ;
- **l'attachement**, et à partir de lui l'estime, l'attraction, la tendresse qui permet la complaisance ;
- **l'attraction**, et donc l'appétit.

---

1. Chanson *Il n'y a pas d'amour heureux*, paroles de Louis Aragon et musique de Georges Brassens, Éditions Musicales Ray Ventura – Warner Chappell Music France.

▓ « Oser, et aimer »

> *« L'homme connaît le monde non point par ce qu'il y dérobe, mais par ce qu'il y ajoute. »*
> Paul CLAUDEL[1]

Et si ces états psychologiques et relationnels se trouvaient naturellement dans toute prise de parole ? En réalité la solution réside dans un comportement simple : une communication orale réussie passe par une capacité... savoir donner. Et se donner. Il sera ici question d'enthousiasme, donc de générosité. Patrick Audebert-Lasrochas conseille ainsi le délégué général d'un MEDEF local en 2000 :

> « Pour diriger une équipe, finalement c'est le responsable qui fait l'essentiel. Par son attitude. Il lui faut relever deux défis : oser, et aimer. Oser parce que c'est par définition le propre du responsable. Mais bien souvent le second volet, tout aussi important, est oublié : aimer. Car les membres d'une équipe sont en partie comme des enfants : ils ont besoin d'être conduits, d'être encadrés, d'être sécurisés. Le rôle du manager est donc ici de se servir de la créativité des membres de son équipe : il doit être capable de les faire participer. Et à ce titre il doit exploiter le registre parent-enfant ; c'est incontournable, parce que c'est dans la nature humaine. »

Respecter ses interlocuteurs

La notion de respect entre dans la potion magique d'une communication orale performante, parce que **le respect développe** :

- **la considération** : on montre qu'on tient compte de l'interlocuteur, qu'on lui accorde de la valeur ;
- **les égards** : ils manifestent l'estime qu'on voue à quelqu'un, le fait qu'on se sente concerné par son public ; rappelons que le mot vient du vieux français *esgarder*, qui signifie « veiller sur » ;
- **l'attention**, qui génère la vigilance envers les réactions et exprime l'intérêt qu'on porte à écouter ;
- **l'observation**, par laquelle on profite d'informations sur l'état d'esprit de l'interlocuteur qui nous forcent à nous adapter ;
- **le tact**, qui fait baigner le rapport de parole dans une ambiance de courtoisie (non exempte d'adresse...), de modération, de retenue (et donc d'équilibre), de subtilité ;

---

1. Cité par *Le Magazine Accor* (juillet août 2000).

- **l'autorité**, et, par son intermédiaire, la capacité de mener le public, de marquer, si le besoin s'en fait sentir, sa maîtrise de la situation ;
- **l'estime**, qui exprime le fait qu'on prise la compagnie de l'interlocuteur ;
- **la politesse** enfin, qui établit un lien structuré sur la distinction mais aussi sur des règles convenues.

Le respect peut se pratiquer en suivant quatre règles :

- rester vigilant ;
- ne pas critiquer les tiers ;
- utiliser des mots compréhensibles ;
- ne pas gâcher le temps d'autrui.

Le respect de l'autre, c'est l'attention : restons vigilant !

Une condition à la vigilance : l'absence de fatigue

La vigilance vis-à-vis de quelqu'un qui parle traduit le respect pour son effort de communication avec nous. Ceci étant, comme pour la conduite automobile, la fatigue est castratrice de la vigilance et donc de l'attention :

> « Je m'empêche de prendre des décisions importantes lorsque je suis trop fatigué. L'épuisement affecte la clairvoyance. »[1]

Le respect de l'interlocuteur, c'est l'absence de critiques envers les tiers

Pour s'imposer par la parole on ne dispose que de soi-même. Non seulement comme outil d'expression, mais aussi comme exemple. C'est pourquoi nul ne peut durablement promouvoir sa personne vis-à-vis d'un interlocuteur en s'exprimant aux dépens des tiers. On réussit en se mettant en avant – de manière fondée bien sûr – et non en faisant reculer les autres.

---

1. Michel Pébereau, entrepreneur (BNP Paribas), cité par *Le Figaro Entreprises* (5 novembre 2001).

Utiliser des mots compréhensibles

▓ Le choix des mots...

> *« Michelle, ma belle,*
> *These are words that go together well. »*
> John LENNON et Paul MC CARTNEY[1]

Non seulement les mots doivent être choisis de manière adaptée au public, mais il en est de même du style et de la manière de construire les phrases. Voici six impératifs qui doivent être respectés dans le choix des mots :

- **clairs** :
  - donc lumineux : le mot doit rayonner et porter sa propre intelligence,
  - donc audibles : l'écoute de notre parole doit être plaisante, facile,
  - donc évidents : cela évite la fatigue chez l'interlocuteur, par le caractère certain, incontestable, transparent du mot ;
- **accessibles** : le mot doit permettre d'établir la proximité avec l'auditeur ;
- **simples, donc commodes** : l'usage facile et le caractère pratique du mot rendent la prise de parole courante, ordinaire ;
- **naturels**, donc donnant l'impression de n'avoir pas été travaillés, de se présenter sans artifices ou, mieux, sans trucage ni tromperie ; la prise de parole apparaît comme allant de soi, de bon sens et sans se faire violence ;
- **faciles**, donc sans souffrance mais avec aisance et souplesse ;
- **déchiffrables**, donc appuyés sur le respect de l'interlocuteur et un lien de franchise : ce qu'on dit peut ainsi être compréhensible à première écoute, presque deviné sinon pressenti.

Certains mots ou locutions qui respectent particulièrement ces consignes peuvent même faire partie du vocabulaire courant pendant des générations, bien après la disparition de leur auteur, et alors que les générations suivantes ne savent plus à quoi ni à qui les raccrocher :

---

1. Chanson *Michelle*, paroles et musique de John Lennon et Paul Mc Cartney, Northern Songs.

▶ C'est tout le succès de « Chauffe Marcel ! » : qui sait aujourd'hui que l'expression fut involontairement lancée par Jacques Brel qui s'adressait ainsi à son excellent accordéoniste, Marcel Azzola ?

▶ Rappelons le « C'est bein vrrrai, ça ! » immortalisé par « Mère Denis » pour les machines de la marque Vedette en publicité à la télévision dans les années 1970.

▶ « C'est ç'la, ouîî... » sera lancé par Thierry Lhermitte dans le film *Le Père Noël est une ordure.*

▶ Et derrière « Enfoiré, va ! », qui reconnaît encore Coluche ?

Comme tant d'autres encore, on peut aussi citer le « Ho, hé, hein, bon ! » de Nino Ferrer, qui fit une belle carrière. Sans oublier les cas dans lesquels un mot est utilisé incorrectement mais va, du fait les capacités médiatiques de l'auteur de l'erreur, connaître une nouvelle « carrière » dans son nouveau sens. Il en est ainsi du « quarteron » de généraux désignés par le général de Gaulle pendant la guerre d'Algérie, qui a permis à ce mot de désigner couramment un groupe de quatre personnes, alors que son sens d'origine est vingt-cinq, soit le « quart » d'une centaine.

Le genre des mots ou le genre qu'on se donne ?

Quelques registres que Didier Noyé[1] conseille de caricaturer :

> « Le genre psycho-décadent : ça vous interpelle quelque part au niveau du vécu, mais enfin vous allez assumer et transgresser les interdits.
> Le genre anglo-saxon : pour quelqu'un du field, c'est un must de soigner son reporting si on veut devenir un winner.
> Le genre faux jeune : avec un plan d'enfer pour se payer un méga délire en flashant à mort, vous aurez le jet. »

Des mots simples pour le dire

Il arrive même dans bien des cas que la communication soit disqualifiée par l'utilisation d'un terme apparemment simple, mais qui, par sa nouveauté, ou par la nouveauté de l'idée ou de l'objet qu'il décrit, peut entraîner chez les interlocuteurs des réactions inattendues :

> « Exemple véridique : lorsque Kodak a lancé le "Weekender", son fameux appareil jetable, des clients ont appelé le service technique pour demander s'il était possible de s'en servir en dehors des week-end. »[2]

---

1. Dans *Réunionite. Guide de survie*, Insep éditions (1989).
2. Scott Adams, *Le Principe de Dilbert*, First Éditions (1997).

On n'est jamais trop prudent, ni trop simple, ni trop explicite...

▨ Bannir la parole enivrée

De manière générale les mots les plus simples sont les meilleurs :

> « Un manager ne dira par exemple jamais "J'ai mangé ma pomme de terre à la fourchette" mais plutôt "Pour traiter cette source d'amidon, il m'a fallu avoir recours à un outil à dents multiples". Si ces deux phrases signifient à peu près la même chose, il est évident que la seconde émane d'une personne d'intelligence supérieure. »[1]

On peut même agencer à volonté des mots vides, ce qui ne remplira par pour autant ni la phrase ni le cerveau :

> « Il est bon d'avoir en réserve quelques phrases définitives et hermétiques qui laisseront l'adversaire sans voix car elles n'ont pas de sens. Voici donc un tableau pour composer un florilège de phrases creuses et battre les records d'ineptie. [...]

Le parler creux sans peine				
Petite collection de phrases à l'usage des débutants				
Chaque mot d'une colonne peut être combiné				
avec n'importe quel mot des autres colonnes				
L'excellence	renforce	les facteurs	institutionnels	de la performance
L'intervention	mobilise	les processus	organisationnels	du dispositif
L'objectif	révèle	les paramètres	qualitatifs	de l'entreprise
Le diagnostic	stimule	les changements	analytiques	du groupe
L'expérimentation	modifie	les concepts	caractéristiques	du projet
La formation	clarifie	les savoir-faire	motivationnels	des bénéficiaires
L'évaluation	renouvelle	les problèmes	pédagogiques	de la hiérarchie
La finalité	identifie	les indicateurs	représentatifs	des pratiques
L'expression	perfectionne	les résultats	participatifs	de la démarche
Le management	développe	les effets	cumulatifs	des acteurs
La méthode	dynamise	les blocages	stratégiques	de la problématique
Le vécu	programme	les besoins	neuro-linguistiques	des structures
Le recadrage	ponctue	les paradoxes	systémiques	du méta contexte

> Ce guide de conversation est à votre disposition pour singer les personnes légèrement atteintes d'ivresse verbale et leur renvoyer une caricature grinçante. »[2]

---

1. *Idem.*
2. Didier Noyé, opus cité.

© Éditions d'Organisation

Il faut reconnaître que « l'excellence clarifie les savoir-faire systémiques des acteurs », ou « l'évaluation stimule les paramètres qualitatifs de la problématique » sont du meilleur effet !

▨ Comme les mots, les messages aussi doivent être clairs

Parmi les trois principes de management qu'il s'applique, Michel Pébereau titre l'un « Délivrer des messages clairs » :

> « Je m'applique à ce que toutes mes grandes décisions puissent être expliquées simplement. Par exemple, lors de la fusion, le principe des trois fois six (six jours, six semaines, six mois) pour construire le nouvel ensemble donnait des repères clairs. »[1]

▨ La répétition des mots peut donner un sens

Pour imposer un sens non directement visible à un discours si on en est l'émetteur, ou à l'inverse pour décrypter aisément le sens d'un discours dont on est le récepteur, rien de tel que de recenser le nombre de fois où certains mots sont utilisés. Leur répétition dans le texte ne se remarque pas à la première écoute parce qu'à chaque utilisation ils sont placés dans des circonstances de phrase différentes, mais leur présence réitérée marque inconsciemment l'auditeur, comme si c'était un message subliminal. De même, elle influence l'état psychologique de l'orateur dans le sens du mot répété, autant par ce que ce mot a contribué à construire dans l'esprit de ce dernier au moment de la préparation que par sa répétition régulière au moment de l'expression, un peu comme les cailloux blancs du Petit Poucet. Ainsi un journal télévisé pourra-t-il être examiné à la loupe. On en extraira le message fondamental, qui parfois n'existait que dans l'inconscient de ses auteurs, et particulièrement des rares journalistes qui accèdent à la maîtrise de l'ensemble des sujets ; il arrive en effet que la production isolée de chaque journaliste, prise de manière séparée – un reportage, un témoignage, un commentaire –, ne « dégage » pas en elle-même de mot clé, mais qu'il faille écouter l'ensemble du journal télévisé pour parvenir à cette analyse :

> « Le mot "violence" apparaît treize fois en dix minutes dans le journal télévisé diffusé lundi 19 novembre sur TF1. Sur France 2, David Pujadas utilise ce mot une fois à propose de l'ETA, mais ni à propos des policiers ni à

---

1. Michel Pébereau, entrepreneur (BNP Paribas), opus cité.

propos de l'attaque du fourgon. Sur France 3, le mot est employé à propos de l'attaque du fourgon. »[1]

On peut même inverser la démonstration ci-dessus en affirmant que non seulement la répétition d'un mot donne un sens à la relation établie par la communication orale, mais qu'*a contrario*, le fait d'éviter de répéter un mot – consciemment ou non – aura également pour effet, parfois volontaire politiquement, de donner tel ou tel sens au discours, afin par exemple de tenter de gommer une réalité ou son interprétation... dans l'exemple utilisé ici, on peut se demander si c'est TF1 qui exagère l'utilisation du mot ou France 2 qui le sous-estime... :

> « Selon les experts de l'Observatoire du débat public, le mot "violence" est utilisé sur TF1 pour évoquer des situations très différentes dans une période courte. Conséquence, le journal ne rend plus compte de quatre ou cinq faits distincts, mais propose "le spectacle d'un seul et même phénomène". Le téléspectateur a ainsi sous les yeux "la violence" actuelle dans l'ensemble de la société et, effet cumulatif oblige, sa "montée", analyse la sémiologue Mariette Darrigrand. Ce faisant, le "JT" de TF1 prend le risque, selon elle, "d'accentuer les peurs issues de connexions fausses". »[2]

▨ Attention : nos mots nous trahissent

Un mot est la plupart du temps subi par celui qui l'emploie : il le choisit inconsciemment. Il arrive également qu'on mette beaucoup de soin à choisir un ou plusieurs mots, mais – inconsciemment encore – on délaissera alors les mots secondaires, qui seront utilisés au fil de l'eau, par défaut, et ce sont ces derniers qui trahiront la pensée profonde. Un exemple en est donné à l'occasion d'un fait divers – le meurtre d'une femme début 2002 à Avignon – à l'occasion duquel les journalistes ont pour la plupart trahi leur détachement par rapport au problème de l'insécurité, alors qu'à première vue le sujet est non seulement traité mais de plus en premier titre :

> « Qu'a-t-on lu et entendu à propos de cette infortunée "mamie" sauvagement agressée et violée, à Avignon, par deux jeunes gens dont un mineur ? Qu'à l'origine, il s'agissait sans doute d'un "simple cambriolage". Faute vénielle, donc, et pour tout dire compréhensible à cet âge que chacun sait difficile. Gageons pourtant que l'adjectif n'aurait pas fait sourire ceux et celles qui, victimes de l'un de ces "simples" cambriolages, ont

© Éditions d'Organisation

---

1. Section communication du quotidien *Le Monde* (27 novembre 2001).
2. *Ibidem*.

éprouvé dans leur chair ce que cette violation de l'intimité pouvait provoquer de ravages. S'il faut décidément mettre en œuvre ce que nos politiques, avec de plus en plus d'insistance, nomment la "tolérance zéro", il serait sans doute bon de surveiller notre langage, et d'en bannir tout ce qui pourrait conduire à une banalisation de fait de la "petite" délinquance... En veut-on une preuve supplémentaire ? D'autres n'ont pas hésité à parler, au sujet de cette même affaire, de "tentative de cambriolage qui aurait mal tourné". Une "simple" question aux – nombreux – auteurs de cette formule : à quoi reconnaît-on le cambriolage qui "tourne bien" ? Peut-être au fait qu'il est couronné de succès ? »[1]

Ne pas gâcher le temps d'autrui

▨ Aujourd'hui, le message le plus important, c'est le plus court

Aux yeux d'autrui, ce n'est pas votre temps qui est le plus précieux, c'est le sien. On est d'ailleurs aidé ici par une des grandes évolutions de la communication au cours de la naissance de la société de communication pendant la seconde partie du XXe siècle : auparavant un message qu'on voulait fort faisait l'objet d'interventions très longues... le discours fleuve correspondait aux messages majeurs. Tout comme en communication écrite l'éditorial d'un quotidien, jusque dans les années 1950, prenait l'essentiel de la première page et bien souvent débordait sur toute une page intérieure. Depuis, retournement de manière de pratiquer : le message le plus important fait l'objet de l'énoncé le plus court, le plus nerveux, le plus rapide. La publicité s'est engouffrée dans cette voie, puisque tout est dit, ou presque, en un spot de 30 secondes ! Imaginons l'accueil que recevrait, dans les années 1930, le conseiller en communication d'un homme politique qui lui proposerait de s'exprimer totalement, clairement et complètement en un temps aussi court ! Au début du XXIe siècle, ce sont les entreprises et organisations les plus rapides qui rattrapent et parfois dépassent les plus lourdes ; de même un message essentiel peut faire l'objet d'un simple mail de quelques lignes envoyé en temps réel par l'internet. **C'est une constante actuelle de comportement et de stratégie : place au véloce, au prompt, à l'alerte, au leste, au vif. Mais attention : pour autant pas au bâclé ni à l'expéditif !**

---

1. Bruno Dewaele, « Mâchons tout, à commencer par nos mots ! », *La voix du Nord* (29 janvier 2002).

© Éditions d'Organisation

Relativiser l'expression de ses jugements

> « *N'est pas philosophe qui veut*
> *Car le philosophe est un sage.*
> *Il faut un long apprentissage*
> *Pour laisser pleuvoir quand il pleut.* »
>
> Brizeux, poète breton[1]

L'exemple en a été donné par Claude Bloch, élu en septembre 1981 président de l'Union patronale régionale Nord-Pas-de-Calais (le « patronat », comme on disait alors, du Nord de la France), qui s'appelait le CISE (Comité interprofessionnel social et économique) et se dénomme aujourd'hui MEDEF Nord-Pas-de-Calais. Parmi les entrepreneurs il présidait déjà la profession des matériaux de construction[2]. Son leitmotiv sera, tout au long de sa présidence :

> « Tout le monde patronal doit chanter la même chanson. »

Et il eut fort à faire, dans une région où chaque territoire avait encore les moyens de jouer seul et non en équipe, et à une époque où l'émergence des systèmes de représentation territoriale des entrepreneurs (aujourd'hui les MEDEF régionaux ou locaux) était ressentie par les professions régionales ou nationales comme un risque d'atteinte à leur pouvoir. J'étais son collaborateur à l'Union patronale régionale Nord-Pas-de-Calais de 1988 à 1990 ; un jour de 1991 il dit à son équipe, avec laquelle il était réuni, et tandis qu'un interlocuteur venait de nous quitter après avoir assené quelques belles vérités théoriques de la série « Y'a qu'a, faut que... » :

> « Trop de brillantes propositions nous sont faites, sur les enjeux majeurs de notre société, économiques et sociaux, dont nous pourrions dire comme Kipling : "technologiquement et politiquement parlant, l'idée était bonne. Elle ne présentait qu'un seul inconvénient : elle ne tenait pas debout". »

---

1. Cité par Hervé Sérieyx dans *La nouvelle excellence*, Maxima – Laurent du Mesnil (2000).
2. Claude Bloch aura mené toute sa carrière dans la tuile, le béton et les matériaux de construction : il sera PDG des Tuileries Marley-Betopan dès leur création en 1969. Passionné par la promotion de l'entreprise, il sera membre du conseil exécutif du CNPF (Conseil national du patronat français), devenu le MEDEF, où il représente à la fois sa région et sa profession.

Silence et écoute : parler, c'est beaucoup se taire...

« Parler est un besoin, écouter est un art. »
GOETHE[1]

Si le silence peut nous intéresser dans le domaine de la prise de parole, c'est parce qu'il correspond à des notions dont la maîtrise n'est pas neutre dans ce domaine : le calme, la sérénité, la domination de soi, la mesure. Quant à l'écoute, elle a au moins deux fonctions fondamentales :

- elle sert à percevoir, à ausculter, à auditer son public ou son interlocuteur ;
- elle permet de s'associer, de s'unir, de s'intégrer avec ceux que nous écoutons et avec lesquels, à un moment donné, nous allons devoir parler.

▨ Le regret d'Hervé Sérieyx : « Boîte à clous » connaissait la marge brute d'autofinancement...

C'est la simplicité qui préside la capacité au silence et à l'écoute. Hervé Sérieyx en fait un jour la leçon :

> « À l'époque, j'étais directeur général adjoint du groupe Lesieur, et au lieu de vendre des bouteilles d'huile, je me répandais sur les estrades et devant les micros pour promouvoir mon denier bouquin, *L'entreprise du troisième type*, écrit avec Georges Archier, et pour vanter les mille et un avantages du management participatif et de l'écoute des salariés. Or, en ce temps, le siège social de Lesieur employait un factotum, un agent chargé d'exécuter toutes les petites besognes quotidiennes (recoller un bout de moquette, revisser une prise téléphonique, changer une ampoule, modifier la place d'un tableau...) qui permettent de conserver aux étages nobles l'apparence cossue, discrète, élégante et confortable qui sied aux locaux directoriaux. Dans la société depuis vingt ans, c'était un personnage falot, toujours vêtu de gris. Il arrivait le plus lentement possible quand on le demandait, effectuait le travail en grognant, partait sans dire au revoir. Vraiment une personne épanouie ! Entre nous, nous l'appelions "Boîte à clous". Cela nous faisait rire, mais lui, qui le savait, s'en amusait moins. Un jour qu'il nettoyait une tache qui déshonorait la superbe moquette tabac de mon bureau, je téléphonais, sans le voir, à un analyste financier qui me confiait l'intérêt que pourrait trouver notre groupe à racheter une petite société agroalimentaire bretonne, susceptible de compléter notre gamme de produits. Séduit, je lui demandais de me communiquer comment avait

---

1. Cité par le site internet « citationsdumonde.com »

> évolué durant les trois dernières années la marge brute d'autofinancement de cette entreprise pour que je puisse apprécier, en première intuition, sa valeur vénale. Comme je reposais le téléphone, "Boîte à clous" se retourna vers moi : "Monsieur Sérieyx, vous avez bien raison, la marge brute d'auto-financement, c'est essentiel." Abasourdi par de tels propos exprimés par un "exécutant", je l'invitais à s'asseoir en face de mon bureau afin de comprendre d'où lui venant sa science. Et je découvris que cet homme, qui depuis vingt ans exécutait chez nous de menues besognes, assurait depuis dix ans la mission de vice-président trésorier d'un grand club sportif polyvalent de la région parisienne, l'un des plus connus, et que, chaque week-end, il gérait des millions de francs, avec compétence et efficacité. »[1]

Hervé Sérieyx tire deux leçons de cette expérience :

- depuis longtemps la personne qui assurait la responsabilité des ressources humaines – en l'occurrence lui-même ! – aurait dû remarquer l'existence de cette expertise, et c'est bien le manque d'écoute qui est à l'origine de ce manque tout court et de cette humiliation permanente ; d'ailleurs Hervé Sérieyx rappelle cette histoire dans le chapitre « Écoute » de son ouvrage ;

- sur le plan économique, on ne peut plus se permettre aujourd'hui ce type de gâchis de connaissances et de compétences.

Manager, c'est aussi écouter

Il est significatif que dans la *Lettre du manager*, qui sous la rédaction en chef de Gérard Ferlet paraît deux fois par mois le vendredi, le paragraphe « Bien écouter » soit légèrement plus long que le paragraphe « Bien parler », que nous citons par ailleurs :

> « – Ayez une attitude positive, ouverte, objective (quel que soit le sujet traité).
> – Contrôlez vos émotions et, surtout, leurs manifestations visibles (favorables ou antagonistes, elles perturbent le cours de la pensée de votre interlocuteur).
> – Concentrez-vous sur le contenu et sur le message, ne vous laissez pas distraire par les facteurs annexes comme l'attitude (tenue, tics, etc.) ou le vocabulaire de celui qui parle.
> – Vérifiez que vous avez compris : posez des questions, reformulez, etc.

© Éditions d'Organisation

---

1. Dans *La nouvelle excellence*, Maxima – Laurent du Mesnil (2000).

– Concentrez-vous sur les idées importantes, prenez des notes courtes et pertinentes. »[1]

En médecine, respecter le patient, c'est d'abord l'écouter

« "Nous ne pouvons que très difficilement rester sourds... (à la demande qu'expriment les patients d'être écoutés, entendus et compris en tant qu'individu souffrant)". Je me souviens, après avoir lu cette phrase sous la plume de Jacques Charon, lui avoir fait remarquer qu'à mon avis, sur ce point, il avait absolument tort : les soignants, quel que soit le champ de leur exercice, ne peuvent que trop facilement rester sourds. Ils ont toutes les bonnes raisons pour cela, ils en ont aussi les moyens. »

C'est par cette boutade que le docteur Daniel Weiss, psychanalyste, débute sa préface (« Rester sourds ? ») d'un livre de Jacques Charon et Frédéric Joachim, parodontistes, l'un des rares (trop rares...) ouvrages consacrés par des « soignants » au rapport entre les médecins et les malades, et d'ailleurs significativement titré *Service patient, service gagnant*[2]. Et le « psy » précise sa pensée :

« Pour ce qui est des moyens, il faut reconnaître que la techno-science médicale [...] n'est pas avare. Les connaissances scientifiques et la compétence technique des praticiens, de plus en plus sophistiquées, contribuent à produire cet effet assourdissant permettant aisément de ne pas écouter, et encore moins d'entendre. Quant aux bonnes raisons, elles se ramènent, en dernier ressort, à une affaire de confort. »

Par quelques exemples, Daniel Weiss brosse un tableau qui pourrait aussi bien illustrer, ou même synthétiser un livre imaginaire – par exemple « Je soigne ou je parle ou j'écoute ? » – sujet que Jacques Charon aborde d'ailleurs plus loin dans son ouvrage :

« Il y a certaines choses auxquelles il vaut mieux ne pas trop penser, sous peine de voir soudain sa tranquillité troublée :
– penser, par exemple, que l'enjeu pour le patient excède, parfois de beaucoup, la demande explicitement exprimée ;
– penser que, de ce fait, le praticien est investi d'un savoir et d'un pouvoir imaginaires souvent très éloignés de la compétence effective qu'il se reconnaît lui-même ;
– penser encore que dans une relation entre un(e) "traitant(e)" et un(e) "traité(e)", il n'y a pas qu'un seul demandeur, mais bien deux, et que le plus demandeur des deux n'est peut-être pas celui qu'on croit. Un pra-

---

1. *La Lettre du manager* (16 novembre 2001).
2. Éditions CdP (1995).

> ticien attend beaucoup de son patient, par exemple qu'il accepte son
> offre de soins, qu'il se conforme – et se soumette – à ce qui lui est
> proposé.
> À tout cela il est préférable de ne pas penser. »
> « "Vous avez une furcation de classe II + sur la face disto-palatine de la 27
> et je vais vous surfacer les racines pour obtenir une réattache et fermer vos
> poches !". Cette phrase d'une vérité technique criante a fort peu de chan-
> ces d'être entendue par un patient non professionnel de la parodontie. »[1]

Pour la première consultation qu'il donne à un nouveau patient, Jacques
Charon place – chronologiquement comme stratégiquement – en premier lieu... l'entretien, c'est-à-dire la communication orale ! Donc avant
les stades classiques des soins que sont l'examen clinique, les examens
complémentaires, la délivrance des informations et enfin la gestion du
temps et de l'urgence pour les soins. Et que va-t-il devoir se passer
pendant ce fameux entretien ? Il sera marqué par la qualité des premiers
instants :

> « L'expérience montre que les dix premières minutes d'entretien sont déter-
> minantes pour le reste du traitement. En effet, le patient ne manquera
> jamais de nous rappeler le motif de sa consultation si par mégarde nous
> avions tendance à l'oublier. La raison pour laquelle le patient consulte [...]
> sera en général exprimée clairement dans les premières minutes de l'entre-
> tien : "J'ai les dents qui bougent", "J'ai mal quand je me brosse les dents",
> « Mes dents paraissent plus grandes", "J'ai l'impression que je vieillis". »

Cela implique, pour l'interlocuteur qu'est le soignant, de faire en sorte
que ce moment soit servi par les meilleures conditions, matérielles et
psychologiques. Mais à quoi tout cela sert-il finalement ? En quoi cette
écoute et cette première parole qu'on recueille sont-elles essentielles
et fondatrices de la suite des événements ? Qu'on ne s'y méprenne pas
en jouant les débordés :

> « En première approximation, il pourrait apparaître que prendre le temps
> dévolu à écouter les doléances, les plaintes ou les attentes des patients,
> soit un trop long moment perdu ou sans intérêt puisqu'il faudra bien en
> venir, à un moment ou un autre, au "concret". Et pourtant il s'agit d'un
> moment clé où, spontanément, émergent de la bouche du patient des
> informations, des hypothèses étiologiques personnelles, des angoisses, la
> place de la maladie ou de l'organe dans la vie du sujet ou celle de son
> entourage. [...] Il s'agira de transformer un "interrogatoire" en un "entre-
> tien". [...] Si donc l'interrogatoire se transforme progressivement en un
> entretien non directif avec ses inévitables ponctuations de silences et de

---

1. Jacques Charon et Frédéric Joachim, *Service patient, service gagnant*, Éditions CdP (1995).

mimiques, alors le contexte émotionnel (ce qui souvent sous-tend et motive la démarche du patient) peut s'exprimer et pourra être entendu par nous : "J'ai un jeune amant qui ne supportera pas que je porte un dentier" (sic) ou encore "Tant pis si je dois perdre mes dents, au moins je n'aurai plus mal" ou aussi "Je voulais simplement savoir si c'était un cancer". À travers ces phrases à l'apparence uniquement médicale des êtres parlants chargés à leur insu de leur histoire se questionnent et nous questionnent sur des thèmes tels que la Mutilation, la Vie, la Mort, l'Amour, la Douleur. »[1]

▨ Le silence des monastères

Il existe des cas de communication orale au travers d'un autre outil que la parole. Nous le verrons plus loin pour le chant. Qui plus est, **il arrive que dans certaines conceptions de communication, la parole soit portée par… le silence**. Ainsi les moines, comme nous le verrons également plus loin, assurent-ils que la parole se diffuse par… la Règle. Point n'est donc besoin de parler pour prendre la parole !... Voici l'expression d'une forme de communication : il est admis fermement par ces communicants particuliers que sont les moines que la Parole ne passe pas par la parole, mais par la Règle. L'expression et la maîtrise de ce principe surprenant sont très clairs dans l'esprit des moines qui réfléchissent à son sens. André Louf[2] rappelle quelques axes forts de cette règle d'ascèse monastique : l'obéissance, le célibat, le partage des biens, le silence, les veilles, les jeûnes. Autant d'outils de la communication qui vont prendre la place de la parole pour diffuser la Parole... Parmi les douze échelons de l'humilité selon saint Benoît, voici le neuvième et le onzième :

> « Que le moine sache retenir sa langue et garde le silence sans rien dire tant qu'il n'est pas interrogé.
> Que le moine, quand il parle, le fasse doucement et sans rire, humblement et sérieusement, en peu de mots, raisonnablement et sans éclats de voix. »[3]

Voici des pratiques qui défient le temps : cette règle s'applique dans les monastères bénédictins depuis le IVe siècle. C'est vrai que l'image que nous avons du moine, dans l'inconscient collectif, tourne fortement sinon principalement autour du thème et de la pratique du silence. C'est par-

---

1. Jacques Charon et Frédéric Joachim, opus cité.
2. On se reportera utilement aux travaux de Dom André Louf, longtemps abbé du monastère du mont des Cats au sud de Dunkerque, l'un des grands contemplatifs de notre temps, et notamment à *La voie cistercienne. À l'école de l'amour*, Desclée de Brouwer (1991).
3. *La Règle de saint Benoît*, Éditions de l'abbaye de Solesmes (1988), cité par Christophe André et François Lelord dans *L'estime de soi. S'aimer pour mieux vivre avec les autres*, Éditions Odile Jacob (1998).

ticulièrement fondé pour les trappistes. Concrètement, en quoi consiste la pratique du silence de nos jours par rapport à la règle rappelée ci-dessus ? Elle est fortement respectée, et de deux manières. Tout d'abord dans la réalisation courante des activités quotidiennes, le moine, effectivement, n'utilise la parole que si c'est nécessaire, par exemple pour faire fonctionner le monastère ou pour travailler. Le reste du temps le principe est respecté, et sa pratique est ponctuée toutefois d'exceptions maîtrisées, sous forme d'échanges en commun, par des sortes d'ateliers ou en réunissant tous les moines, à un rythme en moyenne hebdomadaire. Quelle est l'origine de la pratique du silence par les moines, au-delà de l'inscription par saint Benoît dans sa Règle ? C'est le silence-écoute :

> « Saint Benoît insiste sur le fait que le moine, en bon disciple, est avant tout un homme de l'écoute. Il doit s'exercer au silence pour devenir tout oreille devant la parole de Dieu qui lui parvient dans l'Écriture et dans l'enseignement de son abbé ; pour se rendre sensible aussi à la parole intérieure que le Saint-Esprit ne cesse de proférer dans son cœur. Encore uns fois, l'ascèse du silence est là uniquement pour creuser un espace où Dieu pourra se faire entendre sans aucun bruit de fond. C'est pourquoi le silence ne doit jamais quitter le moine [...]. »[1]

▌ Le silence des mimes

Et que dire des mimes ? Marcel Marceau rappelle volontiers qu'après la Seconde Guerre mondiale, quand il s'est lancé dans cette aventure folle qu'est le mime et qu'il annonçait dans les salles qu'il proposait un mimodrame silencieux, on se moquait de lui. Un demi-siècle plus tard, à l'occasion de son spectacle *Premiers Adieux* à l'Olympia en 2000, il explique le succès de l'école du mimodrame créée en 1978 par le maire de Paris, un certain Jacques Chirac... les élèves sont aujourd'hui originaires de vingt pays différents :

> « Attention, le silence n'est pas quelque chose de mort, c'est le cri du cœur, le poids de l'âme. Je vais même plus loin : pour moi, le silence n'existe pas. »[2]

▌ De l'intérêt du silence choisi...

Le silence, ce n'est pas si difficile. Pour deux raisons, qui peuvent s'appliquer ensemble ou séparément :

---

1. Dom André Louf, opus cité.
2. Interview de Marcel Marceau par Annie Grandjanin, *Le Figaro* (19 septembre 2000).

- il permet d'écouter l'autre, donc de le respecter ;
- il montre surtout, par son existence et sa pratique parfois nécessaire, que la communication orale, finalement, n'est pas une nécessité humaine de tous les instants, relativisant par cela le sujet même de ce livre !

Sur ce second point la meilleure leçon viendra de celles et ceux qui, pendant des temps très longs, n'ont pas de contact physique avec d'autres êtres humains. Prenons l'exemple des marins. Olivier de Kersauson l'exprime dans une interview parue lors de la mise à l'eau de son nouveau trimaran, ou comment et pourquoi ne pas parler... :

> « Il y a dans cet univers [l'univers maritime] de quoi occuper un cerveau, un cœur et une âme pleinement. Pour ne rien vous cacher, ça ressemble assez au bonheur parfait ! »

Cette citation est reprise en titre de l'interview[1], dont on retire encore :

> « Le bonheur, c'est souvent de cacher aux autres ce qu'on a dans le fond de l'âme. »

... Et de sa dureté quand il est imposé

> *« En littérature aussi, le silence est plus dramatique que les mots. »*
>
> Françoise SAGAN[2]

Comme en contrepoint, au cours de la même conversation que celle citée ci-dessus, Olivier de Kersauson[3] montre à quel point la communication orale est nécessaire entre des êtres humains, et, *a contrario*, quelle blessure on ressent lorsqu'elle est devenue irrémédiablement impossible, comme par exemple lorsque la mort vous sépare et que seuls restent les souvenirs... :

> « Ils ne sont plus là aujourd'hui... [Il soupire.] C'est aussi une blessure pour moi. Ce qu'on a fait en trimaran avec Tabarly et Colas, par exemple, je n'ai plus d'interlocuteur pour l'évoquer. Il y a blessure mais, d'un autre côté, continuer, c'est un formidable privilège. J'ai pleine conscience de l'immense chance que j'ai de pouvoir encore faire ce métier. Il n'y a pas de jour où je n'y pense pas.
> – Nostalgie ?
> – Non... Le souvenir, sûrement. »

1. Olivier de Kersauson, entretien avec Rémi Pelletier, *Paris Match* (9 août 2001).
2. *Derrière l'épaule*, Plon, cité par le magazine *Enjeux les Échos* (septembre 1999).
3. Entretien avec Rémi Pelletier, *Paris Match* (9 août 2001).

▪ Être sourd et parler : le langage des signes ?

Quatre-vingt pour cent des sourds profonds sont en France illettrés. Cela montre le lien entre écoute, relation à autrui et communication orale. Auteur d'un documentaire titré *La Mafia du silence* (1998), Marie-Thérèse L'Huillier est la première personne sourde à présenter une émission de télévision en France : nous sommes en 1979 sur Antenne 2 dans *Mes mains ont la parole*. Rappelons qu'elle a adapté en langage des signes le clip de *Savoir aimer* de Florent Pagny. Ce fameux langage des signes est utilisé par plus de 50 000 sourds en France, et par plus de 100 000 non-sourds. Marie-Thérèse L'Huillier partage en 2001 la fonction de rédactrice en chef du magazine de télévision *L'œil et la main* avec l'orthophoniste Dominique Hof. Le 200ᵉ numéro de cette aventure, lancée dès les débuts de la Cinquième, en 1994 sous la présidence de Jean-Marie Cavada, est fêté fin 2001 :

> « [Cette émission d'une part] est sans équivalent et elle très vite apparue indispensable à son public, d'autre part, au fil des saisons, ce 26 minutes généraliste de facture très soignée [...] a su développer de façon vivante, souvent étonnante et ludique, un triple objectif : rompre l'isolement des sourds, malentendants ou devenus sourds et favoriser leur insertion (plus de quatre millions d'individus concernés) ; établir des passerelles entre eux et le monde entendant ; sensibiliser l'opinion et les pouvoirs publics aux retards et dysfonctionnements français. [...] L'une et l'autre ont à cœur d'enrayer cette double méprise qui justifie toutes les discriminations – le rejet et l'apitoiement –, et d'impulser des synergies propres à aider les sourds à "devenir citoyens à part entière". »[1]

Une fois de plus, constatons-le, **la communication orale peut passer par autre chose que par les mots et la parole** : par le chant comme nous le verrons plus loin, mais aussi par des outils qui ne concernent plus la bouche, comme ici les signes.

---

1. Valérie Cadet, *Le Monde Télévision* (18 novembre 2001).

La communication orale, acte de séduction ?

Exploiter le charme : parler, c'est aussi plaire

> « Ne jamais parler de soi aux autres et toujours leur parler d'eux-mêmes :
> c'est tout l'art de plaire. »
>
> Edmond et Jules DE GONCOURT[1]

Le charme : enchantement, esthétique, attrait, séduction

Peut-on donner une définition du charme ? Car « définition » signifie « donner les limites, repérer la fin » ! Dans le domaine de la communication orale, le phénomène peut pourtant exercer cinq fonctions essentielles :

► **Le charme permet d'enchanter le public.** Par ce biais on passe de la raison et de la conviction à la magie : « enchanter » est issu du mot latin *incantare* qui signifie « prononcer des formules de sorcellerie ». Il s'agit donc de pouvoir envoûter l'interlocuteur.

► **Le charme ouvre le domaine de l'esthétique**, au moins physique : il s'appuie en partie sur la grâce, qui fait référence à une forme de don de beauté.

► **Le charme fonde l'attrait**, du latin *trahere*, qui signifie « tirer vers soi ». C'est donc un outil de déplacement du public, par la création ou le renforcement d'un lien, d'une cohésion avec lui.

► **Le charme met en œuvre le registre de la séduction.** C'est là aussi un moyen de mettre les interlocuteurs en mouvement : le mot vient du latin *seducere*, qui signifie « conduire à l'écart ».

► Enfin, on pourra aborder le champ de la détente : **le charme permet d'amuser, de réjouir, d'exciter.** On va assurer la distraction, voire la joie du public, par une relation agréable, en même temps énergique et légère, même si elle est parfois artificielle.

L'objectif : captiver, satisfaire, fasciner

Quant à l'objectif, il est simple : plaire. Trois intentions président à l'exploitation du charme :

---

1. *Idées et sensations*, cité par le site internet « citationsdumonde.com ».

► **Captiver, intéresser**. Il est ici question de « prendre » le public, de le capturer, par l'exploitation de son intérêt ou de ce qu'il va ressentir comme tel. Nous cherchons à convenir à nos interlocuteurs, à correspondre à leurs attentes, à bénéficier de leur approbation parce qu'ils ressentent comme profitable de nous écouter du fait de notre discours adapté.

► **On peut plus aisément rassasier, combler la faim du public**. Sa satisfaction (du latin *satisfere*, « en faire assez ») montre qu'on agit suffisamment pour répondre à un besoin. Le contentement qui en résulte va « ravir » le public, ce qui est utile car, dans ce terme, il y a autant la notion d'enlèvement que de plaisir.

► **On peut alors fasciner, subjuguer, enjôler** (qui signifie « mettre en prison », en « geôle »), c'est-à-dire réduire la capacité d'opposition ou de réaction négative par une forme de domination tout à la fois irrésistible et surnaturelle.

Parler à voix douce...

> « *Nous sommes tous responsables de la qualité de notre environnement humain.*
> *C'est toujours la balle que vous envoyez qui vous revient...*
> *[...] Simple loi de la nature. Juste retour des choses... »*
>
> Gérard MULLIEZ[1]

Bien souvent le charme, en matière de communication, sera l'objet d'une pratique inconsciente, non manipulatrice. Il se double de discrétion, de retenue, de mesure, de sobriété, de pudeur, de modestie. On rappellera utilement, *a contrario* et pour exemple, la débauche de communication indécente autour du « départ » de Karl Lagerfeld du monde de la mode à Paris début 2002, appuyée sur l'opposition convenue entre le « bon » créateur et le « méchant » marché qui l'aurait tué... le tout étalé sur des semaines à longueur d'émissions de radio et de télévision. On comparera tout aussi utilement le comportement des places de Londres et Anvers qui, depuis 20 ans, sans faire de bruit et d'effets de caméra, en travaillant discrètement et profondément à partir d'une très jeune et nouvelle génération de 18-30 ans, prennent position dans le monde planétaire de la mode, faisant de ces deux métropoles deux nouvelles

© Éditions d'Organisation

---

1. Fondateur et président du groupe Auchan. Dans *La dynamique du client* de Richard Whiteley, présentation et commentaires de Gérard Mulliez, Éditions Maxima (1994).

capitales mondiales de la mode, rejointes par New York et au même niveau que Paris :

> « "À Anvers, on peut parler à voix douce, quand à Paris il faut crier pour se faire remarquer. J'aime créer des vêtements, pas me montrer", explique Dries, qui fuit les mondanités et préfère l'ambiance studieuse mais familiale de la société où tout le monde se connaît. »[1]

Enthousiasme, donc générosité

> *« Je te donne toutes mes différences,*
> *Tous ces défauts qui sont autant de chances.*
> *On s'ra jamais des standards, des gens bien comme il faut,*
> *Je te donne ce que j'ai, ce que je vaux. »*
>
> Michaël JONES et Jean-Jacques GOLDMAN[2]

▓ Évitons le « frétillement des petits rats pavloviens » : gare à l'enthousiasme forcé !

Ne tombons pas, une fois de plus, comme dans la plupart des productions écrites ou des séances de formation et de motivation pour la prise de parole en public, dans l'enthousiasme forcé, l'enthousiasme pour l'enthousiasme. Hervé Sérieyx[3] met en garde contre *« les recettes qui seraient susceptibles de produire de l'enthousiasme collectif »* : jusqu'aux *« propos [...] de « Dale Carnegie »*, on a égrené toute la liste des mille et un stimuli qui pourraient faire frétiller nos petits rats pavloviens dans les labyrinthes professionnels quotidiens de leurs organisations. »

▓ L'enthousiasme naturel sert la communication orale

L'enthousiasme permet de révéler trois caractéristiques qui servent la communication orale :

- le fait d'être désintéressé ;
- une expression plus humaine, plus directe, plus naturelle, plus franche ;

---

1. Anne-Laure Quilleret, « Les ailleurs de la mode : Dries Van Noten, l'Anvers du décor », *Le Monde* (15 août 2000).
2. Chanson *Je te donne*, paroles de Michaël Jones et Jean-Jacques Goldman, musique de Jean-Jacques Goldman, Éditions Musicales JRG.
3. Dans *La nouvelle excellence*, opus cité.

- une parole moins désincarnée, plus fraternelle, qui fonde donc une meilleure relation, voire une relation tout court.

L'émotion autant que la réflexion

Parler avec enthousiasme est dans tous les cas contagieux. Pourquoi ? Parce qu'on fait appel chez les interlocuteurs à leur émotion, en plus de leur réflexion. Trois avantages :

- c'est pour eux moins fatigant ;
- le lien est créé plus facilement et plus rapidement ;
- l'esprit de contradiction de l'interlocuteur s'émousse parce que l'intellect est relativement moins sollicité : les sentiments sont plus forts que les idées...

Êtes-vous reptilien, limbique ou cortical ?...

Il s'agit bien de contrer nos préférences cérébrales naturelles pour accélérer notre créativité dans l'expression. Encore faut-il d'abord comprendre nos penchants naturels, afin d'élargir le spectre et d'exploiter toutes les potentialités de notre cerveau. Il ne s'agit pas de se laisser dominer par son cerveau, mais bien d'arriver à l'inverse. Ned Herrmann, qui fut directeur de la formation au management de General Electric, a ainsi proposé un modèle, dit des préférences cérébrales. Son objectif était de renforcer la compétence des cadres, et surtout leurs relations et réactions en équipe. Il avait résumé les recherches sur la spécialisation des hémisphères cérébraux et sur les fameux étages du cerveau :

- reptilien ;
- limbique, soit tout le système sous le cortex, qui intervient dans trois registres : les sensations, les émotions, la mémoire ;
- cortical, soit l'aire à laquelle on attribue une fonction dans les domaines de la psychologie et de l'intelligence.

Il avait même mis sur pied un questionnaire en 120 points destiné à identifier un individu selon son principal mode de pensée :

- cortical droit : concepts, vue virtuelle, pensée imaginative ;
- cortical gauche : examen des faits, pensée logique ;
- limbique droit : comportement par l'émotion, accès par le relationnel, réaction primaire ;

- limbique gauche : mise en ordre de la réalité, planification, expertise par la précision.

Évidemment chacun d'entre nous se situe à la fois dans toutes les zones, mais sa balance naturelle se voit pencher vers l'une d'entre elles. **Cette préférence cérébrale détermine d'abord notre réception de l'environnement et nos réactions, puis notre manière de penser et d'apprendre et, enfin, nos pistes de décision et de communication.**

Quels outils de l'enthousiasme, pour exprimer des sentiments positifs ?

> *« Et nous ferons de chaque jour, toute une éternité d'amour*
> *Que nous vivrons à en mourir. »*
> Georges MOUSTAKI[1]

L'enthousiasme implique un rejet des éléments négatifs. On peut même, paradoxalement, utiliser des « trucs » pour accroître l'expression de son enthousiasme. **Il s'agit en fait de se mettre dans un domaine d'expression orale qui joue plus sur les sentiments et l'émotion que sur la réflexion** ; d'office, par un effet psychologique de retour qui fera de la conséquence la cause, on va se comporter « comme si » l'enthousiasme se développait. C'est inconscient mais efficace. Trois outils sont recommandés :

- parler de ses expériences personnelles ;
- raconter une histoire ;
- se montrer convaincu, en exprimant cette conviction par l'attitude physique : on regarde les interlocuteurs dans les yeux et non le plafond ou la ligne d'horizon ou le paysage par la fenêtre ; dans le cas d'une intervention devant une salle importante, par exemple sur scène, on peut « re-personnaliser » le discours, lui redonner de la chair et de l'humanité malgré la distance et le caractère collectif, en regardant un individu choisi dans les yeux, comme si on ne parlait qu'à lui en tête-à-tête : la communication deviendra naturellement plus intime, plus proche. C'est la technique du lièvre dans l'entraînement en course à pied : on court

---

1. Chanson *Le métèque*, paroles et musique de Georges Moustaki, Éditions Musicales Continental – Warner Chappell Music France.

plus vite derrière un entraîneur à vélo dont on essaie de ne pas se faire distancer, que dans le vide et seul. Bien sûr, on change régulièrement de cible pour éviter que le regard ne soit toujours fixé dans la même direction et pour que la personne choisie ne se sente gênée au bout d'un laps de temps.

Nous verrons dans d'autres pages du livre, consacrées au thème des relations avec la presse, ou à celui de la persuasion dans le débat, combien est importante l'exploitation de l'émotion au même niveau que l'intellect.

Clé 2. Je n'existe que par rapport aux autres : simplicité, écoute, enthousiasme.

Chapitre 2

Moi et les autres : la communication orale

> « *On nous cache tout, on nous dit rien,*
> *Plus on apprend plus on ne sait rien,*
> *On nous informe vraiment sur rien.* »
>
> Jacques DUTRONC[1]

---

1. Chanson *On nous cache tout, on nous dit rien*, paroles de Jacques Lanzmann, musique de Jacques Dutronc, Éditions Musicales Alpha.

UNE « TARTE À LA CRÈME » : DEMAIN LA COMMUNICATION VIRTUELLE

Permanence de la relation par la parole

> « *Ho bios brakhus, hê de tekhnê makra.* »[1]
> premier aphorisme d'HIPPOCRATE

Les origines du langage

Protolangage, pidgin et créole...

> « *La parole n'a pas été donnée à l'homme : il l'a prise.* »
> Louis ARAGON[2]

Les travaux de Jean-Louis Dessalles, enseignant et chercheur en intelligence artificielle et en sciences cognitives, spécialiste de la modélisation des langages, portent sur le protolangage. Ce dernier a été défini par l'Américain Derek Bickerton, qui a opposé pidgin et créole :

▶ **Le pidgin est un langage sans syntaxe, pratiqué aux origines par l'homo erectus.** C'est, pour donner une idée, le « langage » de signes et de bruits divers que nous pratiquons lorsque nous nous trouvons face à un interlocuteur dont nous ne comprenons rien de la langue et qui n'entend pas la nôtre. C'est un niveau de langage qui a précédé le langage, qu'on appelle « pidgin », un outil de communication que des adultes peuvent développer entre eux, comme par exemple lorsque des colons en petit nombre arrivent sur une terre occupée par un grand nombre d'indigènes : tout le monde se comprend immédiatement par ce langage très rudimentaire.

▶ **Le créole est l'état postérieur au pidgin, il s'agit d'un langage syntaxique.** Comme par exemple lorsque les enfants de nos interlocuteurs ci-dessus, éduqués ensemble, gravissent une marche dans la progression et exploitent une langue avec syntaxe, grammaire, conjugaisons. Ainsi les enfants des adultes colonisés et ceux des colonisateurs vont-ils se forger un vrai langage nouveau et cohérent.

---

1. « L'art est long, la vie est courte » (en latin : « Ars longa, vita brevis »).
2. Cité par le site internet « citationsdumonde.com ».

Le langage : acquis ou inné ?

Cette hypothèse s'appuie sur un fondement : **le langage en général serait une capacité innée chez l'homme ; seul le langage évolué – le créole – serait le résultat d'un apprentissage culturel.** On a en effet constaté plusieurs éléments significatifs, ou du moins troublants et non contredits. Citons-en trois :

▶ Tous les langages créoles du monde, bien que les contacts entre les populations à l'origine de ces créoles soient inexistants, présentent certaines caractéristiques analogues. Ceci semble indiquer que la charpente de la syntaxe pourrait être innée, et que l'homme « surfe » ensuite sur ce potentiel pour construire les langues mais, *a contrario*, sans pouvoir sortir du canal de cette potentialité dont la nature, certes, nous a dotés mais qu'en même temps elle nous impose en nous limitant.

▶ Les jeunes enfants, lorsqu'ils se lancent dans la parole, inventent des mots ou des expressions qui font mourir leurs parents de rire, un peu comme s'ils faisaient des essais qui vont bien au-delà de ce qu'on leur apprend, par imitation. Ils donnent l'impression qu'ils développent un outil de recherche, sur le thème : « Je vais essayer ça, on verra bien si ça marche ; si je suis compris je le resservirai, sinon je l'oublie. »

▶ Les études sur les enfants sourds, menées à Taiwan et aux États-Unis et publiées en 1998, montrent également que les « locutions » qu'ils inventent sous forme de signes, avant de connaître le langage officiel par signes, sont plus riches que celles utilisées avec eux par leurs parents. Et, de même que pour le premier point ci-dessus, certaines pratiques syntaxiques sont communes entre ces essais que pratiquent les enfants des deux pays, alors qu'aucun contact n'a été établi entre eux.

Le langage fait la nature humaine

Mais pour autant, qu'on ne s'y méprenne :

▶ D'une part, l'importance des liens sociaux et de l'apprentissage par relations humaines est immense, au minimum pour réaliser les potentialités génétiques dont nous parlons ici. Rappelons que les cas d'enfants élevés hors de la société humaine, et particulièrement par des animaux, sont nombreux au cours de l'Histoire et que leur étude aboutit systématiquement à ces trois constats permanents :

- sans vie en société humaine, le langage ne s'acquiert pas ;
- au bout d'un temps, le processus est disqualifié et on ne peut pas revenir en arrière : il est trop tard pour apprendre rétroactivement un langage à un humain qui est resté long-temps hors de la société des hommes ;
- l'être humain qui en résulte, un être sans parole, n'est pas tout à fait, à beaucoup près, un être humain.

▶ D'autre part, le lien est loin d'être établi entre un gène précis et le langage. Et le sera-t-il un jour ? John Whitfield[1] fait le bilan sur ce sujet : il semble pour l'heure que des potentialités céré-brales encadrent l'être l'humain dans son apprentissage de la parole, mais que la complexité systémique du lien entre les gènes et leur action, d'une part, entre cet ensemble et l'apprentissage social, d'autre part, est extrême. Et nous sommes donc loin d'en décrypter les chemins !

▨ « Avant le langage, il n'y a pas d'humain. »[2]

Cela nous permet d'établir le lien avec un autre sujet traité dans ce livre : le caractère éminemment culturel, totalement anti-naturel, donc par essence mensonger et traître, de la communication orale. De belles pages ont été écrites à ce sujet par l'universitaire Françoise Parot, déjà citée dans cet ouvrage :

> « [...] où est l'esprit de l'animal ? Où sont ses œuvres projetées, ses réali-sations, ses égarements, ses inventions ? Où sont ses souvenirs, ses men-songes, ses mythes ? Où est l'esprit objectif ? [...] Cette différence de degré change la nature : plus rien de ce qui est humain en l'homme n'est désor-mais naturel et plus rien de ce qui est naturel n'est proprement humain.

---

1. Dans une page commune à la revue *Nature*, à *El Pais* et au quotidien *Le Monde*, parue dans l'édition du 19 octobre 2001 de ce dernier.
2. Sur l'ensemble de ces questions, on se reportera utilement aux ouvrages de Derek Bickerton, *Language and Species* (University of Chicago Press, 1980), *Roots of Language* (1981), et à celui de Jean-Louis Dessalles, *Aux origines du langage. Une histoire naturelle de la parole* (Hermès Science Publications, 2000). Jean-Louis Delsalles organise également un colloque avec anthropo-logues, éthologues, informaticiens, linguistes, neurologues venus de tous les continents, à l'École nationale supérieure des télécommunications de Paris. L'édition d'avril 2000 a tra-vaillé sur la théorie de Noam Chomsky, pour qui justement parler est une capacité innée et non le résultat d'une lente évolution. Les travaux ont également porté sur le protolangage. Signalons aussi l'excellent hors série 2000 de *Sciences et Avenir* : « La langue d'Homo Erectus ».

> [...] Car la langue permet à l'homme de se séparer du réel, comme la figure symbolique du père sépare l'enfant de sa mère : naître humain, c'est affronter la séparation. L'enfant qui n'est pas soumis à cette épreuve, évidemment inconsciente, n'a pas accès à la parole : il ne parvient pas à devenir sujet. Le tiers séparateur est le principe de l'humanité. Ce qui vaut pour chaque enfant a valu pour l'humanité dans son ensemble : avant le langage, il ne pouvait y avoir qu'une adhérence au réel trop forte pour autoriser la conscience. Avant le langage, il n'y a pas d'humain. »[1]

Y a-t-il un langage naturel ?

On comprend pourquoi au sein de l'École nationale supérieure des télécommunications, le département Informatique et Réseaux traite du « Langage naturel » ! Car **le défi est bien dans l'opposition entre**, d'une part, **la volonté de modéliser le langage et**, d'autre part, **son extraordinaire complexité, en tout cas dans ses formes naturelles**. Comme si notre activité naturelle qu'est le langage opposait une force de résistance à nos pratiques et nos besoins modernes, qui veulent en même temps l'exploiter et le remplacer : aide à la rédaction, soutien à la documentation, traduction par informatique, commande informatique par la parole, etc. Pour avancer dans ces recherches, on n'évite pas d'envisager de traduire sous forme d'automatismes un langage qui est, lui, naturel. Aujourd'hui, non seulement les techniques sont loin d'être au point, mais de plus les théories divergent encore. Concrètement, les chercheurs en sont à intégrer ou subir les exigences de la linguistique, de la forme des mots, de la syntaxe d'une langue, de la sémantique, voire de l'argumentation, donc de l'émotion.

Les origines du langage : êtes-vous peuh-peuh, ouah-ouah, la-la, ding-dong ou ho-hisse ?

Les propositions et concepts sur l'origine des langues sont nombreux. Pour deux raisons : tout d'abord nous ne disposons d'aucun document pour étudier le phénomène à l'époque où il s'est produit ! Mais de plus le terme « langue » regroupe, mêlées intimement, trois notions qu'on peut tour à tour et séparément mettre en avant comme l'élément premier. Ces trois notions sont comme les côtés d'un triangle :

- le côté pensée, intelligence de la parole : on communique pour comprendre ou se faire comprendre ;
- le côté charpenté, structuré, organisé : c'est la grammaire et ses composantes, comme la syntaxe ;

---

1. Françoise Parot, maître de conférences à l'université de Paris V-René Descartes, *Sciences et Avenir*, hors série 2000 : « La langue d'Homo Erectus ».

- le côté physique de la communication orale : on se sert du larynx, de la bouche, de la langue pour émettre des sons.

Ainsi Philippe Descamps[1] nous rappelle et baptise les différentes théories qui ont tenté d'imaginer les sons des premiers hommes utilisant le langage :

▶ En 1704, le mathématicien et philosophe allemand Gottfried Wilhelm Leibniz[2] soutient que l'être humain imite d'abord la nature sous forme d'onomatopées : c'est l'école « ouah-ouah ».

▶ Vers 1750, le philosophe, prêtre et académicien français Étienne Bonnot de Condillac[3] propose l'idée que les premiers sons permettent de communiquer les émotions, par des interjections : c'est l'école « peuh-peuh ».

▶ En 1950, G. Révész[4] suppose que le langage est un phénomène de société, résultant des liens entre les êtres humains et de la pratique répétée en commun : c'est l'école « ho-hisse ».

▶ En 1983, Ivan Fonaggy[5] pose que la première langue est un jeu, et d'abord un jeu physique du larynx, un peu comme pour les bébés qui forment des sons : c'est l'école « la-la » ; elle était relayée par l'école « ding-dong » du linguiste danois Otto Jespersen, qui pense que l'émission des sons fut en un premier temps due au plaisir de leur écoute.

Le premier qui a parlé n'existe pas : la langue est une faculté

Laurent Mayet[6] fait la synthèse des réflexions sur ce sujet :

> « Le thème de la langue des premiers hommes relève bien de ce type de discours ni vrai ni faux, en ce qu'il suppose un commencement absolu : la langue originelle doit être présente d'un seul coup. À l'inverse, si on accepte l'idée moderne selon laquelle l'homme est un événement dans l'évolution de la nature, il nous faut considérer le langage comme un produit instruit dans le continuum. L'apparition de la faculté linguistique est

---

1. Dans le hors série 2000 de *Sciences et Avenir* cité ci-dessus (« La langue d'Homo Erectus »).
2. Dans les *Nouveaux essais sur l'entendement humain*.
3. Dans l'*Essai sur l'origine des connaissances humaines*. L'ouvrage est aujourd'hui indisponible mais on pourra se reporter à la *Revue de Métaphysique et Morale*, t I, Puf, 1999 : « Condillac et l'essai sur l'origine des connaissances humaines ».
4. Dans *Origine et préhistoire du langage*.
5. Dans *La vive voix – essais de psycho-phonétique*, Payot, « collection Langages et Sociétés ».
6. Directeur de la rédaction des hors-série de *Sciences et Avenir*, dans son éditorial titré « Le premier qui a parlé », *Sciences et Avenir*, hors série 2000 : « La langue d'Homo Erectus ».

alors décrite comme un phénomène long lié à l'évolution de la boîte crânienne, aux techniques de fabrication d'outils (Homo habilis, moins 2 200 000 ans, jusqu'à Homo sapiens, à partir de moins 200 000 ans), ainsi qu'aux modes de socialisation et aux premières migrations. Dans cette perspective, la question de l'origine ne concerne plus une (ou des) langue(s) comme objet(s) historique(s) mais le langage comme faculté. »

Pourquoi l'homme parle-t-il ? Pourquoi et pour qui ? « C'est la langue qui fabrique chaque homme. »

> *« Gardons nous de donner la parole aux cons.*
> *Ils ne veulent jamais la rendre. »*
> Philippe BOUVARD[1]

Pourquoi prend-on la parole ? Pourquoi (en un mot) et pour quoi (en deux) ? Cela reste en partie un mystère, par rapport à la théorie darwinienne de l'évolution, qui veut que la sélection naturelle ne retienne que les individus les mieux armés. Or, **parler, c'est d'abord fournir des informations. Donc, s'affaiblir relativement.** Car l'avantage d'avoir des ennemis, c'est que, contrairement aux amis, ils ne se lassent jamais de parler de vous. Alors, pourquoi l'évolution de l'espèce humaine nous a-t-elle fait conserver cette capacité ? Probablement parce qu'elle est l'essence même de l'humain :

> « "Un esprit objectif habite les vestiges et les paysages", écrivait joliment le phénoménologue Maurice Merleau-Ponty dans sa *Phénoménologie de la perception*. Il aurait tout aussi bien pu écrire que des mots, des histoires, des chansons, des poèmes habitent les vestiges et les paysages. Le monde où nous vivons, qu'il nous émerveille ou qu'il nous terrifie, est balisé par le langage. Notre monde, le monde des humains, est un monde couvert de mots. C'est la parole qui l'habite et l'anime et nous le fait voir. C'est elle qui, sous la forme d'une langue, nous élève, au point que cette langue devient maternelle. Loin que les hommes aient fabriqué des langues, c'est au contraire la langue qui fabrique chaque homme [...]. »[2]

Parler, c'est dire ce qui n'est pas

Le philosophe français Jean-Michel Besnier[3], spécialiste de l'histoire de la philosophie et de l'épistémologie des sciences de la cognition, dont

---

1. *Journal 1992-1996*, cité par le site internet « citationsdumonde.com ».
2. Françoise Parot, maître de conférences à l'université de Paris V-René Descartes, *Sciences et Avenir*, hors série 2000 : « La langue d'Homo Erectus ».
3. Professeur de philosophie à l'université de Compiègne, il est l'auteur de *Histoire de la philosophie*

les travaux sont répertoriés en philosophie politique, est l'un de ceux qui expriment le mieux les liens entre langage et philosophie :

> « L'origine du langage consiste dans ce paradoxal retournement par lequel les hommes rompent avec le naturel en disant ce qui n'est pas. Encore une conviction dont les professeurs de philosophie semblent devoir se défaire : ils enseignaient que le langage n'a pas d'organe propre et qu'il témoigne du caractère unique de l'homme. Désormais, il leur faut découvrir que le langage est inscrit dans leur patrimoine génétique, qu'il est le produit d'un instinct biologique bien organisé et la réponse imposée à notre espèce par la sélection naturelle. La science inflige à l'humanité une nouvelle "blessure narcissique", comme aurait dit Freud : le fait que nous parlions ne traduit plus notre origine spirituelle et divine, mais seulement notre nature biologique. À la différence des animaux qui ne parlent pas, parce qu'ils n'ont aucun intérêt à le faire pour survivre et se reproduire, les hommes ont dû recourir au langage comme au moyen adapté à la perpétuation de leur espèce qui est par nature "politique". »[1]

Mais, se demande Jean-Michel Besnier, dans ce cas, comment peut-on accepter l'idée, choquante, d'un langage humain expliqué par l'instinct, les neurones, le cerveau, la génétique, et non par la liberté, la poésie, l'esprit ? Le philosophe nous rassure en nous conseillant de ne pas confondre la condition nécessaire et la condition suffisante : **il n'y a pas d'antinomie à imaginer qu'en même temps le langage est régi par des règles neurobiologiques et qu'il est à la source de la culture**, définie comme le « mouvement aléatoire qui éloigne les hommes de la condition animale ». La preuve : l'utilisation d'outils par l'homme et son invention du langage datent de la même époque, entre un demi et un et demi million d'années :

---

moderne et contemporaine (Lgf-Ldp Biblio essais). Il développe ses recherches sur les impacts philosophiques et sociologiques des sciences et technologies cognitives. Rappelons que le cognitivisme regroupe les concepts qui traitent des mécanismes permettant de prendre possession et de diffuser des savoirs autour de l'intelligence et de la communication. Science interdisciplinaire, elle permet aux chercheurs qui travaillent dans ce domaine de produire des théories ou des outils qui sont utilisés en philosophie ou en psychiatrie ; ils croisent en effet des champs de réflexion comme la biologie, la cybernétique (science qui se consacre aux outils, moyens et activités de communication, de maîtrise et de vérification, qui s'organisent en système, que ce soit en économie ou en sociologie, chez les êtres vivants, ou pour les ordinateurs et machines), la génétique, l'informatique, la linguistique, la neurologie, la psychologie. Ce sont donc des spécialistes de la conscience, de l'expression, de la mémoire, de la représentation, du raisonnement, du savoir.

1. Jean-Michel Besnier, « Parler pour ne rien dire », *Sciences et Avenir*, janvier 2001, n° 125.

> « Les premiers hommes auraient donc trouvé, dans le même temps, le moyen de transformer leurs conditions matérielles d'existence et celui de prendre leurs distances par rapport à la réalité immédiate, grâce aux mots qui "tuent la chose" singulière en permettant son traitement abstrait. La technique et le langage ont ainsi inauguré l'espace du symbolique, et ils défient toujours la réduction de l'humain à l'animal. Ils sont tous deux les instruments d'une résistance au déterminisme qu'on nomme parfois "destin". »[1]

▨ Le langage fonde les deux grandes activités spécifiquement humaines : l'art et la politique

D'autres, avec Jean-Michel Besnier, poussent le raisonnement plus loin : si le langage permet à l'homme de se séparer du naturel, qu'il soit intérieur ou extérieur, par une véritable « ruse » avec les choses – que la pensée européenne, fondée par les Grecs sur l'esprit critique et sur la transformation de la réalité, a formalisée et imagée par les légendes et personnages de Prométhée, Ulysse, Mètis la déesse de la technique, Hermès le dieu de la communication –, alors l'homme n'est-il pas par essence un menteur ? Certains l'expriment brutalement, comme Georges Steiner :

> « Le génie propre de l'homme est le mensonge. »[2]

Parler consisterait ainsi à dire ce qui n'est pas, et donc, pourquoi pas – poursuivons le raisonnement –, à dire des choses fausses dans la seule logique d'échapper aux contraintes de la réalité, et donc à pouvoir la dominer ou au moins l'exploiter. Alors il nous faut considérer que **c'est cette forme même de dissimulation, d'artifice, d'invention, bref de mensonge** – comme quand l'artiste reproduit la réalité en la modifiant, en la traduisant, en la mettant en forme – **qui permet à cette espèce qu'est l'être humain de penser plus loin que par une simple description de la réalité, d'agir plus loin que par une simple adaptation à cette réalité.** L'homme, lui, va modifier la réalité car son langage l'introduit dans la notion de futur, donc de potentialités, de réalisation des rêves, d'avenir construit. Le moyen qu'utilise l'homme en parlant est en fait sa capacité à occulter la réalité, à objectiviser les choses, à maquiller la nature, au sens propre à « dénaturer » les choses et les éléments. C'est bien pourquoi on dit du langage qu'il est l'outil de l'enfer humain

---

1. Jean-Michel Besnier, opus cité.
2. *Après Babel, une poétique du dire et de la traduction*, Albin Michel.

comme son principal outil de liberté. Si le langage, chez l'homme, sert à penser l'avenir, alors nous sommes en capacité, spécifiquement grâce à ce même langage, de créer sur le plan artistique comme de modifier le réel, ce qui le propre de l'action politique.

Le langage et les animaux

Pour comprendre, il n'est pas inutile de comparer l'homme aux animaux dans ce domaine. Le lien est indissociable entre, d'une part, les mots, donc la langue ou le langage, et, d'autre part, la culture. Ce qui explique le fait que la communication orale soit le propre de l'homme, car il est le seul être vivant sur terre à être doué de culture. Ou l'inverse – ne pourrait-on pas aussi bien dire que l'homme est doué de culture parce qu'il sait parler ? En la matière on ne sait pas qui est la poule et qui est l'œuf.

Les baleines se passent les tubes

Pour étudier et caractériser les animaux par rapport à l'homme, les baleines sont un cas particulier :

> « Sur tous les océans de la planète, chez les cétacés, chaque tribu a son chant, sa langue et aussi ses "tubes". Ces parlers qui sont appris par les jeunes, qui évoluent au fil du temps et des modes, sont la marque d'une caractéristique qu'on pensait réservée aux humains : la culture. »[1]

Michel de Pracontal cite les travaux de Hal Whitehead, professeur à l'université Dalhousie à Halifax (Canada) et spécialiste des cétacés, qui montrent que les chants pratiqués en un lieu donné sont semblables, qu'ils évoluent peu dans le temps mais qu'ils évoluent bel et bien, et surtout dans l'ensemble de la population locale ; au bout d'un certain temps, en un même lieu, le chant est sensiblement modifié, mais toujours partagé par l'ensemble des cétacés de ce lieu. Plus étonnant, il semble que le déplacement de certains cétacés isolés, d'un lieu vers un autre, se traduisant donc par leur insertion dans une population nouvelle, pourrait déclencher dans le lieu d'arrivée un véritable choc de culture qui se traduit par l'adoption du nouvel air par toute la population d'accueil. L'autre explication technique donnée par les chercheurs – la transmission des chants par onde à longue distance dans un même

---

1. Texte en chapeau d'un article de Michel de Pracontal : « Série de l'été. Pas si bêtes, les bêtes ! » *Le Nouvel Observateur*, 26 juillet 2001.

bassin océanique en une zone semi-profonde de l'eau – ne change rien à la conclusion : la synchronisation des évolutions des chants au sein d'une population donnée correspondrait bien à une « mode culturelle » ! Et le journaliste de poser la vraie question : s'agit-il simplement d'une imitation pour se repérer dans sa lignée et son groupe et par rapport aux autres groupes – ce qui est déjà troublant... – ou sommes-nous face à un phénomène plus riche encore, proche du langage et de tout ce qu'il représente ?

> « Les chants de la jubarte, les dialectes des pods [groupe matrilinéaire d'orques], les clics des cachalots ne sont pas seulement des curiosités acoustiques issues de l'adaptation et de la sélection des gênes. Ils sont l'expression de sociétés animales dont la compréhension nécessite un regard ethnographique. »[1]

L'abeille : tout dans la tête...

Au milieu du XXe siècle, l'éthologue autrichien Karl von Frisch publie ses premières réflexions et ses premiers travaux sur la parole de l'abeille... par la danse. Plus d'un demi-siècle plus tard, l'homme n'a pas encore compris tout le langage que cet insecte pratique ainsi. Karl von Frisch recevra le prix Nobel de médecine en 1973. Catherine Vincent fait le point sur les travaux qui ont suivi, dans *Le Monde*, et pose la question fondamentale : s'agit-il d'un langage ? Car on est loin ici de l'utilisation, courante dans le monde animal et très répandu dans celui des insectes, des phéromones[2]. Au contraire, dans le cas de la danse de l'abeille, la complexité est impressionnante :

> « L'éclaireuse, par l'orientation et la vitesse des mouvements qu'elle effectue sur les rayons de la ruche, indique à ses congénères la direction et la distance de la source de nourriture (située, souvent, à plusieurs centaines de mètres) qu'elle a découverte. Mais comment ce code s'inscrit-il dans le programme biologique ? Pourquoi diffère-t-il d'une espèce à l'autre, de telle sorte – il ne s'agit que d'un exemple – que 45 mètres de distance sont

---

1. Michel de Pracontal, *ibidem*.
2. Ces odeurs secrétées correspondent bien souvent à un marquage de territoire et procèdent de l'instinct. C'est par exemple ce système qu'utilise le chat en se « faisant les griffes » : il dépose en fait une odeur qui servira aux autres chats et à lui-même à reconnaître l'espace vital ; ceci explique qu'il agira ainsi aux entrées de la maison (tapis-brosse, arêtes de murs de passage) ou dans le jardin sur des écorces d'arbre soigneusement choisis pour leur positionnement sur les différents chemins de circulation de ses congénères.

© Éditions d'Organisation

représentés chez Apis mellifera carnica par un certain frétillement, quand le même, chez Apis mellifera ligustica, correspond à 20 mètres ? »[1]

On pourrait être tenté de penser qu'il s'agit alors de « dialectes ». Il n'en est rien car le langage est intimement lié à la notion de culture, donc réservé à l'être humain :

> « Une telle appellation ne va pas de soi. [...] Si cette communication s'appuie sur un arbitraire, ce dernier l'est au niveau de l'espèce, et il n'a jamais été négocié, ni ne le sera jamais, par chaque abeille dans le groupe auquel elle appartient. »[2]

Ce n'est donc pas la richesse ni la complexité d'un moyen de communication – et celui des abeilles est tellement complexe qu'on n'est pas prêt de le décrypter entièrement – qui fonde un langage, mais bien l'intégration de ce moyen de communication à un ensemble culturel. Même la mémorisation ne suffit pas :

> « On sait depuis longtemps que l'abeille domestique Apis mellifera est capable d'apprendre, de mémoriser et de gérer une multitude de données sensorielles. »[3]

Car les abeilles sont non seulement capables d'identifier des critères descriptifs d'objets, mais de plus elles se construisent des cartes relationnelles entre ces objets et leurs critères d'identification, ce qui induit qu'elles pratiquent les notions de différence et de ressemblance :

> « Quant aux mécanismes neurobiologiques qui président à cette performance, [Martin Giurfa] compte bien les cerner un jour. [...] Son équipe [...] a déjà repéré une aire du cerveau de l'abeille particulièrement intéressante, "qui semble fonctionner comme un centre d'associations multiples où convergent des signaux de tous ordres". Une zone qui pourrait, précisément, être mise en œuvre dans une fonction aussi complexe que l'apprentissage de la ressemblance. »[4]

---

1. Catherine Vincent, « L'abeille, un cerveau qui fait la différence », *Le Monde*, 25 novembre 2001.
2. Dominique Lestel, éthologue et philosophe, *Les origines animales de la culture*, Flammarion, Cité par Catherine Vincent, *ibidem*.
3. Martin Giurfa, biologiste au Laboratoire de cognition animale de l'université Paul Sabatier de Toulouse, et précédemment à l'Institut de biologie de Berlin, cité par Catherine Vincent, *ibidem*.
4. Catherine Vincent, *ibidem*.

▒ Les oiseaux : des cours de chant...

Les oiseaux ne chantent pas au hasard mais par imitation :

> « Les bébés mandarins sont capables de reproduire au bout de deux jours un chant après l'avoir mémorisé en l'écoutant seulement pendant vingt-huit secondes par jour. [...] Dans les conditions naturelles, les jeunes mandarins mâles apprennent à chanter entre trente et quatre-vingt-dix jours après l'éclosion. Ils le font en copiant les chants des mêmes adultes de la colonie à laquelle ils appartiennent (le jeune étourneau fait exception puisqu'il est capable de prendre pour modèle le chant du mâle d'une autre espèce), voire un enregistrement sonore pour les oiseaux de laboratoire. Depuis bientôt cinquante ans, on a remarqué que, si on isole un oisillon dans une cage, celui-ci émet une sorte de chant primitif, des vocalises plus lentes que le chant habituel. Sans modèle extérieur, les bébés oiseaux sont incapables de posséder un chant bien structuré. »[1]

Marcel Lambrechts[2] affirme que la complexité du phénomène est telle qu'on est loin d'en avoir percé les secrets, et le journaliste éclaire l'utilité directe de ces travaux pour ouvrir aux neurobiologistes le champ d'étude des mécanismes qui font exploiter les neurones pour apprendre. L'enjeu final : déchiffrer la manière dont l'homme apprend à parler.

▒ Le mystère des langages du chat...

Les études les plus récentes[3] sur notre compagnon domestique montrent que ce dernier semble nous manœuvrer à sa guise en ayant peut-être inventé une diversification fine de ses miaulements – plusieurs dizaines de types différents – afin de se faire comprendre de l'homme et d'obtenir ce qu'il désire. En tout cas, rien de tout cela chez le chat sauvage.

---

1. Yves Miserey, « La leçon de chant des jeunes oiseaux », *Le Figaro*, 28 mars 2001.
2. Du Centre d'écologie fonctionnelle et évolutive du CNRS de Montpellier, il est cité dans cet article.
3. On se reportera à l'ouvrage *Comment penser chat* de Pam Johnson Bennett, paru chez Payot, ou aux travaux de Michael J. Owren et Nicastro, spécialistes de la relation entre le son dans l'expression, et la psychologie, au Département de psychologie de l'Université Cornell, à Ithaca dans l'État de New York. Michael J. Owren a pour domaine de recherche : « Evolution of vocal communication, emphasizing speech, voice and laughter in humans, and the natural calls of voice of nonhuman primates ; evolutionary psychology ; comparative cognition ». Ses coordonnées précises et ses publications sont sur l'internet : « http ://comp9.psych.cornell.edu/faculty/people/Owren_Michael.htm ».

81

Apprendre tôt... pour ne pas apprendre trop tard

Dans le domaine de l'apprentissage du langage, et particulièrement d'une langue étrangère, on le sait déjà, **il faut intervenir avant que l'oreille ne soit façonnée par la seule langue maternelle.** Le linguiste Claude Hagège[1] défend l'idée d'un apprentissage à partir de cinq ans, parce qu'à onze ans, les synapses se sclérosent, et il devient beaucoup plus difficile de s'accoutumer à la phonétique de langues autres que la langue maternelle. Avant cet âge, la bouche s'adaptera aisément pour imiter un son différent de ceux de la langue maternelle. Claude Hagège veut promouvoir le début de l'apprentissage des langues étrangères à cinq, voire quatre ou trois ans. Qui plus est, il préconise que certaines matières soient complètement enseignées, par des enseignants étrangers, dans une langue étrangère.

La difficulté de traduire

« Traduttore, Traditore »[2]

La difficulté de décrypter l'unité éventuelle entre les langages et la manière de penser de l'être humain est aujourd'hui le principal résultat qui ressort des recherches dans le domaine de la traduction automatique par ordinateur, bien plus que de véritables progrès dans l'utilisation de cet outil ! **Certes les logiciels existent maintenant, et ils sont même de plus en plus efficaces, mais un saut qualitatif doit encore être franchi par la recherche, celui qui consiste à pénétrer le déchiffrage et l'interprétation du fait de « comprendre » un langage.**

Traduire automatiquement ou contourner les faux amis

Gaston Gross[3] s'attache à un phénomène qu'il appelle « figement » : il s'agit des expressions figées par une langue, qui regroupent une suite de mots, intraduisible en tant que telle, suite qui correspond à un sens propre à elle-même, parfois totalement indépendant de certains des mots qui la composent ; le sens global du figement n'est pas la somme

---

1. Professeur de théorie linguistique au Collège de France, il est auteur *de L'enfant aux deux langues* (1996) et *Halte à la mort des langues* (2001), parus aux Éditions Odile Jacob.
2. « Traducteur, traître », proverbe italien.
3. Responsable du LLI (Laboratoire de linguistique informatique du CNRS, université Paris XIII), créé en 1993, et dont la composante de rattachement est « Lettres, Sciences de l'Homme et des Sociétés » (Université Paris XIII, UFR Lettres, Sciences de l'Homme et des Sociétés, 99 Avenue J.-B. Clément, 93430 Villetaneuse).

des sens individuels des mots qui le composent. Difficulté supplémentaire, il considère que la seule langue française, et pour son utilisation ordinaire, regroupe 300 000 de ces fameux figements ! « Vert de peur », ou « vert de rage », ne se traduira forcément en anglais par « green », ni de la même manière que « négocier sur le tapis vert », ou « refuser un vin trop vert ». On le sait, les dictionnaires sont bien plus remplis des explications données à ces expressions multiples d'un mot qu'à la définition du mot lui-même. La moyenne – et ce n'est qu'une moyenne basse – correspond à un coefficient multiplicateur de cinq dans un dictionnaire courant (un mot donne cinq sens multiples). Comment un ordinateur peut-il apprécier la traduction de « porter », selon qu'il s'agisse du cartable de l'écolier ou de la veste de son père ? Et puisqu'on parle de veste, comment traduire, d'un côté, « prendre une veste » et, d'un autre, « prendre sa monnaie » ou, d'un autre encore, « prendre une claque »... sans oublier « prenez la porte ! », « je prends confiance », « j'ai pris froid », « j'ai pris la grippe ». Et puisqu'on parle de grippe, que fera le logiciel devant « je l'ai pris en grippe », ou « mon moteur grippe » ? Les pièges sont innombrables. Dans une synthèse très complète sur les recherches en cours[1] et qui reste une référence de vulgarisation sur ce sujet, Pierre Le Hir recense **trois types de pièges lexicaux** :

▶ **Les « expressions verbales »** : si on boit, il s'agit d'un liquide... alors comment le « boire sec » ? Quant à « prêter l'oreille », après traduction, va-t-on nous la rendre ?

▶ **Les « associations de substantifs ou d'adjectifs »** qui, combinés, s'éloignent de leur premier sens » : comment remettre un peu de morale dans le « cercle vicieux » ? Pourquoi ne pas colorier l'« arme blanche » ? Comment utiliser *key* pour prendre la « clé des champs » ?

▶ **Les locutions circonstancielles ou adverbiales** : « histoire de » correspond à une notion de but qui n'a rien à voir avec une « histoire », et « sous peu » devrait exprimer une notion de poids ou de localisation, alors qu'il s'agit d'une notion de temps...

> « "La solution est de considérer que l'unité minimale d'analyse n'est pas le mot mais la phrase", explique Gaston Gross. [...] Le moteur de traduction qui repérerait comme complément de "porter" un élément répertorié parmi

1. Publiée dans un dossier du *Monde.*

83

> les vêtements opterait alors, sans hésiter, pour "to wear"[1]. Classer de la
> sorte l'intégralité du lexique d'une langue tiendrait de l'œuvre de béné-
> dictin, peu gratifiante pour les linguistes et dissuasive pour une entreprise.
> Néanmoins, rien ne s'y oppose d'un point de vue conceptuel. »[2]

Gaston Gross représente ce qu'on peut appeler l'école des mots dans
le monde de la recherche qui concerne les phénomènes de traduction.
Elle regroupe les chercheurs qui considèrent que chaque mot peut être
enregistré dans un dictionnaire électronique sous ses différents sens, et
décrit spécifiquement pour chacun de ces sens par l'environnement qui
s'y rattache. Le lexique est ici incontournable.

« Traduire sans sourciller « Julie mange un avocat » par « Julie eats a lawyer » »

Mais certains chercheurs, tel Gérard Sabah[3], mettent comme préalable
à la réussite d'une automatisation de la traduction un élément qualitatif
redoutable... la compréhension :

> « Laurence Danlos, qui dirige l'équipe du traitement automatique du lan-
> gage naturel (Talana, CNRS – université Paris VIII) : "On ne peut pas traduire
> sans comprendre ; or, on ne sait pas simuler la compréhension du langage
> sur ordinateur, c'est-à-dire calculer une représentation sémantique d'un
> texte suffisamment abstraite pour pouvoir effectuer un raisonnement" [...].
> D'où l'incapacité des systèmes actuels à dissiper les ambiguïtés dont four-
> mille le langage naturel. Ceux-ci traduisent sans sourciller "Julie mange un
> avocat" par "Julie eats a lawyer", c'est-à-dire un homme de loi. »[4]

Gérard Sabah propose qu'on tienne compte des éléments inexprimés
qui sont essentiels pour apprécier le cœur de la signification d'un mot,
derrière le paravent superficiel du sens littéral premier. Il faudra donc
intégrer l'approximatif, la symbolique qu'on trouve derrière un mot,
pour qu'il soit vraiment « saisi » par un ordinateur. Et cette symbolique
est liée aux objectifs de la personne qui communique quand elle utilise
ce mot, et également à la conjoncture dans laquelle elle se trouve. **C'est
pourquoi on envisage ici non seulement d'intégrer à l'ordinateur des**

---

1. Note de l'auteur : et non « to carry ».
2. Pierre Le Hir, « Le langage résiste toujours à la traduction automatique », *Le Monde*, 30 juin 2001.
3. Il anime les études sur la communication entre la machine et l'homme au sein du LIMSI (Laboratoire d'informatique pour la mécanique et les science de l'ingénieur) du CNRS à Orsay.
4. Pierre Le Hir, *ibidem*.

images associées au mot, mais aussi de permettre à la machine d'être en capacité d'apprentissage. C'est dire si ces recherches en sont au stade de l'expérience et s'il faudra du temps et des moyens importants pour les voir aboutir...

La solution : mettez de l'intelligence dans vos ordinateurs

Ainsi Pierre Le Hir montre-t-il que le problème est insoluble dans le champ informatique classique : même si on intègre dans les capacités de l'ordinateur un choix entre les significations possibles du mot « avo-cat » – ce qui est apparemment simple puisqu'il n'y en a que deux importantes : le juriste et le fruit – cela ne suffit pas. En effet, faire mémoriser par l'ordinateur que l'avocat-juriste est dans le champ « humains » et que l'avocat-fruit est dans le champ « nourriture » ne suffira pas car il faut avoir préalablement permis à la machine de choisir entre les significations de ces mots. Or « se nourrir » et « nourriture » posent bien des questions... s'agit-il des nourritures terrestres, des nour-ritures intellectuelles, faut-il nourrir le chien, nourrir le débat, nourrir l'incendie, se nourrir d'illusions, nourrir espoir ? Et que dire du tir nourri ? Dans notre exemple il faudra donc, pour éclaircir « avocat », avoir aussi et préalablement éclairci « nourrir ». Et l'inverse, sachant qu'en plus notre cas est des plus simples. Le pire est qu'un être humain ne se pose aucune de ces questions : sa lecture des analogies, sa capacité d'éclaircissement semblent immédiates, comme si elle procédait d'une autre logique. Une sorte de logique de l'évidence, une logique de l'intel-ligence et de la compréhension, là où, pour faire réussir la machine, il faudrait au contraire intégrer à cette dernière toutes les possibilités imaginables de compréhension. La solution viendra-t-elle des fameuses machines intelligentes dont on dit qu'elles sont l'avenir de l'informati-que ? Et encore l'intelligence n'est-elle ici définie, pour l'ordinateur, que comme une simple capacité à apprendre seul. **Le champ d'investigation est tellement ouvert**, on le constate, **que de ce fait les chemins emprun-tés par les équipes de recherche sont différents, voire opposés.**

La langue, élément d'identité

Rappelons où nous nous situons sur l'échiquier planétaire et historique des langues. **La famille de langues les plus parlées sur la planète**, soit par plus du quart de l'humanité, **sont les langues indo-européennes** :

« [...] comprenant les groupes albanais, arménien, balte, celtique, germanique, grec, indo-iranien, italique (dont les langues romanes), slave et deux groupes éteints : l'anatolien (dont le hittite) et le tokharien. [...] On ne peut établir la signification originelle que d'un nombre limité de mots reconstruits du proto-indo-européen. Ce lexique, reconstruit, suggère une culture néolithique ou peut-être une métallurgie très primitive, pratiquant l'agriculture et l'élevage d'animaux domestiques. L'identité et la localisation de cette culture ont fait l'objet de nombreuses spéculations. Elle a été située par certains dans les steppes au sud-ouest de l'Oural. Une hypothèse récente, fondée notamment sur la forte divergence du hittite d'avec les autres langues de la famille, situe avec vraisemblance le foyer indo-européen en Anatolie, dans l'actuelle Turquie. »[1]

Choisir une seconde langue pour nos enfants : allemand, espagnol, italien, néerlandais, portugais

Le linguiste Claude Hagège, cité ci-dessus, met en garde contre le réel danger d'uniformisation due au réflexe de se ruer systématiquement sur l'apprentissage de l'anglais pour nos enfants. Il préconise plutôt, lorsqu'un enfant doit apprendre une seule autre langue, de choisir une langue européenne très parlée dans le monde, ce qui permet de satisfaire à la fois la promotion de la diversité linguistique à long terme, et l'utilité professionnelle à court terme. Il cite donc volontiers l'allemand, l'espagnol, l'italien, le portugais ou le néerlandais, et ne recommande l'approche de l'anglais qu'en troisième langue.

La domination de l'anglo-américain : une menace pour la culture européenne

Sa motivation est simple : la domination croissante de l'anglo-américain fait subir une menace pour notre culture européenne, nationale ou régionale, parce que la culture est en grande partie portée par la langue. De même, Claude Hagège est favorable aux langues régionales, qui sont pour lui une richesse culturelle de l'Europe. Certains poussent même la logique plus loin, en passant du champ linguistique au domaine politique. C'est le cas du politologue américain Michael Sandel[2], affirmant notamment que dans le domaine politique les défis communautaires vont prendre une place importante. Il préconise donc que, sur la

---

1. *Encyclopédie Encarta*, (1999).
2. Professeur à Harvard, auteur d'articles dans le *New York Times* et d'ouvrages qui, avec ceux de Rawls, fondent la critique, qu'on appelle « communautarienne », du libéralisme : *Le libéralisme et ses critiques*, Black-well, 1984, *Le malaise de la démocratie : l'Amérique en quête d'une philosophie publique*, Harvard University Press, 1996, *Le libéralisme et les limites de la justice*, Le Seuil, 1999.

base d'une identité de culture, de langue ou de religion, nous pratiquions de manière volontariste la circulation de la souveraineté politique vers le haut et vers le bas à partir des actuels États nations ; cette forme est à ses yeux minée, du haut, par la globalisation économique et sociétale (la société civile) et, du bas par la nécessité de respecter des identités profondes et traditionnelles appuyées sur les trois éléments cités ci-dessus : la culture, la langue, la religion.

De l'avenir de la communication orale entre Européens

Sur le plan linguistique, l'Europe va d'ailleurs devoir gérer clairement la définition de ses langues officielles. Elles sont aujourd'hui au nombre de onze pour les quinze premiers États membres : du nord au sud le finnois, le suédois, le danois, le néerlandais, l'anglais, l'allemand, le français, le grec, l'italien, l'espagnol, le portugais. Le grand-duché du Luxembourg pratique le suicide linguistique en faisant du luxembourgeois un dialecte, par la reconnaissance officielle de l'allemand et du français. L'Irlande fait de même pour l'irlandais : le gaélique ne sera utilisé que pour les traités. Malte renoncera-t-elle demain au maltais au profit de l'anglais ? Car le problème se pose encore plus nettement du fait des coûts, si l'Europe s'élargit, comme c'est engagé, à dix autres langues au cours de la première décennie de ce siècle. Certains préconisent d'ailleurs de révolutionner les pratiques actuelles de la traduction ; citons notamment :

- **la traduction en relais par l'utilisation d'une langue intermédiaire** : il faut ainsi éviter de traduire le portugais en polonais à l'aide d'un traducteur maîtrisant ces deux langues car, multiplié par le nombre de possibilités, il faudrait former et embaucher des milliers de traducteurs supplémentaires pour pouvoir passer de n'importe quelle langue à n'importe quelle autre ; l'utilisation de l'anglais par exemple comme langue relais permet de recourir à un nombre de traducteurs bien inférieur ;

- une autre progression possible : **l'exploitation systématique de la traduction à distance**, ce qui permet de faire appel à des traducteurs qui sont chez eux ou dans leur bureau d'origine, reliés par vidéo ou l'internet, et évitera donc les déplacements pour assurer la traduction simultanée de colloques ou débats, ou la traduction de textes.

Le langage est éternel et permanent : tout le temps, partout

Vivement la parole sans interlocuteur ? Vivement la parole virtuelle ? Vivement la parole par les machines ? Faux : l'homme prend la parole... éternellement. De la permanence de la communication orale... La communication virtuelle est une « tarte à la crème » du « modernisme » ; c'est d'ailleurs bien le contraire qui se passe : **la parole reprend une place prépondérante dans nos sociétés, place qui se renforcera encore dans l'avenir.**

« Tout dépend de la qualité des conversations »...

Assez du pouvoir exclusif du sacro-saint réseau informatique ! C'est le credo de Tom Peters, le gourou du management qui a certainement le plus influencé l'entreprise moderne aux États-Unis. Lui qui fait de l'innovation le cercle vertueux, il ne reconnaît de valeur permanente, intemporelle et universelle qu'à... la conversation entre deux êtres humains. Pour lui nous sous-estimons l'aspect relationnel, et tout continue et continuera, malgré les ordinateurs, à dépendre de la qualité des conversations :

> « Vous pouvez avoir un courrier électronique et un groupware absolument parfaits. Être connecté à mort. Ce n'est pas pour autant que dans votre entreprise l'information circule rapidement, de façon exhaustive et en temps utile. La "qualité de la conversation" [...] voilà, en dernière analyse, ce qui détermine si votre technologie délivre les résultats escomptés. Ou si ces derniers restent décevants. »[1]

De l'utilité du « parler pour ne rien dire »

Tom Peters cite un exemple pour illustrer son propos : une filiale du Research Center de Xerox à Palo Alto, l'IRL (Institute for Research on Learning) de Menlo Park aux États-Unis, a constaté que **le vecteur principal de transfert du savoir et des informations dans l'entreprise, c'est quand « le message passe » sans formes ni formalités**, dans ce que l'IRL appelle les « communautés de pratique ». Et cela est bien plus important que les ordinateurs, l'internet, l'électronique, les messages et les réseaux :

---

1. Tom Peters, *L'innovation, un cercle vertueux. Ce n'est pas en se faisant tout petit qu'on deviendra grand,* Village mondial (1998).

> « Les chercheurs d'IRL ont découvert, par exemple, que le reengenering à tout va, à la poursuite éperdue de progrès de productivité extraordinaires, peut causer des dégâts considérables au sein de l'entreprise... si, par inadvertance, il détruit les communautés de pratique sur lesquelles reposait l'apprentissage collégial. Mais l'affaire est plus subtile encore. En voici un exemple : pour augmenter la productivité dans un centre de contrôle aérien, on avait équipé les contrôleurs du ciel de casques afin d'éviter qu'ils ne soient dérangés par les bruits ambiants. On aboutit au résultat inverse. Pourquoi ? Il se trouve que les contrôleurs apprenaient inconsciemment énormément de choses en écoutant d'une oreille distraite les conversations de leurs collègues. Les chercheurs d'IRL se sont aperçus que l'on avait nui à leur efficacité en supprimant les bruits de fond. »[1]

Ce que veut montrer Tom Peters, c'est que **ces fameux « bruits de fond » méprisés sont une forme de communication** et que, **derrière cette conversation, c'est tout le tissu relationnel humain qui est en jeu**. En fait, ni plus ni moins, **le facteur relationnel est détruit si la communication orale est détruite**. Tout ce système n'est bien sûr pas pratiqué de manière consciente mais il structure les relations entre les membres d'un groupe sur un projet. Il agrège les gens et permet de passer d'une addition d'individus à une équipe. Nous devons donc, sinon promouvoir, du moins respecter tous ces moments du parler pour se dire des choses, ou même du fameux « parler pour ne rien dire ». **L'ordinateur et l'internet renforceront le phénomène et la présence nécessaire de la communication orale**. Nul n'y échappera : nous serons tous amenés irrémédiablement à prendre la parole et à être jugés sur notre capacité dans ce domaine. Pour trouver un emploi, pour le conserver, pour vendre, pour faire passer un projet, pour promouvoir une idée, pour argumenter, pour se manifester.

▨ Permanence de la communication orale malgré les circonstances

En quoi les règles de base de la communication orale sont-elles les mêmes en toute circonstance (avec présence physique : en public, devant une personne ou un groupe restreint, en réunion ; sans présence physique : vidéoconférence, cours à distance) et, finalement, en toute époque ? Parce que **la parole sert à affronter avec succès les problèmes à plusieurs : explorer et résoudre. Ensemble** :

© Éditions d'Organisation

---

1. Tom Peters, *ibidem*.

> « C'est la même nécessité de toujours redire et répéter qui assigne à l'ora-
> lité son mode propre de création [...] [car] toute production orale, si elle
> n'est pas aussitôt reçue, captée par des oreilles attentives et sauvée du
> silence qui la guette dès le premier jour, la voilà vouée à l'oubli, promise
> à la disparition immédiate, comme si jamais elle n'avait été prononcée.
> Mort née de la bouche qui l'enfante, histoire de nulle part retournée à son
> origine silencieuse. Pour entrer et prendre place dans la tradition orale, un
> récit, une histoire, une œuvre de parole quelle qu'elle soit, doit être enten-
> due, c'est-à-dire acceptée par la communauté ou par l'auditoire à qui elle
> est destinée. »[1]

Permanence malgré les civilisations, la géographie et l'Histoire

**Même des civilisations profondément différentes comme la civilisa-
tion européenne et la civilisation arabe vont donner finalement à la
parole les mêmes lignes de fond.** Rappelons que la civilisation européenne, par notamment les civilisations grecque puis romaine, s'établira
entre autres sur la communication physique par les routes. Cette ligne
sera conservée et renforcée par la culture germanique qui suivra. Notre
civilisation se fondera donc sur les routes, le cheval, le travail du métal
(pour les fers), la nécessité du chariot et de la roue, l'agriculture (pour
les fourrages). Alors que les Arabes vont utiliser les qualités exceptionnelles du dromadaire. Or cet animal porte la route en lui : pas besoin
de fers au sabot, et il se nourrit par une végétation sauvage de brous-
sailles épineuses et non par des cultures de céréales ; conséquence :
l'inutilité des routes (il résiste à tous les sols), de la roue (le dromadaire
en caravane transporte des quantités impressionnantes) et de rues larges
en ville (le croisement de deux dromadaires suffit). Pourtant, malgré
ces choix de culture économique et sociale complètement différents,
finalement la parole conserve dans les deux civilisations à peu près les
mêmes fonctions.

---

1. M. Detienne, *L'invention de la mythologie*, Gallimard/NRF (1981), cité par Dominique Salini,
Musiques traditionnelles de Corse, A Messagera/Squadra di u Finnusellu (1996).

La communication orale pour propager les arts et le savoir-faire

> « *Auprès de mon arbre, je vivais heureux,*
> *J'aurais jamais dû m'éloigner de mon arbre.*
> *Auprès de mon arbre, je vivais heureux,*
> *J'aurais jamais dû le quitter des yeux.* »
>
> Georges BRASSENS[1]

Les moines ont joué un rôle considérable en Europe pour fonder la culture du continent. Par l'écoute et la parole, le regard et l'attention, l'écriture. Dès leur implantation, ils passeront une bonne partie de leur vie à circuler d'un monastère à l'autre et, curieux de tout, vont fournir à l'Europe les potentialités de sa Renaissance. Ainsi Villard de Honnecourt, originaire de Picardie : ce cistercien parcourra une bonne partie de l'Europe. Il questionne, il commente, il fait parler. Et il note le tout, par l'écriture ou le dessin. **C'est la parole qui fonde l'enquête, et c'est l'écriture qui, en un second temps seulement, sert à permettre à d'autres d'être informés et éventuellement d'en faire autant.** Interview puis écriture... Le métier porte un autre nom aujourd'hui : journaliste ! Les Cisterciens, qui respectaient la règle du silence, y faisaient exception pour transmettre les connaissances. Et ils en avaient les moyens : plus d'un demi-millier de moines à Clairvaux à l'époque, et plus de 150 implantations cisterciennes en quelques années dans l'Europe entière ! C'est la parole entre des moines silencieux qui va répandre dans toute l'Europe la voûte d'ogive. Résultat : la base de l'architecture gothique. Par la parole ils propageront aussi la technique de l'assolement sur trois ans, à l'origine du développement de l'agriculture, les techniques d'irrigation : canaux, moulins, canalisations, servant les intérêts de l'agriculture et permettant l'implantation des premiers artisans.

Sans communication orale, pas de science

L'illustration en est donnée par Galilée, autour des *Discorsi* qui ouvrent le chemin de la modernité scientifique. Pour rédiger cet essai, il a dû auparavant passer par le silence contraint : c'est en effet en se désavouant lui-même devant l'Inquisition qu'il sauve sa peau. Pour lui le silence est une manipulation de l'ennemi : l'Église, tandis que la parole est la condition de la naissance de la science. Son maître Copernic,

---

1. Chanson *Auprès de mon arbre*, paroles et musique de Georges Brassens, Éditions Musicales Ray Ventura – Warner Chappell Music France.

Polonais devenu moine, avait démontré la théorie de l'héliocentrisme : la terre tourne autour du soleil ; c'est le peu de notoriété de celui-ci qui le sauvera : ses faibles capacités à diffuser ses idées en faisaient un opérateur relativement peu dangereux, contrairement à Galilée, spécialiste des mathématiques et de la physique connu dans l'Europe entière. La capacité à parler fonde alors le danger, de manière proportionnelle... Un autre élève de Copernic, Giordano Bruno, ira jusqu'au bout de sa parole... il sera brûlé. Quant à Tommaso Campanella, ses entretiens avec Copernic l'amènent à intervenir avec fougue en faveur des théories du maître... il collectionnera les périodes d'emprisonnement. **La modernité s'est nourrie de la prise de parole, et cette dernière a fondé la science**. La Renaissance sera d'abord et avant tout une fantastique et révolutionnaire faim de connaissances dont le vecteur sera la parole sans chaînes[1].

Parole, relation à autrui et pouvoir

> « *Si gouverner, c'est prévoir, obéir c'est comprendre.* »
> Henri FAYOL[2]

Comment aborder l'exercice d'un pouvoir sur un projet en évolution ? Comment la parole doit-elle s'adapter pour permettre d'exprimer efficacement le pouvoir ? Voici quelques pistes. Si la réponse est complexe, le constat est clair : **les conditions d'exercice du pouvoir sont en cours d'évolution profonde et les responsables d'aujourd'hui ne peuvent plus pratiquer comme ceux d'hier**. Mais, comme l'homme reste l'homme, il faut donc trouver les fondamentaux autour de la parole humaine. L'exercice du pouvoir peut s'analyser en six facteurs constitutifs permanents : animer, avoir de l'autorité, être compétent, prendre une décision, apparaître légitime, bénéficier de réseaux. Ils étaient pratiqués hier dans le cadre d'une quasi-absence de notion du futur, ce qui supposait une grande confiance dans l'éternelle reproduction de l'état présent, et donc un indispensable conservatisme. Or, chacun de ces six points a considérablement évolué depuis 40 ans et continue à évoluer, en cohérence avec les comportements et les courants culturels porteurs.

---

1. On lira utilement *La vie de Galilée* de Bertold Brecht, Ellipses, 1999, *La fille de Galilée* de Dava Sobel, Odile Jacob, 2001 et *Apoligia pro Galileo – Apologie de Galilée* de Tommaso Campanella, édition bilingue latin-français grâce à Michel Lerner, Belles lettres, 2000.
2. Cité par Michel Godet dans la série « L'art du management », *Les Échos*, 30 mai 1997.

À partir de la tradition (hier) et en tenant compte de l'évolution en cours, on peut esquisser ces six attitudes nécessaires (aujourd'hui et demain) pour pratiquer, assumer et assurer le pouvoir, par l'éclairage de la communication interpersonnelle, donc de la parole.

L'animation et l'information

La tradition : détenir les informations

> *« La rétention du savoir est devenue une seconde nature*
> *pour l'animalus burolatis dûment engraissé à la paperasse.*
> *Garder seul la maîtrise de tel ou tel ensemble de données,*
> *voilà comment le cadre supérieur ou moyen verrouillait*
> *(je devrais dire verrouille !) son poste ! »*
>
> Tom PETERS[1]

Hier l'information était simple : c'étaient des ordres... Il suffisait de ne pas être sourd. Le pouvoir a longtemps été détenu par ceux qui donnaient les ordres : les détenteurs des informations. Le fait que l'information se complexifie n'a, en un premier temps, fait que renforcer cette tendance.

L'évolution : le pouvoir aux diffuseurs d'informations

L'information se complexifiant de plus en plus, elle prend la forme de « communication », c'est-à-dire d'un système en soi. Ceci implique l'investissement personnel des individus : la simple obéissance partielle, acte par acte, ordre par ordre, petit à petit, ne correspond plus à une circulation de flux d'informations. Les récepteurs de l'information ont obligatoirement besoin de relier l'ordre, l'information, à l'ensemble dans lequel cette dernière se trouve, sous peine de nuire au système par l'incapacité de l'interlocuteur à comprendre, à s'approprier la situation. Les récepteurs des informations vont être amenés dorénavant à poser des questions, recevoir des réponses, se faire former de manière globale... Voici venue l'époque du pouvoir qui bascule aux diffuseurs d'informations.

---

1. *L'innovation, un cercle vertueux. Ce n'est pas en se faisant tout petit qu'on deviendra grand*, Village mondial, 1998.

L'attitude aujourd'hui : animer

L'évolution va de nos jours à son terme : ce sont les acteurs, les exécutants eux-mêmes qui doivent s'approprier l'information et la faire vivre en tant que telle. Il faut donc être, pour animer, capable de générer et d'entretenir des relations positives et constructives au sein d'une équipe. Dans les organisations, l'animation a pris le relais des autres formes de communication.

L'autorité

La tradition : la lutte

Hier il fallait être capable de donner des ordres. Il fallait aussi supporter d'en recevoir ! Il fallait être capable de surveiller l'exécution de ces ordres. Bref, c'était la tension, voire la guerre, comme l'illustre par exemple l'expression « lutte des classes » :

> « Dans l'organisation pyramidale, fayolienne, taylorienne d'hier il fallait placer aux postes de responsabilité des hommes de pouvoir, sympathiques gueulards capables d'émettre des ordres clairs et forts, et d'envoyer des bataillons de petits chefs vérifier que, partout, ces ordres avaient été respectés. »[1]

Puis a émergé le concept de concertation. C'est mieux, mais il souffre d'ambiguïté : même lorsqu'il est loyalement et sincèrement appliqué, n'est-on pas près de la manipulation ? S'agit-il d'entraîner vraiment une équipe dans un projet ou bien de faire entériner une série de décisions déjà prises et bouclées, au sujet desquelles le seul souci résiduel est : « Comment puis-je faire passer la pilule ? » L'échec de bien des « projets d'entreprise » des années quatre-vingt vient de cette confusion.

L'évolution : la reconnaissance

En évoluant, le leadership et l'animation de type autoritaire, vertical, militaire, cloisonné, a été petit à petit remplacé par un leadership de reconnaissance. Le contrôle s'effectue alors *a posteriori*, et est réalisé par les acteurs eux-mêmes.

---

1. Hervé Sérieyx, *La nouvelle excellence*, Maxima – Laurent du Mesnil, 2000.

L'attitude aujourd'hui : les « hommes en T »

Aujourd'hui il est devenu nécessaire de gérer et de rendre positives les relations entre les groupes et les individus. C'est ce qu'on appelle « piloter les mécanismes de régulation ». La relation se situe en grande partie au niveau affectif, et elle ne peut donc être positive que si on s'estime réciproquement et si on se respecte. Demain le pouvoir passera par la relation et non par l'autorité... Place aux relationnels, les « hommes en T » :

> « Dans l'organisation transversale, en réseau, par équipes, par projets, ce sont ceux qui savent faire travailler les acteurs entre eux, maximiser leurs synergies, multiplier leurs échanges qui sont primés. Ne nommons jamais à un poste de responsabilité quelqu'un qui ne sait pas faire travailler ses collaborateurs ensemble, surtout s'il est brillant. Il risque de vouloir faire le travail tout seul et, à l'époque des réseaux, ce n'est plus le sujet. Travailler ensemble ce n'est pas faire tous la même chose. Peter Drucker rappelle que pour qu'un réseau fonctionne d'une façon satisfaisante, il faut qu'il soit constitué de T men ou de T women, d'hommes et de femmes en forme de T : suffisamment pointus, verticalement approfondis pour enrichir constamment leur spécialité, mais également capables d'acquérir et d'entretenir une solide connaissance horizontale des autres compartiments du jeu de l'entreprise pour pouvoir apprécier leurs contraintes et leurs enjeux, et même comprendre leurs vocabulaires et l'esprit de leurs principes d'action ainsi que les normes au nom desquelles s'y évaluent leurs performances. »[1]

La compétence

La tradition : le général en chef

Hier un responsable se définissait comme celui qui était capable de mener toutes les tâches qu'il avait à commander : ne devenait-on pas général après avoir gravi tous les échelons et toutes les activités qu'à la fin on commande ?

L'évolution : le pilotage

Il est devenu impossible d'exercer ses compétences dans tous les domaines dont on est amené à piloter les équipes. En revanche, être un bon gestionnaire reste indispensable, même s'il s'agit plus désormais de mettre en cohérence des gestions et des budgets décentralisés et relativement autonomes. C'est d'autant plus vrai, dans le monde de

© Éditions d'Organisation

---

1. Hervé Sérieyx, opus cité.

l'entreprise internationale, que les fluctuations monétaires ou les spéculations boursières peuvent ruiner rapidement les gains de productivité.

L'attitude aujourd'hui : diriger des plus compétents que soi

On doit s'entourer de collaborateurs auxquels on demande, domaine par domaine, d'être plus compétent que soi. Comment le patron d'une clinique à plusieurs spécialités pourrait-il dominer par ses compétences l'ensemble des spécialistes chefs de service de sa clinique ? C'est impossible. Comment le directeur d'une centrale nucléaire pourrait-il dépasser les compétences de tous les membres de son comité de direction : responsables de tranche, responsables des flux, responsables de la sécurité nucléaire, de la sécurité d'accès au site, etc. ? Là, également, il faudrait avoir affaire à un surhomme !

La décision

La tradition : la pyramide, « pour exécution »

Hier seuls les responsables, en haut d'une pyramide humaine, prenaient les décisions. Il fallait donc être capable de prendre toutes les décisions, sans exception, et de les prendre vite, en temps réel, « pour exécution ».

L'évolution : la subsidiarité

En évoluant, la mise en œuvre du principe de subsidiarité – je laisse faire sur le terrain quand on peut se passer de moi – aboutit à des prises de décision parfois centralisées, parfois décentralisées. Et **petit à petit les dirigeants d'une organisation ne prennent plus que les décisions qui engagent la stratégie, c'est-à-dire celles qui ont directement prise sur le futur.**

L'attitude aujourd'hui : concilier stratégie et transparence

Conséquence aujourd'hui : **le dirigeant ne prend plus que des décisions stratégiques, et le maximum de décisions d'exécution sont décentralisées.** Le grand problème de la prise de décisions stratégiques devient alors : ni trop tôt ni trop tard... Ceci pose la question, essentielle de nos jours, de la transparence. Ceci est d'autant plus vrai que les lieux de pouvoir se voient reprocher depuis quelques décennies leur manque de transparence. En 2000, une polémique sur l'utilisation d'une partie des fonds secrets de l'État français, pour continuer de rémunérer hors des règles sociales les personnels politiques et leurs collaborateurs, oblige les milieux politiques à s'engager fermement à réserver désormais ces fonds à la seule activité des services secrets, ou à en permettre sinon le contrôle. Même le milieu médical, le plus imbu dans la conservation secrète et la réserve quant aux informations concernant un malade, y compris vis-à-vis de ce dernier, a dû également accepter de permettre au malade d'accéder à son propre dossier médical, par la loi de modernisation du système de santé en 2001.

▨ Choisir entre liberté et vérité : critique de la transparence

Dans une société médiatisée, l'œil de la caméra n'est jamais très loin, et la limite entre la réalité et la télé-réalité est floue : sommes-nous dans le réel ou dans *Loft story* ? L'une des conséquences de cette hystérie de la communication est le respect – tout aussi hystérique – de la « transparence ». Notre société a évolué de l'éloge (fondé) de la transparence pour casser, voici quelques décennies, les barrières qui protégeaient bon nombre de tabous de notre société, eux-mêmes protecteurs de situations de rente pour des médiocres dont nous n'avions pas pour habitude de vérifier l'état des compétences. Mais le balancier va aujourd'hui très loin dans ce sens, sans qu'on ait trouvé les compensations nécessaires, à tel point que d'aucuns parlent de dérive de la transparence :

▶ **La transparence sape les fondements de toute croyance, sinon de toute foi :**

> « La transparence est bien un principe diabolique puisqu'il s'agit d'une tentation à laquelle Satan soumet le Christ : "Jette-toi du haut du Temple pour leur montrer ici et maintenant que tu es le fils de Dieu." Que serait la foi si la révélation n'était en même temps dissimulation ? Si Dieu nous parlait au coin du feu, la foi serait nulle et non avenue. »[1]

▶ **La transparence fait disparaître la confiance et interdit la prise de risque :**

> « Avec la transparence, la confiance n'existe plus. Tout se passe comme si plus personne n'acceptait de prendre le moindre risque : il faut tout savoir de l'autre pour cheminer avec lui : "Faire crédit" signifiait pour une banque faire confiance. Le banquier aujourd'hui veut tout savoir de vous. »[2]

---

1. Alain Etchegoyen, « La justice expliquée aux adultes », *Les Échos*, 19 novembre 2001 : présentation de son ouvrage *Vérité ou libertés*, Fayard.
2. Alain Etchegoyen, opus cité.

▓ La politique : il est urgent d'attendre...

La conséquence n'est pas loin : le prêt ne s'adresse plus qu'aux riches... Quant aux hommes politiques, coincés entre la surexposition médiatique et le principe de précaution, ils considèrent qu'il est, en tout, urgent d'attendre ! C'est une des explications de la réduction du pouvoir de la sphère politique qui, d'un pouvoir de courage et de décision, devient un pouvoir de contrôle et de surveillance :

> « La question de la vérité doit demeurer une question judiciaire. Elle constitue un enjeu du procès pénal et un objectif pour le juge d'instruction et l'ensemble des magistrats qui concourent à la décision ultime. Or notre société est en train de mélanger deux notions très différentes dont les contenus et usages doivent absolument être distingués : la recherche de la vérité et le principe de transparence. [...] la promotion absurde et très "tendance" de cette dernière constitue une authentique menace pour les libertés. »[1]

▓ Pour un nouveau « droit de l'homme » : le droit au secret, le droit de se taire

Parmi les droits de l'homme, Alain Etchegoyen propose d'en déclarer un nouveau :

> « Il nous faut aujourd'hui de l'audace : oui, j'ai des secrets, oui je ne vous dirai pas tout, oui, je suis dans un endroit qui ne vous regarde pas, ou avec quelqu'un que vous n'avez pas à connaître, oui, j'ai telle passion, autrement dit, oui, j'existe en dehors de votre regard, comme on disait : "Cela ne vous regarde pas". Belle expression : je ne vous regarde pas, donc ne me regardez pas. Expression d'un nouveau droit de l'homme à inventer, donc à déclarer comme on le fait des droits de l'homme : le droit à ne pas être observé. »[2]

La légitimité

La tradition : l'évidence

Hier elle était incontestée, elle coulait de source, elle allait de soi. La légitimé était comme Dieu à l'époque : évident. On pouvait se voir conférer la légitimité par toutes sortes de moyens apparaissant comme naturels : une élection, la position familiale, le titre universitaire, la confiance des actionnaires.

---

1. *Idem.*
2. *Idem*

L'évolution : les sièges deviennent éjectables

La légitimité est devenue aléatoire

C'est le grand avantage de la « crise », tant décriée, et double : une crise des valeurs dans les années 1960, suivie par une crise économique due aux chocs pétroliers dans les années 1970. Et cet avantage est simple : désormais tous les sièges sont devenus éjectables. Surtout les plus confortables, et donc les plus contestables. En politique, il ne suffit plus d'avoir inscrit une réforme à son programme électoral puis d'être élu pour être ensuite en capacité de réaliser l'intention ou la promesse. **Halte aux chèques en blanc !** L'histoire politique récente est marquée par presque autant de reculades que d'intentions. Rappelons l'école privée sous la gauche dans les années quatre-vingt, le Smic-jeunes sous la droite, la réforme de la Sécurité sociale sous le gouvernement Juppé. Quant aux entreprises, n'en parlons pas : il y a belle lurette qu'elle ne font plus partie d'un monde protégé et que les mauvais résultats sont rapidement sanctionnés.

L'attitude aujourd'hui : le projet collectif

Être dépositaire d'un projet collectif accepté, et ramener sans cesse l'action collective dans le canal vers ce projet, voilà qui est aujourd'hui porteur d'une légitimité forte.

De la légitimité à l'appartenance : les jargons d'entreprise

Cela peut d'ailleurs se traduire par des langages appropriés, car il n'y a pas loin de la légitimité à l'appartenance. C'est ce que montre Dardo Mario de Vecchi[1] en établissant :

- que le jargon d'entreprise révèle une communauté linguistique ;
- qu'on peut repositionner les parlers d'entreprise dans l'ambiance multilingue ;
- que culture et histoire d'entreprise passent par le parler d'entreprise ;
- que le parler d'entreprise est un moyen de communication, donc un partage ;

---

1. Linguiste à l'université Paris VII, dans son livre *Vous avez dit jargon*, Éditions d'Organisation, collection « Tendances ».

99

- et qu'en conséquence, les responsables des ressources humaines doivent saisir cette opportunité ;
- que le marketing a son langage ;
- et que même les fusions-acquisitions passent par des contacts linguistiques.

Les relations

La tradition : le « piston »

Hier la mise en œuvre de relations personnelles « bien placées » était le secret. On appelait cela le « piston ». Et ensuite on essayait de vivre heureux en vivant caché... jusqu'à la retraite.

L'évolution vers le réseau

En évoluant comme évolue la circulation des informations, le carnet d'adresses évolue en réseau.

L'attitude : la relation fondée sur les compétences

Aujourd'hui l'individu doit faire en sorte d'être précédé et entouré d'une image, d'une rumeur permanente de compétence. Il doit réussir son évolution, donc son acculturation permanente, pour s'adapter à des milieux et des interlocuteurs nouveaux et souvent non programmés.

Clé 3. Considérer la parole comme l'outil fondateur de toute société humaine : elle est donc universelle et éternelle.

SOCIÉTÉ DE COMMUNICATION, SOCIÉTÉ MÉDIATIQUE ou la communication orale et les outils médiatiques

> *« S'il est au monde rien de plus fâcheux que d'être quelqu'un dont on parle,*
> *c'est d'être quelqu'un dont on ne parle pas. »*
>
> Oscar WILDE[1]

▨ Deux réalités derrière la société de communication

Qu'en est-il, ce cette fameuse « société de communication » ? Est-ce un simple leitmotiv, hystériquement resservi ? Une bonne excuse pour se limiter à la surface des choses ? Une réalité profonde qui marque une époque ? Nous n'aborderons ici ce vaste sujet que par le filtre de la communication orale. Afin d'illustrer deux grandes réalités complémentaires :

- la parole peut être un formidable déclencheur de communication et d'action ;
- mais il faut rappeler, en contrepoint, que dans tous les cas ce moment de communication doit impérativement s'appuyer sur des personnalités exceptionnelles, et surtout sur un travail considérable, fourni parfois pendant des années avec un professionnalisme hors pair et des compétences surhumaines.

▨ Et si la société de communication cachait en fait la société de l'émotion ?...

Cette société de l'émotion qui semble émerger au début de ce siècle sera portée par la parole en tout premier lieu. La journaliste Marie-Clémence Barbé-Conti décrit cette évolution. Ce n'est pas un hasard si sous sa plume reviennent les termes « faire chorus », « vox populi » :

> « Une lame de fond que soulignent tous les grands rassemblements, des JMJ à la Coupe du monde, du "Pique-nique du siècle" aux rave parties, de la Gay pride aux millions de téléspectateurs du Loft. S'amuser ensemble, entre membres d'un même "terroir", et, surtout, partager des émotions.

---

1. Cité par le magazine *Enjeux les Échos*, novembre 1996.

Les nouvelles cathédrales ne sont pas de pierre, elles sont émotionnelles, analyse Michel Lacroix [auteur du *Culte de l'émotion*, chez Flammarion]. Mais elles répondent au même besoin : créer du lien social là où le politique, le religieux et le philosophique ont failli. Seul danger, que n'importe quel "objet" puisse faire l'affaire. On l'a vu au sommet des anti-mondialistes, baroquissime auberge espagnole aux motivations nobles mais floues. La nécessité de vibrer ensemble est pourtant bien là, paradoxale à l'image de nos attentes : faire chorus avec les autres sans abdiquer sa propre souveraineté. [...] Qui n'a pas ressenti dans sa chair les formidables ondes de choc provoquées par la joie d'une victoire (les Bleus) ou le drame de Diana, transformée par la vox populi, soudée par les larmes, en "première sainte du village global" ? Nouvelle façon de "faire nation" sur le mode affectif, se substituant aux anciennes formes de solidarité, l'ivresse périodique du fusionnel nous embrasse. Pour le meilleur et pour le pire. »[1]

▨ Et si la société de communication cachait en fait la société du conformisme ?

« Quand t'es dans le désert, depuis trop longtemps,
Tu t'demandes à qui ça sert, toutes les règles un peu truquées
Du jeu qu'on veut t'faire jouer, les yeux bandés. »
Jean-Patrick CAPDEVIELLE[2]

C'est ce qu'on appelle le « politiquement correct ». L'explosion de la communication correspond à bien plus qu'une mode. Rappelons que c'est d'abord la communication qui a sapé le mur de Berlin. **En fait le développement de la communication répond à des nécessités profondes.** Prenons l'exemple d'une forme de communication : la publicité, qui a grandement influencé l'ensemble de notre société. Elle oblige l'entreprise qui la pratique à grande échelle, notamment par des budgets sur support télévisuel, à bien connaître ses positionnements et à avoir réfléchi à ce que sont ses différences. Mais le fait que, lorsqu'un produit ou une image est acceptée, c'est parce qu'ils correspondent à un besoin latent, explique que, contrairement à l'artiste, le publicitaire ne choque pas. Il n'importune pas, il ne déroute pas, il n'attaque pas. Tout est dans le consensuel, que d'aucuns qualifieront de « mou ».

---

1. Marie-Clémence Barbé-Conti, rédactrice en chef du magazine féminin *DS*, éditorial du numéro de septembre 2001.
2. Chanson *Quand t'es dans le désert*, paroles et musique de Jean-Patrick Capdevielle, BMG Music Publishing France – Allo Music.

▓ Mais comment font les autres ?... le (contre) exemple des moines

Comment peut-on vivre hors du temps ? Hors de l'argent ? Frère Jean-Paul, chargé à l'abbaye du Mont des Cats de la formation des nouveaux moines, goûte cette journée rythmée par sept moments de prière... Office de vigiles à 3 h 30, puis *lectio* (lecture spirituelle) et petit déjeuner, laudes puis lecture et prière, office de tierce puis travail, office de sexte puis déjeuner et repos, office de none puis travail et *lectio*, vêpres puis oraison, dîner et chapitre (les moines se réunissent pour un enseignement spirituel), complies puis coucher à 20 h 00 :

> « Nous n'avons pas la même notion du temps qu'à l'extérieur et je pense que cela permet de faire ressortir plus facilement les choses qui nous habitent au plus profond. [...] Vivre avec des hommes qui sont là depuis 40, 50 ou 60 ans, c'est quelque chose d'extraordinaire, c'est beau de voir le fruit chez les autres... »[1]

▓ Le « virtuel » ne date pas d'aujourd'hui

Les technologies nouvelles de communication ne sont « nouvelles » que dans leur application. Elles ont déjà contribué à modifier les rapports humains dans la société et continueront de le faire au cours des années à venir, mais l'objectif de l'être humain qui communique reste, lui, toujours le même : transmettre un message à autrui. Le règne du virtuel ne date pas d'aujourd'hui : l'homme a toujours investi le virtuel. Les technologies ne font qu'accélérer et renforcer cette tendance profonde de l'âme humaine : vivre dans « l'idée qu'on s'en fait »... L'amour, l'admiration, la motivation, la culture, c'est toujours « l'idée qu'on s'en fait »... **L'homme, presque par définition, ne vit jamais dans le réel.** Les premiers mathématiciens grecs qui inventaient le cercle étaient autant dans le virtuel que l'adolescent contemporain sur ses manettes de jeu électronique. Le chevalier en croisade qui pensait à sa fiancée restée au château aussi. Et la notion de nation, sur laquelle les Européens se sont étripés pendant des siècles, c'est aussi virtuel que l'internet ! Et le lecteur des premiers livres de Gutemberg, ne voyageait-il pas autant dans sa tête que l'étudiant d'aujourd'hui sur le web ?

© Éditions d'Organisation

---

1. Propos recueillis par Fanny Magdelaine, « Veilleurs et chercheurs de Dieu » dans *La Croix Magazine Nord-Pas-de-Calais*, 21 juillet 2000.

▣ Les refrains sur l'actuelle « fracture numérique »... Parlait-t-on hier de fracture radiophonique ?

Nos oreilles sont chauffées par les sempiternels refrains sur la fracture numérique, sur la fracture virtuelle, sur la fracture sociale qui en résulterait. Quand la radio a été inventée, a-t-on parlé de fracture radiophonique ? Non, parce que tout le monde a acheté sa radio dès que les prix se sont effondrés. Quand la télévision a été inventée, a-t-on parlé de « fracture télévisuelle », de « fracture de l'image » ? Non, parce que tout le monde, aujourd'hui, l'« a vu à la télé ». Et quand la voiture a été inventée, qui a parlé de « fracture kilométrique » ?

▣ « L'avenir à contre-courant des idées reçues : les anticlichés sur l'avenir »

Sur ce sujet aussi, l'expression de Michel Godet citée en titre ci-dessus peut s'appliquer : c'est tout le contraire d'une fracture qui est en train de se produire. Les nouvelles technologies, systématiquement, non seulement ne changent rien à la nature humaine, mais permettent en plus de réduire toute une série d'autres fractures – bien réelles celles-là –, sociales, raciales, nationales, ethniques, régionales, territoriales, culturelles, linguistiques ! En réalité, la cause de notre attitude (consistant à ressentir dans ces nouvelles technologies une menace) vient surtout de notre peur d'affronter les vrais problèmes, les vraies fractures ; certes, très objectivement, l'accélération de l'amélioration et de la naissance de nouvelles technologies peut laisser perplexe, mais en la matière tout est finalement surtout question d'optimisme. L'esprit pessimiste, ou paresseux, ou replié, pratiquera aisément le refus des technologies contemporaines. Mais la réalité à chaque fois reprend le dessus, et paradoxalement l'apprivoisement des nouvelles technologies par la grande majorité se fait au service de la plus grande proximité. À quoi sert cette formidable invention qu'a été l'automobile ? À faire le tour du monde ? Non, surtout à emmener les enfants à l'école toute proche quand il pleut, à charger les courses sur le parking de la supérette du quartier, à rejoindre le centre-ville pour aller au cinéma... Et le téléphone mobile ? Nous sert-il d'abord à appeler les opposants chinois pour leur apporter notre chaleureux réconfort par des mots pleins d'émotion ? À joindre les proches du Dalaï-Lama pour dire combien nous soutenons leur combat de libération du Tibet, la dernière colonie de la planète ? Non ! Et que faisons-nous à la place, alors que les conversations imaginées ci-dessus sont pourtant d'une facilité extrême à réaliser. Nous appelons nos plus proches amis, les plus proches membres de notre famille, nos plus proches collègues, lorsqu'ils sont physiquement les plus proches, et nous leurs disons : « T'es où ? ». À qui prend peur face à ces évolutions technologiques, rappelons que nous n'utilisons pas le quart de nos capacités cérébrales ! Rappelons que la nature nous a donné deux jambes pour chasser à pied ou nous sauver si un prédateur nous attaque, et que nous nous en servons pour piloter des voitures. Que la nature nous a donné des oreilles et des yeux pour les mêmes raisons, et que nous nous en servons pour piloter des navettes spatiales ! Alors que dire des capacités infinies de la parole ! **De toutes les activités humaines la parole est un complément, et c'est de plus un complément incontournable.**

La parole, complément des outils : pas de parole sans le pied, la main, l'animal

Dans tous les cas d'utilisation d'un outil ou de son propre corps, l'être humain utilisera la parole en complément, en appui ; rappelons-en l'évolution chronologique :

- le pied, qui fut chronologiquement le premier outil de l'homme, lorsque ses lointains ancêtres sont sortis de l'eau voici trois à quatre millions d'années ;
- la main, capable de pincer grâce au positionnement du pouce face aux autres doigts, permettant d'inventer les outils (le silex pour la chasse, puis la roue pour construire), et plus tard d'écrire ;
- le travail des animaux : les chiens pour la garde, le cheval pour traîner.

Ces outils ou comportements ont été précédés, suivis ou accompagnés par la communication orale, propre de l'homme. C'est la notion de suite cohérente entre les inventions : les mécaniciens savent que le tour à perche ne peut exister sans l'arbre à cames, de même pour le vilebrequin, puis pour le volant d'inertie.

La parole, complément de l'écriture

> « *Écrire, c'est ma façon de parler sans être interrompu.* »
> Jules RENARD[1]

Les bienfaits de l'écriture dans l'évolution de l'humanité ont été directs :

▶ On peut transporter une information à distance sans présence physique. Ce fut en tout cas la réalité en un premier temps de l'histoire de l'humanité, car aujourd'hui, par le téléphone, la transmission de la parole à distance est à son tour possible, rattrapant l'écriture.

▶ On peut promettre à distance, par la signature, et donc s'obliger à tenir parole, et en plus dans le temps : on abat les distances, géographiques et temporelles. Donc on domine le temps.

▶ On a pu, grâce à l'écriture, se passer des intermédiaires, qui auparavant voyageaient et transportaient la parole en votre nom, ce qui était la fonction des messagers politiques ou des intermédiaires commerciaux. Soudain l'homme, par l'écriture d'un document remis tel quel au destinataire, a pu revenir au concret de la relation directe ; ce retour au lien direct est d'ailleurs une constante de l'évolution, à chaque fois qu'un progrès est digéré.

Le retour en force de la communication orale

Les influences de la généralisation de l'écriture ont donc été décisives sur l'organisation de la société : la pratique du commerce s'en est trouvée développée, l'activité financière est née, les systèmes de vie collective comme la ville, la nation, l'État, se sont renforcés, les relations humaines se sont organisées par le droit autant que par la force, les capacités de former des hommes par les hommes ont explosé, l'organisation démocratique s'est trouvée renforcée. Toutes ces pratiques, tous ces domaines seront recentrés, recalés ou décalés par le développement des nouvelles technologies : téléphonie, informatique. Mais cela signifie aussi le retour de la parole, le retour en force de la communication orale. Qu'on ne s'y méprenne pas : la véritable révolution informatique ne se fera-t-elle pas le jour où l'ordinateur perdra son clavier et obéira à la voix ? Ce moment n'est pas si loin, et, ce jour-là les nouvelles technologies ne seront plus du tout nouvelles : toute le monde pourra s'en servir, facilement, naturellement, partout, de manière par-

---

1. *Journal*, cité par le site internet « citationsdumonde.com ».

faitement décontractée et conviviale. Et de plus nous pourrons tout pratiquer en temps réel. Plus besoin d'attendre, de se déplacer, pour se réunir, s'inscrire, se manifester.

Le monde change, la parole demeure

> *« La parole a beaucoup plus de force pour persuader que l'écriture. »*
> René DESCARTES[1]

C'est une constante de l'évolution des technologies de communication : plus elles se modernisent, plus elles se complexifient, plus l'homme leur confie la partie rébarbative et lourde des rapports humains, et plus il se limite à la partie noble : la parole et le contact direct. On peut affirmer que **les machines d'aujourd'hui, alors qu'elles donnent l'impression de priver de parole ou de repousser la communication orale dans une partie résiduelle de l'activité sociale, la remettront au contraire à une place centrale lorsqu'elles seront totalement généralisées et démocratisées.** C'est cette dynamique-là, apparemment contradictoire et pourtant bien réelle, qui a déjà fondé le succès planétaire de Bill Gates, lorsqu'il a eu le génie d'imaginer voici vingt ans que dans l'avenir ce ne serait plus l'ordinateur (la boîte, le hard, le matériel), mais les logiciels (le soft, l'utilitaire) qui seraient porteurs du marché.

De la production à la communication... de Hermès à Prométhée... ou du façonneur au facteur

C'est une expression que le philosophe français Michel Serres utilise souvent : nous passons de la société de production – Prométhée ou je transforme le réel – à la société de communication... du façonneur au facteur. Lorsqu'il remet au gouvernement un rapport sur les potentialités formidables de l'enseignement à distance, il subira les foudres ou le mépris des politiques, des enseignants, des journalistes. Comme quoi, à l'époque, la culture mammouth ne se limite pas à l'Éducation nationale ! L'internet viendra lui donner raison. Dans le même ordre d'idées, on a dit à juste titre que le mur de Berlin a été abattu par la parole, c'est-à-dire par les capacités récentes qu'ont nos sociétés de communiquer en temps réel, notamment par les outils que sont le téléphone, le fax, la radio et la télévision.

© Éditions d'Organisation

---

1. Cité par le site internet « citationsdumonde.com ».

▧ La seule grande spécialité exclusive de l'écriture : la signature, donc l'expression de l'identité

La signature est finalement le seul élément que la parole laisse en exclusivité à l'écriture. Car les premières écritures consistaient à signer : une nouvelle technique est en un premier temps utilisée par l'homme pour exprimer son l'identité. Comment faire, au départ de l'écriture, pour se désigner par écrit ? Pour décrire un homme, on dessine un homme sur les tablettes sumériennes, dans l'actuel Irak, lorsque se forment les premières villes et que les liens du commerce se réalisent entre places commerciales et non plus seulement entre tel acheteur et tel vendeur. Puis apparaît la notion de rébus, pour en dire plus par l'écriture qu'une simple signature. Comme si pour écrire le verbe « sonder », on dessinait les deux syllabes : un épi de son et un dé l'un à côté de l'autre. L'écriture conceptuelle est née ainsi : en passant par les sons de la parole. D'abord sous forme de rébus : on part donc d'une représentation dessinée de chaque syllabe et non d'un dessin de la chose entière. Ceci a un avantage immense : on peut écrire et décrire autre chose que des objets, comme un concept ou une idée. Mais on part bien de la parole dans le rébus ; de même, dans l'écriture actuelle ; l'analyse va au bout de sa logique avec l'assemblage de lettres, et non plus de sons, mais il aura fallu du temps. Au départ on était parti du son, les lettres ne voulant rien dire à titre individuel.

▧ La parole, complément du cinéma : le cinéma ne progressera vraiment que grâce au son

> « *L'auteur doit céder la parole à son œuvre.* »
> Friedrich NIETZSCHE[1]

Et même il arrive que l'homme invente un procédé de communication ou artistique, et que ce dernier ne parvienne véritablement à atteindre une notoriété populaire et planétaire que lorsque, bien longtemps après sa création, la communication orale vient le « révéler » en se plaquant sur sa technique d'expression propre. Le cinéma en est un exemple : c'est la simultanéité, le collage du son sur l'image, qui fait un beau jour le succès de ce support de communication. Alors que rien, au cours du long processus de maturation de cette invention, ni de près ni de loin, ne pouvait faire penser qu'un jour on le relierait à la communication

---

1. Cité par le site internet « citationsdumonde.com ».

par la parole. Le cinéma n'a pas été inventé pour devenir un jour « parlant » ! Dans cette histoire, le son – la parole – totalement absent de ce média au départ, et donc éliminé de fait à chaque fois qu'on l'utilisait, est revenu bien plus tard, et soudain par la grande porte. Il n'est cependant pas *a priori* idiot de penser qu'un art cinématographique aurait pu, ne serait-ce qu'en partie, se développer sans le son : la photographie l'a fait sans problème. D'ailleurs, au départ, le cinématographe voulait répondre à un défi précis : donner de la vie à des images fixes. Le son n'avait rien à voir là-dedans. Contrairement à ce qu'on pourrait croire, jamais au cours de cette évolution de quelques décennies, la motivation des chercheurs n'aura tourné autour du son et ce dernier sera totalement exclu de chaque découverte :

▶ **Animer une image** est la première motivation. Animer des dessins peut encore se concevoir : il suffirait de les dessiner légèrement différents l'un de l'autre et de trouver un procédé de défilement. Mais il n'en est pas de même de l'animation des photographies, obtenue après une série de trouvailles dont le son est complètement absent : on limite le champ de cette recherche, et donc apparemment celui des futures créations artistiques, au seul domaine visuel. Ainsi l'Américain Muybridge dispose-t-il en 1878 des appareils photographiques le long d'une piste où court un cheval.

▶ Seconde motivation : **saisir le mouvement**. Car le défaut du résultat précédent est que cela ne donne pas le sentiment du mouvement. Alors le Français Étienne-Jules Marey invente son « fusil photographique », qui tire douze coups à la seconde. Enfin on peut détailler le mouvement d'un animal !

▶ Troisième défi : **intégrer le temps qui passe**. Car le problème se pose alors de la longueur de l'enregistrement dans le temps : on ne peut bénéficier de l'effet obtenu par l'invention précédente que pendant un temps très court, du fait de la forme de la plaque photographique qui, comme pour une arme à feu, est circulaire : une fois qu'on a fait le tour, c'est fini ! Alors Étienne-Jules Marey invente la plaque en forme de bande : la pellicule du cinéma est née !

▶ Quatrième défi : **servir un spectateur**. Thomas Edison entre alors dans la danse des inventeurs en faisant défiler cette pellicule en 1892 dans une boîte. Mais cela limite le nombre de spectateurs à un seul, celui qui regarde dans le trou de la boîte !

► Cinquième défi : **servir un public**. Enfin les frères Lumière projettent sur écran, fin 1895 à Paris, pour permettre la vision simultanée par un grand nombre de spectateurs. On connaît la suite...

▓ La parole aura fait son cinéma...

On le voit, jamais la parole n'a intéressé l'imagination des chercheurs, dans les premières périodes de l'évolution du cinématographe. Et pourtant, cette image animée, peut-être parce qu'elle se rapproche tellement de la réalité humaine, ne pourra finalement pas s'imaginer ni se développer sans la parole. C'est en effet, bien plus tard, la révolution du « parlant » qui fera du cinéma le fameux « septième art » et remplira les salles. **C'est le « plus » de la parole qui rendra populaire le cinématographe.**

La communication orale et la radio, média de la parole

Le lien entre communication orale et son expression radiophonique s'appuie sur deux réalités spécifiques à ce média :

► Ceux qui le pratiquent sont liés à ce média par un amour que certes on rencontre ailleurs, mais moins fortement. Ce lien particulier s'explique, ou plutôt peut s'exprimer, au travers d'un trait fondamental du média radiophonique : son caractère direct, léger, donc transparent, proche et chaleureux. C'est ce que nous appellerons la radio, communication orale de passion.

► Dans tous les cas – on retrouve ici la double réalité que nous énoncions en introduction de cette section « Société de communication, société médiatique » – la parole, même si elle est un formidable déclencheur de communication et de proximité, devra se rapporter à une réalité tangible et concrète : on ne peut être admiratif à la radio que si ce qu'on décrit est vraiment admirable, comme nous le verrons par les exemples ci-dessous. C'est ce que nous appellerons la radio, communication orale de raison.

La radio, c'est la communication orale par la passion

« Le goût des autres »

C'est ainsi que *Le Monde Télévision* titre une pleine page consacrée à Laurence Bloch lorsque, à l'été 2001, elle est nommée directrice adjointe de France-Culture. L'article est ainsi chapeauté : « *La nouvelle directrice adjointe de France-Culture s'est prise très tôt de passion pour la radio.* » Il rappelle ce qu'est la personnalité de Laurence Bloch :

> « Jean-Marie Borzeix, qui dirigeait la station de 1984 à 1997 [...] ne tarit pas d'éloges sur les qualités professionnelles de son ex-collaboratrice : "Son seul défaut : être toujours trop disponible aux autres." [...] [Laurence Bloch est] une "lente" qui travaille quatorze heures par jour, week-end compris, par passion. "Arrivée à la cinquantaine, je n'ai ni enfant ni regret. La radio m'a permis de réconcilier les deux personnes qui sont en moi : la fantasque et la studieuse." »[1]

Elle commence à France-Inter en 1978 par un stage d'été pour classer les dépêches. Un jour, à France-Culture, on lui met un magnétophone dans les mains et on l'envoie suivre un congrès de la JOC (Jeunesse ouvrière chrétienne) :

> « Ignorant tout du maniement de l'appareil et peu concernée par la JOC, elle court pourtant à son baptême du feu. Un choc ! "Tout à coup, j'ai été touchée par ces voix qui s'imprimaient sur la bande en se confiant à moi. Bouleversée par ce rapport au monde à travers la légèreté du micro, j'ai tout fait pour travailler sur cette chaîne." »

À travers son exemple, on retrouve, sur ce thème de la passion et de la proximité, la profession de foi de toutes celles et ceux qui pratiquent la communication orale par ce média ; voici ce qu'en dit Laurence Bloch, au sujet de la nouvelle émission du samedi soir, un documentaire titré *Le monde, en soi*, au cours duquel les producteurs qui le souhaitent traitent un sujet d'actualité : « *C'est une façon de voir le monde pour de vrai.* »

La radio, c'est la communication orale par la raison

Les exemples abondent pour illustrer cette double réalité déjà évoquée. Nous en choisirons deux et, afin d'insister sur la seconde réalité, nous

---

1. Armelle Cressard, « Le goût des autres », *Le Monde Télévision*, 23 septembre 2001.

mettrons précisément le lecteur en situation. Ces deux exemples sont les Restos du cœur de Coluche et la Patrouille de France de l'armée de l'air. Dans les deux cas – volontairement choisis dans des ambiances différentes ! – c'est un « mot » médiatique qui fera évoluer les choses, mais une condition préalable s'impose dans les deux cas – relativisant les effets de la parole : **l'action de fond doit être elle-même de grande qualité.**

Les Restos du cœur sont lancés sur Europe 1 : « Si des fois y'a des marques qui m'entendent... »

Premier exemple, à la fois permanent et d'actualité, que Coluche nous apporte : les Restos du cœur. Lorsque, pour Noël 1999, *Libération* fait le bilan du quinzième anniversaire du concept inventé par Coluche, le quotidien titre : « Les Restos du cœur à l'âge de raison », et sous-titre : « Les cantines se sont transformées en entreprise humanitaire ». L'ensemble de l'article du journaliste Tonino Serafini est ainsi tourné vers une analyse de l'évolution de l'opération de 1986 à 2000 (nous conservons volontairement la comptabilité de l'époque, en francs) : passage de 8,5 à 60 millions de repas servis, de 39,4 à 409,1 millions de francs de budget annuel ! Ce développement extraordinaire permet même à *Libération* d'affiner une analyse du budget, comme pour une entreprise :

- ressources financières (chiffres arrondis) : 51 % dons et legs, 17 % Union européenne, 9 % Cnasea-emplois d'insertion, 8,5 % collectivités territoriales, 7 % « Les Enfoirés », 5 % divers, 2 % produits financiers ;
- dépenses sur 100 F (idem) : 77 F aide alimentaire, 9 F ateliers et jardins, 9 F frais généraux, 5 F logement et hébergement, 1 F formation.

On propose même au lecteur un « tour d'horizon caritatif » destiné à comparer le poids des Restos du cœur avec les autres structures qui œuvrent dans le même domaine : Secours catholique, Armée du Salut, etc. Ainsi les Restos comptent-ils 40 000 bénévoles en 2000... c'est 13 fois plus que l'Armée du Salut, et plus de la moitié du Secours catholique ! Et pour l'an 2000, les Restos sont au nombre de 2 000 et inaugurent leur première enquête qualitative auprès des bénéficiaires. Mais, finalement, pour en arriver là, le rappel du journaliste est limpide : il a fallu un « acte fondateur ». Quel est-il ? Un don financier ? Un lancement publicitaire ? Une fondation juridique ? Une belle résolution d'une multinationale voulant donner dans le mécénat ? Rien de tout cela : il a « suffi » d'une simple prise de parole de Coluche. Souvenons-nous : un concept naïf, jeté aux auditeurs d'une station de radio – lieu par excellence de la parole – sur laquelle officie alors Coluche chaque après-midi comme animateur, Europe 1. Nous sommes en octobre 1985 :

> « J'ai une petite idée comme ça. Si des fois y'a des marques qui m'entendent, s'il y a des gens qui sont intéressés pour sponsoriser une cantine gratuite qu'on pourrait commencer par faire à Paris... Nous on est prêts à aider une entreprise comme ça qui ferait un resto qui aurait comme ambition, au départ, de distribuer 2 000 ou 3 000 couverts par jour. »

On connaît la suite...

■ Un bon mot fait la Patrouille de France

Autre exemple d'un « bon mot » médiatique qui connaîtra une destinée exceptionnelle, jusqu'à être toujours utilisé aujourd'hui, alors qu'il ne correspond à aucune existence légale : la Patrouille de France. Qui en France ne connaît pas cette formation de l'armée de l'air ? Personne bien sûr. Et pourtant, la Patrouille de France, cela n'existe pas ! Je veux dire que cela n'a aucune existence légale ni réglementaire : aucun document officiel ne fait état de cette formation. Car l'origine de l'expression est purement et exclusivement enthousiaste et médiatique. Et elle le restera strictement. Comment la Patrouille de France naît-elle ? Par enthousiasme spontané. Cela nous a été raconté précisément et après avoir été vécu de l'intérieur par Jean Thélot[1] et Jean Dellac[2]. Laissons la parole à Christian Guillet, sous la plume duquel nous avons également retrouvé l'histoire. 1953... nous sommes à Reims, au sein de la 3e escadre de Chasse :

> « Cela se passe en 1953. Les escadres sont riches en personnel et en appareils. Le pétrole n'est pas encore rationné. Le commandant Delachenal est second de la 3e escadre de Chasse de Reims. Il n'existe, à cette époque, aucune patrouille officielle. Chaque escadre constitue sa petite équipe dans son coin de ciel bleu et propose ses services au commandement qui répartit alors les manifestations à pourvoir. L'émulation est à son comble. Chaque

---

1. Jean Thélot, l'un des as de la Chasse française dans les années 1950 et 1960, débute à Reims comme commandant d'escadrille avant de commander un groupe de chasse d'assaut au Vietnam pour revenir en Europe comme responsable opérationnel de l'aviation d'assaut française en Allemagne, puis de l'aviation d'assaut en Algérie.
2. Il fut l'un des élèves de Jean Thélot.

escadre veut se démarquer et rafler des "parts de marché" à ses concurrents. C'est dans ce contexte qu'en juillet 1952 la 3ᵉ escadre est désignée, au dernier moment, pour participer à un meeting à Lyon. Malgré la motivation des équipiers, le spectacle est médiocre, face à la technique des Sky Blazers américains. Ceux-ci disposent des mêmes F 84 G que nos petits Champenois, mais sont des professionnels bien entraînés. Devant l'arrogante bonhomie de ces cow-boys conquérants, le commandant Delachenal décide de préparer sa riposte pour l'année suivante. Il ne se laissera plus surprendre et saura entraîner une vraie formation, dès son retour. Il sélectionne trois jeunes sous-lieutenants dont le manque d'expérience est largement compensé par l'enthousiasme et les qualités en vol. La journée étant réservée au "vrai travail", il ne reste que le soir pour assurer l'entraînement au spectacle. Cela fait grincer les dents de quelques cadres ulcéreux qui n'admettent pas ce surcroît de travail, pour satisfaire quatre marginaux à la passion inutile. Mais qu'importe… Delachenal a vu juste et son acharnement est récompensé début 1953. La 3ᵉ escadre est désignée pour assurer la totalité des manifestations aériennes. L'épreuve du feu, celle qui révèle pour la première fois la qualité du travail de l'hiver, se situe à Constantine, le 10 mai 1953. L'escadre est alors en grande manœuvre en Allemagne, sur le terrain de Sollingen. Tout le monde vit sous la tente. L'idée d'une fin de semaine dans le sud de la Méditerranée ravit nos compères. Décollage samedi au petit jour. Deux heures et demie plus près du soleil. Les F 84 G disposent d'assez de carburant pour assurer une petite répétition sur le terrain d'Alger-Maison-Blanche. Le dépaysement est complet. Le soleil printanier d'Algérie les console des brumes allemandes. Le lendemain, la présentation sur le petit terrain en herbe de Constantine est réussie malgré la chaleur et les avions lourds de trop de pétrole. Alger se situe à 350 km de la fête. Il faut prévoir le pétrole du retour. Le lundi, nos artistes rejoignent Sollingen pour redevenir des guerriers ordinaires. Un autre grand meeting est prévu à Alger, le dimanche suivant. Le 17 mai, à Maison-Blanche, se trouve réunie la crème de l'aviation mondiale : la patrouille américaine, les Anglais, les Italiens, nos F 84 G de Reims et une autre formation française venue de Blida, équipée de douze Vampire, pour ne citer que les principaux. »[1]

Voilà pour la mise en situation. À partir de ce moment, voici comment un animateur de radio s'enflamme et invente une nouvelle expression promise à un grand succès :

« Les Anglais et les Sky Blazers américains sont passés. Les F 84 G de Reims se préparent. [...] Delachenal a une revanche à prendre sur les Américains qui l'ont dominé l'année précédente. [...] Le spectacle est sublime. [...] Au fil des passages, des croisements et changements de formation devant les 50 000 spectateurs. Noetinger (le commentateur officiel de tous les meetings aériens en France) s'échauffe à son tour. À la fin de la présentation,

---

1. Christian Gillet, *Patrouille de France. Panache dans l'Azur,* Éditions Addim – Armée de l'air, 1998.

les F 84 G reviennent face à la tribune. Dans l'apothéose de l'éclatement final, Noetinger se libère et déclare : "Mesdames, Messieurs, la Patrouille de France vous salue." [...] La phrase est devenue historique. Ce jour là est née "La Patrouille de France". Plus tard l'administration utilisera, un moment, le terme de "Patrouille acrobatique de France". Le terme acrobatique disparaîtra, seul son "a" restera dans le signe connu de tous : la PAF. »[1]

Le *Jeu des mille francs* : le marquage du produit par le slogan radio rabâché oralement

C'est bien souvent la répétition et le martelage qui permettent de rendre efficace la communication par la parole. Rappelons-nous le *Jeu des mille francs* sur France Inter, qui détient toujours, des années après le départ en retraite de son animateur Lucien Jeunesse, le record de longévité radiophonique en France. Le secret de Lucien Jeunesse et des réalisateurs de l'émission est simple : un dépouillement le plus total et deux phrases clés. Passons sur le dépouillement et le résultat, à même de terrasser les organisateurs des jeux d'aujourd'hui à la télévision : un budget inexistant, une table, quelques chaises et un xylophone pour... 1 million d'auditeurs entre 12 h 45 et 13 h 00, chiffre qu'il faut tripler avec les territoires et pays francophones hors métropole ! Et deux mots clés, répétés inlassablement : « Chers amis, bonjour ! », pour commencer, et « À demain, si vous le voulez bien ! », pour finir...

Faire la guerre par la parole

Aujourd'hui on ne se borne plus à mener un conflit uniquement par les armes. **La guerre armée est indissociable de la guerre de la communication orale**. Le dernier conflit en Afghanistan contre les réseaux terroristes l'a illustré : on lutte et combat par les expressions choisies, on engage des formules dans la bataille, on pousse des tournures à l'assaut, on gère l'invasion et les raids des slogans, on envoie les petites (ou grandes) phrases à l'attaque, on mène des opérations par les mots, on attise les conflits des termes. Le seul front du terrain est doublé d'un front de communication orale :

« Sur le terrain, des avions américains lancent des tracts avec des textes et des sondages d'opinion ainsi que des transistors, empaquetés dans les 37 500 rations de nourriture parachutées chaque jour sur l'Afghanistan. Tandis que d'autres avions tournent autour des villes pour brouiller les

---

1. Christian Gillet, opus cité.

ondes locales. Et d'après le président de National Public Radio, Kevin Close, ancien directeur de la radio gouvernementale Voice of America (VoA), les fonds, consacrés aux programmes européens durant la guerre froide, sont redirigés vers les services linguistiques de la myriade de langues parlées en Afghanistan. [...] Seuls 27,5 % des hommes et 6 % des femmes afghans sauraient lire et écrire, faisant des radios des outils plus sûrs pour émettre des informations. [...] Ainsi, depuis quelques jours, Voice of America, [...] a étoffé ses émissions en pachtou, en dari, en farsi, en ourdou et émet neuf heures de programme quotidien en arabe. »[1]

La radio, c'est la communication orale par la souplesse

Suivre Mai 68 en direct : la radio, c'est la vie

Quand la radio a-t-elle explosé en France ? Souvenons-nous : Mai 68. Plus de journaux écrits du fait des grèves, et une télévision à chaîne unique suspectée à juste titre par la population de cacher la réalité. Alors les Français se ruent sur la radio. Particulièrement, Europe 1 et RTL qui, par leurs capitaux et l'implantation de leurs émetteurs à l'étranger, peuvent garantir une information objective. C'est l'oreille rivée « au poste » que la France entière suivra, haletante, les événements. Parce que la radio, c'est la vie. Pas besoin de car-régie, d'émetteur lourd : une moto légère, un magnétophone, une cabine téléphonique et le tour est joué... vous faites vivre en direct à des millions d'auditeurs une manifestation historique, ou l'activité d'une barricade, ou encore une assemblée à la Sorbonne avant une charge de CRS[2]. **Bien des grandes signatures françaises du journalisme des années 1970 à 1990 sont en fait issues de cette école magistrale**, et on les retrouvera patron de radio ou de télé, ou présentateur vedette. Les Christian Brincourt, Jean-Pierre Farkas, François Jouffa, Olivier Mazerolle, Jacques Paoli, Gilles Schneider, qui nous informeront au meilleur niveau pendant ces décennies, s'étaient en fait révélés en Mai 68.

Années 1970 et 1980 : des radios pirates au radios « libres », puis aux radios « locales privées »

Le rebond d'intérêt de la radio, en France, a correspondu au mouvement spontané et incontournable des radios libres à la fin des années 1970

---

1. Laurence N'kaoua et Laetitia Mailhes, « La guerre des mots », *Les Échos.net*, 15 octobre 2001.
2. Comme le décrit un livre paru aux éditions du Centurion en 1990 sous la signature de Luc Bernard, *Europe 1 – La grande histoire dans une grande radio*.

et au début des années 1980. **Les grands précurseurs**, comme Radio Caroline dans les eaux internationales en mer du Nord, **sont dépassés par l'ampleur d'un mouvement incontrôlable qui s'adapte à la révolution technologique de la bande FM** : pouvoir émettre à courte distance et à partir de matériel simple, mais avec la qualité sonore en prime. Pendant quelques années, à la fin de la décennie 1970, c'est le jeu du chat et de la souris entre les émetteurs pirates et l'État, mais rapidement les souris sont tellement nombreuses, insaisissables (il suffit de déplacer l'émetteur chaque jour), diversifiées et... écoutées, que le chat ne sait plus ou donner de la tête. Valéry Giscard d'Estaing décide alors, en réponse, de confier à Radio-France, qui regroupe alors France-Inter, France-Musique et France-Culture, le montage d'un réseau de radios locales publiques ; c'est le lancement, en 1980, de Fréquence-Nord à Lille, qui marque cette politique de présence de l'État dans ce secteur. Mais le phénomène des radios libres ne faiblit pas pour autant, ce qui génère des problèmes de répartition des longueurs d'ondes ; François Mitterrand, devenu président de la République, légalise alors les radios dites « locales privées », dont près de 2 000 prennent pignon sur rue. Mais on est toujours rattrapé par l'Histoire et rapidement cette légalisation va poser le problème du financement : la plupart des radios locales privées s'engouffrent alors dans le domaine publicitaire. En 1984, l'État autorise et organise cette pratique et, deux ans plus tard, lors de la première cohabitation de la Ve République avec Jacques Chirac comme Premier ministre, François Léotard, ministre de la Culture, et Gérard Longuet, ministre des Postes, permettent la structuration des grands réseaux FM en entreprises dignes du nom : NRJ, Nostalgie, RFM, Europe 2 et tant d'autres peuvent enfin se construire autour d'un vrai métier. **En dix ans, on n'aura jamais autant parlé, « à » la radio comme « de » la radio...**

La communication orale et la télévision

La télévision et la dérive de la communication orale

■ **La tendance télévisuelle : en rajouter, là où la parole seule suffirait**

Toute la difficulté pour les professionnels de la télévision, dont le métier est apparu chronologiquement après l'utilisation de la seule parole longtemps pratiquée exclusivement soit en direct dans une salle, soit à la radio, a été d'inventer un langage propre par rapport à la parole préexistante. Ou alors, dans certains cas, par l'exploitation des techniques audio-visuelles, de ne faire que mettre en valeur la parole. **Malheur à ce métier s'il n'arrive pas à gérer ce contrepoint image/parole !** D'autant que la télévision a été obligée de gérer sont propre gigantesque succès. Un exemple de réaction d'une journaliste critique de télévision, qui montre du doigt cette tendance à en rajouter, ici à l'occasion d'un reportage sur la chaîne Muzzik consacré à la soprano Leontina Vaduva :

> « Ce film retrace l'aventure vécue [...], à l'appui de nombreux extraits et dans la présence lumineuse de la soprano. Mais on est gêné par le tutoie-ment de l'interlocuteur en off (le propre d'un dialogue d'amitié est de se situer dans le cadre), et par la platitude du montage retenu du côté des "témoins", les plus sincères fussent-ils, louant l'intelligence, le naturel et la sensibilité de l'interprète. De tout cela et de bien d'autres choses, la parole de Leontina Vaduva rend compte manifestement. »[1]

▨ Le *Loft* : intimité, parole et télévision

Le spécialiste en comportement humain Boris Cyrulnik, éthologue, neu-ropsychiatre, montre que nos capacités à la résilience sont importantes. Il s'agit de montrer par l'exemple notre aptitude à nous remettre de nos blessures, voire à en sortir renforcés :

> « Maria Callas, "la divine", la voix du siècle s'il ne devait en rester qu'une, fut une petite fille dépérissant de carences affectives dans un dépôt d'enfants immigrés de New York... Barbara, meurtrie par un viol paternel et persécutée pendant la guerre, a su chanter sa vie et chacun la fre-donne... Georges Brassens, mauvais garçon, dut à son professeur de troi-sième la découverte de la poésie qui donna une autre issue à sa révolte... Ces cas de résilience sont célèbres. Mais Boris Cyrulnik décrit ici ce que pourrait être chacun d'entre nous. Il nous montre comment ce processus se met en place dès la petite enfance, avec le tricotage des liens affectifs puis l'expression des émotions. »[2]

Cette résilience et son expression, comme son étude, correspondent à la place croissante prise dans notre société par l'intime et par les liens ambigus entre sphères privée et publique pour l'individu. Ainsi la parole dans le *Loft* n'a de nouveau que son sur-éclairage par les moyens gigan-tesques que la télévision apporte en immédiateté et universalité du voyeurisme. Le *Loft* nous rappelle qu'en fait, **cette fausse proximité par l'image et la parole n'est que l'aboutissement d'une évolution que**

---

1. Valérie Cadet, « L'humilité du chant » : *Le Monde* Télévision, 7 octobre 2001.
2. Présentation par l'éditeur des *Vilains petits canards*, de Boris Cyrulnik, Odile Jacob, 2001.

118

l'écriture avait connue sur le millénaire, du XIIIe au XVIIIe siècle, **passant d'une fonction unique de comptabilité à un rôle de vecteur de l'intimité du rédacteur** : on a évolué du compte de résultat à l'autobiographie. Parce qu'en même temps se sont développées les valeurs individualistes au détriment des valeurs collectives. Le *Loft* tente de recréer une attitude solidariste entre les acteurs et les téléspectateurs, attitude ambiguë puisqu'elle concerne en fait la vie privée des acteurs du *Loft*.

▨ La dérive télévisuelle : trop de communication tue la communication

La télévision a ceci de dangereux qu'elle a révolutionné brutalement les rapports humains de communication. **Ce n'est pas cette évolution qui est dangereuse, mais sa rapidité**. De plus, comme pour toute évolution, **la dérive guette** : **la communication-caméra pour elle-même**. En France, José Bové par exemple, en est, en général avec les artisans de l'anti-mondialisation, un éminent représentant. Les entrepreneurs français de McDonald's en ont fait les frais :

> « Dès que nous avons connaissance d'une critique non fondée, nous leur écrivons pour leur expliquer en quoi ils ont tort et nous proposons une rencontre à huis clos. Or il est impossible de discuter avec eux sans la présence de caméras ! »[1]

Mais attention, dans une telle situation, l'entreprise agressée à tort, dans le seul but de l'utiliser comme otage à des fins de manipulation médiatique sur fond idéologique, ne tarde pas à s'adapter : c'est le propre de toute entreprise ! Le résultat de cette situation est le gel de la communication, la peur de communiquer de la part d'un des interlocuteurs, et finalement la communication orale régresse ! On aboutit à des tabous sémantiques, ce qui est le comble dans une société dite de « communication »... :

> « Craignant de s'attirer les foudres des associations les plus radicales, certaines [entreprises] refusent même de se présenter ouvertement comme un groupe mondial ou global. "Elles ont des tabous sémantiques", résume Jean-Yves Naouri, président de Publicis Conseil. "Nous sommes très à l'aise avec le terme de mondialisation en interne, dit en aparté le président d'un groupe français leader mondial sur son marché. Mais sans doute va-t-il

© Éditions d'Organisation

---

1. Propos recueillis par Anne Rovan et Anne Cheyvialle, « Gérer les militants anti-mondialisation », *Le Figaro Entreprises*, 5 novembre 2001.

falloir en trouver un autre puisque certains lui donnent une connotation très négative". Présent dans 120 pays et cible de la Confédération paysanne, McDonald's pèse ses mots : "La mondialisation a tellement mauvaise presse qu'il nous est impossible de nous présenter comme un groupe mondial", explique Éric Gravier, vice-président en charge des achats pour la France. »[1]

Concrètement, l'entrepreneur s'adapte. Selon trois pistes possibles, au choix :

▶ **La démagogie**, qui renforcera la dérive du médiatisme de notre société :

> « On découvre combien les Occidentaux sont en retard. Ils n'ont pas voulu voir les désorganisations, les inégalités de développement, l'absence de contre-pouvoirs, tout ce qu'avaient souligné les mouvements anti-mondialisation. »[2]

▶ **La réponse constructive** par l'action de communication, qui recadre les éléments :

> « Le groupe américain de restauration rapide McDonald's a dû repenser sa stratégie de communication depuis deux ans. Plus question de rester sourd aux attaques des associations. »[3]

Ces journalistes montrent également dans leur article que les entrepreneurs et les publicitaires s'organisent collectivement pour répondre au défi, et surtout pour en parler :

> « Créé sous la houlette de Suez en 2000, l'Observatoire social international (OSI) planche aussi sur les questions liées à la mondialisation. "Nous avons créé cette association parce que les entreprises et les syndicats n'avaient pas forcément beaucoup d'occasions d'en parler librement, en dehors des cadres habituels", indique Philippe Brongniart, directeur général du groupe Suez. »[4]

▶ **Le mépris** :

> « D'autres grands noms, comme Microsoft ou Nestlé, revendiquent sans complexe leur internationalisation et vont même jusqu'à s'afficher comme partenaire stratégique du Forum économique mondial de Davos.

---

1. Anne Rovan et Anne Cheyvialle, *ibidem*.
2. Jean-Marie Messier, alors PDG de Vivendi Universal, *Le Monde*, 31 octobre 2001.
3. Anne Rovan et Anne Cheyvialle, *ibidem*.
4. *Idem*.

> "L'anti-mondialisation est un phénomène médiatique, explique un porte-parole de Nestlé. Le poids de cette pensée n'est pas très important". »[1]

▨ Bienfait de la télévision omniprésente ?... Dans et autour des entreprises et des organisations, le silence est devenu impossible

On ne peut plus ne pas s'exprimer aujourd'hui du fait de l'omniprésence télévisuelle ; le résultat en est que le silence est intenable, et ceci pour trois raisons :

> ▶ **Il dépossède les interlocuteurs**, les évince du débat, pour finalement les spolier des réalités, jusqu'à la fraude, parce qu'il élimine autrui de la connaissance, voire de la conscience de l'information, donc des réalités.

> ▶ **Il est suranné, donc fautif**, parce que le rôle central et incontournable tenu par les entreprises et les organisations dans notre civilisation, et leurs fonctions et capacités sur le terrain, sont telles qu'on ne peut plus imaginer de se limiter au silence.

> ▶ **Il ne sert plus à rien et est anti-productif** car, de toute manière, à un moment ou à un autre, l'information circule.

▨ Entreprises et organisations : du secret à la transparence, et donc du silence à la parole

Voici ce qu'en dit Jérôme Jaffré, un des professionnels de l'évolution des mentalités dans la société française, directeur du CECOP, Centre d'études et de connaissances sur l'opinion publique, ancien directeur des études politiques de la Sofres, puis vice-président supervisant notamment le département communication et entreprises :

> « Il ne faut pas laisser les ennemis de l'entreprise en parler à sa place. La transparence permet de se prémunir contre ces attaques. »

Rappelons la crise de communication chez Danone en 2001 :

> « Qui a diabolisé Danone par exemple ? Les journalistes, les politiques ? Ce qui est arrivé à Danone est le résultat paradoxal d'une évolution qui a conduit l'entreprise, en quelques années, de 6 % à 40 % de chiffre d'affaires à l'international. Cette évolution nécessaire a jeté Danone dans le grand bain d'une concurrence à l'état d'ébullition devant laquelle l'entreprise a dû prendre des mesures de sauvegarde. Autre paradoxe, c'est la nécessité

---

1. *Idem.*

121

de parler aux partenaires sociaux en premier, conformément à la loi, qui a provoqué le séisme médiatique. La société était tenue de garder le silence tout le temps nécessaire au comité d'entreprise pour se prononcer. Ses dirigeants n'ont pas pu mener la campagne d'explications nécessaire. Ceci a été d'autant plus dommageable à l'entreprise que celle-ci est assise depuis plus de quarante ans sur un fondement social. Ses dirigeants ont toujours considéré un licenciement comme un traumatisme. Ils se sont toujours fixé volontairement l'obligation de reclasser les salariés victimes de plans sociaux. Ils continuent de le faire. D'ores et déjà, 95 % des salariés licenciés récemment ont été reclassés et les 5 % restants se sont vu offrir plusieurs propositions d'emplois. Le suivi des reclassements est paritaire. Mais, notons-le, rien ne serait possible si, précisément, l'entreprise ne dégageait pas les profits qui lui permettent d'agir socialement. Moyennant quoi Danone, auparavant chère au cœur des Français, est tombée en discrédit. »[1]

▨ Attention ! La communication orale reste superficielle : elle ne résout pas le fond

Qu'on ne s'y méprenne pas : la communication orale ou son amélioration vont renforcer la situation d'une entreprise. Mais si cette dernière a commis l'erreur de ne pas remarquer un déplacement de marché d'une génération de consommateurs à l'autre, si ses cadres la fuient parce qu'elle ne les rémunère pas suffisamment ou parce qu'un problème latent de succession mine l'ambiance, alors la communication orale ne sera d'aucun secours, tant que l'entreprise n'aura pas résolu ses problèmes de stratégie industrielle. Car **la stratégie de communication ne peut être, en entreprise, qu'au service de la stratégie générale**. Elle peut même, au mieux, en être un pan, mais en aucun cas elle ne peut la remplacer ni même en compenser durablement les faiblesses...

La télévision est un simple outil : il faut le dominer

▨ Communiquer en remplaçant la parole par l'attitude : l'exemple de Jean-Paul II

C'est le parfait contre-exemple d'une communication par l'attitude : Jean-Paul II a bénéficié d'une évolution surprenante de son image, par un traitement particulier de la télévision. D'abord – et c'est déjà en soi un fait remarquable – c'est le premier pape à exploiter ainsi l'outil télévisuel. La cause profonde est simple : homme exceptionnel, sur le plan

---

1. *La Revue des entreprises*, septembre 2001.

physique comme sur le plan mental, il a particulièrement « papisé » l'église. Cette capacité à marquer personnellement et fortement l'institution catholique, cassant les habitudes et les hiérarchies, sied bien sûr fortement à une couverture de type télévisuel. À l'inverse, il y a fort à parier que si le président de la République était encore, en France, un inaugurateur de chrysanthèmes comme sous la IVe République, la télévision s'intéresserait bien peu à lui... Mais il y a une autre cause qui explique la télévisualisation de la fonction de pape depuis une décennie. C'est le fait que cette évolution imprimée par le pape à l'Église se marque d'abord par son extraordinaire capacité à se rendre sur le terrain, dès son élection en 1978, et n'importe où sur la planète : probablement aucun pape dans l'histoire de l'Église n'aura-t-il autant voyagé. Autour de 100 voyages ! Or l'image télévisuelle, elle aussi, voyage de par le monde. En instantané. Le problème, pour l'entourage du pape – et notamment pour Joaquim Navarro-Vals, son responsable de la presse –, était double : comment éviter la starisation, qui aurait fait du pape un produit de consommation comme un autre ? Et comment évoluer face à la télévision lorsque la santé du pape va décliner fortement dans les années 1990 ? Le cardinal Marty, au début de la décennie quatre-vingt, le présente d'ailleurs comme l'« athlète de Dieu ». Il est vrai que le physique correspond. Et les circonstances aussi... le cardinal Marty présente ainsi le pape à Paris, dans un parc des Princes comble... et comblé.

▧ Dompter la télévision en la transgressant

Joaquim Navarro, médecin d'origine et ancien journaliste, va tout d'abord professionnaliser complètement la communication-presse du Vatican. Mais, surtout, il ne se laissera pas dominer par la mode médiatique et télévisuelle, et, pour cela, il laissera l'image papale se fabriquer naturellement. C'est la réponse au glissement inéluctable et catastrophique de l'image du pape au milieu des années 1990, dont les caméras relèvent en permanence la fatigue et l'usure, les grippes et les malaises, laissant l'impression d'un homme dépassé mais entêté à conserver sa place. La décision est alors prise de cesser de tenter de cacher ce qui ne peut l'être mais, au contraire, de laisser s'exprimer l'image de la souffrance et de la douleur. Et en quelques mois la médiatisation naturelle de cette souffrance va identifier le pape à la douleur et au malheur de la planète et de l'homme ici-bas. **Ce qui était un défaut, parce qu'on tentait de le cacher, deviendra rapidement, et durablement, une qualité, parce qu'on le laisse voir au grand jour.**

▥ L'honnêteté est l'habileté suprême

Mais tout le monde n'est pas Jean-Paul II. Alors, comment faire face à une télévision omniprésente, face à l'obligation de s'exprimer, face au fait que la communication orale ne résoudra pourtant aucun problème sur le fond ? Voici quatre siècles, le cardinal de Retz affichait une piste, certes en partie cynique, mais terriblement efficace : « L'honnêteté est l'habileté suprême. » La proposition réside concrètement dans l'évolution des mentalités :

> « Les attentes de l'opinion publique sont considérables et pourtant on ne peut pas dire tout à tout le monde en même temps. Si l'entreprise est totalement transparente, elle risque en effet de disparaître. La transparence absolue n'est-elle pas un leurre ? Non, affirment les intervenants[1], car il ne faut pas laisser les "ennemis" de l'entreprise en parler à sa place. [La transparence] s'inscrit dans la bataille des entreprises pour changer les mentalités. Mieux connaître le monde de l'entreprise permet de mieux en comprendre les problèmes et, dans tous les cas, la transparence est préférable au secret, dont il faut s'écarter le plus possible. »[2]

▥ Dans l'entreprise, l'humain revient par la télévision, renforçant la parole vers l'externe

Pour contrer et compenser la déshumanisation du lien entre le client et l'entreprise, particulièrement pour les grandes marques, on remarque le retour, sur le devant de la scène, du patron lui-même : dans bien des cas il s'investit de plus en plus dans la communication d'image, particulièrement appuyée elle-même sur son volet de communication orale. Les études créditent le PDG, aux États-Unis, de près de la moitié du poids de l'image de l'entreprise et de ses produits.

▥ L'exemple des entreprises et des organisations : l'entrepreneur ou le responsable doivent prendre la parole

L'entrepreneur ou le responsable de toute organisation renforcent leur fonction de porte-étendard, de référence et d'exemple, bref de « voix » de l'entreprise ou de l'organisation :

> « Et tout concourt à accélérer cette tendance :
> • La priorité donnée à la vision et aux valeurs, c'est bien dans le dirigeant qu'elle s'incarne [...].
> • La multiplication des crises fait que seul le patron lui-même et les valeurs

---

1. Ndlr : *à l'université d'été du MEDEF en 2001.*
2. *La Revue des entreprises,* septembre 2001.

qu'il incarne sont à même de protéger l'image corporate, l'image de la marque et le produit.

- Les moyens de communication électronique, et pas seulement le web (selon Forrester Research, en 2005, 55 % des foyers américains seront dotés d'un décodeur numérique et donc de la TV interactive) provoquent à la fois une personnalisation croissante de la relation et une déshumanisation ; "face à ce mouvement accéléré, on a de plus en plus besoin d'un nom, d'un visage", constate Paul Wood, vice-président corporate affairs d'Unilever.

- La bataille du recrutement a besoin d'un porte-drapeau à image et vision fortes.

- La création de valeur pour les actionnaires, les clients et les salariés, la Bourse et l'image financière des dirigeants jouent un rôle croissant. »[1]

Sur le dernier point, la crise d'image des entreprises américaines au début de l'été 2002, accusées d'avoir longtemps falsifié ou tout au moins adapté leurs comptes, avec la complicité active des grandes sociétés d'expertise financière, reste une excellente illustration.

Auchan : « Vivons heureux, vivons cachés », c'est fini…

C'est dire à quel point les entrepreneurs sont appelés de plus en plus à prendre la parole publiquement. Ils se rapprocheront probablement à ce titre des hommes politiques. Ainsi Auchan, fondé et développé par le génie d'un homme, Gérard Mulliez, dont le slogan de la famille fut pendant des décennies « Vivons heureux, vivons cachés », évolue à partir des années quatre-vingt vers une communication maîtrisée :

> « Si Auchan n'est pas encore une maison de verre, on commence à en savoir un peu plus sur ses comptes. D'autant qu'ils sont plutôt flatteurs et que rien ne justifie qu'ils restent réservés à la lecture de la nombreuse famille Mulliez et à celle du personnel. »[2]

Boursin : le décollage commercial du produit par le slogan télé rabâché oralement

Souvenons-nous de « Du pain, du vin, du Boursin ! ». Ou comment une entreprise à distribution artisanale crève soudain l'écran, au sens propre comme au sens figuré. Son problème est le suivant : comment accompagner, par la communication orale dans la publicité, son passage brutal et à grande échelle d'une distribution artisanale et locale aux rayons

---

1. Philippe Heymann, conseil en communication, *Les Échos*, 16 août 2000.
2. *Les Échos*, 20 juin 2000.

des hypermarchés du pays entier ? Sachant qu'on ne vend bien qu'un bon produit, Boursin est bien sûr un fromage frais 100 % naturel. Séquence révolution publicitaire :

> « Les premiers bénéfices dégagés par la PME sont investis dans une série de messages radio sur Europe 1. Mais ce n'est là qu'un début. François Boursin lorgne déjà sur un autre média : la télévision. Pas de PAF, ni de CSA, et encore moins de zapping à l'époque. Mais une seule chaîne en noir et blanc, déjà présente dans la quasi-totalité des foyers français. Boursin fait une entrée fracassante. Le 2 octobre 1968 à 19 h 55 précises – cinq minutes avant le sacro-saint journal télévisé –, il s'offre le premier spot publicitaire jamais diffusé sur le petit écran. [...] Le message est signé : Publicis. Boursin fait un malheur. »[1]

Pour la petite histoire, rappelons que l'un de ces spots publicitaires – il y en aura 40 au total ! – montre un crooner qui savoure son Boursin, impassible et flegmatique alors que le studio s'effondre lentement autour de lui. Eh bien ce spot, vu par Sylvester Stalone, sera à l'origine de l'embauche de l'acteur, Marc Dejonge, dans *Rambo 3* pour y interpréter le colonel de l'Armée rouge !

▨ Vedette et la mère Denis : le décollage et le marquage du produit par le slogan oral rabâché

Même réaction chez les publicitaires qui prennent en charge la machine à laver Vedette au début des années 1970 avec pour défi de créer la différence par rapport aux concurrents. Et alors que toute la planète publicitaire rivalise de jeunes femmes modernes, Vedette lance la mère Denis. Paysanne normande du Cotentin, elle a 79 ans. Et elle fera un tabac avec son air évidemment naturel dans le lavoir communal et son « *C'est ben vrrrai, ça !* », qui fera le tour des cours de récréation et des bureaux de France et de Navarre pour longtemps... Et Vedette passe en seconde place des lave-vaisselle français ! Et *Paris Match* retient pour l'année 1976 quatre « personnalités qui ont fait l'événement de l'année » : Caroline de Monaco, Miou-Miou, Gérard Depardieu et... Jeanne Denis ! La carrière télévisuelle de la mère Denis durera 10 ans ! On se reportera, pour cette saga, à la plume de Laura Cordin[2].

---

1. Laura Cordin, « De la pub, du packaging, du Boursin », *Le Figaro Économie*, 3 juin 1991.
2. « La Lavandière en Vedette », *Le Figaro Économie*, 5 octobre 1992.

La parole, fondement ou complément de l'internet

« Non nova, sed nove. »[1]

L'internet, c'est le croisement de l'informatique et de la téléphonie. À l'analyse, l'outil semble lui-même fondé sur un besoin de remplacement de la parole par une parole électronique, choisie parce qu'elle est plus rapide. Dans bien des cas – téléphonie par le net, sites de conversation –, l'internet est lui-même support de la parole.

D'abord est né le téléphone

L'invention de communication la plus présente : le téléphone... pour parler

Quelle fut, dans le domaine de la communication, l'invention humaine récente la plus déterminante et la plus utilisée ? Sans aucun doute le téléphone, outil de transmission de la parole, en direct et au-delà de la distance de portée de la voix. Tellement déterminant que ce procédé, dont on pouvait penser que globalement il n'allait plus progresser depuis son invention simultanée par les Américains Elisha Gray et Graham Bell, va jusqu'à vivre de nos jours une seconde révolution dans son usage, avec le téléphone mobile... On le voit, **la technologie explose dans son évolution lorsqu'elle permet à la parole de se diffuser telle qu'elle est.**

C'est la parole qui a fondé la séduction pour les nouvelles technologies

L'engouement pour les outils de la dernière génération technologique est très récent. Il fut même un temps, pas si lointain, où l'ensemble des cadres dans les entreprises faisaient tout pour les fuir. Le basculement est venu de la communication orale : c'est quand ces outils ont montré, par le téléphone mobile, qu'ils pouvaient traiter le son, que l'ensemble de l'encadrement s'est rapidement investi dans ce domaine :

> « [Les cadres] ont viré leur cuti [...]. Jusqu'en 1996-1997, ils étaient plutôt hostiles à l'installation de gadgets censés faciliter la communication dans leur bureau. Le fax, l'imprimante, le mini-standard téléphonique, l'ordina-

---

1. « Les choses elles-mêmes ne sont pas nouvelles, mais la manière l'est », locution latine.

127

teur, c'était bon pour leur secrétaire ou leur programmeur. Ce n'était pas des outils de cadres. Mais, vers 1996, deux techniques ont fait leur apparition : le téléphone mobile et internet. Elles sont apparues très vite comme des cadeaux que l'on pouvait s'offrir à la Fête des pères ou à Noël. Du coup, ces outils sont devenus valorisants et ceux qui ne les possédaient pas se sentaient à la traîne. Les cadres, mais aussi tous ceux qui font l'opinion – intellectuels, journalistes – s'en sont fait les promoteurs. Aujourd'hui, les enquêtes montrent que les cadres en sont davantage utilisateurs que toute autre catégorie sociale. »[1]

C'est donc la possibilité de voir enfin la communication orale s'intégrer, par le téléphone mobile, dans l'ensemble des outils dits de technologie nouvelle, qui fit se tourner l'encadrement vers ces pratiques. Et cette évolution est passée par un intermédiaire important : le lien apparu entre la sphère privée et la sphère professionnelle. On retrouve le côté religieux – celui qui re-lie les choses – de la parole. **Le téléphone mobile a déclenché l'engouement pour les technologies parce qu'il permettait à une certaine forme de confusion informelle de s'implanter entre la maison et le bureau.** Et c'est par la sphère privée que cet ensemble technologique a séduit :

« En quelques mois, chaque cadre, et bientôt tout le pays, a pris conscience d'un prétendu "retard français". [...] Ces objets, naguère purement professionnels, ont rejoint l'automobile au rang des "outils mixtes", à la fois professionnels et privés. »[2]

Puis est venu l'ordinateur

▨ La convivialité de l'ordinateur passera par... la parole

Et maintenant que la révolution informatique est digérée, maintenant que la révolution de l'internet fait partie des meubles, quel est l'objet essentiel des recherches qui fera bondir ces outils vers de nouveaux progrès, tant il rendra leur usage courant et facile, réduisant la fracture technologique dont ils font l'objet ? La parole : commander demain l'ordinateur par la voix.

---

1. Yves Lasfargue, directeur du Créfac, interview par Jean-François Rouge : *Enjeux. Les Échos*, septembre 2000. Le Créfac est le Centre d'étude et de formation pour l'accompagnement des changements. Yves Lasfargue est l'auteur de *Technomordus, technoexclus ? Vivre et travailler à l'ère numérique*, Éditions d'Organisation – Les Échos Éditions.
2. Yves Lasfargue, opus cité.

L'internet

La potentialité de l'internet : le bavardage !

C'est le titre d'un article en pleine page du quotidien *Le Monde*[1]. Il s'agit bien sûr de pointer du doigt la grande tendance – inattendue – du clavier : la discussion. Même les mots parlent : il est ici question de « forums », de « chats », de « salons » :

> « Chatters et tchatcheurs. Le terme anglais chat (prononcer tchat), dont le dictionnaire Harrap's Shorter nous dit qu'il signifie "petite conversation, causette" (to chat donnant "causer, bavarder") ne pouvait pas ne pas entrer en collision avec son homologue français "tchatcher". Le Robert précise que l'origine de la tchatche française se trouve dans le mot espagnol chacharear, qui, justement, veut dire bavarder. Plus troublant encore, l'anglais to chat up se traduit par "baratiner, draguer", une activité qui, de l'aveu des responsables des portails d'accès, représente environ 80 % des conversations en ligne. Il n'est alors pas étonnant que, de plus en plus souvent, les Français familiers du chat se définissent comme tchatcheurs plutôt que comme chatters. »[2]

Quelles différences entre les conversations électronique et réelle ?

L'internet, en réalité, est beaucoup moins convivial, par rapport à la bonne vieille parole traditionnelle. L'article cité ci-dessus montre à quel point, justement, si les pratiquants des discussions sur le net cherchent à reproduire la parole, en fait le gouffre est profond qui sépare leur pratique et la véritable conversation. Quelle est en effet la principale différence entre une vraie conversation par la communication orale et la discussion par un forum sur le net ? Le fait de saisir le texte sur un clavier ? Ce n'est pas fondamental car ce n'est qu'une simple différence technique. En réalité, comme le montrent les chercheurs québécois Daniel Vierville et Jean-Paul Lafrance, cités par *Le Monde* : sur l'internet, ces discussions « *charment d'abord parce qu'elles offrent l'anonymat nécessaire pour discuter en faisant abstraction de l'apparence physique de leurs utilisateurs* ». La voilà donc, cette différence entre la conversation électronique et la conversation face-à-face avec quelqu'un : dans le second cas on voit l'interlocuteur, et lui nous voit. Mais allons plus loin que cette lapalissade : on constate en effet que dans le cas d'une conversation

© Éditions d'Organisation

---

1. « Internet rétablit le bavardage. », Marc Coutty et François Lazare, *Le Monde*, 8 septembre 2000.
2. Marc Coutty et François Lazare, opus cité.

électronique, le blocage et la frustration, au minimum la difficulté de communiquer vraiment, apparaissent vite. D'où viennent-ils ? Surtout des marques culturelles des interlocuteurs, issus de milieux, de cultures ou de pays différents. **Et c'est justement – et paradoxalement puisque c'est en même temps l'objectif recherché ! – l'absence du contact physique qui pose ici problème.** Parce que cette absence d'un lien physique, visuel, et à la fois individuel ou en petit nombre – contrairement à ce qui passe sur le net, où la concurrence est forte ! – oblige en conséquence l'internaute à user d'efforts considérables de charme et de mise en valeur de soi-même, sans compter la nécessaire adaptation comportementale à l'autre. Cela prouve *a contrario* cette autre caractéristique de la communication orale : elle peut être servie par la présence physique. Cette dernière rend le contact et la circulation du contenu de l'expression beaucoup plus faciles, comme un outil complémentaire et non comme une charge, contrairement à ce qu'on croit le plus souvent. **La parole est finalement relative dans le cas de la conversation réelle, malgré toute la timidité qu'elle entraîne chez nous. Elle est relative parce qu'elle est relativisée, tamisée par le contact physique.** Au contraire, les malentendus sont finalement nombreux sur le net, parce qu'on ne peut pas compenser par une grimace ni un geste.

▪ Le son peut se cacher derrière l'internet

La complémentarité entre l'internet et la communication orale trouve aussi, contre toute attente, ses développements dans le terrorisme et la lutte que lui livrent les services secrets. En effet, quoi de plus attirant, pour qui veut transmettre un message à distance, que d'utiliser la parole et l'internet ? **La parole permet une compréhension immédiate, l'internet permet la diffusion instantanée et,** surtout – c'est nouveau –, **la discrétion parfaite. Cette technique s'appelle la stéganographie.** Il ne s'agit pas de coder un message – c'est alors la cryptographie – mais de le cacher dans un autre message apparemment anodin. Rien de vraiment nouveau en réalité... Le premier utilisateur de cette technique fut, au Ve siècle avant Jésus-Christ, l'historien de la Grèce antique Hérodote : il décide un jour de transmettre la consigne du début du soulèvement contre les Perses en inscrivant le message sur la tête d'un esclave, qu'il avait fait raser, avant d'attendre que ses cheveux ne repoussent et qu'il aille ainsi diffuser la bonne nouvelle... L'esclave chevelu sert de cache pour le vrai message, invisible. La cryptographie, ou codage, est réglementée, selon les pays, les époques et les législations, tantôt pour favoriser les capacités de la police à contrôler le contenu des informations qui circulent, tantôt au contraire pour protéger la liberté individuelle. C'est une tout autre histoire lorsque le message est stéganographié : personne ne prendra les moyens de le décoder, ou au minimum de remonter jusqu'à la source, puisqu'on ne le remarque même pas... **En matière informatique et sur l'internet, il suffit de remplacer une information de base dans une photographie par un fichier sonore pour que le fichier circule vers un destinataire, mais dans l'anonymat le plus complet.** Concrètement, comment pratique-t-on ? Rappelons que toute l'informatique est fondée sur un langage binaire (1 ou 0, oui ou non), et que la parcelle informatique de base est le bit. Pour une photographie par exemple, on la décompose en parties minuscules, les pixels. Chaque pixel contient trois points de chaque couleur de base (un point bleu, un vert, un rouge) plus ou moins coloré et plus ou moins lumineux. En codant ce pixel en langage binaire sur 8 bits, on obtient 256 combinaisons (2 multiplié par 2, huit fois en suivant), soit 256 possibilités de couleur et de lumière pour ce pixel. On ne retient qu'une seule, qui répond à la question : quelle(s) couleur(s), quelle intensité et quelle luminosité ce pixel doit-il transmettre pour restituer correctement l'original, pour la partie qui le concerne ? Et quand on sait qu'un ordinateur courant voit son écran composé de 1 024 pixels en longueur et 768 pixels en hauteur, on imagine aisément que le jeu de cache-cache dans cet ensemble est facile... On peut – c'est encore mieux – utiliser des images non codées – les fichiers bitmap ou « .bmp » – et la quantité d'informations est alors gigantesque ; la dissimulation est d'autant plus facile, mais ce sont par contre des fichiers d'image qui circulent lentement sur l'internet du fait de leur taille. Il suffit, dans tous les cas, de remplacer certains bits (ceux qui correspondent à des éléments qui influencent peu l'image lorsqu'on la regarde) par un son. Ainsi l'écran d'ordinateur décrit ci-dessus pourra-t-il receler tout un discours caché !

▧ Le son numérique peut cacher la parole

On peut également imaginer de cacher la communication orale non pas derrière une image, mais derrière un autre son, par exemple la musique :

> « Le son peut aussi servir de support à des messages cachés. Julien Stern, de la société de conseil Cryptolog, évoque sa surprise lors d'un congrès spécialisé où un morceau de musique se transformait en un discours parfaitement audible : "Il avait suffi de mettre les deux enceintes en face l'une de l'autre pour que les signaux portant la musique sur chaque voie s'annulent pour laisser la place au seul message caché." Les techniques de

compression mettent en évidence l'existence de ces informations super-flues dans les fichiers numériques. Elles exploitent les carences ou les limites des sens humains pour supprimer du fichier original les données presque imperceptibles pour l'œil ou l'oreille. Il est possible de supprimer plus de 90 % des bits composant une image ou un son numérique sans les altérer sensiblement. C'est dire la capacité de stockage d'informations invisibles – pour l'homme, mais pas pour la machine – qu'offrent les images et les sons numérisés. »[1]

▨ L'internet au service de la parole : le net peut obliger à parler ceux qui avaient décidé de se taire

C'est bien sûr de la fabuleuse histoire du Monicagate dont il s'agit. Cette affaire, qui sera le principal dossier médiatico-politique de l'année 1998 et peut-être même, par son intensité et sa durée, de toute la décennie 1990, devait normalement ne jamais éclore. Car ce n'est pas une histoire à trois – Bill Clinton, Monica Lewinski, le procureur Kenneth Starr – mais une histoire à quatre. Et le quatrième larron est le plus important, pour ce qui est de la communication des informations, donc de la médiatisation du dossier ; pourtant c'est celui dont on a le moins parlé. Caractéristique de l'iceberg : c'est la partie la plus importante qu'on ne voit pas... Qui est donc ce quatrième personnage de la pièce, qui fera passer du silence – voulu par les protagonistes et entretenu par les médias – à la structuration d'un *gate* et à son omniprésence assourdissante ? Il a 31 ans ; paresseux convaincu, il est arrivé anonymement de sa banlieue de Washington à Hollywood dix ans auparavant. Vivant de petits boulots, il s'amuse à laisser traîner ses oreilles dans les couloirs des stars et, découvrant l'internet trois ans avant l'« affaire », grâce à son père qui lui offre un ordinateur, il fait circuler ses potins dans son journal électronique, le *Drudge Report*. Car notre ami s'appelle Matt Drudge. Le succès vient, il contractualise avec AOL puis étend son champ d'investigation au monde politique. De révélation en révélation, de scandale en scandale, de procès en procès, sa célébrité s'établit. Et son vrai métier se déplace, ou se précise : de chroniqueur comme un autre (donc l'équivalent d'un journaliste, mais sans carte de presse ni journal en papier), il devient celui qui conteste la pratique du silence, partagée par les mondes politique et médiatique. Il deviendra un jour celui par qui les journalistes qui se taisent vont devoir parler, celui par qui le champ de la communication orale va investir la totalité du monde politique et du monde médiatique. Ce jour, c'est le 17 janvier

---

1. Hervé Morin, *Le Monde*, 21 septembre 2001.

1998, lorsqu'il reçoit une information déterminante pour lui : *Newsweek*, le grand hebdo américain, vient de prendre la décision de ne pas publier l'information concernant Bill Clinton et Monica Lewinski. Alors Matt Drudge en publie deux : l'affaire Monica Lewinski, d'une part, et, d'autre part et surtout, le silence coupable de la nomenklatura médiatique. La parole prend alors le dessus : après une hésitation d'une demi-semaine, l'ensemble des médias, télévisions en tête, font exploser l'histoire à la une. Pendant longtemps on ne parlera et ne plaisantera plus que de cela... Et des années après, le site « www.drudgereport.com » continue de répandre ses révélations sur l'actualité...

Clé 4. Inévitable... Le monde change, mais la parole demeure.
Se persuader de la religiosité de la parole :
elle « relie » les hommes.

Chapitre 3

Moi et les autres : la société humaine

« *De même que les administrations fonctionneraient de façon satisfaisante,*
s'il n'y avait pas le public,
de même les théories économiques seraient relativement faciles à établir
sans la présence de cet insupportable gêneur qu'est l'Homme. »

Alfred SAUVY

Le pouvoir et l'opium, Payot, cité par le magazine *Enjeux les Échos* (avril 1997)

LE LIEU : LA COMMUNICATION ORALE DANS LES ORGANISATIONS

La communication orale et l'économie moderne : quelles conséquences sur les entreprises et les organisations ?

> « *Le mal du siècle vient de deux causes : ce qui était n'est plus ; ce qui sera n'est pas encore.* »
> Alfred DE MUSSET[1]

L'économie moderne, les entreprises et organisations sont abordées sous différents aspects tout au long de l'ouvrage. Nous en traiterons ici les éléments suivants :

- leur invasion par les clichés, comme l'anti-mondialisation ;
- le lien entre développement et pratique de la parole ;
- la considérable accélération du temps ;
- l'adaptation au flou ambiant ;
- les entreprises et organisations, systèmes ouverts dans une société ouverte.

Nous abordons par ailleurs d'autres thèmes, également sous l'angle de la communication orale :

- l'invasion de la télévision dans l'économie, ou la place de la parole externe issue des entreprises et organisations ;
- les métiers, ou le retour de l'humain, la place des diplômes et des compétences ;
- la gestion et la préparation des crises et des risques, ou la gestion du flou, de l'identité et de l'image ;
- la formation ;
- le management humain, ou l'action collective, la planification, l'orientation, la mobilisation stratégique et les valeurs, la remise en cause ;
- les outils du lobbying et du réseau.

---

1. *Confessions d'un enfant du siècle*, cité par Marc Ullmann dans « Musset nous avait prévenus ! », *Le Nouvel Économiste* du 13 mars 1992.

Les idées et propositions émises dans les pages qui suivent concernent les entreprises mais aussi, par extension, toutes les formes d'organisation humaine. C'est pourquoi nous passerons parfois de l'expression réduite « entreprise » à l'expression large « organisation ». **Une organisation, c'est tout corps organisé dans la société, dirigé vers une action**, quelle qu'elle soit ; **ces structures professionnelles, associatives ou administratives, qui ne sont pas des entreprises, leur sont pourtant assimilables sur le plan du management et de l'action collective interne** : collectivités locales, services publics, administrations, organismes culturels ou éducatifs.

L'entreprise ou le lieu du principe de réalité

Pourquoi étudier la communication orale par le prisme de l'entreprise ? L'intérêt réside dans le fait que l'entreprise, l'entrepreneur, le cadre sont soumis à un principe têtu : la réalité. En conséquence, suivre leur exemple, ou tout au moins les regarder agir, permet de relativiser bien des idées reçues et de valider ou non telle ou telle théorie sur notre « société de communication », réelle ou supposée.

Contester les clichés sur l'économie et la société : les leçons de Michel Godet

Nous citons régulièrement les travaux de Michel Godet dans cet ouvrage. Michel Godet est professeur au Conservatoire national des arts et métiers[1] Il est intervenu comme consultant en prospective et stratégie auprès de nombreuses entreprises[2], auprès de collectivités locales, d'administrations nationales[3] et internationales[4]. Il intervient aussi depuis dix ans au sein de l'APM[5]. Michel Godet a mené plusieurs missions ministérielles sur le travail et l'emploi. Il est l'auteur de multiples publications scientifiques sur les méthodes prospectives et l'analyse stratégique, les relations entre technologie et société, l'éducation, l'emploi et les perspectives internationales. Il a publié une douzaine d'ouvrages traduits en plusieurs langues[6]. Une autre source de cette

---

1. CNAM, chaire de Prospective industrielle.
2. Renault, ELF, Péchiney, EDF, Sollac, Chanel, Boulanger, Bongrain, Lafarge, Société Générale, AXA, BASF, Schneider.
3. Défense, Recherche, Éducation, Emploi.
4. UNESCO, CCE.
5. Association progrès du management.
6. Pour le sujet traité ici, citons chez Dunod un *Manuel de prospective stratégique* en deux tomes : *Une indiscipline intellectuelle* et *L'art et la méthode*.

partie de l'ouvrage consacrée à l'entreprise est le rapport produit par Claude Bloch et André Petit[1] le 4 février 1992. Ce rapport, titré *Projet pour le Nord de la France*, a un double intérêt pour éclairer notre sujet : d'une part, il était consacré aux grandes évolutions de la société économique européenne, à partir de l'expérience régionale, et, d'autre part, rédigé en forme de « bilan et perspectives », il est paru à une époque charnière, juste avant que ne s'ouvre l'ère de l'internet.

Vraies ou fausses, les croyances collectives sont fondées sur la parole

Que ressort-il des travaux de Michel Godet ? D'abord le constat que **nous vivons sur des clichés qui nous conviennent parce qu'ils assurent notre confort intellectuel.** Et lorsque ces clichés nous permettent éventuellement de nous remettre en question, c'est en fait à bon compte. **Ces clichés concernent la mondialisation, la croissance, l'emploi, la formation ou encore le temps de travail.** Nous verrons ici comment la lutte contre ces clichés, ou tout au moins leur démontage, permettent en conclusion d'affirmer le meilleur futur à la communication orale. Contrairement aux apparences premières d'ailleurs, puisque ces clichés – comme bien des croyances, inexplicables par la raison – sont véhiculés eux-mêmes principalement par la parole ! Ainsi, comment se fait-il qu'une société qui pourtant dispose d'outils d'analyse remarquables sur le plan économique et social puisse se fourvoyer dans des croyances collectives erronées, jusqu'à parfois aller à l'encontre de l'évolution générale, faisant fi des réalités, et aussi de ce que pratiquent l'ensemble des autres pays ?

Le dossier des « 35 heures » en est un exemple éloquent. La France se lance dans cette croisade en 1998, uniquement pour des motifs politiciens – c'est-à-dire électoraux – et idéologiques. Partout ailleurs dans le monde, on considère au contraire que ce n'est certainement pas en ne travaillant pas ou en travaillant moins qu'on s'enrichit, ni individuellement ni collectivement, tout simplement parce que ce n'est pas en courant moins vite et moins longtemps qu'on arrive le premier au but, voire qu'on arrive tout court. Comment cette perte du bon sens a-t-elle pu advenir ? Par le vecteur de la parole, qui porte la conviction collective. Rares, trop rares, pendant une première période de plusieurs

---

1. Respectivement en tant que président et président du directoire de l'UPR (Union patronale régionale) Nord-Pas-de-Calais (devenue MEDEF Nord-Pas-de-Calais).

années après le lancement de cette opération de communication politique, sont les voix qui s'exprimeront dans un autre sens, celui des réalités économiques et sociales. Et ces voix ne seront pas relayées, sauf par le MEDEF, mais dont on considère que s'il s'oppose au projet des 35 heures, c'est par principe : cela semble bien naturel et il est, dit-on, « dans son rôle »... L'un des rares esprits, apparaissant libre et objectif, à contrer ce projet dès sa génération est Michel Godet. Il martèle, conférence après conférence, cours après cours, interview après interview, son message de bon sens : il martèle qu'on refuse collectivement de voir l'évolution de la croissance et de la démographie, qu'on refuse de voir ce qu'il appelle le tournant de 2006, autour duquel il faudra travailler plus et travailler tous ! Il répète que c'est l'activité qui crée l'emploi... et que c'est l'initiative et l'innovation qui créent l'activité. Il rappelle que le travail, comme l'électricité – parce que c'est une énergie et un enthousiasme –, ne se partage pas. Il rappelle qu'on s'illusionne sur les métiers de demain : l'avenir nous réserve surabondance de diplômés et pénurie de professionnels. Il nous pousse, par la parole en conférence, et par ses livres et articles, à nous poser les bonnes questions et à nous méfier des idées reçues :

> « On ne change pas la société par décret ; les portes du changement s'ouvrent de l'intérieur et d'en bas comme l'a si bien dit Jacques Chaize[1]. »

De la prospective à la boule de cristal... mieux vaut parfois se taire

L'exercice qui consiste à parler et se parler ne suffit certes pas en lui-même à résoudre les problèmes d'avenir. Mais il permet de faire circuler les bonnes informations qui sous-tendent les bonnes décisions. Il permet d'argumenter et de soutenir ces décisions. Et parfois, puisque la langue est la meilleure et la pire des choses, la parole permet malheureusement, au contraire, l'établissement d'évidences qui sont admises par un ensemble de professionnels compétents, et dont les effets sont désastreux :

▶ On peut ainsi expliquer le fameux dernier raté de nos sociétés occidentales dans le domaine des nouvelles technologies : avoir cru dans les années 1990 à l'éclosion d'un besoin irrépressible des consommateurs de la planète en faveur d'un téléphone

---

© Éditions d'Organisation

1. Ndlr : référence à l'ouvrage, *La Porte du changement s'ouvre de l'intérieur*, Calmann-Lévy, 1992.

mobile ; celui-ci devant, « à l'évidence », être reçu partout et donc s'affranchir des relais au sol, considérés comme potentiellement dépassés. Rappelons que c'est cette « intuition » et bien des échanges de communication orale sur le sujet qui nous ont collectivement aveuglés jusqu'à nous faire lancer une batterie de satellites adaptés... qu'il a fallu ensuite détruire, le tout générant des pertes et des dépenses considérables. Pourquoi ? Parce que nous, les consommateurs du téléphone mobile, nous avions dans le même temps été à l'origine de la construction d'un formidable réseau parfaitement « ringard » d'antennes réparties par milliers sur tout le territoire de la planète, dressées en haut de bons vieux pylônes.

▶ Heureusement, quelques années plus tard, les investisseurs, échaudés et peut-être plus à l'écoute des besoins potentiels des clients non moins potentiels, ne se sont pas lancés sur les nouvelles pistes dont tout le monde parlait au milieu des années 1990, comme celle de la vidéo à la demande. En 1995 le dirigeant de Bell Atlantic, aux États-Unis, Ray Smith, annonce en effet que celle-ci permettra de solliciter à distance la lecture d'un film, en offrant les mêmes services qu'avec un matériel à domicile (arrêt, pause, arrière, reprise, etc.). L'outil ? L'internet haut débit. Et Ray Smith prévoit que des dizaines de millions de foyers américains seront équipés... avant 1998 ! Des fortunes dépensées en recherche, études et analyses ont mené à ce qu'on sait : l'inexistence de ce marché. Or cette attitude générale erronée était due, d'abord, à la capacité de conviction, par la parole, de Ray Smith, relayé par bien des professionnels et des journalistes[1].

▨ L'anti-mondialisation, ou comment fuir nos responsabilités directes

Au cours de ses conférences, Michel Godet développe ce qu'il appelle *« la paille de la mondialisation et la poutre de nos responsabilités »*. En d'autres termes : la mondialisation a bon dos, et s'afficher en permanence, par la parole, « contre » la mondialisation sert surtout à éviter de se regarder dans le miroir. Car la « mondialisation » n'est pas le fait d'un groupe

---

1. Jean-Noël Gouyet, chargé d'études à l'INA (Institut national de l'audiovisuel), Vincent Lorphelin, directeur adjoint de BNP audiovisuel, et Daniel Kaplan ont étudié en détail ce cas d'école dans *Les Échos* du 7 août 2000 : « La vidéo à la demande n'aura été qu'un mythe ».

d'hommes conscients de leurs objectifs et décidés de manière concertée à faire du mal aux autres ! **La mondialisation, ce n'est qu'un concept descriptif d'une situation constatée, dont nous sommes tous les acteurs collectifs.** On ne peut rien « contre » la mondialisation : c'est un fait.

▓ L'une des fonctions impératives de l'entrepreneur est aujourd'hui pédagogique et didactique, elle implique donc la parole

Cela impose, comme nous le verrons plus loin, une fonction impérative à l'entrepreneur : être aussi, en plus du reste, un pédagogue, et donc communiquer en remplissant une fonction didactique. Principalement en parlant, pour, en un temps préalable, combattre les clichés :

> « Partisans et détracteurs des marchés financiers se rejoignent au moins sur un point : leur importance objective. L'opposition des jugements de valeur s'explique d'abord par l'existence d'idées fausses sur la Bourse dans l'opinion française. »[1]

Et l'idée et la culture sont liées à la situation économique et à la structure de la création de richesses d'une société :

> « Ces idées se sont installées d'autant plus aisément que l'actionnariat individuel, facteur de culture économique, est devenu faible. »[2]

▓ Lutter contre les clichés : le dynamisme comme remède au chômage...

Au cours d'une conférence devant 150 entrepreneurs et 100 étudiants dunkerquois, le 19 mars 2002, organisée par le Quai des entreprises et la Chambre de commerce et d'industrie, Michel Godet propose même les contre-idées pour combattre les clichés : constatant que les régions ou les pays d'Europe connaissent des taux de chômage qui varient du simple au triple, alors qu'il subissent les mêmes contraintes extérieures, il affirme que les explications au phénomène du chômage sont d'abord endogènes et en tire les conclusions qui s'imposent :

> « Il faut préparer l'avenir par l'innovation et le changement par l'expérimentation. Retenons ce message porteur d'espoir : le meilleur remède au chômage, même de longue durée, c'est la dynamique de projet. Et cela implique la responsabilité plutôt que l'assistance ! »

© Éditions d'Organisation

---

1. *La Revue des entreprises*, septembre 2001.
2. *Idem.*

▓ Lutter contre les clichés : ce ne sont pas les aides qui font le développement

Il y a en réalité complémentarité, et non pas opposition, entre mondialisation et accroche locale :

> « L'ouverture à la mondialisation se fait d'autant mieux qu'elle prend appui sur de profondes racines car elle renforce le besoin de différenciation des cultures et d'identification locale. Les deux se nourrissent mutuellement. S'insérer dans la mondialisation, ce n'est donc pas perdre sa différence, mais la cultiver : il faut 1 vision globale pour 1 001 solutions locales. Un territoire crée le développement par la dynamique économique de ses actifs. Plus ces derniers sont nombreux et entreprenants plus le territoire est en bonne santé. »[1]

L'essentiel repose donc sur l'aptitude des hommes et femmes d'une société, d'un territoire, à affronter ensemble l'environnement, en construisant des projets collectifs, au lieu de lutter entre eux.

▓ Lutter contre les clichés : « Interrogeons-nous sur la poutre de nos responsabilités »

La mondialisation a bon dos :

> « Cessons donc de chercher des boucs émissaires et des solutions dans la paille de la mondialisation, de la technologie ou du partage du travail et interrogeons-nous plutôt sur la poutre de nos responsabilités et sur notre capacité d'initiatives. Ce ne sont pas les infrastructures et encore moins les aides qui font le développement local, au mieux elles l'accompagnent. »[2]

Ce sont donc les organisations et les individus qui génèrent les différences de réussite entre des territoires. Le développement socio-économique, culturel, d'un territoire est avant tout le résultat de son énergie et de sa créativité. Ce n'est pas le partage mais l'enrichissement croisé des initiatives les plus nombreuses qui génèrent activité et donc création d'emplois. **Les défis extérieurs, les évolutions technologiques, la mondialisation sont des opportunités à saisir et non une malchance ou une fatalité.**

---

1. Michel Godet, « Les portes du changement s'ouvrent d'en bas », *Les Échos*, 8 décembre 1999.
2. Michel Godet, *ibidem*.

Le développement passe par la parole

La parole permise est la condition du développement

Quand on « l'ouvre », s'ouvre la société ! André Grjebine[1] montre que **les potentialités et les pratiques culturelles vont de pair avec le développement et l'enrichissement d'une société**. On peut dégager au moins trois raisons à cette réalité :

► **C'est l'adaptation qui fait le développement**, or l'adaptation est une des premières formes ou composantes de l'intelligence, donc de la culture collective. Plus les membres d'une société parlent et se parlent sur le plan politique, plus elle se développe. Plus ils se parlent librement dans leur activité intellectuelle, culturelle, sociale, plus elle s'enrichit. Parce que la parole intelligente casse les habitudes, les religions dogmatiques. C'est d'ailleurs la même parole qui peut, *a contrario*, desservir une société, mais cette fois par la répétition jusqu'à l'abrutissement ; on rappellera utilement les images édifiantes des enfants répétant le Coran dans les écoles religieuses de l'Afghanistan de Ben Laden ou les séances de répétition du *Petit Livre rouge* dans la Chine de Mao.

► **La place de l'enseignement ouvert et de la formation structure les sociétés qui se développent**. Et cette formation passe d'abord par la parole.

► **La parole libre permet d'intégrer les idées, les inventions venues d'ailleurs**. C'est quand l'Inquisition a fait taire les Espagnols que leur pays a reculé considérablement, alors que pendant un siècle et demi, à partir de 1500, il avait été le premier pays d'Europe.

Conséquence moins agréable que rappelle André Grjebine : **parler librement permet certes de vivre dans une société adaptable, de mieux comprendre notre environnement et donc de l'exploiter pour notre propre bien-être** ; mais il y a un revers à la médaille, **notre stress face aux questions fondamentales** – Qui suis-je ? D'où viens-je ? – **s'en renforce d'autant**. Car là où ni une église ni un État ne nous conduisent comme on conduit des enfants, l'univers s'ouvre à nous et nous angoisse parce qu'on le connaît si peu. Là où ni une église ni un État ne nous indiquent la religion commune et les croyances imposées, nous devons nous forger nos valeurs nous-mêmes. D'aucuns diront que nous dispo-

---

1. Dans son ouvrage *Un monde sans dieux : plaidoyer pour une société ouverte*, Plon, 1998.

sons alors de cohortes de psys, qui à défaut de nous guérir nous soignerons, et d'abord... en nous faisant parler !

L'accélération du temps impose l'actualité, donc la parole

▨ Le temps doit-il se réduire à l'emploi du temps ?

Les grandes évolutions du monde contemporain se caractérisent par **l'accélération et l'urgence**, qui **sont la face temps de la globalisation et de la mondialisation** :

> « L'accélération de la vie des affaires n'est pas nouvelle. Elle était inscrite dans le programme politico-économique de l'ONU puis du traité de Rome. Ce programme repose sur le triptyque "économie de marché, démocratie politique, droits de l'homme". Or en quoi consiste l'économie de marché ? En la chute des barrières à la circulation des flux. Quand les barrières tombent, le marché s'agrandit et les transactions s'accélèrent. [...] La vitesse n'est que l'autre face de la mondialisation. [...] Le courant dominant restera celui du "fast". [...] Au quotidien, je n'ai pas de visibilité au-delà de vingt-quatre à quarante-huit heures. Ce qui exige davantage de flexibilité et nécessite des dirigeants qu'ils aient toujours plusieurs scénarios à disposition. »[1]

▨ La mondialisation, c'est dans l'espace et dans le temps

Cette traduction de la mondialisation repose donc non seulement sur le critère de l'espace – tout est proche dans le « village mondial » – mais aussi sur le critère du temps : la globalisation, ce n'est pas seulement « ici », mais « ici et maintenant ». Les opposants à la mondialisation éludent complètement cette notion : ils restent inconsciemment persuadés qu'ils s'agit surtout d'un phénomène territorial. Ils mènent donc une pression sur les acteurs politiques pour qu'ils résistent et contrarient la mondialisation en maintenant ou renforçant des barrières physiques ou juridiques à la libre circulation, alors que **le problème est au moins autant un problème d'immédiateté que de territorialité. Les nouvelles technologies structurent différemment les rapports sociaux et fondent la mondialisation.** Le militant anti-mondialisation au sommet de Barcelone en mars 2002 manifeste pour le maintien d'EDF dans le « service public » par un protectionnisme de barrières juridiques et

---

1. Frédéric Tiberghien, PDG de VediorBis (intérim), *La course au temps*, Éditions Autrement, cité par *Enjeux – Les Échos*, juillet-août 2001.

territoriales, mais, dans le même temps il participe à l'organisation et à l'évolution de la manifestation grâce à un téléphone mobile collé à l'oreille ! Il est peut-être intellectuellement, politiquement, idéologiquement, conceptuellement « contre » la mondialisation... mais il est en fait « tout contre » car il la fait, il la construit, il l'est lui-même intrinsèquement, par son attitude de consommateur. Il en parle « contre », il manifeste « contre »... mais il se manifeste et agit « pour ».

▦ L'accélération du temps qui passe rend la parole prépondérante sur l'actualité

Selon Jean-Marc Salmon, plusieurs conséquences devront être gérées, et d'abord le changement de notion de long terme, qui aujourd'hui correspond à une bien courte période de visibilité :

> « Dans un tel monde, le court terme prend le pas sur le long, car nous sommes bien incapables de voir aussi loin que nos aïeux. Les rois de France pensaient la gestion des forêts sur deux cents ans... Aujourd'hui, pas un chef d'État sur la planète n'est capable de raisonner à cinquante, ni même à dix ans. Nous ne sommes pas plus bêtes que nos prédécesseurs, mais, comme le temps social s'est accéléré, nous voyons moins loin ! [...]. »[1]

Cette perte de visibilité est partagée par tous et n'est plus réservée à la seule sphère politique :

> « Cette globalisation est cependant différence de celle à laquelle aspiraient nos prédécesseurs (découvertes, colonies, marchés uniques, etc.) en ce qu'elle nous échappe complètement. De plus en plus, nous allons devoir compter avec l'incertitude. L'imprévisible est devenu la nouvelle frontière de la condition humaine. Elle ouvre de nouvelles marges de liberté, à condition d'apprendre à maîtriser les grandes vitesses. »[2]

Le principe d'adaptation permanente, donc la parole

L'entreprise, lieu du changement

▦ Éviter le sort du dinosaure

Dans les entreprises et organisations, et autour d'elles, **nous sommes condamnés à communiquer.** C'est une tendance lourde : nous sommes

---

1. Jean-Marc Salmon, sociologue, *Un monde à grande vitesse : globalisation, mode d'emploi*, Le Seuil, cité par *Enjeux – Les Échos*, juillet-août 2001.
2. Jean-Marc Salmon, *ibidem*.

condamnés à lutter, à nous moderniser, à réfléchir à nos modes d'action, à nos relations avec l'environnement, sous peine de subir inéluctablement le sort du dinosaure.

S'adapter, donc inventer : la créativité sert l'innovation

Aujourd'hui et demain la parole sert la rapidité, comme hier le silence servait le poids : les années 1990 ont été les années changement. **L'accélération et l'imprévisibilité sont sans précédent pour les hommes, les entreprises et les organisations, les idées, les échecs et les succès. On doit de plus en plus ajouter à la pression du quotidien une intense préparation de l'avenir. Il faut être plus rapide que lourd.** Les années 1990 et 2000 sont des années caméléon : elles nous obligent à nous réinventer en permanence, tout en nous appuyant sur ce qui fait la force de notre personnalité et de notre culture.

Convaincre en interne, en permanence, de la nécessité du changement

Citons le très riche site du groupe consultant PricewaterhouseCoopers, et notamment la partie du site consacrée aux dossiers rédigés par les consultants de la maison[1]. Les travaux de Simon Free, en 2001, y sont consacrés au fait que **l'entreprise** mène obligatoirement une politique du changement permanent. C'est même aujourd'hui le cœur de toute stratégie. Conséquence : **elle mesure sa compétence, en matière de stratégie, par la profondeur de ses changements et par leur fréquence.** Il faut donc que les femmes et les hommes qui la composent pratiquent une culture de transformation fondée sur le vécu. À ce titre chaque décision de modification, chaque décision stratégique d'adaptation doit être dite, et bien dite. Les erreurs des années 1999 à 2001, du type Michelin, Lu, Danone ou Marks and Spencer, sont encore dans toutes les mémoires... **Une bonne décision stratégique peut devenir une catastrophe si elle est mal communiquée**, avec des mots d'une autre époque ou d'une autre culture. C'est le syndrome Folamour : l'expérience s'est remarquablement bien déroulée, mais la planète a disparu... On appelle cette attitude « mourir guéri ».

---

1. www.pwcglobal.com/fr/fra/ins-sol/spect-int.

▨ Convaincre par la parole, pour relier l'interne et l'externe, le comment et le pourquoi, le faire et l'objectif

La stratégie doit donc contribuer à donner à nouveau aux salariés un sens, une vision à leur présence dans l'entreprise. S'ils sont, au pire, de plus en plus amorphes ou cupides, c'est aussi parce que les dirigeants n'expriment pas de manière évidente leurs intentions de rendre leur entreprise meilleure que les autres. Et aujourd'hui meilleure veut dire tout à la fois plus rapide et inattendue. **On doit dire ce qu'est l'adaptation envisagée, son but, ses causes, ses conséquences, la fonction que chacun va tenir dans le changement de cap et les comportements souhaités.** C'est un moment fort de la communication d'entreprise : relier l'interne et l'externe, le comment et le pourquoi, le faire et l'objectif. L'entrepreneur n'échappe pas aujourd'hui à l'obligation de conviction. Cet agrément des collaborateurs passe par une période didactique. Les deux sont fondés sur la communication orale.

L'entreprise doit se diriger dans le flou

Nous reviendrons plus loin sur ce thème, vécu en situation de crise. Nous en abordons ici les premières grandes lignes, hors crise.

▨ Parler pour gérer le croisement entre flexibilité et efficacité

Depuis vingt ans nous gérons l'incertain. Réduire les temps de réponse, manager en temps réel, s'adapter en permanence à des évolutions brutales et imprévisibles : l'environnement est instable, le risque de dégradation ou de retournement de situation est de plus en plus élevé. **Il faut donc gérer en temps réel, ce qui est un métier à haut risque et à haut stress. Parler permet de résoudre l'équation contemporaine de toutes les entreprises et organisations** ; elles doivent en effet en permanence concilier deux impératifs contradictoires :

- d'une part la flexibilité, qui est dictée par l'incertitude de notre monde, et que nous pratiquons par les structures informelles, ce qui nous oblige à organiser nos actions en les coordonnant avec celles des autres ;
- d'autre part l'impérieuse efficacité que la concurrence nous impose, ce qui nous oblige à professionnaliser, donc à diviser nos savoir-faire parce que nous devons les spécialiser.

La solution passe par la parole interpersonnelle parce qu'on ne peut résoudre le défi énoncé ci-dessus qu'en construisant un entrelacement de liens *intuitu personae* entre les acteurs. C'est en effet la condition pour permettre aux acteurs d'échanger et de croiser leurs conceptions et leur intelligence des choses et des événements, donc leurs jugements, donc leurs actions ; et c'est seulement de cet échange que peut naître l'efficacité, par la coopération.

▪ Parler se fait en temps réel quand on pratique le pilotage à vue

Pendant longtemps les techniques de production et les comportements furent codifiés et ressentis comme stables sur le long terme ; l'innovation était une exception, et l'envisager entraînait des résistances ou des conflits. Au mieux on la considérait comme une aventure, comme une forme d'irresponsabilité débouchant sur une attaque du patrimoine, et on ne pratiquait le changement que contraint et forcé. Aujourd'hui les entreprises et organisations vivent dans un processus permanent de pilotage ; le processus d'innovation est incessant, créant cette notion de pilotage, c'est-à-dire de changement, de glissement permanent, et donc de flexibilité. Or qui pilote ? L'être humain... C'est pourquoi **le rôle de l'homme et de son comportement prennent la première place, dans le cadre d'une double nécessité** :

- **nécessité d'ouverture** vers l'extérieur et de proximité du marché.
- **nécessité de décentraliser**... On voit clairement apparaître la nécessité de décentralisation et de primauté du terrain, entraînant le développement de la vigilance et d'équipes multidisciplinaires. Cette montée des compétences, accompagnée d'une nécessité de prendre des décisions rapides et de l'organisation d'une information en temps réel permettant cette rapidité (par une prise en charge de travaux fastidieux, par la technologie : informatique, télématique), met à mal les structures hiérarchiques verticales.

L'entreprise, lieu de la mobilité

▪ La communication orale sert le mouvement : pour bouger, il faut parler

Conséquence de l'innovation : la mobilité. L'innovation est devenue le **support de l'optimisation des ressources, de l'effort pour la performance et la compétitivité.** Elle a envahi tous les domaines, et au sein de chacun elle résonne comme une préoccupation continue. Ce n'est plus une rupture exceptionnelle entre des périodes stables, **c'est un pro-**

cessus permanent. En conséquence la mobilité des entreprises et organisations, des hommes, des manières de faire, des manières d'être, des produits, devient la règle. **Cette mobilité implique la communication interpersonnelle incessante**. Il faut en permanence converser avec les collaborateurs et entre collaborateurs pour générer l'invention et soutenir la créativité. Être capable de gérer le management de l'invention... Alors que le management traditionnel de la production était un management exclusif de la prévision et de l'organisation, aujourd'hui le management du produit, de la création anticipative, du service personnalisé au client, devient aussi le management du *soft* : le management de l'invention permanente et de la re-programmation permanente. Il faut être capable aujourd'hui, dans les entreprises et organisations efficaces, de pratiquer ce nouveau management, plus complet.

Dire la stratégie

La stratégie ou la « bonne parole »

On citera également les grands dossiers thématiques dont le journal *Les Échos* nous régale une ou deux fois par an pendant une saison, et qui accompagnent chaque fin de semaine pendant trois mois le quotidien en regroupant plusieurs articles de fond. Les éléments qu'on retire ainsi de la suite « L'art de la stratégie »[1] vont dans le sens des paragraphes ci-dessus :

▶ **L'enjeu est aujourd'hui de prendre en charge les liens entre l'entreprise et son environnement. La tendance profonde est donc à l'abandon des procédures qui servent à juger du passé** (comme la comptabilité par activité) **au profit d'outils destinés à façonner l'avenir par l'action grâce à l'information.** C'est ce que montre Anthony Hopwood[2] :

> « Ces entreprises adoptent des attitudes beaucoup plus novatrices, souvent plus désordonnées, en général moins bureaucratiques, parfois plus temporaires, et presque invariablement plus directement liées à un enseignement et à une expérience pratiques. Les entités innovantes, telles que Benetton ou Hewlett-Packard, sont connues pour l'importance de leurs investissements dans des circuits d'information temporaires, spécifiques et multiples. »[3]

---

1. Parue en 2000.
2. Directeur chez Peter Moores et professeur de management.
3. Anthony Hopwood, « S'informer pour s'ouvrir au monde », *Les Échos*, 2 juin 2000.

149

▶ **Il faut passer de l'exploitation à l'exploration. Il faut être capable d'animer des équipes plutôt que de les surveiller.** Il faut pratiquer le management ambigu[1].

▶ **Il faut exciter de nouveau l'engagement des salariés sur l'émotion. Il faut donc mettre en place des systèmes d'échange et d'apprentissage.** L'esprit doit reprendre sa place, particulièrement l'esprit d'entreprise[2].

▶ **La croissance est une tournure d'esprit**, un élément de comportement et de culture... **Le développement n'a aucune borne** : il est infini. Particulièrement le développement socio-économique. L'objectif de l'entrepreneur est double :

- la croissance, à court et long terme ;
- la rentabilité et son amélioration.

▶ Trois conditions que l'entrepreneur doit cependant remplir et cumuler :

- prendre des décisions en faisant des choix (*edge*) ;
- les faire intégrer par chaque collaborateur, qui doit les faire siens pour se mobiliser en leur faveur ;
- ne pas se centrer sur l'activité existante mais être prêt à « agrandir sa mare ».

On parle même d'attitude éducative. Noël M. Tichy et Ram Charan prônent le *teachable point of view*. L'avis du patron doit être « enseignable ». Alors, qui a dit que le management n'était pas la « bonne parole » ? **L'entrepreneur a pour première mission d'apprendre à autrui l'aptitude à décider donc à arbitrer**[3].

De nos jours, les messages issus d'une entreprise, comme de toute source, sont de plus en plus nombreux et désordonnées, et les interlocuteurs extérieurs vont donc tenter de se faire une idée générale, et ils vont s'y arrêter. Le risque est donc croissant de voir se fabriquer une image fausse, diffuse, non maîtrisée. C'est pourquoi **les outils de la « bonne parole stratégique », comme le projet d'entreprise, doivent**

---

1. On se reportera aux travaux de A. Y. Lewin et Mitchell P. Koza : « Le management en période de rupture », *Les Échos*, 18 mai 2000.
2. On se reportera aux travaux de Yves Doz et Heinz Thanheiser : « L'art et la manière de renouveler son entreprise », *Les Échos*, 11 mai 2000.
3. On se reportera aux travaux de Noël M. Tichy et Ram Charan : « Croissance profitable et pédagogie d'entreprise », *Les Échos*, 6 avril 2000.

donner le fil conducteur par lequel on peut cadrer la parole en interne comme vis-à-vis de l'extérieur. Le PDG de Renault, sous le sous-titre « Énoncer clairement son projet stratégique », présente son premier principe de management :

> « Avant même de prendre la présidence de l'entreprise, j'avais dit qu'il fallait des axes stratégiques clairs. Le projet général doit être connu, la cohérence affirmée. Il faut une fermeté stratégique et une disponibilité tactique. »[1]

Les entreprises et organisations sont devenues des systèmes ouverts : elles doivent parler et il faut leur parler

L'entreprise est entrée dans un système ouvert

Nous vivons aujourd'hui dans un monde qui est en pleine transformation : nous sommes en permanence en période de transition. Nous devons faire en sorte de penser et donc d'agir autrement que dans la société d'hier. Pouvons-nous dégager les tendances lourdes du changement ? Ce n'est pas simple parce qu'elles résultent de la combinaison dynamique de plusieurs facteurs. Tentons d'identifier ces tendances : elles sont en nombre relativement limité. Il s'agit en fait d'essayer de caractériser l'économie de demain, au travers du management de demain, c'est-à-dire : « Comment prendre les décisions ? » Cela nous permettra de clarifier notre situation, de manière à pouvoir démentir cette phrase de Cocteau : « *Les événements nous échappent, feignons d'en être les organisateurs.* » Quel est le mot clé du changement en cours ? **La transition que nous vivons nous mène vers un monde dont le mot clé sera l'ouverture :**

> ► **Ouverture « géographique »** par l'effondrement des frontières, de toutes les frontières (physiques, culturelles, juridiques, économiques, sociales) : cette forme d'ouverture s'impose par la primauté du marché et les impératifs de la compétitivité. C'est la prééminence du client qui oblige à pratiquer cette compétitivité et la meilleure qualité. L'effondrement des frontières au sein du monde occidental entraîne la prééminence du client face au pro-

---

1. Louis Schweitzer, PDG de Renault, cité par Laurent Guez, *Le Figaro Entreprise*, dans la série « Style de management », 26 novembre 2001.

ducteur. Ce phénomène renforce la concurrence et donne donc une importance croissante à la capacité d'investir, de créer des entreprises, à la personnalisation du produit, à la nécessité de la qualité, à la maîtrise des coûts et de la gestion. Il faut donc, en conséquence, responsabiliser les différents acteurs à tous les niveaux de l'entreprise, par application du principe de subsidiarité, en valorisant la compétence et le professionnalisme des salariés, qui prennent une importance considérable. **Cela impose des efforts dans des domaines comme la formation, la motivation et la responsabilisation des collaborateurs de l'entreprise.**

▶ Ouverture « temporelle », par l'information en temps réel, se traduisant par une accélération dans l'innovation et la communication.

Les entreprises et organisations doivent capter et mélanger les influences

Les entreprises et organisations vivent une évolution du mode de management ; cette évolution aboutit à faire d'elles des systèmes ouverts avec des objectifs bien déterminés. Et **qui dit ouverture dit mélange : paradoxalement on inventera l'avenir en réhabilitant la culture et le passé.** Sur ce socle on mélangera les talents, les habitudes, les savoir-faire, les langues. On ne pensera plus pays mais région naturelle et continent, centre de compétences, centre de pouvoir. Les collaborateurs et administrateurs des entreprises et organisations doivent parler pour capter ces influences et résoudre ces incertitudes : notre société, elle aussi, est de moins en moins un système fermé et de plus en plus un système ouvert. Or l'une des caractéristiques des systèmes ouverts est de subir une grande part d'incertitude, d'alternative, d'influence d'événements inattendus.

L'entreprise prend des décisions à influences globales

Il faut parler pour capter la globalité des informations, afin de pouvoir prendre des décisions à influences globales. L'analyse de l'entreprise privilégiait traditionnellement les relations directes et simples de cause à effet. Aujourd'hui une telle approche serait inapte à rendre compte de la réalité : **un grand nombre de variables inter-réagissent entre elles et créent une dynamique permanente.** Avec deux conséquences... l'autorégulation et la prise en compte de l'environnement :

▶ Le « système entreprise » doit s'autoréguler. Comme les capteurs extérieurs et le thermostat vont réguler la climatisation –

mais ici dans une réalité extrêmement complexe –, le système de décision doit tenir compte en permanence d'informations nouvelles et inattendues de l'environnement, qui entraîneront une régulation, c'est-à-dire une correction permanente et surtout une anticipation des évolutions. Ces corrections agissent sur chaque partie du système et ont des effets en chaîne, partiels et globaux, et des effets en retour, dont il faudra tenir compte et qu'il est difficile de prévoir.

► **Le système doit prendre en compte l'environnement.** La caractéristique principale d'un système est la complexité, résultant d'une part de l'interaction réciproque de l'environnement et du système, et d'autre part de l'action de chacune de ses parties sur les autres et sur le tout, par un effet d'interactivité, interne comme externe, généralisé et permanent.

Pour s'adapter, l'entreprise compense en s'accrochant à deux principes :

► **Agir selon des objectifs, en permanence adaptés à l'environnement.** Puisqu'on a affaire à une réalité complexe, interactive, évolutive et ouverte, il faut agir selon des objectifs clairs ; seul un objectif peut en effet permettre au système d'avancer dans un monde complexe et en constante évolution et mutation. Et on doit s'attendre sans cesse à devoir intégrer l'environnement dans ses objectifs.

► **S'informer en écoutant : une nécessaire information, la veille**... Aujourd'hui le processus de décision dépend du processus d'information, et les deux ne font plus qu'un : sont donc liés la décision, le niveau de décision, l'auteur de la décision, l'outil de veille, l'outil d'information, l'interprétation, le système de communication, le système de commande et le système de contrôle. Tout ceci se réalise par des antennes. D'où l'importance de la veille informative. La prévision quantitative, l'analyse caricaturale perdent de leur pertinence ; la capacité de sentir plutôt que de juger, de flairer par intuition, instinct et talent reprennent toute leur place. Seules les entreprises capables de saisir les informations externes sont en mesure de bâtir une stratégie globale et de prendre des décisions adaptées.

▨ L'entreprise, cellule nerveuse

La communication de l'entreprise sert sa nouvelle caractéristique : être une cellule nerveuse. **Par la communication elle soutient son nouvel impératif d'adaptabilité permanente.** La concurrence est aujourd'hui clairement décloisonnée et diversifiée : par la géographie (elle vient d'ailleurs, d'autres régions, d'autres pays), l'innovation (elle s'appuie sur des produits de substitution : conserves puis surgelés, métal puis composites, freinage par friction puis freinage électrique...), les prix, les circuits de distribution, le service, la gestion financière etc. Conséquence : la nécessité d'adopter une attitude d'écoute et d'ouverture, de manière à percevoir cette intensification de la pression concurrentielle. L'entreprise devient une cellule nerveuse dotée de larges tentacules vers l'extérieur, avec des courants dans les deux sens. L'entreprise doit être à responsabilité partagée, donc communicante, si elle veut être capable de gérer ce désordre. On constate en effet que bien des entreprises s'organisent de fait comme une multitude de petites cellules relativement autonomes, par fonction, par métier, par technologie. Chaque cellule est un centre de décisions, d'animation et finalement de management. Tout ceci est entraîné par la nécessité de voir se réduire la distance entre le lieu de décision et le point d'action de décision. **L'intelligence se décentralise et la responsabilité se partage, et ce dans le cadre d'une structure de type biologique.**

▨ La réussite de l'entreprise est donc au diapason de sa communication orale

Ces différentes formes d'ouverture ont une conséquence concrète, la nécessité d'adopter des comportements adaptés, pour lesquels la communication orale est un outil pivot :

- ▶ **Se remettre en cause** : tenir très fortement compte de la notion de compétitivité et de gestion des coûts, et donc se remettre en cause en permanence ; **cette remise en cause passe par la « parole intérieure » dans l'entreprise.**

- ▶ **S'informer** : prendre toute décision de manière globale ; le monde est un système dont toutes les parties s'influencent les unes les autres et on ne peut plus vivre en circuit fermé. **Cette information passe par l'entretien de la culture personnelle, qui passe par l'exemple, par la lecture et par la parole.**

- ▶ **Pratiquer la créativité** : avancer à l'aide d'innovations, et cette accélération nous conduit à une forte spécialisation, et donc à jouer les complémentarités avec d'autres acteurs ; **là aussi, la nécessité de parler s'imposera de plus en plus.**

▶ **Entretenir des relations avec autrui** : prendre les décisions et les appliquer en réseau, en partenariat ; **nous évoluons vers l'entreprise partagée, et ce partage passe inévitablement par la communication orale.**

Nous verrons plus loin (au chapitre 5, dans la partie du livre consacrée au réseau) que les conséquences inattendues de ces évolutions sont aussi l'obligation, pour l'entreprise, de gérer l'économie, de prendre des décisions économiques, et non plus seulement de gérer au jour le jour. Façonnant l'économie, elle façonne la société. Ce faisant, elle fait de la politique, ou au moins elle empiète sur le champ politique. L'effet secondaire est double : d'une part, **l'obligation de parole entre les sphères politique et entrepreneuriale**, d'autre part, **l'obligation pour les syndicats et organisations collectives d'entreprises de sensibiliser leurs propres troupes à cette évolution culturelle...**

Métiers : du travail au télétravail ?...

Ici aussi la communication orale est au cœur du sujet :

- d'une part, les erreurs sont venues de la parole, qui a généralisé des clichés non fondés ;
- d'autre part, les métiers d'avenir seront centrés sur l'outil de la parole.

Dans ce domaine aussi les poncifs ont été véhiculés, rabâchés, par la parole médiatisée. Mais qu'en est-il, au fond ? En quoi la communication évolue-t-elle (vraiment) aujourd'hui ?... En quoi les métiers évoluent-ils aujourd'hui ?... En quoi la communication orale évolue-t-elle (vraiment) aujourd'hui ?

Un silence assourdissant : le manque de réflexion sur les métiers de l'entreprise

Aujourd'hui c'est la notion même de métier qui évolue. Ce qu'il faut noter c'est la faiblesse de nos réflexions sur le métier des entreprises :

« Parce que le métier paraît être quelque chose d'acquis. Dans un passé déjà lointain, le métier se définissait à partir d'un savoir-faire, comme celui des artisans compagnons du Tour de France. Les entreprises industrielles fabriquant des produits complexes comme des automobiles ou des navires ont conservé au fond la même conception. Le métier était donné au départ. »[1]

Emmanuel d'André, qui était, à l'époque de la parution de son livre, président du groupe 3 Suisses International, et Anis Bouayad, consultant en stratégie, montrent qu'au contraire **aujourd'hui l'ancienne relation au métier ne fonctionne plus**. Des exemples : Vivendi, qui sort de son métier de base ; Hewlett-Packard, qui délaisse la production électronique pour celle de systèmes intégrés d'information. De ce fait, cet élément préexistant qu'était le métier dans le passé devient de nos jours un champ incontournable d'expression de l'entrepreneur :

> « L'itinéraire logique du nouvel entrepreneur sera le suivant : vouloir, devoir, pouvoir, savoir. Les deux premiers stades dépendant principalement de lui. Au stade du pouvoir, il aura à se poser la question de ses clients et de ses fournisseurs. Au stade du savoir, il devra déterminer ses alliances pour obtenir les compétences qu'il ne peut détenir par lui-même. »[2]

Et de proposer quatre pistes qui permettent à l'entrepreneur de ne pas rester sur la même activité que dans le passé et d'« *aller pêcher la valeur ajoutée exogène* » :

- **apporter du temps au client**, car c'est un élément rare ;
- **lui éviter la complexité** en le prenant en charge globalement, ce qui oblige à bâtir des partenariats avec des entreprises spécialisées ;
- **sécuriser l'offre** ;
- prendre des initiatives pour **répondre à son désir**, sa volonté de plaire, ses rêves, **et proposer de la convivialité**.

Un vacarme assourdissant : les illusions sur les métiers de demain

Michel Godet[3] remet dans une interview[4] les pendules à l'heure. Partant de l'initiative du gouvernement, et notamment du Commissariat au

---

1. Emmanuel d'André et Anis Bouayad, *Stratégie et métier de l'entreprise*, Dunod, 2000, cités par *La Revue des entreprises*, octobre-novembre 2000.
2. Emmanuel d'André et Anis Bouayad, *ibidem*.
3. Auteur de *Emploi : le grand mensonge*, Pocket, 1999.
4. Parue dans *Les Échos* du 18 janvier 2000, ainsi titrée : « Gardons-nous des illusions sur les métiers de demain ».

Plan, de bâtir une prospective sur les métiers et compétences, il a adapté les chiffres avancés, dont il conteste à juste titre certains éléments, tels qu'il apparaissent dans l'interprétation, notamment médiatique, qui ressort de l'affichage des résultats :

▶ **L'importance donnée aux taux de progression d'un métier fait parfois oublier de rappeler sur quelles bases ils s'appliquent :** un métier dont les besoins doublent sur une période courte, c'est impressionnant, mais n'y précipitons pas nos enfants si la base de départ de ce métier est très faible ; un fort taux de progression sur une toute petite base ne donne qu'un résultat médiocre ! Inversement, regardons de près ces métiers qui soi-disant ne progressent plus, parce ce qu'un très faible taux de progression sur une base gigantesque, cela laisse la porte ouverte à bien des nouveaux arrivants !

▶ Bien souvent **on néglige d'établir une différence entre**, d'une part, **les emplois nouveaux créés parce que le métier lui-même est nouveau et**, d'autre part, **les emplois nouveaux proposés par le renouvellement des départs en retraite.** Et parfois, certains métiers dévalorisés, parce que le plein est fait, recèlent en réalité bien des ouvertures, quand on étudie, au-delà de leur maturité apparente, les effets du départ en retraite d'une génération entière qui s'y était ruée voici quelques décennies.

▶ **Les projections dans l'avenir de tel ou tel métier sont parfois piratées**, donc influencées dans un sens ou dans l'autre, **par des choix politiques en filigrane.**

Ceci étant, Michel Godet reconnaît que ces travaux de base ont le mérite d'exister, d'être riches et de grand intérêt, et d'être disponibles sur le site internet du Plan[1].

▧ **Où seront les emplois de demain ? Pas là où on répète qu'ils seront !**

Nous le verrons ci-dessous, l'erreur est généralisée dans notre société, non seulement sur la question de l'identification des emplois du futur, mais encore sur la précision des lignes comportementales, d'aptitudes et de capacités qui seront exigées pour pratiquer les métiers qui ont de l'avenir :

---

1. www.plan.gouv.fr

> « La réponse à ces questions est encombrée de clichés non fondés : ainsi, par exemple, il faudrait d'abord préparer les enfants aux métiers de l'intelligence et aux emplois qualifiés de la nouvelle économie ! Erreur et illusion collective ! La course aux diplômes de formation générale est d'autant moins justifiée que les emplois de demain ne seront pas là où on le croit. [...] Aujourd'hui, l'on manque de jardiniers, de cuisiniers, de bouchers, d'infirmières, d'employés de services aux particuliers et de l'hôtellerie, d'ouvriers non qualifiés du bois, de conducteurs d'engins. »[1]

Un cliché des années 1990 : le télétravail

Le télétravail, ou le travail à distance, sans communication orale directe... une des tartes à la crème de la décennie 1990. Un ouvrage collectif, *Travail et activités à distance*[2] montre que **sous la dénomination « télétravail » se trouvent en fait des besoins, des stratégies, des objectifs, des domaines, des fonctions, des statuts très variés.** Pour les auteurs, qui connaissent leur sujet[3], **une seule caractéristique commune crée un lien entre ces activités, qui est d'ailleurs un lien par l'exclusion : ces services à distance ne concernent jamais une production physique ni matérielle.** Précision, positive cette fois : la fourniture de service se réalise sans contact en continu avec les clients. Mais ces constats étant posés, les emplois en jeu sont divers et font du soi-disant télétravail un patchwork : analyse, comptabilité, conseil, édition, formation, ingénierie de maintenance, marketing téléphonique, représentation commerciale, secrétariat, etc. Les statuts correspondent à l'ensemble des possibilités de lien entre un « producteur » et son interlocuteur, qu'on peut pratiquer dans nos économies :

- situation de vente à un client en tant que fournisseur ; et les liens peuvent ici être très différents les uns des autres :
- statut libéral ;
- statut de société ;
- statut de salarié appuyé sur un contrat de travail ; et là aussi les cas sont multiples, car le métier peut être à temps plein ou à temps partiel, à durée indéterminée ou non, occasion-

---

1. Michel Godet, « Anticlichés sur l'avenir : les illusions sur les emplois de demain », *Cahiers du LIPS*, n° 14, novembre 2001 (2, rue Conté – 75003 Paris – www.cnam.fr/lips). Le Lips est le Laboratoire d'investigation en prospective, stratégie et organisation du CNAM – Conservatoire national des arts et métiers.
2. Publié en 1999 aux Éditions d'Organisation.
3. Alain Bereziat est alors directeur du projet Télétravail à la direction de l'Innovation de France Télécom, Jacques Lagorce y est directeur de projets à la branche Développement, et Nicolas Turbé-Suetens anime le cabinet de conseil Distance Expert, spécialisé dans la mise en place des activités à distance dans les grandes organisations.

© Éditions d'Organisation

nel ou permanent, sur place chez le client ou au domicile de l'intervenant.

▨ Les leurres sur les évolutions de la société

Il existe, particulièrement en France, une explication sur cette construction de l'avenir sur des idées reçues :

> « Chaque époque est considérée par ceux qui la vivent comme une période exceptionnelle faite de mutations sans précédent. Ce sentiment est compréhensible car c'est au fond la seule époque qu'ils vivront. Il y a donc dans chaque génération une tendance naturelle à surestimer la rapidité des changements, notamment techniques, et à sous-estimer les inerties, c'est-à-dire ce qui ne change pas, sinon très lentement. »[1]

C'est une tendance intemporelle et universelle des sociétés humaines, notre vision des modifications en cours n'est pas objective, pour au moins deux raisons :

▶ Nous sommes certes conscients des capacités d'immobilisme et de résistance aux changements de la part du corps de la société, mais nous ne sommes pas suffisamment conscients de leur poids et nous sous-évaluons leur capacité à renforcer la prédisposition d'une société à la stagnation, pouvant même mener à la paralysie.

▶ Nous donnons beaucoup trop d'importance à certaines évolutions que vit notre société, tout simplement parce que le prisme déformant du présent et de l'actualité est un miroir grossissant : la surinformation sur une évolution de société nous donne l'impression que ses effets seront bien supérieurs et profonds par rapport à ce qui se passe en réalité. On le constate si, au contraire, on embrasse et analyse le phénomène plus sereinement, c'est-à-dire sur le long terme. Michel Godet appelle cette tendance les « mirages collectifs ». Un exemple significatif : l'amalgame entre nouvelles technologies et nouvelle économie, qui a mené à commettre bien des erreurs d'appréciation, notamment en investissement boursier, dans les années 1999 et 2000.

L'avenir : les métiers où l'on cause

▨ L'avenir est assuré aux services de proximité

Les erreurs d'interprétation de la réalité et de ses évolutions citées ci-dessus **sont à l'origine de catastrophes économiques et sociales dont**

© Éditions d'Organisation

---

1. Michel Godet, *Les Échos*, 18 janvier 2000.

on n'a pas encore mesuré ni le nombre ni l'ampleur, et qui nous sauteront au nez dans les 20 prochaines années, notamment lorsque les générations du baby-boom prendront leur retraite. On vient d'en avoir une première illustration avec la pénurie d'infirmières, subitement déclarée – mais pourtant bien prévisible – en 2001 en France. On peut se poser les mêmes questions et être inquiet pour les besoins en aides-soignants, assistance maternelle, assistance aux personnes âgées, mais aussi pour toutes les professions peu mises en valeur par leur image – ouvriers qualifiés dans le bâtiment par exemple –, pour les activités faiblement qualifiées. Et surtout pour cet ensemble de métiers « du tertiaire et de haute convivialité ajoutée ». **Il s'agira, dans l'ensemble, de services de proximité, dont on risque de manquer cruellement.**

▨ Informaticiens, place aux assistantes maternelles !

Voilà qui nous fait remettre l'informatique à sa juste place : Michel Godet nous appelle à ne pas oublier que voici 30 ans, nous nous faisions peur sur les bouleversements que l'informatique allait faire subir à la société et aux métiers. Or, entre 1990 et 2000 en France, les enquêtes-emploi de l'INSEE montrent que le nombre d'informaticiens a progressé de 123 000 seulement, ce qui met cette profession à la cinquième place, derrière les professions citées ci-dessous, dont la liste est surprenante :

- les assistantes maternelles et aux personnes âgées, conséquence du travail féminin et de l'amélioration de l'espérance de vie : constat de + 300 000 (de 1990 à 2000) ;
- les professions médicales (médecins, infirmiers, sages-femmes, aides-soignants) : constat de + 240 000 ;
- les représentants et les commerciaux : constat de + 136 000 ;
- les professionnels de l'action socioculturelle et sportive, pour encadrer les jeunes et répondre aux besoins croissants de la société de loisirs : constat de + 125 000.

Pour la décennie 2000 à 2010, Michel Godet présente les métiers les plus offreurs d'emploi... les assistants aux personnes (+ 600 000 !), les cadres et dirigeants d'entreprise, les enseignants, les représentants et commerciaux, les employés peu qualifiés mais fortement professionnels : caissiers, agents d'entretien (+ 450 000), manutentionnaires, conducteurs de véhicules, ouvriers du bâtiment et des travaux publics, gardiens et personnels de sécurité.

La place essentielle de l'humain

> « *Mes jours comme mes nuits sont en tous points pareils,*
> *Sans joie et pleins d'ennui...*
> *Personne ne murmure « je t'aime » à mon oreille.* »
> Françoise HARDY[1]

Pour Michel Godet il faut remettre l'homme à la place centrale dans les questions de développement :

> « La question la plus importante pour le futur est l'implosion démographique de l'Europe. Il n'est de richesses que d'hommes éduqués, et quand il n'y a plus d'hommes il n'y a plus d'avenir. »

Conclusion paradoxale dans une société de communication :

> « La solitude et le contact humain sont les grands marchés de demain. »

Or quel est le point fort de ces métiers ? **Ce sont des « métiers du lien social », qui repoussent la progression des métiers de l'informatique au huitième rang.** Comme si notre société compensait naturellement les évolutions de la technologie pour mieux les accompagner, pour mieux les intégrer.

Des pros sûrement, des diplômés pas forcément

Il nous faut revenir à la réalité du terrain et à l'humilité. On sera obligé de construire « *l'avenir à contre courant des idées reçues : la tête dans la vision globale, les pieds dans la glaise locale* ». Michel Godet parle de « *surabondance de diplômés et de pénurie de professionnels* », comme il l'affirme déjà, en bon prévisionniste, dès février 1988[2].

Passer du statut, fondé sur le silence, à la fonction, fondée sur la communication orale

> « Les consultants en management aiment bien dire que nous allons passer des structures pyramidales d'hier à des structures de type polycellulaire, donc à des équipes projets. En réalité la pyramide subsiste, mais on en réduit le nombre d'échelons et elle cohabite avec des équipes transversales

---

1. Chanson *Tous les garçons et les filles*, paroles de Françoise Hardy, musique de Françoise Hardy et Roger Samyn, Éditions Musicales Alpha.
2. Dans *Le Monde de l'éducation*, par un article titré « La France malade du diplôme ».

par objectif, le défi majeur étant du même coup de passer d'un management d'autorité à un management dont la caractéristique principale sera de mobiliser l'intelligence de tous à tous les niveaux. [...] Plus fondamentalement, il me semble que nous allons passer du concept de statut au concept de fonction. Nous sommes dans une société où, si vous aviez de la chance, vous alliez obtenir un diplôme qui vous donnait droit à un statut, lequel statut déterminait votre rémunération qui, en fonction de l'ancienneté, allait être presque automatiquement revalorisée. Ce qui comptera de plus en plus c'est le concept de fonction, donc non le diplôme mais les qualifications, et la rémunération sera de plus en plus déterminée par l'efficacité des individus dans une fonction donnée par rapport à un objectif déterminé. »[1]

Quelles qualités individuelles ?

Le sous-titre de l'interview[2] de Michel Godet, « Les métiers changent, mais les compétences de base pour les exercer demeurent », est tout aussi parlant. Car l'essentiel est le caractère éternel des capacités exigées :

> « Les qualités individuelles requises par la croissance et la compétitivité des entreprises, dans un contexte de changement technique rapide, ne seront pas nécessairement plus élevées en termes de savoirs mais certainement plus exigeantes du point de vue des attitudes et des comportements : capacité d'apprendre à apprendre, comportement ouvert au travail en équipe, esprit de créativité et d'initiative, souci de qualité dans l'application des savoirs et des savoir-faire... Certes les métiers changent, mais les compétences requises pour les exercer demeurent. Ces qualités individuelles seront d'autant plus nécessaires que les métiers de demain s'exerceront de plus en plus dans des petites unités de services aux personnes. »[3]

La compétence... un fruit de la passion

Ces activités qu'il faudra remplir en nombre ne requièrent « *peut-être pas plus de qualification apparente élevée (sanctionnée par un diplôme), mais certainement un haut professionnalisme et des gens bien dans leur peau. La compétence est le fruit de la passion : il faut aimer faire ce que l'on fait pour bien le faire. Les détenteurs*

---

1. Hugues de Jouvenel, délégué général de Futuribles International, directeur de la société de presse et de la revue *Futuribles*, expert et consultant international en prospective et stratégie. *Note d'information économique*, Agence régionale de développement du conseil régional Nord-Pas-de-Calais, juillet 1997.
2. Parue dans *Les Échos* du 18 janvier 2000.
3. Michel Godet, « Anticlichés sur l'avenir : les illusions sur les emplois de demain », opus cité.

d'assignats universitaires devront oublier leurs frustrations et leurs aigreurs pour retrouver le chemin du plaisir au travail qui seul mène à la compétence ».[1]

La classe politique devra donc prendre des décisions destinées à améliorer les conditions de travail de ces professions, leur rémunération aussi. Et les clients ou usagers devront accepter d'en payer un jour le juste prix, c'est-à-dire un prix supérieur à ce qui est pratiqué aujourd'hui. Et les salariés devront travailler plus, et partir en retraite plus tard ! En fait le changement des métiers, s'il est évident, exige surtout d'acquérir des connaissances supplémentaires ; mais ces dernières ne représentent qu'« *un élément seulement du professionnalisme* ». Pour deux raisons :

- un même champ d'activité, un métier donné, peut accepter des individus dont la formation et le profil sont divers ;
- les qualités requises ne sont pas toutes de type technique.

> « Ce qui compte, c'est la passion, l'envie et la capacité d'apprendre, et les qualités du comportement personnel. [...] Les métiers changent, évoluent, mais les compétences requises pour les exercer demeurent. Il faudra toujours faire preuve d'initiative, de sens de la responsabilité et de cette capacité de se former soi-même, de former les autres et de les animer pour résoudre collectivement les problèmes ».[2]

Quelles mutations professionnelles ? Demain les métiers de la parole...

Les systèmes de décision, les procédés du management, les techniques, tout s'accélère dans un changement tourbillonnant et permanent. Comment s'adapter à ces impératifs nouveaux, comment inventer les façons de travailler de demain ? Face à ces défis de l'instabilité, qui devient la nouvelle stabilité, de la crise, qui devient normale, comment inventer des réponses adaptées ? Or nous vivons encore souvent sur les schémas mentaux du passé. L'enseignement tiré des pages précédentes, c'est que, pour faire participer des équipes à des projets nouveaux, **le but seul ne suffit pas : il faut le communiquer, et il faut montrer les moyens pour l'atteindre.** Et là interviennent les femmes et les hommes. Si on veut donner un sens à leur activité, à leur marche vers l'objectif, cela passe par la communication orale. D'abord et principalement. Certes, dans toute activité humaine, l'idée compte pour beaucoup. Mais si

---

1. Michel Godet, *ibidem*.
2. Michel Godet, interview parue dans *Les Échos* du 18 janvier 2000.

le monde est plein de gens qui ont de bonnes, voire d'excellentes, idées, encore faut-il arriver à les mettre en réalisation. Toute la difficulté consiste à passer et faire passer les autres du « y'a qu'a » et du « il faut que » à l'action. Pour constater en un second temps que la dite action va, par sa dynamique propre, modifier l'objectif. Tout cela impose la parole entre des femmes et des hommes. Particulièrement, pour passer de la période de prévision et de préparation à celle des initiatives dans une démarche, il faut s'attarder longuement dans la période de l'intégration du projet dans la volonté humaine. **Il faut se parler pour obtenir que les équipes fassent leur le projet autant que la démarche.** Si le développement se génère par l'activité des individus, alors est essentielle leur capacité à se mobiliser en équipe vers un objectif. **C'est donc la conduite de l'animation des hommes et des prises de décision qui font la croissance, et pas seulement ou peu les structures** (routes, types d'entreprise). **Et cela passe par la parole.**

■ Je communique, tu communiques, il communique : nous sommes tous des communicants

Ce qui ressort de ces évolutions en cours est que la communication orale va prendre une importance considérable au cours des deux premières décennies du siècle : le phénomène des machines dites intelligentes va se développer. Là ou le téléphone a annulé la nécessité de se déplacer tout en centrant le lien sur la parole, l'informatique, puis la télématique, la robotique ont le même effet : éviter à l'être humain les taches fastidieuses, les taches répétitives, les taches de production physique, mécanique. La conséquence est constante : c'est le relationnel entre les hommes qui reprend toute sa place, et donc la prise de parole. Si demain les ordinateurs deviennent vocaux, nous pourrons nous passer du clavier, ce qui accélérera encore cette évolution qui remet l'homme au centre de la société. **Voilà en quoi ces évolutions nous amèneront à prendre de plus en plus la parole... Pour résoudre ou éviter des conflits, pour influencer ou convaincre... Et en plus pour améliorer la confiance en soi.** Car nous sommes tous capables de l'excellence dans ce domaine.

Clé 5. Se préparer à devoir prendre de plus en plus la parole : nous en sommes tous capables

L'ACTION : LA COMMUNICATION ORALE POUR AGIR DANS LES ORGANISATIONS

Activités humaines : sécurité et crise

Nous étudierons ici la place prédominante de la parole dans la gestion des crises, et surtout dans la capacité de se mettre en situation de les gérer correctement. En cas de crise d'une organisation, l'enjeu est ainsi défini : comment réagir vis-à-vis des partenaires, des consommateurs ou utilisateurs, de l'opinion publique ? Doit-on parler d'information ou de communication ? **Le problème est de positionner et de définir l'attitude de l'entreprise et de ses dirigeants entre droit et devoir, entre secret et transparence** :

> « L'entreprise adopte alors trop souvent une communication de défense, toute question étant considérée comme une agression, et c'est la porte ouverte à la rumeur. Peu d'entreprises, en dehors des grands groupes, sont préparées à affronter une situation de crise, que celle-ci soit financière, sociale ou technologique. Toutes devraient pourtant au moins avoir un plan d'urgence. La réussite d'une communication de crise dépend pour une grande part des liens de confiance que l'entreprise aura su établir avec ses différents publics, notamment avec les médias. Un certain nombre de mesures simples permettent d'avoir une communication efficace : ne pas sacraliser la presse, ne pas faire l'amalgame entre publicité et information, être doté d'outils simples (plaquette, statistiques, photos, etc.) et, enfin, ne pas « stariser » le chef d'entreprise. »[1]

Au secours, le risque revient : les cinq caractéristiques d'un monde en crise

Résoudre la contradiction générale entre adaptation au risque et besoin de sécurité

Tendances d'aujourd'hui ? La prédominance du risque et de l'incertitude, et en conséquence, par réaction, la recherche de la meilleure sécurité possible. Avec pour corollaire la tendance de faire prendre et appliquer autant que possible les décisions sur le terrain, là où les choses, les individus et les événements restent « palpables » ; **c'est le fameux principe de subsidiarité, qui fonde le management en étoile, en réseau, en souplesse, et détruit les organigrammes pyramidaux et**

---

1. *La Revue des entreprises*, septembre 2001.

hiérarchisés d'hier. Conséquence... on change la fonction politique de nature, car là où il suffisait de transmettre des ordres, il faut dorénavant gérer une contradiction :

> « Ce qui est vrai au niveau individuel l'est également au niveau collectif. Le politique doit aujourd'hui assumer une mission contradictoire. Il s'agit pour lui de favoriser l'adaptation des hommes à la société de grande vitesse, c'est-à-dire du risque, tout en faisant émerger les systèmes de sécurité nécessaires pour y faire face. »[1]

Les grands dossiers d'actualité le confirment : sang contaminé, vache folle, sécurité industrielle, amiante.

Gérer les contradictions concrètes : global mais local, tout de suite mais synchrone, individuel mais collectif...

Citons le site du groupe consultant PricewaterhouseCoopers, et notamment la partie consacrée en 2001 aux dossiers rédigés par les consultants de la maison[2] quant au contenu de l'activité politique de l'entrepreneur. **Il s'agit aujourd'hui de mettre l'entreprise en capacité de faire et d'agir : concrètement, passer de la politique d'entreprise à la réalisation** ; et donc, pour le responsable d'entreprise, de ne plus se limiter à profiter des occasions pour en générer des avantages : cela restera certes le but final pour assurer l'avantage compétitif, mais il ne suffira plus de mettre simplement de la modulation, de la souplesse et de l'adaptabilité dans les entreprises et les organisations. Il faudra dorénavant, en plus, trancher trois nœuds, comme il ressort des travaux de Jessica Scale et Marc Lemarignier, dont nous reprenons ici les formules :

- **s'adapter à un nouveau lien avec la distance et l'espace**, dû à la mondialisation : « *penser global, agir local* » ;
- **maîtriser les nouveaux savoir-faire, procédés et techniques qui compactent le temps dans les organisations** en précipitant et forçant la rapidité de transmission croisée des informations : « *agir tout de suite, penser synchrone* » ;
- **faire coexister une collaboration en équipe**, de plus en plus nécessaire, **avec un individualisme affirmé et triomphant** : « *penser individuel, créer collectif* ».

---

1. Jean-Marc Salmon, sociologue, *Un monde à grande vitesse : globalisation, mode d'emploi*, Le Seuil, cité par *Enjeux – Les Échos*, juillet-août 2001.
2. www.pwcglobal.com/fr/fra/ins-sol/spec-int

Gérer son identité pour bien gérer les risques

Restons sur l'internet avec le site de l'École du management[1] en 2001, sur lequel on retrouve les travaux de John Kimberly et Hamid Bouchikhi. Ces derniers conseillent aux entreprises non seulement de se préparer à modifier leur politique, mais aussi leur identité. Et **en quoi consiste cette identité ?** En quatre éléments, dont nous reprenons ici la terminologie :

- le pourquoi : **les objectifs** ;
- le qui : les acteurs, les valeurs, la culture, c'est-à-dire **la composante humaine** ;
- le quoi : **le champ d'activité** ;
- le comment : **les règles d'action.**

Ainsi quand TF1 a été privatisée, la culture d'entreprise s'est trouvée tellement bouleversée par l'abandon de la notion de service public au profit du service-client qu'on peut parler de rupture culturelle et comportementale. Quand les habitants de la région Nord passent en 30 ans de la culture économique et sociale du charbon (esprit d'assistance, etc.) à une candidature à l'organisation des Jeux olympiques, il s'agit bien aussi d'une évolution de la culture. Et cette évolution de la culture entraîne une évolution de la parole : passer de la demande de « compensations » à l'État à une prise en charge de soi-même et de son destin, en changeant d'identité. Citons à nouveau les dossiers thématiques du quotidien *Les Échos*, qui sur ce sujet montrent **la place de la psychologie et du relationnel, donc de la communication orale** :

▶ **La gestion du risque en entreprise passe par des approches complémentaires.** D'abord déterminer les risques ; pour cela il faudra parler et faire parler le personnel, notamment spécialisé. Ensuite les limiter, puis prévoir de les financer. Enfin, l'attitude au moment de la crise et juste après est fondamentale ; et, dans ces moments souvent tragiques, les premiers éléments concernent la parole : le gendarme est là et pose des questions insidieuses : que dire ? Les journalistes arrivent et il en est de même. Et le lendemain, au procureur de la République, que dire ? Et aux enfants qui en ont entendu parler à l'école, que dire ? Et même les gestes symboliques, volontaires ou non, sont importants,

---

1. www.ecole.org/Petits_Dejeuners_Confidences_1995_4.htm

parce que d'autres vont en parler, les « rapporter ». Keith J. Crocker[1] cite le cas de l'explosion de la centrale électrique de River Rouge dans le Michigan aux Etats-Unis, début 1999, qui tue six personnes et prive l'usine Ford, dont elle faisait partie, de son énergie. Geste du président de Ford Motor, William Clay Ford Junior : il vient sur place. Déclaration immédiate : il assure que c'est le pire jour de sa vie. Geste à nouveau : il donne sa carte de crédit personnelle à un collaborateur pour qu'il fasse le tour des proches des victimes afin d'assurer qu'ils ne soient pas dans le besoin sur le plan du logement ou de la nourriture. **La parole et le geste**...

▶ **Un des éléments clés de la direction d'entreprise : la richesse par la qualité du réseau** qu'on possède, aussi bien dans le domaine privé que dans le métier exercé. Car le réseau dont on dispose joue directement sur le « capital » de l'entreprise : le réseau personnel crée de la valeur. Ainsi permet-il de résoudre des problèmes, ou de les identifier puis de les résoudre, en allant chercher des solutions dans les capacités de ses relations « anormales », voire des relations de relations, par un bond au-dessus des organisations. On peut même aller jusqu'à envisager des conséquences pratiques pour générer cette capacité : donner des missions exceptionnelles aux collaborateurs, interchanger les individus, les récompenser sur ce critère du capital relationnel, les rassembler géographiquement, fonder des groupes thématiques comme les équipes transversales de professionnels qui virevoltent autour du pivot qu'est l'organisation ou l'entreprise. **L'outil principal ici est la réunion, avec pour objectif d'échanger les informations, de pointer et examiner les pratiques conjointes, d'inventer des concepts novateurs[2].**

▶ Quant à Ian I. Mitroff,[3] il voit cinq clés essentielles qui permettent d'analyser une entreprise : « La technologie, l'organisation, les facteurs humains, la culture et la psychologie des dirigeants. »

---

1. On se reportera aux travaux de Keith J. Crocker, notamment « Gérer le risque avant qu'il ne vous gère », *Les Échos*, 6 avril 2000.
2. Wayne E. Baker décrit cette situation dans « Bien construire son capital relationnel », *Les Échos*, 18 mai 2000.
3. Dans « Les principes fondamentaux de la gestion de crise », *Les Échos*, 6 décembre 2000.

La psychologie, la connaissance, l'individu reprennent leur place

Hervé Laroche est intervenu comme « grand témoin » au cours d'une des sessions du colloque organisé par le CNRS, dans son auditorium à Paris, sur les risques collectifs et les situations de crise en février 2001 ; notons que le grand témoin était dans ce colloque baptisé « discutant »... La session à laquelle Hervé Laroche participait était consacrée aux vulnérabilités humaines et organisationnelles par rapport à la fiabilité des organisations et des grands systèmes socio-techniques. Là également la place des facteurs humains, donc de la communication entre les hommes, donc de la communication orale, était implicitement soulignée. Les participants à cette session ont décrit l'évolution de la « sécurité » dans nos sociétés. La science des accidents et des risques ne se limite plus en effet au seul terrain d'intérêt qui était le sien : celui des procédures et de leur violation ou irrespect, des infortunes et malchances externes, des éléments de savoir-faire technique. Elle investit depuis une vingtaine d'années le champ des faiblesses de l'homme et des organisations. Car **la progression de la complexité dans les organisations et entre elles, l'activation de technologies fondées sur le risque relativisent la capacité des procédures à nous protéger et redonnent malheureusement une normalité aux erreurs, défaillances et faiblesses inhérentes aux organisations et aux individus.** Et les pistes de travail du colloque se tournaient vers les interactions entre l'organisation et l'individu humain : Emmanuelle Fauchart (CNAM) conseilla une approche de la défaillance de logiciels et des crises technologiques par l'économie de la connaissance. Rappelons qu'à la London Business School, c'est une psychologue, Emma Soane, qui intervient sur le comportement organisationnel : en 2002[1], elle insistait sur la notion d'« idée qu'on s'en fait » dans le domaine du risque ; selon elle, **on évalue le risque à travers les pressions qu'on subit inconsciemment, non seulement pour évaluer les effets de la crise** (soit un bénéfice et une victoire, soit une privation et une défaite), **mais aussi pour apprécier et interpréter les situations de crise. Et ces pressions peuvent venir des autres, par l'image et la représentation sociale, mais aussi de nous-mêmes, par notre caractère et nos principes et valeurs.** On le voit, on est bien loin de la technique et des procédures industrielles, et bien près de la prise de parole...

---

1. Sur le site internet :
   www.lbs.lon.ac.uk/faculty_research/Subject_Areas/Organisational_Behaviour

La médiatisation des activités révèle les crises

Le tortionnaire qui parle est condamné... parce qu'il parle !

Exemple de la sur-médiatisation de notre société quant au traitement des risques : l'un des plus grands tortionnaires de l'Argentine de la dictature, entre 1976 et 1983, ne sera jamais inquiété pour ses actes, mais pour sa parole. Alfredo Astiz, surnommé l'ange blond de la mort, a fait disparaître des centaines de personnes à Buenos Aires, dont deux religieuses françaises, sans compter les enlèvements et trafic d'enfants. A-t-il jamais été condamné ? Non : les amnisties successives l'ont blanchi sans le juger sur le fond. Les demandes d'extradition formulées par la France, l'Espagne et l'Italie ? Refusées. Plus courageux dans la torture qu'au combat, il s'est ensuite rendu aux Anglais sans se battre au cours de la guerre des Malouines. Pardonné par l'armée. Mais malheur à lui lorsqu'un beau jour, interviewé par un journaliste argentin en 1998, il reconnaît globalement ses activités passées et celles de la dictature militaire dans son ensemble : il fera de la prison conditionnelle pour apologie de crimes ! On le met même en retraite...

Condamnés à parler...

L'image de l'armée russe était déjà sacrément écornée par le conflit en Afghanistan et la pratique souvent mortelle du bizutage dans ses rangs. Elle fut parachevée par la saga du mensonge autour de la tragédie du sous-marin Koursk, le 12 août 2000. Rappelons-nous : l'armée a attendu deux jours pour donner l'information après la catastrophe, retirant toute chance à une équipe occidentale d'intervenir à temps pour tenter de sauver des survivants. Suit une déclaration de mort collective des 118 marins, alors que des informations contraires circulaient dans les rangs des sauveteurs, informations qui furent confirmées par une lettre trouvée en octobre 2000 sur le corps d'un des militaires noyés. Les séances de rattrapage que les autorités russes ont ensuite organisées pour la presse internationale n'ont jamais effacé le scandale.

La communication et la parole comme moyens de solution des crises

D'abord changer notre langage collectif sur le risque

Au cours du colloque du CNRS cité ci-dessus, René Amalberti[1] milita en faveur des apports de la psychologie et de l'ergonomie cognitives en donnant à voir la sécurité des grands systèmes socio-techniques depuis l'individu. Nucléaire, chimie, transports, aucun des grands domaines sensibles ne lui échappe pour affirmer que si les progrès ont été remarquables au cours des années 1950 à 1990, aujourd'hui l'exercice est arrivé à ses limites. Pour deux raisons qui se conjuguent :

- d'une part la croissance de l'activité humaine – production, déplacements, décisions –, due aux améliorations de la productivité ;
- d'autre part et en même temps, le maintien à un taux plancher de chances (en l'occurrence de malchances) qu'on a atteint, et en dessous duquel on n'arrive plus à descendre, de voir la crise ou la catastrophe se réaliser.

Cette conjugaison va développer considérablement le nombre de catastrophes et de crises. La conséquence, qui concerne la communication orale au premier chef, est que **le langage collectif sur le risque change : nous sommes dorénavant obligés d'admettre l'inadmissible, c'est-à-dire de devoir « vivre avec le risque ». Le langage collectif sur le rôle de l'entreprise change aussi, en reléguant peut-être à terme la productivité sur fond de concurrence derrière les impératifs de maintien de la maîtrise sur le système.** Faisons-nous une raison : ces moments de crise que vont connaître notre société et nos entreprises vont devenir innombrables, et donc très divers... Qui aurait prévu, voici dix ans, les sollicitations que doivent subir les assureurs ? Explosions d'usines comme à Toulouse, attentats contre le World Trade Center à New York... Et demain que leur demandera-t-on ? Réchauffement de la planète, effets de l'amiante, vache folle, effets des téléphones mobiles sur la santé, organismes génétiquement modifiés dans l'agriculture ? Les éléments qui conduisent à des crises, les champs de réalisation de ces

---

1. Ses travaux comme médecin militaire à l'Imassa (Institut de médecine aérospatiale du service de santé des armées), responsable de la recherche en sciences cognitives, en ont fait le meilleur spécialiste français, et un des meilleurs d'Europe, dans le domaine du facteur humain et du risque dans l'aviation. Il est l'auteur de *La conduite des systèmes à risques*, PUF, collection « Le travail humain », 2001.

crises sont et seront originaux, inattendus et inconnus. La raison en est qu'ils sont générés par le renforcement des besoins et revendications des citoyens comme consommateurs, particulièrement vis-à-vis de l'environnement, de la santé, de la sécurité. Les hommes politiques, poussés par la concurrence électorale inhérente au système démocratique, suivent par des lois et règlements adaptés. Le recul de l'autorité des mêmes hommes politiques fait progresser le pouvoir des juges et donc la « judiciairisation » de la société. Les mêmes juges s'appuient à leur tour sur des experts, policiers ou non, qui affinent considérablement leurs capacités de mesure et de preuve : l'utilisation de l'ADN dans les enquêtes est un élément de cette évolution. Tout cela met les dirigeants face à des responsabilités personnelles, mais aussi pénales et d'image, qui sont de plus en plus lourdes à supporter. D'autant que l'omniprésence du médiatique sur-éclaire les crises. D'autant que la perte ou la relativisation des valeurs morales au sein des générations qui arrivent peuvent générer des conflits sociaux d'un type nouveau ou des situations de violence gratuite comme le terrorisme aveugle. D'autant que l'exacerbation de la concurrence, du nouveau capitalisme financier institutionnel, du temps qui passe de plus en plus vite, réduit fortement la maîtrise de la chaîne de production d'un bien (d'où la théorie et la pratique de la traçabilité).

Ensuite éviter le manque de communication et l'absence de parole

Dans la plupart des cas, la crise n'est qu'un situation d'urgence relativement classique, mais qui dérape et fait sortir la réalité de l'enveloppe dans laquelle elle se confine habituellement. **La crise est un fait ou une série de faits imprévus, qui déstabilisent l'organisation ou l'entreprise par deux vecteurs :**

▶ **Un vecteur technique ou technologique** : les outils et procédés de fonctionnement ne permettent pas de faire face, soit parce qu'ils sont perturbés, soit parce qu'ils sont inadaptés.

▶ **Un vecteur de communication** – et pour une bonne part de communication orale –, lui-même double :
  • les consommateurs, les citoyens, les salariés, la presse mettent sur pied, consciemment ou non, de manière isolée ou ensemble, de manière organisée ou non, **une communication collective qui conteste la production des biens ou services par l'entreprise** ;

- **les outils habituels de communication** de cette dernière sont dépassés par les événements ou inadaptés.

Attentats du 11 septembre 2001 : la CIA, passée de l'infiltration à l'informatique, avait perdu la parole

Il peut même arriver que, par excès de confiance en soi, un système néglige son réseau de communication orale et humaine de terrain, pour aboutir à des catastrophes. C'est l'analyse commune qui ressort par exemple, en ce qui concerne les services secrets occidentaux, et notamment la CIA, après les attentats du 11 septembre 2001. Et si cette dérive de la CIA fut particulièrement éclairée par l'attentat contre les tours du World Trade Center, elle datait en fait de plusieurs années et avait déjà entraîné quelques erreurs monumentales, mais moins frappantes. Les informaticiens, c'est utile en la matière, mais rien de tel qu'un bon réseau d'informateurs, d'infiltrés, qui causent et font causer, et dans la langue locale.

Le naufrage de l'Erika, doublé... par le naufrage de la communication de TotalFinaElf

La communication, notamment par la parole, est donc redevenue une dimension essentielle du management. Avec toutes les conséquences qui s'ensuivent, particulièrement **l'obligation, en extérieur, pour le manager, de mettre en cohérence sa communication d'image et de parole avec le management en interne.** Dans bien des cas, l'entrepreneur ou le responsable d'une organisation sont les premiers communicateurs extérieurs de leur outil, par l'image et par la parole. Ce qui en retour rend leur tâche bien difficile lorsque des événements négatifs ou dramatiques mettent soudain en lumière, naturellement et de manière difficile à contourner, ce qu'ils disent, ce qu'ils montrent et ce qu'ils font. Le naufrage de l'Erika fut pour Total une situation exemplaire illustrant cette évolution : le PDG Thierry Desmarets se mettra toute la Bretagne à dos par son attitude à partir de la disparition de l'Erika fin 1999. Aujourd'hui on ne peut plus manager sans une forte dose de communication, et particulièrement de communication orale. Le choix de bien des entrepreneurs dans le passé – vivons heureux : vivons cachés – est devenu impossible à pratiquer. Et **c'est la permanence latente du risque qui renforce sinon fonde cette évolution.**

Enfin traiter la crise : ajouter le faire savoir au savoir-faire

Le traitement d'une situation de crise s'appuie principalement sur la communication, au moins en un premier temps. L'entreprise aura besoin de regrouper en un lieu donné toutes les informations qui circulent pour se donner une chance de maîtriser la suite des événements. **Certes**, immédiatement après ou en temps réel, **il faudra prendre les décisions qui s'imposent, mais là encore leur expression par la communication orale est essentielle**, non seulement pour informer les médias, mais aussi pour les contourner en communiquant directement avec des cibles qui soit subissent la crise, soit sont des acteurs ou opérateurs des corrections à venir. Aujourd'hui, le traitement d'une crise passe en majeure partie par la communication orale. Décider ne suffit plus : là comme ailleurs, le seul savoir-faire ne suffit plus, il doit être accompagné de son comparse devenu incontournable, le faire-savoir.

▨ Crash du Concorde : maîtriser le maillage de la communication orale

Dans une situation du même type que ce qu'a connu Total, Air France, avec le crash d'un Concorde tuant 113 clients, sera le contre-exemple de l'attitude de Total. On a dit que le fait que le PDG d'Air France, Jean-Cyril Spinetta, ait personnellement vu le Concorde décoller déjà en feu ait inconsciemment joué sur sa présence généreuse dans l'affaire ; on a dit que l'entreprise Air France était naturellement plus touchée dans son âme par un accident d'avion qu'une entreprise pétrolière ne pouvait l'être par l'accident d'un moyen de transport de sa production, c'est-à-dire un outil plus éloigné de son cœur de métier. Ces arguments sont exacts, mais ils n'expliquent pas en eux-mêmes les bonnes attitudes adoptées. Qui ont deux explications :

▶ **D'abord être préparé**. Car Jean-Cyril Spinetta n'a pas oublié le crash du mont Saint-Odile à Strasbourg, près de dix ans auparavant : 87 morts dans un avion d'Air Inter. Pourquoi M. Spinetta n'a-t-il pas oublié ? Parce que le PDG d'Air Inter à l'époque, c'était lui ! C'est dire qu'il a eu le temps de travailler à l'amélioration de la sécurité dans son métier.

▶ **Ensuite être sur place**, et tout de suite, ce qui permet de maîtriser tout le maillage de la communication orale qui va se tisser ensuite. Quand les journalistes arrivent, après vous, ils apprécieront, et avec eux le grand public, votre émotion, que vous n'aurez d'ailleurs pas à feindre car elle est bien réelle. Et c'est cette émotion qui dès lors vous fait prendre, ou encourager, ou participer à toutes les décisions qui suivent, qui sont aussi, qu'on le veuille ou non, des décisions de communication, ou au moins des décisions à effet de communication : en l'occurrence une messe en l'église de la Madeleine à Paris, ou encore près de 10 000 collaborateurs réunis au siège à Roissy !

Coca-Cola à Dunkerque en 1999 : une crise (d'hystérie) pour rien !

Le 17 octobre 2000, c'est la fête sur le site de Coca-Cola Production à Dunkerque : l'usine reçoit le trophée Coca-Cola Quality System, qui traduit l'excellence en qualité et performance et qui jusque là n'était détenu que par deux unités de production sur la planète : en Floride et en Afrique du Sud ! La PDG de Coca-Cola France, Dominique Reiniche, est présente sur place, aux côtés de Michel Delebarre, président de la Communauté urbaine de Dunkerque et de la région Nord-Pas-de-Calais. Et l'enjeu est de taille pour l'établissement, dans l'avenir comme par rapport au passé :

> « Pour Dominique Reiniche, président directeur général, cette certification est le "symbole de la recherche et de la qualité". Pour autant, elle n'a pas oublié "l'incident" de juin 1999 : "La boîte et son contenu ont finalement été mis hors de cause. Toutes les analyses l'ont confirmé." En juillet et en août, les ventes s'en sont ressenties, puis tout est reparti normalement. "Le trophée rétablit complètement la crédibilité de l'équipe et récompense l'effort de tous", souligne-t-elle. Hier, la présidente était également porteuse d'autres bonnes nouvelles : la mise en place de deux lignes supplémentaires de production et la création d'un centre de reconditionnement pour le matériel de distribution de boissons. »[1]

Le poids des mots, le choc des maux...

Alors, qu'est-ce qui a bien pu menacer gravement, mi 1999, soit dix ans après la pose de la première pierre, ce site exceptionnel de 230 salariés permanents qui produisent 1 milliard et demi de boîtes par an, ce qui représente 2 millions et demi de litres de boisson par jour, partant dans un gigantesque train quotidien de 200 camions ? Réponse : rien. Ou plutôt, si : des mots, des paroles, des bruits qui courent, des rumeurs, des on-dit, des racontars, des ouï-dire. Bref, de la communication orale, mais non maîtrisée, dont nous rappelons la chronologie :

---

1. Agnès Mercier, « Coca-Cola, un site en pleine expansion », La Voix du Nord (*édition de Dunkerque*) *du 18 octobre 2000.*

▶ Tout commence à Bornem en Belgique, mi-juin. Une quarantaine d'enfants de l'école ressentent des vertiges et sont dirigés vers les hôpitaux. Ils ont bu du Coca fabriqué dans l'unité d'Anvers, dans laquelle se trouverait, semble-t-il, de l'hydrogène sulfureux.

▶ Quelques jours plus tard, le Coca produit par l'unité de Dunkerque est mis en cause par plusieurs écoles en Belgique, pour des symptômes divers. L'administration de la santé informe rapidement la France. Les médias français diffusent l'information.

▶ Le centre antipoison de Lille commence à recevoir des appels épars pour des symptômes liés par les soi-disant malades à la consommation de Coca. Très vite, un comité interministériel noie les médias – ouvrons le parapluie ! – de sa décision de faire cesser toute la consommation, donc toute la commercialisation de toutes les boîtes de Coca dans toute la France !

▶ Cette décision entraîne chez les consommateurs de Coca une anxiété qui collectivement mènera à l'hystérie : l'Institut national de veille sanitaire, dans son rapport, relèvera 1 930 recours en trois semaines reçus au téléphone par le numéro vert que Coca-Cola ouvre et par les centres antipoison de France et de Navarre ! Et c'est bien la médiatisation de la décision interministérielle citée ci-dessus qui est à l'origine directe de l'emballement du phénomène de masse : un quart des sollicitations parviennent dans les 48 heures après cette décision. Et de quoi se plaignent nos grands malades ? De tout, mais surtout d'avoir bu du Coca-Cola récemment. L'inventaire des symptômes correspond à peu près à tout ce qu'on peut entendre dans un cabinet de médecin de campagne en une année de travail : entre 100 et 150 symptômes différents, allant de diarrhées (un tiers des appels) à la sensation de fatigue ou à la somnolence, de maux à l'abdomen (plus de la moitié des appels) aux lèvres gercées (!), de douleurs à la tête (un tiers des appels) à la nausée ou aux vomissements, des vertiges à l'aérophagie, de l'agitation à la transpiration, des crampes aux difficultés de vision, des palpitations aux hémorroïdes, de l'urticaire aux douleurs dans le dos, des aphtes aux démangeaisons, de la perte d'équilibre à la lividité... N'est-ce pas là un centre de formation rêvé pour étudiants en médecine !

▶ Résultats des analyses : rien ! La seule analyse qui s'imposait était d'ordre psychiatrique : venait de se produire, probablement pour la première fois de manière aussi nette en France, ce que les médecins anglo-saxons appellent le *mass sociologic illness*. Traduction : folie collective. Vecteur de la maladie : le virus de la parole, le microbe de la communication orale. Personne n'a rien mais tout le monde en parle. C'est le poids des mots, le choc des maux...

Et Dominique Reiniche fera de ce cas un cas d'école. Elle aura l'opportunité de vérifier d'abord sur le terrain la fidélité de ses propres troupes, c'est-à-dire des salariés, autant que la qualité du produit. Elle se lancera alors dans une campagne de correction par la parole : **avec les pouvoirs publics on négocie, avec les consommateurs on passe par un numéro vert, avec la presse et les salariés, on s'exprime chaque jour...** En trois mois la barre sera redressée.

La prévention des crises passe par les échanges entre individus

La communication entre les individus et les groupes, son renforcement et sa systématisation forment une des meilleures réponses préventives à la situation de crise. Sait-on qu'aujourd'hui, entre les directeurs de centrale nucléaire dans le monde, les informations sur un incident dans l'une d'elles font immédiatement le tour de la planète ? On raconte en effet pratiquement en temps réel ce qui est arrivé, les causes directes, les causes profondes, les remèdes apportés, les solutions programmées. Et ce en faisant fi, inconsciemment, de principes que nul n'aurait osé transgresser voici quelques décennies seulement : le principe national, le principe hiérarchique, le principe de concurrence entre sociétés de production d'électricité.

La parole, outil de la solution préventive des crises

Tous les spécialistes du traitement préventif et en simulation des situations de crise préconisent aujourd'hui la parole comme outil technique, parce que c'est surtout elle qui permet de :

- diffuser les épreuves vécues par les autres et leurs observations ;
- échanger et croiser les procédures, les méthodes, les décisions, la circulation des informations ;
- propager les résultats des études, qui bien souvent vont calmer les esprits, comme ce fut le cas dans l'affaire de Coca-Cola ;
- exprimer les besoins, attentes, projets, souhaits, inquiétudes qu'on porte en soi, et ainsi se rapprocher le plus possible de la réalité potentielle ;

- échafauder le déroulement, le canevas, la trame, l'enchaînement des faits et des réflexes et décisions à venir, et donc assurer la meilleure sécurité en amont des crises, voire les éviter ou en réduire la fréquence et/ou la profondeur et/ou la publicité par la médiatisation incontrôlée ;

- envisager des échanges qui vont permettre la compréhension des situations de crise par leur classement, selon le domaine (production, social, finances, etc.) ou le lieu (interne, extérieur) ou les conséquences (directes ou indirectes) ou la cause (la machine, l'homme) ;

- traiter des relations avec les médias, qui seront particulièrement complexes et malaisées.

La « crise » restera bien sûr d'abord une occasion de décision pour le manager – n'oublions pas que *krisis* en grec veut dire « décision » – mais cette activité passera de plus en plus par le crible de la capacité à communiquer, et notamment oralement.

Former les autres, donc leur parler

Comportement, intelligence, compétence sont indissociables de la formation, donc de la communication orale

L'entreprise, l'école et la formation... Constat significatif au bilan de l'atelier consacré à ce thème au cours de l'université d'été du MEDEF fin août 2001, atelier animé par le président d'Usinor, Francis Mer : **l'une des fonctions majeures affirmées et revendiquées de l'entreprise par les entrepreneurs est la formation.** Chacun sait qu'elle repose pour une part essentielle sur la communication orale, le reste étant la théorie et l'apprentissage, par l'exemple et la pratique :

> « Le rôle de l'entreprise en matière de formation est prépondérant pour permettre l'acquisition des capacités comportementales nécessaires à l'exercice de toute activité professionnelle. Cet apprentissage des comportements professionnels, effectué auparavant au sein de la cellule familiale puis transféré à l'école, devient de plus en plus la responsabilité de l'entreprise, au travers notamment des dispositifs de formation en alternance, des savoir-faire professionnels spécifiques à chaque entreprise dans le cadre d'une famille de métiers donnée. »[1]

---

1. *La Revue des entreprises*, septembre 2001.

En conséquence, il faut organiser l'entreprise autour de l'intelligence :

> « Si la formation participe au développement des compétences, la production en continu de compétences suppose d'organiser l'entreprise autour de l'intelligence. L'entreprise apprenante met en place des organisations propres à développer l'intelligence de chacun. [...] Le problème aujourd'hui n'est pas tant celui de la formation, qui ne constitue qu'un moyen, que celui du développement des compétences. »

▧ Les effets sur la formation... parler tout le temps

Cet aspect humain entraîne une grande importance de la formation, donc une action nécessaire en partenariat avec les professionnels de l'enseignement. **La formation est devenue permanente : elle prépare les qualifications selon les évolutions de l'entreprise.** À partir des travaux de Michel Godet, on peut dessiner les grandes lignes d'une formation intelligente :

- la formation est permanente ou n'est pas ;
- l'auto-formation est collective ;
- il faut insérer pour former, et non l'inverse ;
- la notion de compétence est robuste et fragile tout à la fois : elle est le « *fruit du hasard des rencontres, de la nécessité et de la volonté des individus* ».

Ne pas respecter ces principes de bon sens et d'évidence, non idéologiques, nous amène à la situation actuelle : nous nous illusionnons sur les métiers de demain et aboutissons à la « *surabondance de diplômés et une pénurie de professionnels* » dont nous avons parlé plus haut.

▧ Former, c'est aider l'autre à voler de ses propres ailes...

Rappelons la définition de l'éducation proposée par Albert Jacquart :

> « Selon lui, éduquer viendrait de *educare* (nourrir, transmettre), et *exducere* (conduire l'autre en dehors de mes chemins). Autrement dit, il s'agirait, par des pédagogies adaptées et très diversifiées [...], de transmettre des savoirs, un patrimoine de connaissances dont nous ne sommes pas propriétaires, tant ce sont surtout nos prédécesseurs qui l'ont constitué (c'est l'*educare*). Il s'agirait aussi d'apprendre à l'autre à trouver son propre chemin, à prendre son propre envol, à gagner son autonomie, sa liberté, afin qu'il puisse définir ses propres conduites (c'est l'*exducere*). Encore faut-il lui apprendre les normes, les codes, les us et coutumes, les pratiques sociales, les outils intellectuels habituellement reconnus pour qu'il puisse choisir de les adopter ou de les transgresser, de les enrichir ou de s'en affranchir, bref, qu'il puisse se construire un système de valeurs pour se situer par

rapport à un monde extérieur dont il faudrait au minimum qu'on le lui ait décrit et qu'on lui ait permis de le rencontrer. »[1]

La parole pédagogique peut devenir parole tout court

Autre enseignement de la pratique de la formation, la fusion qu'on peut constater entre parole pédagogique et parole télévisée. L'exemple ci-dessous montre que la même communication orale peut être le support d'activités humaines qu'apparemment tout sépare, ce qui démontre le caractère permanent de la communication orale :

> « Si [James Lipton] est aujourd'hui célèbre, [...] c'est grâce à des rencontres, sortes de *master classes*, qu'il organise régulièrement entre les plus grandes stars du cinéma et les élèves de son école d'art dramatique, et qu'il a eu l'idée de recycler en programme de télévision. Une idée géniale. Car l'émission, accessible à 40 millions de foyers américains et diffusée dans de nombreux pays (en France sur la chaîne Paris Première), est devenue un phénomène. Programmée le dimanche soir, elle agglutine devant le petit écran toute l'industrie du spectacle, Hollywood et Broadway réunis, attise les convoitises des agents d'acteurs, et suscite nombre de vocations. »[2]

L'anti-formation pendant des décennies : « détecter les bavards délinquants... »

Les comportements de formation ont bien changé :

> « Ah ! la charmante petite école communale de Poligny ! Je me souviendrai toujours de notre institutrice, Madame Dallemagne, et de son regard d'aigle détectant les bavards délinquants parmi la troupe de morveux en galoches qui composaient tout son royaume. Victime trop fréquente, je la voyais s'avancer hiératique vers moi et, sans qu'elle eût besoin de m'en intimer l'ordre, je tournais vers elle mes paumes tendues qu'elle frappait d'un coup de règle sec en disant : "A communiqué avec son voisin". C'est ainsi que toute ma génération a été fabriquée, "non communicante", et singulièrement les premiers de la classe qui apprenaient alors – plus rapidement que les autres – que les meilleurs élèves sont ceux qui ne parlent à personne. L'inverse même de la philosophie du réseau. Notre système scolaire a ainsi raffiné, de décennies en décennies, des forts en thèmes solitaires, des mathématiciens habiles à dissimuler leur copie aux cancres qui les environnaient, des cafards, thuriféraires du "ne copie pas sur moi" ou du "il est interdit de souffler", de fringants petits maîtres du "par cœur" et de la question de cours qui, de concours en concours, ont fini par réduire les élites de la nation à une belle collection d'autistes, exorbités du cerveau

---

1. Hervé Sérieyx, *La nouvelle excellence*, Maxima – Laurent du Mesnil (2000).
2. Annick Cojean, « Lipton, disciple de Pivot », *Le Monde*, 29 juin 2001.

gauche, en outre souvent timides et peu créatifs tant ils avaient rarement osé, quand ils étaient jeunes, faire les fous pendant la récréation. »[1]

Fonder la formation sur l'exemple et la pratique

Toutes les formations pratiques, fondées sur l'apprentissage et l'alternance, s'appuient sur la force de l'exemple, qui s'exprime par le visuel, le geste ou la parole. Prenons le cas de la formation en général pour les jeunes générations afin d'en tirer des leçons pour la formation à la prise de parole. La force de l'exemple, c'est ce qui donne une formation réussie dans les pays où l'alternance est pratiquée fortement, comme l'Allemagne, et dont l'absence génère par contre de grandes difficultés à intégrer les jeunes au monde du travail dans les pays à enseignement théorique, comme la France. Que la formation par alternance entre le monde de l'éducation et celui de l'entreprise se structure sous contrat de travail ou sous statut scolaire ne change rien à l'affaire. Cette distinction correspond à une réalité pratique :

- soit les contrats d'apprentissage, de qualification, d'adaptation et d'orientation qui s'appuient, dans le cadre d'un contrat de travail et à des degrés divers, sur deux lieux de formation : l'entreprise et un établissement d'enseignement ;
- soit des contacts ou des périodes en entreprise, de durée variable, plus ou moins obligatoires et qui consistent, en général, pour le jeune sous statut scolaire, à découvrir l'entreprise et/ou à réaliser une première application des connaissances acquises selon des schémas scolaires.

Mais dans la réalité peu importe : c'est toujours la transmission du savoir par le geste, le visuel, la parole et l'exemple dont il s'agit. **L'apprentissage est une pédagogie basée sur des situations concrètes. Les jeunes qui n'ont pas obligatoirement un esprit d'abstraction leur permettant de poursuivre avec succès des études par la voie dite scolaire peuvent, par l'apprentissage, atteindre des niveaux tout aussi élevés grâce à une pédagogie différente, basée sur des situations concrètes et une communication directe de travail.**

---

1. Hervé Sérieyx, *La nouvelle excellence*, Maxima – Laurent du Mesnil 2000.

181

Le management d'équipe

> « *Réunis, les charbons brûlent ; séparés, ils s'éteignent.* »
> Patrick AUDEBERT-LASROCHAS[1]

La règle d'Yves Enrègle : le management par Astérix et Obélix

Plutôt que de retenir ici les (très) nombreuses théories du management qui se sont succédées depuis quelques décennies, retenons la belle histoire d'Yves Enrègle. Au sein du livre collectif *Les équipes intelligentes* coordonné par Patrick Audebert-Lasrochas[2], Yves Enrègle signe un chapitre titré « Comment construire une équipe ». Dans la partie consacrée à la manière de construire une équipe gagnante, l'auteur montre que **cinq types de pouvoir sont repérables et agissent selon une règle de complémentarité entre eux** :

- le réalisateur,
- le guide,
- l'organisateur,
- le mobilisateur,
- le mobilisateur négatif.

Les personnages d'Yves Enrègle ou la panoplie de l'équipe

L'immense intérêt de ce travail réside d'abord dans ce qu'il s'appuie sur une enquête qui a concerné 2 100 équipes gagnantes et 1 200 perdantes. Mais de plus, pour rendre sa démonstration éclatante, Yves Enrègle établit un parallèle saisissant entre la notion d'équipe gagnante et la joyeuse bande d'*Astérix et Obélix*. **Les Gaulois forment en effet incontestablement une équipe gagnante**, ce qui montre à quel point un talent exceptionnel – celui de Goscinny et Uderzo – peut intégrer de manière ludique et artistique et énoncer ce que les études les plus lourdes établissent et prouvent. Le classement de l'auteur relie, comme au sein d'un tableau, l'entrée des types de pouvoir (disons les lignes du tableau) et celle des personnages de la bande dessinée (les colonnes du tableau). Reprenons ici sa démonstration, en la reliant à quelques

---

1. Introduction du livre collectif *Les équipes intelligentes*, coordonné par Patrick Audebert-Lasrochas, Éditions d'Organisation, 1999.
2. Éditions d'Organisation, 1999.

règles fondamentales du management, qu'il s'agisse des collègues, adjoints, subordonnés, collaborateurs.

Le cycle permanent du management

Comme on le constatera ci-dessous, l'entrée dans le management par le parallèle avec l'équipe des Gaulois permet de recouper aisément toutes les facettes du sujet. Dans tout processus de management d'équipe on retrouvera les étapes d'un cycle incessant et toujours renouvelé :

- le ciel est porté par Panoramix le druide :
  - les idées, les valeurs, le modèle et l'idéal,
  - les desseins, intentions et tendances, le long terme ;
- le plan, le programme sont assurés par Astérix le héros :
  - les aboutissements, résultats et cibles, soit penser à programmer les escales et faire le point régulièrement, et donc observer, inspecter, expertiser et en conséquence juger,
  - l'anxiété, le stress, la tension, la concentration ;
- la mise en mouvement pour agir est le lot d'Abraracourcix le chef :
  - l'incitation, la destination, l'orientation,
  - la coopération et l'accord,
  - les initiatives ;
- la mise en mouvement pour agir est aussi, sous l'angle de l'action directe, la spécialité d'Obélix le fonceur : s'investir, se mettre en marche ;
- la notion de cycle d'ensemble est portée par Abraracourcix et Assurancetourix :
  - l'appréciation, l'estimation,
  - les corrections, relativisations et remises en cause.

Obélix : agir, ici et maintenant

Le premier personnage, c'est Obélix, livreur de menhirs de son état :

> « On peut tout demander à Obélix, il sait tout faire, cent fois mieux que les autres Gaulois : transporter allégrement plusieurs menhirs en même temps, alors que les autres Gaulois doivent s'y mettre à une vingtaine pour en tirer péniblement un petit malheureux. La chasse au sanglier ? Une "baffe" et trois sangliers sont par terre. »

Quant à combattre les Romains, n'en parlons pas... !

▶ **Dénomination et mots clés** : « R. », ce « pouvoir du **réalisateur** » correspond aux mots clés « expertise, compétence, savoir-faire, technicité, expérience, connaissance, énergie, dynamisme ».

▶ **Aspect physique** : l'apparence physique du personnage, comme son nom, suggère « *quelque chose de très massif (enfin, « un peu enveloppé ») donc à très forte inertie* ».

▶ **Fondement de ce pouvoir** : Yves Enrègle montre que ce personnage correspond, dans l'enquête, à ceux qui fondent leur pouvoir vis-à-vis des autres sur leur « *capacité d'action* ». **Ce type de pouvoir tire sa force du principe d'imitation**... les autres veulent faire comme lui (et non être comme lui) :

> « Il prend à l'évidence un tel plaisir dans l'excellence de l'exercice de sa capacité d'action qu'on voudrait faire comme lui pour prendre le même plaisir. Alors on va demander au druide de nous donner "magiquement" cette énergie. Lui, Obélix, n'en a pas besoin. Il incarne cette énergie. »

Les éléments de ce pouvoir : « *Expertise, compétence d'un côté. Énergie, dynamisme de l'autre. [...] Obélix est boulimique du plaisir de l'action.* »

▶ **Limite de ce pouvoir** : l'« *inertie au changement. Cette boulimie de plaisir les amène à s'investir totalement dans l'action pour l'action, le travail pour le travail, la débauche d'énergie pour la débauche d'énergie. Et quand il faut leur dire : "Stop, arrête, ce que tu fais ne sert plus à rien, il faut maintenant faire autre chose", R. n'aime pas. [...] Obélix ne tient pas compte des finalités de l'action. Il est tout entier dans son plaisir de l'action pour l'action. Se soucier des finalités, ce serait diminuer son plaisir. Ce qu'il fait, au moment où il le fait, sans vouloir en changer, telle est l'idée fixe (ou plutôt l'Idéfix) d'Obélix, l'idée fixe des R.* »

Cette inertie au changement, pourtant doublée d'une hyperactivité, oblige le manager à organiser l'exploitation de l'intelligence des collaborateurs, afin de compenser les défauts potentiels de l'« action pour l'action ». **La clé de la réussite est ici la confiance.**

▉ Pour faire agir et organiser l'action, construire une équipe et parier sur les intelligences libres et interactives

Pour Manfred Kets de Vries, qui intervient sur le développement à l'Insead, **la responsabilisation et la motivation des salariés vont de pair**

avec la confiance réciproque avec les managers. Pour lui les structures pyramidales sont du passé. C'est toute la nouvelle école du management des années 1990 qui s'est ainsi exprimée :

> « Qu'il s'agisse du modèle bureaucratique de l'administration ou du modèle taylorien de l'entreprise – deux variantes assez proches de l'instrumentalisation, de la "machinisation" du travailleur –, toutes deux présupposent que des intelligences supérieures aient prédéfini une organisation articulant mécaniquement entre elles des tâches confiées à des individus subalternes chargés de les exécuter. Si ces tâches sont convenablement exécutées, leur addition est censée produire la performance attendue de l'organisation. [...] L'élévation concomitante du niveau d'instruction de ceux qui œuvrent dans les organisations, et du degré d'exigence de ceux qui en attendent des résultats (patients, assurés sociaux, élèves, administrés, clients...), de même que la nécessité, dans une société concurrentielle où les besoins se sont plus multipliés que les ressources pour en financer la satisfaction, de "faire toujours plus et mieux pour moins cher", ont périmé ces machines à forte déperdition d'intelligences collectives. Désormais, on n'a plus le choix ; on ne peut plus se contenter de confier à des individus des tâches prédéfinies et de compter sur leur addition pour produire la performance attendue (10 + 10 + 10 = 30) ; on est obligé de parier sur la multiplication de leurs intelligences libres et interactives autour de missions qui leur sont collectivement confiées, en espérant un résultat de 10 x 10 x 10 = 1 000. L'équipe est au cœur de cette mutation nécessaire. »[1]

Nous le verrons plus loin, **c'est la parole, par la réunion, qui permet en grande partie de construire ce processus.**

Astérix : planifier, en fonction des objectifs

Ce second individu est appelé par le vide créé par le premier ; il en sera le complément et tout en même temps l'opposé :

> « Astérix est par essence celui des guerriers gaulois qui sait le mieux, à un moment donné, ce qu'il convient de faire pour assurer la survie, voire le développement du village. Astérix tire son pouvoir sur les autres Gaulois de sa capacité à les guider. »...

▶ **Dénomination** : « G. », le « pouvoir du guide ».

▶ **Aspect physique** : l'apparence physique du personnage, comme son nom, suggère « *une masse faible, donc une inertie très faible, le mot "Astérix" évoque bien l'impalpable et le dessin en fait un guerrier petit, mince, maigre, rebondissant* ».

▶ **Fondement de ce pouvoir** : ce talent « *consiste à savoir analyser l'environnement et les tendances de cet environnement, à classer ces tendances*

---

1. Hervé Sérieyx, *La nouvelle excellence*, Maxima – Laurent du Mesnil (2000).

en menaces et opportunités et à déduire de cette étude des menaces et opportunités les objectifs que l'unité que l'on guide doit atteindre ». Éléments de ce pouvoir : « C'est Monsieur environnement, Monsieur cible, Monsieur objectif. Celui qui sait ce qu'il faut faire. »

▶ **Limites de ce pouvoir** : non seulement G. « sait ce qu'il faut faire mais ne sait pas le faire » ; mais de plus il est relativement instable : les G. « passent leur temps à observer les tendances de l'environnement, à scruter cet environnement et à se déterminer en fonction des menaces et opportunités qu'ils y trouvent ». Malheureusement l'environnement évolue sans cesse, et dans un sens ou plutôt des sens indéterminés. G. va devoir subir la génération spontanée des dangers et des bonnes occasions. Et G. « va avoir en permanence envie de dire "Stop ! Il y a beaucoup mieux à faire que ce que nous sommes en train de faire". De mieux, ou de plus urgent, ou de plus important... »

Encore faut-il, pour ce talent du pilotage, qu'il puisse s'exprimer. C'est toute l'évolution de nos systèmes de direction et de management qui est ici en jeu.

De la pyramide (silencieuse) au réseau (bavard)

Le management humain de pérennité est aujourd'hui dépassé. On est passé de l'organisation pyramidale, relativement silencieuse, à l'organisation en réseau, donc bavarde. L'économie occidentale a été caractérisée pendant plus d'un siècle par l'invention d'une technique de management des affaires qui a favorisé un développement sans précédent de l'économie et des entreprises et organisations. Ses caractéristiques principales : structure sociale peu évolutive, mode d'organisation pyramidal, primauté de la production. Ce mode de management, jusqu'alors dominant, ne répond plus aux nécessités du marché. La rupture s'est affichée tout au long des 30 dernières années du XXe siècle, jusqu'aux années 1990 qui ont été les années-client, les années-service : **pour mieux servir les hommes, le manager a renforcé son pouvoir en le partageant** ; il a écouté son client et parfois même le fait travailler pour mieux le satisfaire.

Manager les hommes, c'est parler

Manager les hommes, dans une entreprise ou une organisation devenue polycellulaire, cela signifie partager avec eux, donc parler en permanence : le nouvel art de manager fait passer d'un management de commande à un management de pilotage et à un management partagé.

Le facteur humain n'est plus seulement une main d'œuvre, mais une ressource, un potentiel, un capital d'énergie, qui s'exprime dans chaque « cellule » de cet ensemble « polycellulaire ».

Le management vision-circonstance

Le management par procédures, en application des « théories du management », fut la spécialité des années 1960 à 1980. On en est revenu ensuite, après avoir apparemment fait le tour de la question. **On a depuis réintégré la quotidienneté, l'immédiateté, le hasard et le flou – bref, la vie... – dans la réalité du management pratique.** C'est dire à quel point la communication orale a dans ce domaine repris ses lettres de noblesse. Là où un management théorique peut permettre de se limiter en bonne partie à l'application de principes déclinés dans une bible, interne à l'entreprise ou à l'organisme employeur, des comportements qu'il faut appliquer, le retour à la réalité impose au contraire de remettre à son entière place la communication orale, vecteur essentiel des contacts quotidiens. Aujourd'hui l'entreprise cherche à atteindre ses objectifs par un management vision-circonstance. La définition d'un objectif dans une réalité complexe oblige à créer ce type de management : **incertitude et complexité développent une sorte d'opportunisme stratégique.** Les procédures réglées à l'avance sont difficiles à appliquer. Elles font place à une attitude de recherche d'opportunités, de surveillance des menaces, d'intelligence des situations. **Il faut développer une intelligence sensible aux autres, aux situations, aux événements, aux opportunités et aux menaces.**

Se taire, mentir, parler ? Il faut choisir... le bon moment

D'aucuns assoient leur management sur la vérité dite – ils font *a priori* confiance et s'expriment loyalement –, mais en le gérant selon le terme :

> « J'ai clairement énoncé une stratégie longue, notamment l'objectif d'internationaliser l'entreprise et de lui assurer une croissance rentable. Sur la durée, vous devez toujours dire des choses vraies, dont vous n'aurez pas à rougir six mois plus tard. Les collaborateurs, les marchés et les journalistes ont de la mémoire. Pour des raisons internes aussi, vous devez être capables d'expliciter un projet général. Ensuite, vous découvrirez que des opportunités se présentent. Pour les saisir, il faut parfois un effet de surprise et une part de secret. »[1]

---

1. Louis Schweitzer, PDG de Renault, cité par Laurent Guez, *Le Figaro Entreprises*, dans la série « Style de management », 26 novembre 2001.

Si le Japon laisse de bons souvenirs au PDG de Renault pour la prise de contrôle de Nissan, il n'en est pas de même de la Belgique où est annoncée en 1997 l'arrêt des activités de l'établissement de Renault à Vilvorde :

> « [Cela] déclencha un torrent d'indignation, les récriminations d'Alain Juppé (alors à Matignon) et de Jacques Chirac, les railleries de la presse de gauche et une condamnation par un tribunal du travail belge. "Schweitzer s'est fait piéger dans cette affaire, se souvient un témoin. Il avait appris que le Premier ministre belge de l'époque, Jean-Luc Dehaene, député de la circonscription de Vilvorde, devait venir visiter l'usine et y faire un discours très social... quelques semaines avant l'annonce de sa fermeture. Pour éviter un couac, Louis a pris rendez-vous avec Dehaene pour lui confier son projet, et le dissuader d'effectuer sa visite. Le piège s'est alors refermé. Dehaene était en difficulté politique au sein de son propre mouvement, le Parti social chrétien. Le président de la région flamande, leader d'une autre tendance de son parti, a décidé de révéler le projet de fermeture de Vilvoorde avant même que Schweitzer ait prévenu les représentants du personnel." »[1]

Quant au pacha d'un sous-marin nucléaire, que doit-il dire ou taire lorsqu'il reçoit des informations alarmantes sur l'actualité dans le monde ? Si un très grave accident met en jeu une entreprise dans laquelle travaille le frère d'un membre d'équipage, que dire et taire ? Généralement il décide de taire les nouvelles qui sont en même temps générales et imprécises mais angoissantes. Si un proche d'un membre d'équipage décède, que doit-il dire et taire ? La plupart du temps il décide de taire l'information en un premier temps, la durée du voyage étant longue encore, et il l'annonce en douceur quelques jours avant l'arrivée au port pour que le travail de deuil puisse s'engager avant que le sous-marinier ne reprenne contact avec la réalité. Sait-on que sur un sous-marin nucléaire français la famille d'un membre d'équipage peut dicter un seul message par semaine, qu'il ne doit pas dépasser vingt mots et que le pacha le filtre ? Si l'information est positive par contre, le pacha l'annonce immédiatement et pousse l'ensemble de l'équipe à fêter l'événement !

Abraracourcix : l'unité pour agir

Le second personnage, Astérix, est créé en fonction du vide laissé par l'aspect caricatural du premier, Obélix, et doit le compléter utilement.

---

1. Laurent Guez, opus cité.

Ici, **le troisième personnage sera généré par les difficultés relationnelles qui s'établissent entre les deux premiers.** En effet, entre Obélix et Astérix, tout va bien tant que tout va bien. Mais, parfois, Astérix en fait trop comme chef ou Obélix comme « faiseur », et les deux se disputent, entraînant la faillite du groupe. De plus, dans la réalité, bien souvent un Astérix et un Obélix vont devoir travailler ensemble, mais sans bénéficier de l'atout considérable que leur procure leur profonde amitié dans la bande dessinée. Apparaît alors forcément le troisième personnage, qui devra, « *coûte que coûte, maintenir les bonnes relations entre R. et G., ces deux indissociables, malgré leurs déséquilibres et malgré leurs divergences* ». Il est le « *chef du village. Le vieux guerrier, ombrageux et vénéré* » :

▶ **Dénomination et mots clés** : « **O.** », le « pouvoir de l'**organisateur** », correspond aux mots « procédures, structures, systèmes de prise de décision, de planification, de contrôle ».

▶ **Aspect physique** : l'apparence du personnage, comme son nom, montre ses limites... étiré entre un Astérix déjà parti vers de nouvelles aventures et un Obélix qui n'en finit pas de finir l'action précédente, « *pour faire ce lien, le chef aura toujours les bras trop courts, raccourcis. Il est d'ailleurs à bras raccourcis. (Abraracourcix pour les beautés phonétiques du genre)* ».

▶ **Fondement de ce pouvoir** : cette aptitude à « *recréer une synergie possible entre ces deux antagonistes* » que sont R. et G. Éléments du pouvoir : « *toutes ces mécaniques impersonnelles qui permettent aux R. et aux G. de s'articuler entre eux. O. n'a pas une technicité, une expertise, une compétence particulière, il n'a pas non plus une vision précise de l'environnement. Il coordonne. Un point, c'est tout.* » Bien sûr, pour ce faire, son statut est le plus élevé, d'où l'utilisation du bouclier pour être porté.

▶ **Limites de ce pouvoir** : O. doit d'abord être accepté comme organisateur par R. et G., et il est de ce fait le plus faible car il ne bénéficie pas d'un pouvoir exploitable tout seul... « *Il n'y a pas un épisode sans qu'un des deux Gaulois sous le bouclier n'en ait pas "ras le bol" et qu'il ne le laisse tomber. Et le chef, tout chef qu'il est, se ramasse.* » Mais surtout, cette vulnérabilité le poussera, pour se défendre, dans la dérive de la « bureaucratie ». Il tentera alors de « *se draper dans sa dignité de chef, se réfugier dans son statut et de fait perdre le contact avec la réalité* ». Concrètement, « *il ne passe plus sous les portes des huttes du village, à commencer par la sienne ; seuls les porteurs passent, ce qui suffit d'ailleurs à refaire descendre (brutalement) le chef sur terre* ». Il tape des pieds sur son bouclier pour le faire peser encore plus lourd. Il devient « *une caricature de lui-même, il est trop ridicule. Comme on dit familièrement, il a "bonne mine" Abraracourcix ; il a d'ailleurs Bonnemine, son épouse, qui saura faire en sorte de limiter les dégâts de cette excessive prise au sérieux : une bonne vaisselle de temps en temps* ».

Pour que cette fonction éminente de coordination puisse se réaliser, le maître-mot sera la mise en cohérence systématique des éléments du management.

Rendre cohérentes la communication institutionnelle extérieure et la parole interne

Toute communication d'entreprise ou d'organisation est globale ou n'est pas : la cohérence doit donc être assurée entre l'interne et l'externe. On ne peut imaginer un îlot de compétence en communication externe dans un océan d'incompétence en communication interne. Parce que le personnel occupe une place essentielle dans la communication externe, il faut construire avec lui, et pour lui, une communication interne forte. Le personnel projette l'image de l'entreprise ou de l'organisation par la qualité de sa réponse au téléphone, par son comportement. Or cela passe essentiellement par la parole. C'est pourquoi la communication interne sera non seulement véhiculée beaucoup par la parole, mais concernera le phénomène de la communication orale lui-même : en montrant son importance, en formant. Sinon le message permanent issu du personnel vers l'extérieur peut annuler les effets de la communication externe. **Rendre visible et crédible la communication externe impose le point de passage réussi de la communication interne.** La SNCF se souvient cruellement, *a contrario*, de sa campagne télévisuelle, dans les années 1990 et en pleine grève, titrée « *La SNCF, c'est possible* », dont les spots étaient encadrés par les passages, aux journaux télévisés, des grévistes expliquant leur action...

La parole issue des entreprises et organisations, tiraillée entre le collectif et l'individuel

C'est la source du défi principal dans le domaine de la communication orale pour la société contemporaine... nous subissons un paradoxe, qui nous oblige à répondre à deux impératifs qui tiraillent le « communicant » :

▶ D'un part la personne qui reçoit l'information que nous lui envoyons, y compris par la voie verbale, devra être convaincue de son bien-fondé. **La réception et l'acceptation de notre discours par sa cible ne vont plus « de soi ».** Qu'est-ce qui a changé ? Les révolutions comportementales des années soixante, qui ont remis en question toutes les institutions. **Aujourd'hui il ne s'agit pas seulement de parler, encore faut-il convaincre, donc séduire.** Car la personne ciblée par une communication orale va négocier son accord, son investissement personnel avec le communicant.

▶ D'autre part notre société s'adapte à la pression des consommateurs que nous sommes, exigeant des services professionnels mais au moindre coût. **Notre société a donc tendance à standardiser la communication orale et l'information.** Et cela va à l'encontre des conclusions du point précédent parce que cette normalisation heurte à la fois nos besoins d'une communication empreinte de sincérité et de profondeur, et notre exigence d'individualisation.

▪ Incontournable : la communication orale n'est qu'interpersonnelle

En conséquence de ce lien existant entre deux personnes, tous les problèmes de la communication orale viennent de l'inadéquation ou d'une adéquation imparfaite entre ces personnes, par exemple à cause d'une différence entre les motivations de chacun. Cela se fera sentir entre les parents et les enfants, entre le client et son fournisseur, entre le salarié et son employeur. Bien souvent celui qui s'exprime ne fait que fournir une information ou pratique l'autojustification, tandis que la cible, elle, souhaite un échange réel, avec un contenu profond, bref l'établissement d'une vraie relation.

▪ La communication orale a pour seul matériau l'humain

L'objet final de toute communication orale, comme d'ailleurs sa source, est et restera l'être humain. C'est ce qui fait toute la difficulté du travail dans ce domaine : le matériau sur lequel on œuvre est uniquement humain. Revenons vers le site du groupe consultant Pricewaterhouse-Coopers, en partie consacré aux dossiers rédigés par les consultants de la maison[1]. Les travaux de Philippe Plagnes et Daniel Giffard-Bouvier, en 2001, y montrent que l'élément humain prend une place décisive dans la politique à long terme de l'entreprise. **L'évolution vers l'éco-**

---

1. www.pwcglobal.com/fr/fra/ins-sol/spec-int

nomie du savoir et de l'information recentre l'homme dans les entreprises et organisations. Car l'homme sera la locomotive principale du développement. Et qui dit humain dit parole...

Panoramix : la vision porteuse et stratégique

Tout comme G. est rendu nécessaire par l'existence de R., tout comme O. est rendu nécessaire pour gérer la relation entre R. et G., Panoramix apparaît incontournable pour combler le vide lorsque « *le chef est tombé, symboliquement, c'est-à-dire dans la réalité quand O. échoue dans son difficile travail qui consiste à retrouver de la synergie à partir de deux pouvoirs antagonistes complémentaires ; alors R. et G. sont livrés à eux-mêmes. Et quand bien même la solide amitié Obélix-Astérix existerait, ils sont, dans la réalité, trop différents et trop déséquilibrés dans le partage de l'action pour que des heurts n'apparaissent pas très vite* ». S'installe alors rapidement la « zizanie », dont le bruit viendra aux oreilles des Romains, qui pourront sans difficulté envisager la bataille et même la victoire (« *À vaincre sans péril, on triomphe peut-être sans gloire, mais surtout sans risque.* »). **Seule porte de sortie... le quatrième pouvoir** :

▶ **Dénomination** : « M. », le « pouvoir **mobilisateur** ».

▶ **Fondement de ce pouvoir** : la capacité « *de celui qui sait rassembler un groupe autour de lui par un effet de séduction et, par ce même effet de séduction, lui insuffler une énergie exceptionnelle* ». Deux éléments à ce pouvoir : **le charisme et le recul**.

> **Le charisme tout d'abord,** « *avec tout ce qu'il peut avoir en apparence de magique. Le druide ne fonctionne d'ailleurs qu'à coups de potion magique* » : M. fait partie de ces individus qui, parce qu'ils sont naturellement ce qu'ils sont, réussissent à rendre terriblement cohérente une équipe abandonnée à la zizanie et à la plus profonde désagrégation. En un instant parfois, l'équipe se fonde à nouveau en un corps uni dont chaque individualité éprouve soudain un besoin irrésistible de se dépasser hors de ses frontières personnelles ; le résultat : une détermination et un dynamisme collectifs qu'on pensait hors de portée :

> « Tous nos Gaulois peuvent être en train de se "crêper le chignon", il suffit que le druide arrive sur la place du village et simplement, parce que c'est lui, notre druide, vénérable et vénéré, voilà les Gaulois qui se mettent à oublier leurs tensions et leurs conflits – au besoin un coup d'une quelconque potion les y aidera – à se serrer les coudes à nouveau, à redevenir unanimes et unis autour de leur druide. »

Tout se stabilise à nouveau, Abraracourcix remonte sur son bouclier, et le triumvirat R.-G.-O. se remet en marche.

Autre élément fondamental du pouvoir de M. : **la relativisation des conflits internes**. C'est le cœur de ce pouvoir, « *la capacité de ces leaders charismatiques à prendre distance, à prendre recul, et à induire une prise de distance et de recul identique chez tous les membres de leur groupe* ». En effet, il nous émerveille tellement, ce mobilisateur, qu'on veut s'harmoniser avec lui ; le résultat est simple : à force de regarder ensemble dans la même direction (vers lui), on oublie de regarder son voisin, son collègue, son épouse dans les yeux, et les tensions avec ces derniers s'estompent comme par enchantement. Car le druide est loin, comme inabordable, distant :

> « Alors si tous, lui en tête, se mettent à regarder "les choses et les gens" de loin, de haut, à distance dans leur ensemble, à se regarder comme cela eux-mêmes, les difficultés qui nous séparaient, on ne les perçoit même plus : à une telle distance il faudrait des jumelles pour les apercevoir. Ayant pris de la hauteur, on se demande comment on a pu se noyer dans des conflits qui, vus de si haut, semblent être de tout petits verres d'eau. »

C'est cette prise de distance qui a deux effets :

- **elle fait relativiser par chacun ses divisions**, ce qui **génère**, relativement, **la cohésion** ;
- **elle aplanit les épreuves** qui nous semblaient être insurmontables, **ce qui est à la source de l'énergie**.

▶ **Limites de ce pouvoir** : les talents de M. ne doivent être exploités qu'exceptionnellement, pour éviter les drames qui se déroulent quand un responsable charismatique s'approprie le pouvoir...

> « Le village gaulois a la sagesse de le renvoyer dans sa hutte ; à moins que ce ne soit ce guide lui-même qui ait la sagesse d'y retourner tout seul. »

L'intervention de M. doit donc être « *ponctuelle* ». Il faut éviter que ce moteur de sécurité qu'est M. ne s'emballe.

Ici on va mettre en avant les valeurs, la responsabilité dans l'organisation, donc la parole pour les exprimer clairement et en permanence.

193

▨ L'avenir de l'entreprise : « la » valeur, donc la finance et la performance... et « les » valeurs, donc la culture et la parole

On est, bizarrement, dans le domaine des « valeurs ». L'entreprise est créatrice et génératrice de valeurs : pas seulement de valeur boursière, main aussi de valeurs humaines et culturelles. En 2001, à quoi le MEDEF consacre-t-il la troisième édition de son université d'été ? À « La création de valeur, le respect des valeurs » ! Deux mille participants et intervenants – universitaires, entrepreneurs, hommes politiques – y ont animé, trois jours durant, fin août, réunions plénières et ateliers, dont la trame ramène vers l'humain, et bien souvent vers son outil naturel et puissant d'expression qu'est la parole. L'introduction de Denis Kessler, vice-président délégué du Medef, donne le ton :

> « Est-il possible de créer de la valeur de façon durable tout en respectant scrupuleusement les valeurs ? Nous le croyons [...]. Les entreprises ont conscience de leurs responsabilités éthiques. »[1]

▨ La notion de responsabilité est indissociable de la parole

L'entreprise, l'homme, la nature : les travaux d'un atelier animé par Ernest-Antoine Seillière, président du MEDEF, au cours de cette université d'été, affichent l'économie de marché comme la seule véritable productrice de richesses, donc de bien-être et de bonheur. Mais elle doit, par son attitude, répondre aux demandes de dignité, d'équité et de qualité de la vie. **Un objectif : la complémentarité de la création de richesses et du respect des valeurs.** Parmi les moyens, toujours s'exprimer et toujours dialoguer :

► L'expression plutôt que le silence et le repli :

> « Marée noire, malbouffe, blanchiment, plans sociaux... Nous avons le devoir de répondre à toutes ces allégations. »[2]

► Le dialogue plutôt que la directivité étatique, parce que la notion de responsabilité est indissociable de la parole, dont la pratique se matérialise par le « dialogue » ou la négociation d'« engagements contractuels » :

---

1. *La Revue des entreprises*, août 2001.
2. Ernest-Antoine Seillière.

> « L'avis est unanime sur les moyens juridiques du développement durable, tout spécialement sous ses aspects écologiques. Dès lors que l'efficacité repose sur la responsabilité des acteurs, la taxation apparaît comme un recours ultime. D'ailleurs, la France a-t-elle eu besoin d'une écotaxe pour être le premier pays européen à réduire effectivement les émissions à effet de serre au cours de la dernière décennie ? Beaucoup plus efficaces sont, à la lumière de l'expérience, les normes définies de façon réaliste par un dialogue avec les pouvoirs publics, les engagements contractuels, l'incitation du marché qui développe spontanément les activités et les emplois liés au respect de l'environnement. »[1]

Parler, c'est donner du sens au management

Les travaux de Thierry Boudès[2] sont éloquents sur ce sujet. **Il montre à quel point la parole** – des salariés à la machine à café ou de l'entrepreneur à la télévision – **fonde, par les récits de la réalité, par les légende véhiculées, parfois jusqu'au mythe, les relations dans l'entreprise** ; il montre à quel point rien n'est gratuit, même pas les anecdotes, pour structurer la mémoire collective et donc la vue du monde, et donc les traductions de la réalité, et donc l'action, dans l'entreprise :

> « L'intérêt du récit repose sur un principe simple : on ne peut mettre sous la forme d'un récit que ce à quoi on attribue du sens... et réciproquement : postuler une cohérence narrative constitue le moyen privilégié de l'attribution de sens. Ainsi le récit suivant : "L'enfant a pleuré. Le papa l'a pris dans ses bras" ne pose pas de problème de compréhension. "L'enfant a pleuré. Le papa lui a donné le journal", laisse supposer que cet enfant doit aimer jouer avec le papier. En revanche, "L'enfant a pleuré. Le papa a pris le journal", ouvre encore sur une plus grande ambiguïté et oblige le lecteur à fabriquer une cohérence : le papa a dû décider de laisser l'enfant crier. Ainsi, moins les éléments que l'on souhaite embrasser dans un tout global présentent une cohérence *a priori*, plus le sens se fabrique à partir des implicites de la personne qui fabrique l'histoire. Quand une personne ne peut mettre en récit une situation, c'est qu'elle n'y voit aucun sens. »[3]

Manager, donc énoncer sa représentation du futur... de manière compréhensible

Michael Useem[4] a étudié les révolutions vécues par American Airlines ou IBM, et son ouvrage marque un virage dans l'analyse des relations

---

1. *La Revue des entreprises*, septembre 2001.
2. Chargé du cours de stratégie d'entreprise à l'ESCP-EAP, il est spécialiste de la combinaison du narratif dans les réalités du management.
3. Thierry Boudès, « Manager, c'est aussi raconter », série « L'art du management », *Les Échos*, 23 mai 2001.
4. Michael Useem enseigne le management à la Wharton School et la sociologie à l'université

structurelles de l'entreprise capitalistique : non seulement, comme hier, ouvriers et patrons ou, comme aujourd'hui, clients et salariés se sont parlés, mais **désormais la parole s'établira aussi, pour le meilleur et pour le pire, entre actionnaires et salariés**. Et cette parole nouvelle est à l'origine de repositionnements fondamentaux dans notre économie, dont l'auteur analyse les causes et les mécanismes :

> « Depuis les années quatre-vingt, les actions des grandes entreprises sont de plus en plus concentrées dans les mains d'un petit nombre de gros actionnaires. Des millions de petits porteurs ont été remplacés par des investisseurs institutionnels – caisses de retraite, banques, compagnies d'assurance, institutions financières, etc. La propriété des entreprises n'étant plus disséminée parmi de nombreux actionnaires, elle n'est plus séparée de la gestion effective : les dirigeants sont devenus dépendants des décisions des gros actionnaires. Jusqu'à la fin des années quatre-vingt, les dirigeants ont par exemple été contraints de se plier à nombre de fusions-acquisitions. Depuis, les investisseurs se sont tournés vers d'autres moyens de pression, en remplaçant notamment à leur guise les dirigeants dès que les revenus annuels par action se révélaient inférieurs à leurs prévisions. Les investisseurs mettent leur nez dans les affaires des dirigeants. »[1]

Mais cette situation n'a rien de négatif, car tout le monde s'adapte. Les entrepreneurs aussi, et de deux manières :

▶ **L'entrepreneur**, pour en même temps répondre au défi et reprendre la main, **va développer et diversifier son propre réseau par une communication ajustée** :

> « Confrontés à des pressions politiques et économiques à court terme, à des menaces de prises de contrôle et à la domination des gros investisseurs, les dirigeants ont élaboré une stratégie de défense : ils cherchent à rétablir un actionnariat dispersé en prospectant des actionnaires individuels, en encourageant des clubs d'investissement, en cherchant à baisser le prix des actions et surtout en développant des incitations à la participation de leurs salariés. »[2]

▶ **Ces mutations des entreprises et de l'économie vont en réalité renforcer la fonction des managers et des entrepreneurs** parce que, au cœur de l'étoile et du réseau, ils seront les seuls à pouvoir

---

de Pennsylvanie. Il a fait paraître *The inner circle*, *Executive defense*, *Liberal education and the corporation* et, en 1996, *Investor capitalism* (Basic Books).

1. Michael Useem et Constance Gager, « Employees shareholders or institutional investors ? When corporate managers replace their stockholders », paru dans le *Journal of management studies* de septembre 1996. Synthèse diffusée en 2002 sur le site internet de Business Digest.
2. Michael Useem et Constance Gager, *ibidem*.

pratiquer l'écoute envers tous les intervenants ; et cela les rend incontournables, notamment dans les moments de crise. Certes, aujourd'hui l'entrepreneur ne doit plus, pour convaincre, rappeler ses résultats antérieurs mais faire croire à ses exploits dans l'avenir ; toutefois cela en fait un relais, un point nodal, par sa capacité à être le capteur de toutes les communications : celles des salariés, celles des clients, celles des actionnaires. Dorénavant l'entrepreneur sera attentif ou ne sera pas. Hervé Laroche, chargé des cours de management et de stratégie à l'ESCP-EAP, donne souvent l'exemple des groupes d'intervenants servant l'appontage d'un avion de chasse sur un porte-avions : le simple fait, pour chaque participant, de connaître les règles et d'être compétent ne suffit pas dans une situation floue, et chacun est donc obligé, en plus, d'être attentif aux autres et à leurs besoins d'informations et de collaboration.

Cela montre à quel point est dépassé le capitalisme managérial, en faveur du capitalisme des investisseurs. Les relations se sont donc développées parce qu'entrecroisées. **Naît une nouvelle génération d'entrepreneurs, habitués à tisser et entretenir un réseau complexe entre salariés, clients, investisseurs.** Autant d'occasions de développer la communication orale. En conséquence, Michael Useem rappelle que cette diversification et cette accélération dans les rapports de groupes différents renforcent et entretiennent la définition profonde du management : le management réside dans la sollicitation de ce qu'il y a de meilleur dans notre nature, et il redit que **le management réussi a toujours consisté, en priorité, à savoir énoncer de manière compréhensible sa vision du futur, tout en indiquant les pistes pour y parvenir et les outils à utiliser.** Il est certain que si le Président Kennedy n'avait pas dit explicitement qu'un Américain marcherait bientôt sur la Lune, cela ne se serait pas réalisé, un beau jour de 1969...

▨ Manager, c'est « faire des histoires »...

Moralité : stratégie, relations avec la clientèle, recrutement, vie interne de l'entreprise... il faut raconter beaucoup pour mettre tout cela en forme et passer les messages. Et il faut écouter beaucoup, notamment ses collaborateurs, et traduire ce qu'ils disent, pour être réellement informé de ce qui se passe, des tendances et des dangers... Parce que **les histoires qui se transmettent encadrent l'activité :** écouter une histoire c'est la vivre par intermédiaire, par imagination, et c'est stocké dans la tête en partie comme un vécu personnel, qui enrichit l'expérience de l'individu. Thierry Boudès montre d'ailleurs que la capacité d'une histoire à donner du sens à la parole réside dans son utilité à synthétiser des contradictions qui apparaissent difficiles à dépasser. Il donne l'exemple des 35 heures, qui en France ont de 2000 à 2002 fait l'objet de millions de conversations, dont le rôle a été de résoudre l'opposition entre le social et l'économique, entre l'intérêt du salarié et celui de l'entreprise, entre le temps libre et l'efficacité du rendement. Les projets d'entreprise des années 1980 cherchaient, eux, à reconnecter les intérêts, apparemment opposés, du client et du salarié. Pour les années 2000, on est passé à l'opposition entre les salariés et les actionnaires. Toutes les stratégies de ces deux décennies sont marquées par la tendance profonde de chacune de ces périodes... Et la fonction de la parole, et notamment de la parole médiatique, sur notre évolution concernant ces problèmes, est à chaque fois essentielle.

Le management passe par l'humain... aimer les autres

Le management, dans tous les milieux, passe d'abord et principalement par l'humain. Même dans un monastère, comme le rappelle Frère Jean-Paul, chargé de former les nouveaux moines à l'Abbaye du Monts des Cats :

> « L'humain est pris en compte avec ce qu'il a de beau mais aussi avec ses faiblesses. Il règne ici un esprit de famille entretenu par nos derniers supérieurs : ils ont le souci de faire advenir les frères à ce qu'ils ont au plus profond d'eux-mêmes. »[1]

Parmi les trois principes de management de Michel Pébereau (on a cité par ailleurs le premier : « délivrer des messages clairs ») :

> « S'impliquer dans les relations avec les partenaires sociaux : j'attache beaucoup d'importance aux comités d'entreprise ainsi qu'aux comités d'établissement et de groupe. Dans les séances plénières, j'essaie toujours d'être présent personnellement. Transmettre des valeurs éthiques : j'ai beaucoup d'estime pour les instituteurs de l'époque de Jules Ferry, qui avaient pour mission de transmettre des valeurs éthiques. Je crois que lorsqu'on est président, il faut aimer les autres et leur montrer qu'on a du respect pour eux. »[2]

---

1. Propos recueillis par Fanny Magdelaine, « Veilleurs et chercheurs de Dieu » dans *La Croix Magazine Nord-Pas-de-Calais* du 21 juillet 2000.
2. Michel Pébereau, entrepreneur (BNP Paribas), cité par *Le Figaro Entreprises* du 5 novembre 2001.

Assurancetourix : relativiser et remettre en cause

Que se passe-t-il quand par malheur M. est absent, parti, neutralisé ?

> « Un dernier type de pouvoir va intervenir dans ces moments-là pour remettre les pendules à l'heure et les Romains à leur place. Nous voulons parler de notre ami le barde. »

L'opportunité : des bardes il est le pire. Que O. soit tombé et M. indisponible, que la pire des zizanies se soit installée, « *il suffira que le barde veuille prendre sa lyre pour commencer un tout petit début de tout petit chant de n'importe quoi pour que d'un seul coup [...] tous nos Gaulois se mettent à oublier leurs tensions, leurs conflits, leurs dissensions, et se mettent à se serrer les coudes pour faire face, unanimement et d'un seul bloc, à cette première urgence : le « faire taire. »* »

▶ **Dénomination** : « M. - », le « pouvoir du **mobilisateur négatif** ».

▶ **Fondement de ce pouvoir** :

> « Le barde fait immédiatement l'unanimité ; non pas autour de lui, mais contre lui. »

▶ **Élément de ce pouvoir** : l'unanimité contre lui est « *particulièrement forte, puisque c'est irréfléchi, instinctif, réflexe* ». De plus, M. - est le « *tout dernier recours. Il n'y a plus rien après. Mais peu importe qu'il n'y ait plus rien après : le barde est tellement mauvais que "ça marchera" systématiquement à tous les coups, sans ratés possibles cette fois* ». Chacun projette ses problèmes sur M. - et du coup oublie ses tensions, fondant une recomposition de l'équipe. **Ce n'est donc pas un bouc émissaire**, qui serait détruit ou chassé, **mais bien un exutoire**, qu'on conserve soigneusement à sa place. Son nom dans la bande dessinée témoigne qu'il est la « *garantie absolue que, quoi qu'il se passe, le village gaulois restera invulnérable. [...] Garantie totale contre tout. Véritable "Assurance tout risque". Assurancetourix : on ne s'étonne plus de rien* ».

Ce « **contre-personnage** », **remet indirectement chacun à sa place** et finalement rappelle sinon les priorités, du moins qui nous a fait roi. **Il nous pousse à nous regarder dans le miroir.**

▨ Manager... d'abord soi-même

Qui peut le plus peut le moins : avant de prétendre mener les autres, peut-être faut-il en effet être capable de se manager soi-même... Ainsi

199

la *Lettre du manager*[1] donne-t-elle une liste d'outils du management consacrés à l'efficacité personnelle. Cet inventaire de deux pages est structuré en trois parties (l'efficacité, l'efficience, la maîtrise du temps), et il est significatif que dans la partie « l'efficience » l'auteur consacre un paragraphe au thème « bien parler » (au même niveau que bien décider, être créatif ou encore bien négocier) :

> « • Connaissez bien votre sujet, ceux qui vous écoutent et ce qu'ils attendent.
> • Préparez-vous avec soin : un objectif, un fil directeur, quelques idées-forces, un plan.
> • Variez le rythme, utilisez un vocabulaire concret, vif, coloré, imagé.
> • Soignez l'organisation matérielle : décor, disposition, mobilier, habillement, etc.
> • Utilisez des aides audiovisuelles bien conçues : claires, brèves, lisibles de tous, etc. »[2]

■ La leçon de management : le développement ou le non-développement d'un territoire passe par les hommes

Lorsque Michel Godet, comme nous l'avons dit plus haut, casse nos préjugés et nos clichés, il joue ce rôle de barde dans une équipe. Il nous rappelle ainsi qu'il faut replacer l'homme au milieu du débat du développement des territoires. Il affirme qu'à ce titre :

- ce sont les hommes et les organisations qui font la différence entre les territoires ;
- c'est l'activité qui crée l'emploi et non le partage de l'emploi qui résout le chômage, car l'emploi ne se partage pas : c'est une énergie, un flux, et non un gâteau, un stock ; conséquence : il faut travailler plus pour travailler tous ;
- c'est l'initiative et l'innovation des individus et des équipes qui créent l'activité.

■ Les hommes et non plus les produits, donc les projets appuyés sur les compétences

Pour Michel Godet, les entreprises et organisations, face aux mutations en cours et futures, doivent :

---

1. Sous la rédaction en chef de Gérard Ferlet, elle paraît deux fois par mois.
2. *La Lettre du manager*, 16 novembre 2001.

- accepter des constats :

  « ce sont les hommes qui sont au cœur de la différence » ;
  « les marchés de demain seront là pour répondre à des besoins fondamentaux de moins en moins satisfaits comme le lien social, l'écoute, la sécurité » ;

  or ces activités sont appuyées principalement sur la capacité de parole ;

- respecter des recommandations :

  « mobiliser les hommes autour d'un projet » ;
  « passer d'une stratégie produit à une stratégie de valorisation des compétences ».

Clé 6. Remettre la parole au centre : pour gérer ou prévenir les crises, former les autres, diriger et manager... la solution passe par la communication orale

---

Deuxième partie

Le savoir faire ou l'habileté

« Quand je joue, je ne fais jamais de répétitions.
Les répétitions, c'est pas humain,
c'est le propre des armes à feu. »
Jean YANNE[1]

Dans cette partie, nous illustrerons **les deux maîtres-mots de la communication** :

- **la cohérence**, en externe,
- **la maîtrise**, en interne.

Rappelons que **le savoir-faire correspond à quatre éléments** qu'il nous faudra étudier ici, en les travaillant dans un ordre adapté à notre sujet :

▶ L'adresse, donc :

La dextérité. C'est ce mélange de brio et de débrouillardise qui fait l'habileté, et c'est aussi le doigté qui fait l'adresse.

La virtuosité. Le mot vient du latin *virtus* qui signifie « force » ; c'est en fait un mélange de puissance et d'habileté qui permet de trouver des solutions par une capacité technique.

La connaissance. Sans elle, sans le savoir, pas de métier, pas de technique, par d'art, pas de science, pas de compétence, bref presque rien de ce qui suit ci-dessous. Pour l'acquérir : le travail et l'entraînement...

© Éditions d'Organisation

---

1. *Pensées, répliques, textes et anecdotes*, Le Cherche midi éditeur, 1999.

▶ **La technique**, donc :

Les procédés. La communication orale est construite, donc produite. Vont ainsi s'appliquer à elle tous les outils de la production, et d'abord les *process* qui aboutissent à un produit, une conclusion. N'oublions pas qu'en latin *procedere* signifie « sortir ».

La manière. Ne dit-on pas « l'art et la manière » ? En ancien français « manier » voulait dire « habile ». C'est en fait un ensemble d'habitudes stylistiques à mi-chemin entre la technique basique et le talent : c'est presque le langage qui permet au talent de s'exprimer par des techniques. Lorsqu'il s'agit d'une œuvre d'art, on parle alors de la « façon », terme qui est aussi utilisé en aval de certaines industries proches de l'activité artistique ou artisanale, comme le textile.

La méthode. C'est ici la partie cérébrale qui orchestre l'utilisation des techniques. Il est bien question d'une mise en ordre, mais qui paradoxalement peut s'appliquer à tout, même à l'inconnu puisqu'on parle de « méthode expérimentale ». Par la méthode on peut mettre en œuvre et conclure une réalisation, mais on peut aussi chercher et ouvrir des développements. C'est, dans les techniques, souvent l'outil de lien entre les hommes : un document qui rassemble des informations sur ce thème s'appelle une « méthode ».

Le métier. Comme la méthode ci-dessus, le métier est un lien humain, mais cette fois par la pratique et l'expérience. En tant que tel, c'est ce qui distingue un individu des autres par sa maîtrise de la technique : « il a du métier ». On perçoit en même temps la nécessité de donner du temps au temps pour l'acquérir, et le caractère unique et exceptionnel du résultat pour celui qui l'a acquis.

▶ **L'art**, donc :

La pratique. C'est la première règle... « cent fois sur le métier... ». Il est significatif que le mot ait deux sens qui peuvent se mélanger : le non-intellectuel et la répétition dans le réel (on « pratique une religion »). La pratique peut mettre en application (« mettre en pratique ») les techniques, mais elle peut aussi révéler le talent.

Le talent. Il est le contrepoint et le contrepoids de la technique qui, seule, rapidement pourrait lasser. C'est l'aptitude,

© Éditions d'Organisation

la prédisposition à mener une activité. Attention : le talent sans le travail ne produit rien...

- **La science.** C'est l'organisation d'un ensemble de connaissances. Elle est incontournable pour que le talent puisse s'exprimer par le style.

- **Le style.** Ce qu'on appelle souvent la « patte » est personnel. C'est l'ensemble esthétique spécifique à un individu.

▶ **Les qualifications**, donc :

- **Les compétences.** L'important dans les compétences, ces connaissances approfondies et structurées, c'est qu'elles assurent la reconnaissance d'autrui. Elles permettent donc de juger et de se juger (on parle de la « compétence d'une juridiction ») et surtout d'agir de manière crédible tout en assurant le respect de son territoire (on est dans son « champ de compétences »).

- **L'expérience.** Elle est le résultat de l'acquisition des connaissances, de la pratique : on regarde et on fait. Résultat : elle est originale ; comme dit le proverbe, c'est une lanterne qui éclaire les pieds, mais seulement pour celui qui la porte...

- **L'aptitude.** Si les compétences sont acquises, si l'expérience les a nourries, alors le lien se crée avec les autres, qui « reconnaissent » nos aptitudes.

Le savoir-faire peut donc se concrétiser en **quatre actions** :

▶ Ne pas se limiter à une simple tactique de communication, mais **construire une véritable stratégie.** Dans le domaine militaire, la tactique n'est que la mise en musique, l'exécution de la stratégie. Or construire préalablement une stratégie implique le respect de trois principes :

- Être déterminé et persévérant.

- Marquer son territoire face aux interlocuteurs pour affirmer sa position.

- Ne pas se laisser détourner du but fixé, par des sollicitations de niveau accessoire ou annexe, et, de ce fait, affecter les outils, dispositifs et méthodes à l'objectif, selon la règle « le mieux et le plus ».

▶ **Déterminer** clairement et précisément **la cible** :

- Qui est visé par la communication ?

- Comment vais-je adapter la communication orale aux interlocuteurs visés ?

▶ **Définir ce qu'on doit communiquer**, au sens propre du terme, c'est-à-dire en décrire les limites, le début et la fin :

- Je dis tout ce que j'ai à dire.

- Et je ne dis que ce que j'ai à dire.

▶ **Mettre en marche les moyens nécessaires**, en choisissant ceux qui sont adaptés au message choisi. La communication orale est un placement : il faut se mettre, comme pour tout produit, en situation d'efficacité, de productivité et de bonne gestion, et ce pour le court, le moyen et le long terme.

Chapitre 4

Remettre la parole à sa place : aux ordres d'une stratégie

« Encore un matin, un matin pour rien,
Une argile au creux de mes mains,
Encore un matin, sans raison ni fin,
Si rien ne trace son chemin. »

Jean-Jacques GOLDMAN
Chanson *Encore un matin,*
paroles et musique de Jean-Jacques Goldman,
Éditions musicales JMG/BMG

▨ Passer de la parole à l'expression

Comment passer de la parole à la communication, du verbe à l'expression ? Quelles sont les règles pour savoir communiquer, s'exprimer, et pas seulement parler ? La réponse à cette question est : **il est nécessaire de définir une stratégie. Cela permet de respecter les deux clés de la communication en général : la cohérence et la maîtrise.** Rappelons que la stratégie regroupe deux notions :

- la manœuvre,
- la politique.

Sans stratégie, la communication coûte cher puisqu'elle peut être assimilée à une absence de communication !

COMMUNIQUER DE MANIÈRE COHÉRENTE

▨ Une société de communication impose une communication stratégique

Nous évoluons dans un monde où communication n'est plus une danseuse : on ne fait plus de la communication parce que c'est à la mode ou pour se faire plaisir ou parce que les autres en font. Aujourd'hui il faut être cohérent avec toutes les facettes de la stratégie, et **la stratégie de communication rejoint, en niveau d'intérêt, la stratégie financière, la stratégie des ressources humaines, la stratégie institutionnelle, la stratégie produit ou la stratégie de recherche et développement.** La stratégie de communication est un des éléments forts de la stratégie générale, et, dans un monde de concurrence, comme les autres formes de stratégie, elle peut faire la différence.

▨ Cohérence entre soi, les autres, la société

Comment communiquer de manière cohérente :

- ▶ Entre la communication interne et la communication externe ?
- ▶ Entre soi et les autres ?

▨ Le fil conducteur de la communication

Se poser ces questions ouvre plusieurs pistes qui caractérisent la communication, en détaillant le mot cohérence selon quatre logiques partielles :

▶ **Homogène** : il faut que les parties, comme des éléments assemblés, soient de même identité, en tout cas viennent du même univers. Le terme vient des mots grecs *homos* et *genos* (semblable et origine). **C'est ce qui fonde et exprime l'unité et l'harmonie entre les parties**, comme dans le domaine humain : on parle d'une réunion ou d'une société homogène. De plus on ne doit plus pouvoir distinguer les parties : dans l'industrie laitière, l'homogénéisation consiste à diminuer la taille des éléments qui forment la graisse pour que le lait et la crème ne puissent plus se dissocier. La conséquence, ou le but recherché, est l'aspect régulier du travail réalisé, qui donne un enchaînement agréable.

▶ **Logique** : n'oublions pas que ce terme n'a pas seulement le sens auquel on pense d'abord (succession des causes et des conséquences), créant une sorte d'évidence, mais qu'il vient du grec *logos* qui signifie raison. **La cohérence**, par l'expression de la logique qu'elle permet, **va donc exprimer l'art du raisonnement**, isolé de toute émotion ou du contenu de la communication orale. **La logique relie le bon sens** (notion d'évidence : « Ce qui lui est arrivé est logique ») **et la méthode**.

▶ **Ordonnée** : la communication orale est organisée selon un ordre établi, aménagée, répartie, cataloguée, divisée puis attribuée, regroupée, agencée, combinée.

▶ **Harmonieuse** : c'est le résultat, obtenu sinon recherché. Il révèle l'équilibre de l'intervenant par sa capacité à rendre sa communication plaisante.

▨ Le carré des avantages de la communication orale : identité et complexité

Simultanément, la pratique de la communication orale permet de gérer deux problèmes majeurs de notre époque, que sont d'une part l'identité et les frontières, d'autre part la complexité et les réseaux :

▶ **La communication orale porte l'identité** : cette identité individuelle s'exprime grâce à la nécessité d'envisager une politique stratégique de communication, donc une stratégie personnelle. Cette dernière passe par la définition d'objectifs, qui sont autant d'éléments structurants pour la personnalité de l'individu et ses rapports avec autrui.

▶ **La communication orale casse et dépasse les frontières** : les technologies de communication avancent à grands pas et chaque jour un peu plus elles relient ce qui était coupé, elles ramassent et concentrent le temps, elles brisent les barrières entre l'individu et les autres, entre l'intérieur et l'extérieur d'une entreprise ou d'une organisation.

▶ **La communication orale permet de gérer la complexité.** Or, dans l'entreprise, on voit depuis des décennies s'épanouir les systèmes organisationnels vendus en paquet comme des lessives. Ces approches n'ont jamais apporté la rentabilité aux entreprises, ni le bonheur aux salariés. Aujourd'hui, nous le savons, il faut former les collaborateurs au sein des entreprises et organisations, non plus à agir et communiquer selon des règles apprises, mais à développer leurs capacités d'écoute, de réflexion, d'analyse et de créativité dans leurs décisions. Diriger aujourd'hui c'est gérer la complexité par un comportement de responsable, de chef, de meneur.

▶ **La communication orale aide à se développer en réseau** : la numérisation permet en effet de relier toutes les technologies de transport d'information entre elles et on peut maintenant transporter à la vitesse de la lumière n'importe quelle information (image, son, chiffre) destinée à servir d'aide à la décision.

▨ La cohérence sur le choix du langage : la communication orale par le chant ou le lien parole, chant, culture, développement et territoire

> *« L'enjeu : réussir la modernité avec la force des traditions. »*
> Michel GODET

Pratiquer la communication orale selon un axe stratégique peut aussi amener à intégrer aux choix de stratégie celui du langage ou de la technique utilisés. Paradoxalement, la parole n'est pas, et de loin, la seule technique possible. **La communication orale peut passer**, au moins partiellement, en appui, **par le silence, par l'attitude comportementale ou par l'exploitation des bruits de fond**, comme nous l'avons vu plus haut, **par les gestes et signes**, comme nous le verrons plus loin, **mais aussi**, en restant dans le cadre de l'utilisation stricte de la bouche, **par le chant**, comme nous allons l'étudier ici. Voici en effet un exemple significatif du caractère non imposé de la parole comme outil incontournable de communication orale : l'une des manifestations les plus puissantes de communication orale qu'on ait pu vivre au cours de l'histoire de l'Europe, le chant.

▓ Musique et parole : une seule localisation dans le cerveau

On sait aujourd'hui que l'aire de Broca, dans le cerveau, est non seulement le lieu de l'analyse de la parole, mais aussi celui de la musique. En réalité, **il est probable que notre cerveau utilise cette partie de lui-même comme un décodeur de toutes les techniques de communication nécessitant l'analyse d'un langage au sens le plus général du terme**. On le voit, la communication orale peut être assimilée, voire portée par la musique... demain l'affirmera-t-on peut-être aussi pour d'autres formes de langage... Ainsi Laura-Ann Petitto[1], a-t-elle montré que le langage des signes utilisé par les sourds excite la même zone cérébrale que la parole, et que les bébés de parents sourds, avant de « parler », babillent... avec les mains ! Ces bébés font aussi « Areuh Areuh », mais en langage des signes. Cela signifie que **l'exercice du langage, et donc de la communication « orale », n'est pas du tout limité à la seule parole dont le vecteur est le son.**

Une révolution européenne : la polyphonie flamande, ou l'union entre parole et chant pour porter la Renaissance

Ou comment une révolution culturelle s'est répandue sur tout le territoire de l'Europe. En parlant, mais par une parole chantée.

---

1. Neuropsychologue de l'université de Dartmouth dans le New Hampshire aux États-Unis. On retrouve les premières indications sur ces travaux, en 2002, sur le site de l'université de Dartmouth (www. dartmouth.edu/~educ/faculty/pettito.shtml) ou dans la revue américaine *Nature*, vol. 413, p. 35, Petitto, L. A., Holowka, S., Sergio, L. E. & Ostry, D., "Language rhythms in baby hand movements".

Quand du Nord-Ouest européen est partie la « bonne parole » : le mouvement polyphonique

> « *Dans le port d'Amsterdam y'a des marins qui chantent*
> *Des rêves qui les hantent au large d'Amsterdam.* »
>
> Jacques BREL[1]

▓ Seul outil : la parole chantée

Le plus formidable exemple de révolution artistique appuyée sur le lien entre la seule parole et la musique reste sans contestation possible l'aventure de la polyphonie dite « flamande » – elle jettera les fondements de la musique moderne. Pas ou peu d'instruments dans cet univers, mais des hommes et des femmes et leur seule voix, qui seront pendant près de deux siècles les vecteurs de cette aventure. Seul outil : la parole. Seul nouvel apport : elle est chantée. Rappelons que le fait d'écrire la musique, ou encore de faire coller « paroles et musique » (en mettant dans cette expression « paroles » en premier), est relativement récent dans l'histoire de la civilisation.

▓ L'agence France-Presse : « un véritable marché », phénomène digne des transferts au football...

De l'an 1400 à 1600 environ, cinq générations de compositeurs, tous originaires de la région européenne qui regroupe aujourd'hui le Nord-Pas-de-Calais, la Picardie, la Wallonie, la Flandre Belge, le Brabant, assureront à ce territoire une gloire musicale exceptionnelle. Comme le dit une dépêche AFP, sous le titre « Un véritable marché » :

> « "Entre 1430 et 1560, plus de 274 musiciens originaires de Flandre ont été prêtés dans les différentes cours d'Europe, un peu à la manière des transferts de football actuels. Il y avait un véritable marché", raconte Paul Van Nevel, fondateur de l'ensemble Huelgas. »[2]

Le lien parole, développement, culture

▓ Pourquoi cet éclat musical de la région ? Le lien entre développement socio-économique et parole

La question qu'on peut se poser est la suivante : pourquoi cette « génération spontanée » de compositeurs, si nombreux et d'un si grand

---

1. Chanson *Amsterdam*, paroles et musique de Jacques Brel, Éditions Pouchenel.
2. AFP, 12 janvier 2002, 08 h 27.

talent ? Pourquoi cette ouverture culturelle ? Le seul rappel des déplacements artistiques et professionnels de ces musiciens, d'une capitale à l'autre de l'Europe, donne le vertige. Jamais la musique de cette région du nord-ouest de l'Europe ne connaîtra plus grand éclat qu'aux XVe et XVIe siècles. L'explication est simple : **à une époque où les Pays-Bas faisaient partie des régions qui avaient un rôle prépondérant en Europe dans le domaine commercial, économique et social, leur rayonnement s'accompagnait aussi d'un fort développement culturel :**

> « Bien au-delà [de leurs] frontières, les Fiamminghi furent considérés comme donnant le ton dans le domaine de la composition, de l'art du chant et de la pédagogie musicale. Les genres polyphoniques religieux et profanes sont emprunts de leur style très personnel qui fut partout reconnu comme la norme et imité. Rois, princes et ducs, papes, cardinaux et évêques rivalisèrent afin d'attirer dans leur prestigieuse cour Renaissance les meilleurs polyphonistes flamands. Leur art, partout célébré, connut une large diffusion, soit par des manuscrits uniques, somptueusement ornés de miniatures, soit par des éditions musicales visant une production de masse. La virtuosité technique de ces polyphonistes fut légendaire. La puissante expressivité de leur musique était un des meilleurs atouts pour leur assurer un rayonnement européen. En raison de ses qualités musicales intrinsèques et de son incomparable expressivité, la polyphonie de la Renaissance peut conduire l'auditeur de l'an 2000 à une expérience de la beauté d'une très grande pureté. »[1]

▧ Explication : l'esprit de la renaissance

En fait, cette musique des XVe et XVIe siècles, sous les ducs de Bourgogne puis sous les Habsbourg, correspond à la participation de cette région à la Renaissance, qui s'est exprimée non seulement dans le domaine social, commercial et économique (concept de « Flandre marchande »), mais également dans les arts et les sciences. **La vie et l'œuvre de ces polyphonistes seront marquées par l'ouverture d'esprit, la capacité à voyager, la créativité, l'adaptabilité.** Des exemples : **la pratique de plusieurs langues** (au minimum le néerlandais, le français et le latin, plus la langue du pays dans lequel ils travaillent : espagnol, allemand etc.), ou **la traduction de leur nom pour se fondre dans le moule de la grande capitale dans laquelle ils s'établissent. Tout en même temps ils n'oublieront jamais leurs origines régionales**, et reviendront régulièrement « au pays » pour prospecter de nouveaux chanteurs.

© Éditions d'Organisation

---

1. Livret de la série de disques *De Vlaamse Polyphonie*, Éditions EUFODA.

Le pourquoi d'une « découverte » si tardive : l'oubli de nos racines de parole

À la Renaissance, les œuvres des peintres flamands conquièrent le monde entier. Ce qu'on sait moins, c'est que les compositeurs polyphonistes de cette époque jouissent alors d'une estime équivalente, voire supérieure à celle des peintres. Pourquoi alors n'avons nous conservé la mémoire du fort positionnement régional de ce mouvement de la Renaissance que dans le domaine pictural ? Pour l'évidente raison qu'il est plus facile de conserver des œuvres de peinture quand l'expression musicale se perdra plus facilement par absence de moyens de conservation sonore. Il faudra donc, pour permettre à nouveau l'expression de cet art, mener en amont des recherches qui dureront plusieurs décennies, dans les bibliothèques d'Europe, et ce depuis la Seconde Guerre mondiale. C'est pourquoi il faudra attendre la fin du XXe siècle pour voir émerger le marché culturel et discographique de la musique de la Renaissance, laquelle rencontre un intérêt croissant et devrait connaître de forts développements.

Quelle est cette révolution culturelle... « Polyphonie » : de quelle musique s'agit-il ?

Le terme « polyphonie » marque une révolution : la pratique de la pluralité des voix, tout à la fois différentes et combinées. Il s'agit précisément :

- de la réalisation simultanée de diverses mélodies (horizontalité),
- suivant des normes fixes, régissant l'harmonie d'ensemble (verticalité : les accords),
- et ce sur des rythmes et mesures ordonnées (sur ce point, on le verra, la polyphonie corse fait exception, parce qu'elle renforce la qualité des deux points précédents).

Ce jeu d'ensemble, horizontal et vertical, forme ce qu'on appelle le contrepoint, dans lequel excellaient ces compositeurs. Leur immense force est également, malgré les exigences de cette construction contrapuntique, de développer une sonorité inouïe, et surtout une richesse d'expression particulièrement sensible : cette beauté propre du son en tant que tel fonde une révolution d'humanisation, donc de popularisation de la musique. Cela vaudra :

214

- pour la musique religieuse comme pour la musique profane, du monde mystique latin à la chanson érotique française ;
- pour l'expression latine comme pour l'expression néerlandaise, française ou italienne ;
- pour tous les genres : art vocal, œuvres instrumentales, art religieux (messes, magnificat, lamentations, hymnes, passions, motets, psaumes), chansons françaises, madrigaux et *vinnanelles* italiens, *lieder* allemands ou lieder polyphoniques néerlandais.

L'exemplarité corse : porter image et identité par la fusion parole et musique

> « *Longtemps, longtemps, longtemps,*
> *Après que les poètes ont disparu,*
> *Leurs chansons courent encore*
> *Dans les rues.* »
> Charles TRENET[1]

Nous allons étudier ici un autre lieu de diffusion de la communication orale par la seule parole et les seuls mots : la Corse. On notera que nous appelons ci-dessous « polyphonie » ce qu'il faut appeler de manière générale « phénomène polyphonique » ou, si l'on préfère, tout le phénomène du chant corse. Nous utilisons donc le mot « polyphonie » dans son sens le plus large, même par exemple lorsqu'il s'agit de monodie, c'est-à-dire de chant avec un seul chanteur.

La *pulifunia* pour discuter au bar entre jeunes

Pigna, dans les hauteurs de la Haute Corse, au-dessus de Calvi, le 31 décembre 2000. Le village est petit, manifestement vivant et en pleine restauration. Nous avons choisi, mon épouse Marie-Jeanne et moi, de passer ce réveillon en Corse. Et, histoire de participer à l'événement ailleurs qu'à l'hôtel, nous avions demandé conseil aux restaurateurs corses rencontrés à l'occasion de déjeuners ou dîners les jours précédents... Ils nous avaient donc conseillés :

---

1. Chanson *L'âme des poètes*, paroles et musique de Charles Trenet, Éditions Raoul Breton – Musicales Alpha.

> « – Montez à Pigna, la *Casa Musicale* organise un festival ces jours-ci et sans doute le soir du réveillon les chanteurs se retrouveront autour d'un dîner en commun...
> – Et ils chanteront ?
> – Qui sait ? Mais je vous rassure, chez nous on chante tout le temps ! »

Nous avions effectivement lu dans la presse, et notamment dans le magazine *Elle*, tout l'intérêt du phénomène de la *Casa Musicale*[1], mais nul part il n'était question d'un réveillon ! Nous voici donc à l'entrée de la *Casa Musicale*. Il s'agit d'un restaurant en même temps qu'hôtel et lieu de réunion et de spectacle. De peur d'être en retard, nous arrivons une heure en avance, à un moment où les rues sont encore désertes : les gens du village se préparent chez eux pour la soirée et ceux des alentours ne sont pas encore arrivés. Rien ni personne, sinon le son. Le son de la polyphonie corse bien sûr. D'où sort-il ? Du bar qui fait l'entrée de la *Casa Musicale*. Un son très pur, comme réel, palpable, avec toutes les harmoniques, à tel point que je me dis : « Excellente sono ! ». Nous entrons et assistons en fait, stupéfaits, à une conversation : quatre jeunes sont accoudés au bar, ils ont entre 15 et 25 ans, et ils chantent en se regardant les uns les autres, certains appuyant même leurs phrases de légers mouvements de la main ou du bras. Comprenons bien : ils ne chantent pour personne d'autre que pour eux, ils chantent personnellement et réciproquement. Et pour cause : en dehors d'eux il n'y a personne. À part les cuisiniers qui préparent le dîner de réveillon dans la pièce attenante, nullement impressionnés, et le responsable de la *Casa Musicale* qui vaque à ses dernières obligations pratiques de restaurateur-animateur devant recevoir du monde, et qui s'amuse manifestement de notre air éberlué... Tout dans ces circonstances montre la fusion complète et naturelle, en Corse, entre la parole et le chant : **la *pulifunia* est dans cette île un support essentiel, peut être le principal, de la communication orale.**

▨ Parole et chant, parole et musique : un seul et même code de communication orale

Dans le cas que nous allons ici étudier, deux éléments apparaissent fondamentaux et à même d'éclairer les évolutions de la communication orale :

---

1. Casa Musicale, à Pigna – Tél. : 04 95 61 77 31 – www.evoce.casa-musicale.org

▶ **La parole n'est pas le complément ni un complément de la musique** : parole et musique sont une seule et même manière de s'exprimer, une seule et même écriture, un seul et même code entre être humains.

▶ **C'est bien la communication qui porte l'identité.** Et, en Corse, la communication orale a un pilier... la communication orale chantée :

> « Carte de visite d'une région où le chant fut toujours bien plus qu'un divertissement ou une recherche esthétique : une parole de vie, l'expression première de l'homme et le gage de son intégration sociale. »[1]

Le chant corse, forme d'« oralité »

Il est significatif que dans son ouvrage, *Musiques traditionnelles de Corse*[2], l'universitaire Dominique Salini[3] consacre son premier chapitre au thème : « L'oralité en question ou l'oreille symbolique ». Elle y montre le sens de l'oralité, caractéristique de toute forme de musique populaire, fondée sur un rapport humain de bouche à oreille (*a bocca* en corse), qui sert fondamentalement à propager et transmettre les mythes de la vie en collectivité, les utopies communes, et à sous-tendre ainsi la vision symbolique du monde. **Comme dans la communication orale par la parole, la polyphonie a en Corse une fonction éminente de transmission de messages** :

> « La perpétuation, à la fin du XXᵉ siècle, de formes musicales de cette nature, est un élément fondamental pour toute étude de type esthético-musicologique, car elle brouille les critères d'analyse classiques fondés sur une conception linéaire de l'histoire, défie notre appréhension élitaire des événements et nous oblige à reconnaître le rôle fondateur du symbolique au cœur du musical. »[4]

L'explication que donne Dominique Salini de la spécificité de la polyphonie corse comme étant une forme de parole nous ramène au croi-

---

1. Philippe-Jean Catinchi, *Polyphonies corses*, Cité de la Musique/Actes Sud, 1999. Petit ouvrage au style enlevé et imagé, très complet pour aborder – sous la plume d'un journaliste donc d'un vulgarisateur de métier (dans le meilleur sens du terme) – le monde polyphonique corse.
2. Dominique Salini, *Musiques traditionnelles de Corse*, A Messagera/Squadra di u Finnusellu, 1996.
3. Dominique Salini est universitaire, à la croisée de compétences en philosophie, esthétique, musicologie, histoire, culture. Aujourd'hui l'une des meilleures spécialistes européennes de l'esthétique musicale, elle signe là un ouvrage complet, riche et profond, qui présente le résultat de dix années de travaux.
4. Dominique Salini, opus cité.

sement de la philosophie et de l'histoire de la musique. **Il semble que l'évolution de la musique en Occident l'ait amenée progressivement à se désincarner, à perdre son sens vital d'origine, à se codifier jusqu'à n'être plus transmissible que par écrit et par le solfège,** seule clé d'entrée codée et incontournable. La musique a été investie par l'extra-musical et a été oubliée par l'homme occidental en tant qu'expression du doute philosophique sur la vie. Elle est devenue un système cérébral, théorique, avec des bases rationnelles. Bref elle est devenue raisonnable et scientifique, et cette musique savante, désincarnée, s'est éloignée petit à petit de sa pratique populaire par le plus grand nombre. L'art était « vécu », il est devenu « interprétable » selon un classement esthétique aux catégories bien formatées, normées, cadenassées. L'effet ne s'est pas fait attendre... tandis que la musique ne peut plus remplir la fonction fondamentale de transmission, c'est la parole qui prend sa place :

> « L'essor technologique inouï qui caractérise les quarante dernières années nous condamne à entendre, sollicite de manière permanente la disponibilité de l'oreille. On ne cesse de proclamer, avec un optimisme démesuré, la foi en une très haute technologie, en une plus parfaite haute-fidélité ; or, de quel son s'agit-il ? Haute fidélité à quoi ? Ceci reste bien évidemment sans réponse, comme si la société actuelle était parvenue à une perception totalement abstraite de la musique, comme si le son avait été totalement dé-vitalisé par son passage à travers l'instrument médiatique. »[1]

▨ Les éclats de rire introduits dans les chants...

Selon Dominique Salini, la polyphonie est un des cas remarquables d'exception à la règle d'évolution standardisée de la musique citée ci-dessus ; ceci explique la correspondance entre ce qu'est le chant en Corse et ce qu'est la parole sur le continent. Elle montre même à quel point **la polyphonie corse se permet une exploitation de la bouche, du son et de voix, presque équivalente à celle de la parole** : elle n'est en effet pas limitée par la désincarnation et la retenue due à l'esthétique classique, « *bâtie sur des règles d'interdiction, véritables tables de la loi, qui ont fixé l'éthique musicale* ». Au contraire, en Corse toutes les configurations imaginables de l'animation physique de la bouche et de la production d'une sonorité peuvent être envisagées et pratiquées. Dominique Salini cite deux auteurs sur ce sujet :

---

1. Dominique Salini, opus cité.

> « Les cris, les hurlements, les sifflements, les éclats de rire et les imitations de n'importe quel bruit de la nature peuvent être introduits dans les chants. »[1]
>
> [Dans certaines traditions] « le souffle devenu halètement s'est imbriqué au chant. Chanter devient haleter. Dans ce cas, des mouvements d'épaules ou de tête peuvent accompagner l'émission sonore. »[2]

Une très grande diversité des expressions

La *pulifunia* peut critiquer, déplorer, se moquer, séduire, se lamenter, louer Dieu, servir la messe ou les processions, soutenir l'apéritif ; elle peut être selon les cas berceuse, comptine, chant de labeur, de mort, d'histoire ou de mythologie, de confrontation. Comme il sied à un outil de communication orale : **toutes les circonstances de la vie sont couvertes**. Dominique Salini, classe ainsi les « espaces » de la polyphonie corse : mort, vie, travail, ludique/amoureux, liturgique.

La *pulifunia* se raconte et s'écoute, elle ne s'écrit pas...

C'est le paradoxe et en même temps l'un des fondements de la polyphonie corse : on ne peut pas l'écrire. En tout cas, pas au sens où on conçoit de pouvoir écrire la musique, comme on le fait d'habitude, avec une gamme, des notes, des mesures et une portée. **Pendant des siècles, en Corse, la polyphonie a été la parole, et la parole a été polyphonique.**

Qu'en est-il des paroles ?

Quant à l'analyse de la phrase qui supporte le chant, elle ne fait que confirmer cette évidence : nous sommes en face d'un moment de communication orale. Les Corses l'appellent le *versu*. La traduction par « vers » serait déplacée, tant nous utilisons ce mot pour désigner une structure métrique de mots, qui se situe dans le domaine de la littérature : on dit par exemple le vers de Villon, pour montrer qu'il a un auteur et qu'il est donc signé. Conséquence : **dans cette acception cultivée occidentale, le « vers » rejette le chant dans l'univers de la musique et n'entretient avec lui que des rapports momentanés et contractuels** ; on retrouve cette séparation policée dans l'expression « paroles et musique ». **En Corse rien de tout cela : le** *versu* **est bien**

---

1. M. Schneider, « L'esprit de la musique et l'origine du symbole ». *Diogène*, juillet-septembre, 1959.
2. C. Poché, « La voix, maintenant et ailleurs », Centre Pompidou, 1985.

sûr la parole parce qu'il est la poésie, mais il est aussi la phrase musicale. Dans la définition même du mot, on ne peut séparer les deux univers sans le trahir : Philippe-Jean Catinchi parle de « *la spécificité de l'expression unitaire, verbe et son, qu'il recouvre [...]. Le versu exprime la dépendance mutuelle du verbe et du son, clé de l'improvisation qui est la matière même du poète* ». Comme pour la communication orale par la parole dans une conversation, **la polyphonie corse est donc difficile à codifier et fortement libre.** Illustration... de même qu'on ne peut pas reproduire exactement une conversation ou un débat une deuxième fois, et que le fait d'aborder à nouveau le même sujet se caractérisera obligatoirement par un nouveau moment unique de communication, de même la polyphonie corse obéit-elle à ces règles :

> « [...] la référence au *versu*, dans une tradition orale, est un élément d'instabilité puisque tout ce qui n'est pas codifiable, et comme tel exclu des transcriptions écrites – l'intonation, l'inflexion comme la couleur de la voix, le débit, l'hésitation et la rupture, en bref le grain et le rythme du chant du poète –, constitue le nouvel invariant. Ce que la translation à l'écrit d'une pratique orale ne parvient pas à rendre, confondant même la rythmique de la forme poétique, structures métrique et strophique, assez définie pour faire espérer un découpage sans surprise, avec celle d'un souffle fondamentalement personnel qui ne se laisse pas contraindre par les barres de mesure d'une partition... »[1]

■ Le temps présent

Il en découle une notion et une pratique du temps qui, là aussi – on n'en sera pas surpris –, s'apparente plus à la communication orale et à la parole qu'à la musique au sens classique du terme :

> « Le seul temps de référence possible est celui-là même où le chant s'invente, s'élève et s'offre à l'auditeur. *Hic et nunc.* Dès lors chaque reprise d'un chant est une version nouvelle, excluant l'idée même de répétition. L'aléatoire ou l'imprévu ne sont pas des dangers, mais ce qui fait le prix d'une pratique. Conséquence de cette temporalité spécifique, chaque chant est un moment unique, un acte magique qui dit le monde, le refonde. La vérité, comme la variété, tient donc à l'émotion et non à l'argument musical proposé. »[2]

---

1. Philippe-Jean Catinchi, opus cité.
2. *Ibidem.*

Au commencement était le verbe, au commencement était le chant

> « Au commencement était le verbe.
> Au commencement était le chant.
> Mais ce n'est pas l'Histoire qui l'atteste, ni la foi qui l'affirme. Seulement l'inépuisable pouvoir du mot, synthèse étroite de la littérature et de la musique, dont les rapports de dépendance réciproque obsèdent les musicologues. Abandonnons-leur un chantier dont le monde de l'oralité, sans s'y soustraire, déjoue les approches usuelles.
> Si l'expression polyphonique en Corse apparaît si résolument singulière, c'est à cette grammaire de base, transgression absolue des codes de l'écrit, qu'elle le doit. »[1]

« Le sujet importe moins que le plaisir attendu du partage »

Ne pouvant pas l'écrire, on ne peut, de même que pour la parole, la transmettre que par tradition orale. Avec certaines formes de chant, tout peut être abordé ; c'est le cas particulièrement de la *paghjella*, la forme la plus connue du chant corse, qui est d'ailleurs la « vraie » polyphonie, au sens restrictif du terme : plusieurs personnes chantent ici ensemble. La *paghjella* peut raconter beaucoup de choses différentes : « *Le sujet importe moins que le plaisir attendu du partage* », dit Philippe-Jean Catinchi, comme il sied dans une conversation. Une conversation à trois : elle est fondée sur trois voix masculines solistes, le *bassu* (grave), la *secunda* (moyenne), la *terza* (aiguë), ce qu'on appelle le principe TBB (ténor-baryton-basse). La conversation à trois est la conversation par excellence : à deux, ce n'est qu'un dialogue, forme améliorée du monologue ; à quatre, cela tourne à la réunion... La *pulifunia* est donc surtout pratiquée entre des partenaires qui se connaissent bien. Selon un ordre établi :

> « La *secunda* lance le chant seule, à découvert, donnant le ton [...] ; le *bassu* la soutient ; puis la *terza* intervient, chargée généralement de l'ornementation, puisque son rôle tend à être plus interprétatif que structurel. »[2]

Comme la parole, la *pulifunia* diffère d'un lieu à l'autre

Sans entrer dans le détail des résultats des travaux des ethnomusicologues d'après-guerre, **on sait à quel point la norme de la polyphonie corse est en réalité indéfinissable.** Pour une bonne raison : elle diverge

---

1. Philippe-Jean Catinchi, opus cité.
2. *Ibidem.*

d'une région à l'autre, et même d'un village à l'autre, voire d'une famille ou d'un quartier à l'autre ! C'est une conversation, et, dès lors, chacun peut adapter comme bon lui semble l'agencement des voix ou le style.

Peu de « littérature » corse, peu de « danses » corses : la *pulifunia* est là pour communiquer oralement

En Corse, on a produit peu ou pas de littérature reconnue, peut-être du fait de la diversité des dialectes et patois de l'ensemble qu'on appelle la langue corse. Ce qui fait leur spécificité – respiration et timbre – ne peut être codifié. Un peu comme il est impossible, en écrivant une phrase, de codifier la manière dont une personne donnée la prononce, avec ses intonations, ses ornementations propres, bref son interprétation unique. D'où ce « *choix d'une expression polyphonique que chacun ressent comme l'expression même de l'âme corse* ». Concrètement, on remarquera que cette « musique » développe peu l'un des trois éléments fondateurs de ce terme : le rythme. Sont surtout exploitées la mélodie et – particulièrement – l'harmonie. Des instruments de musique ? Pratiquement inutilisés : pourquoi encombrer une conversation avec des instruments de musique ? Des danses corses ? Ça n'existe pas, sauf peut-être la *moresca*, mais c'est plus un ballet qu'une danse et on la retrouve ailleurs autour de la Méditerranée.

La polyphonie, régulateur social

La régulation sociale sera précisément le rôle du *chjama'è rispondi*. Nous sommes bien ici dans le « phénomène polyphonique » au sens large, puisque musicalement le *chjama'è rispondi* est un chant monodique alterné. C'est une joute oratoire entre deux chanteurs qui se répondent l'un l'autre face-à-face devant un public :

> [la *chjama*] « peut être lue comme la soif de résolutions des tensions, voire de conflits, individuels ou collectifs, passions violentes et angoisses diffuses dont la poésie peut (seule ?) déjouer la force négative, libérant les esprits pour asseoir la cohérence nécessaire au groupe. [...] On retrouve la même mission dans la pratique de la *paghjella*. Là aussi le chant partagé semble désamorcer les tensions du groupe en les métamorphosant par la fusion des différences qui sait toutefois prudemment garantir la spécificité de chacun – timbre, couleur, intonation. »[1]

---

1. Philippe-Jean Catinchi, opus cité.

Dominique Salini généralise l'exemple ci-dessus :

> « [...] la musique corse comme toute musique participe à la lente, très lente organisation d'une société et [...], loin d'être un domaine limité aux seules explorations du musicologue, elle interpelle les sciences humaines dans leur ensemble. »[1]

Comme la parole, la *pulifunia* s'improvise

Pour cette improvisation, elle utilise la voix la plus élevée, la *terza*, qui est une voix de « commentaires ». Tous les critères nous font donc sortir des normes, des règles et des habitudes musicales habituelles : ces commentaires sont appuyés sur une notion d'ornementation :

> « A *paghjella* est un chant improvisé, sur le lieu de travail ou de rencontre, ce qui en fait le chant de retrouvailles idéal autour d'un comptoir ou à l'occasion d'une foire. »[2]

1946 : Une Anglaise découvre par hasard... la parole corse

On a peine à croire, quand on connaît le succès actuel de la parole chantée corse, que cette parole a failli être condamnée à l'oubli... Le phénomène polyphonique a été en Corse redécouvert par une écrivain britannique, aventurière aristocrate, après la Seconde Guerre mondiale, au hasard d'un de ses voyages. Elle est, en 1948, invitée par un ami Corse à passer quelque temps dans le sud de l'île avec son mari, le peintre Leonard Rose. Elle sera proprement terrassée par l'émotion à l'occasion d'une veillée de Noël dans une chapelle :

> « J'avais l'impression d'entendre la voix des entrailles de la terre. Un chant venu de l'origine du monde. Celui des commencements qu'on n'ose espérer jamais accessible... »

Ce moment fera basculer sa vie : plus jamais Dorothy Carrington ne quittera la Corse, où elle vivait toujours un demi-siècle plus tard, cours Napoléon à Ajaccio ! Elle vient malheureusement de nous quitter, à 91 ans, le 25 janvier 2002[3].

---

1. Dominique Salini, opus cité.
2. Philippe-Jean Catinchi, opus cité.
3. On pourra relire le très bel hommage de Philippe-Jean Catinchi dans *Le Monde* du 29 janvier 2002, « Dorothy Carrington, "ethnohistoriographe" de la Corse ».

Les fondateurs : le rôle des moines franciscains

Les vagues successives de moines, bien souvent venus des rivages de la mer du Nord, ont conservé un fond fabuleux. Père Ulrich, au monastère *San Damianu*, a consacré sa vie à faire ressurgir un pan entier de ce patrimoine de l'humanité. S'il vous est donné d'y assister à une répétition du chœur d'hommes de Sartène et si vous voyez à la fin d'un chant Jean-Paul Poletti[1], lui le musicien d'exception, se retourner vers un vieux moine arrivant du fond de l'église et redevenir soudain l'élève docile qui demande : « *Qu'en pensez-vous Padre ?* », alors vous êtes en face de Père Ulrich, l'un des derniers représentants de cette formidable diaspora des Franciscains. En fait, la Corse a été nourrie culturellement pendant des siècles par des centaines de moines de cet ordre, aujourd'hui réduit à quelques derniers représentants, âgés. Ces moines ont non seulement eu le génie de faire œuvre généreuse en éduquant et formant des générations de Corses mais, de plus, ils ont su admirablement se fondre dans le paysage et maintenir et entretenir, par la conservation, la compilation et la notation, le fond polyphonique corse, unique au monde. C'est la raison pour laquelle nous citons volontiers ici Père Ulrich, qui force l'admiration, et dont le couvent *San Damianu* (Saint-Damien), sur les hauteurs de Sartène, défie le temps et le commun.

Une requalification contemporaine

C'est le journaliste Philippe-Jean Catinchi qui utilise ce beau terme de « requalification » culturelle : le chant corse est « *requalifié par la vogue des "musiques du monde", où la création contemporaine côtoie, sans trop de souci des étiquettes, l'expression traditionnelle* ». Plus important encore : « *Désormais, phénix improbable, c'est la musique vocale de l'île qui porte l'identité du lieu.* »

Parole et territoire : la parole, moisson de l'avenir

L'exemple corse situe l'enjeu : **définir un outil culturel, support de communication pour illustrer un discours d'image sur le développement régional.** Les Corses bénéficient là d'un événement culturel permanent. Ils ont résolu la question fondamentale – volontairement plus « politique » que spécifiquement culturelle – : comment promouvoir l'image régionale devant un public régional ou non, à l'occasion d'un

---

1. Meneur du Chœur d'hommes de Sartène, il est devenu le maître incontesté, et d'ailleurs incontestable, de la musique sacrée en Corse, et l'un des grands polyphonistes de la Méditerranée.

événement qui se situe dans ou hors du territoire de la région, et à l'aide d'un outil culturel qui, tout en même temps :

- dégage une « valeur ajoutée » d'image et de culture permettant de faire plus et/ou mieux que les autres régions et que le niveau national ;
- exploite des techniques habituelles d'expression (concert, animation, événement) ;
- permet d'appuyer, de crédibiliser, d'illustrer un discours composé de messages socio-économiques et politiques sur la région : développement, atouts, défis, capacités ?

Clé 7. Mettre de la cohérence dans sa communication.

MAÎTRISER SA COMMUNICATION ORALE

Le respect d'une stratégie a pour principal avantage la maîtrise de la communication orale, c'est-à-dire la maîtrise de ses effets. On évalue les effets de la communication orale, on en pèse les retombées, par rapport à une stratégie prédéfinie, donc par rapport à un ou des objectifs. En conséquence, si on veut appliquer une stratégie, on ne peut pas contourner l'exploitation des outils classiques de la communication, qui sont autant de critères d'évaluation et de recalage : la ou les cibles, les supports et outils, les messages. Cette recherche de la maîtrise sur les effets de la communication passe, comme pour toute mise en stratégie, par la maîtrise du temps qui passe : avant, pendant, après. Nous étudierons ici les bases de cette maîtrise, et envisagerons ensuite le cas le plus difficile d'exécution d'une stratégie de liens par la parole : les relations avec la presse.

Les fondements de la maîtrise

Quelle politique, quelle stratégie de parole ?

Respecter le temps qui passe, pour le dominer : un avant, un pendant, un après

> « *Chez beaucoup d'hommes, la parole précède la pensée.* »
> Gustave LE BON[1]

La stratégie pour la communication orale, c'est comme pour tout : il s'agit de « mettre en situation ». Donc de reconnaître qu'il y a un avant, un pendant, et qu'il y aura un après. Toute stratégie s'exprime par une gestion des termes : le court, le moyen, le long. Patrick Audebert-Lasrochas relie ainsi la négociation et la communication :

> « [...] Il est indéniable que le "support", autrement dit le vecteur de la négociation, est en priorité la communication. Encore faut-il avoir quelque chose à communiquer avec ses partenaires... »[2]

Il cite le journaliste australien Graham Barrett qui s'exprime sur le rapport entre stratégie, tactique et communication en prenant François Mitterrand, alors président de la République, pour (contre) exemple :

> « Au moment de la guerre du Golfe, il a expliqué une heure durant la situation de la France, alors ambivalente. Par la suite, lorsque les correspondants anglophones se sont plaints de n'avoir strictement rien appris, les journalistes français se sont écriés, levant les bras au ciel : "Vous ne comprenez rien ! Il n'a peut-être rien dit, mais il l'a fait avec brio." François Mitterrand a dit un jour, au cours de sa longue traversée du désert à l'écart du pouvoir : "Ma stratégie est de n'avoir que des tactiques." Ses détracteurs l'accusent d'opportunisme, d'être prêt à tout ou presque pour accéder ou rester au pouvoir, et attirer l'attention sur lui. »[3]

L'image qui reste dans l'Histoire de cet homme politique est principalement la conséquence de ce qu'il exprime si bien : des tactiques ne font pas un stratège, mais tout au plus un manipulateur florentin.

---

1. Cité par le site internet « citationsdumonde.com ».
2. *La négociation*, Éditions d'Organisation, 1999.
3. In *The Age*, repris dans le *Courrier International* du 17 janvier 1996.

La stratégie, c'est définir ses priorités, et s'y tenir

> « *Parler sans penser, c'est tirer sans viser.* »
> Miguel DE CERVANTÈS[1]

Encore faut-il définir sa stratégie... Quelle qu'elle soit, la stratégie est nécessaire à l'art de la parole. Même dans l'exemple d'un homme politique qui prendrait la parole sur tel out tel sujet, il n'est pas inutile qu'il hiérarchise ses priorités au sein de l'ensemble indissociable « goût du pouvoir + militantisme idéologique » qui forme l'activité politique. Un président de la République française l'illustre, après son échec à l'élection présidentielle en 1981 :

> « Si on convainc sans gagner, au moins vos idées continuent à cheminer. [...] Si on gagne sans convaincre, à la suite du hasard, des circonstances ou des combinaisons, cela débouche sur l'impuissance et très vite sur la frustration. »[2]

Organiser sa politique... le triangle grec de la stratégie : anticipation, action, appropriation

> « *Il ne suffit pas de parler, il faut parler juste.* »
> William SHAKESPEARE[3]

▨ Le triangle grec de la stratégie... en couleurs

Comme on l'a vu par ailleurs, lorsque Michel Godet se lance dans des travaux de prospective stratégique, il s'appuie sur un outil trois fois millénaire : le « triangle grec », qu'il met en couleurs. Rappelons-en les composantes d'origine :

▶ **L'anticipation** : le discours, le message, la raison, la pensée, la réflexion, la rationalité, la logique, l'esprit, l'intelligence ; le mot grec est *logos*, et nous sommes dans le domaine de l'anticipation et de la réflexion prospective. **La couleur est le bleu de la raison froide.**

▶ **L'action** : l'envie, le désir, l'ambition, l'espoir, sous toutes leurs composantes, majestueuses ou non ; le mot grec est *epithumia*, et

---

1. Cité par le site internet « citationsdumonde.com ».
2. Valéry Giscard d'Estaing, *Le Figaro* du 11 octobre 1994, cité par Patrick Audebert-Lasrochas, *La négociation*, Éditions d'Organisation, 1999.
3. *Le Songe d'une nuit d'été*, cité par le site internet « citationsdumonde.com ».

nous sommes dans le domaine de la volonté stratégique. **La couleur est le jaune des sensations chaudes.**

▶ **L'appropriation** : les actes, réalisations, l'exécution, les actions ; le mot grec est *erga*, et nous sommes dans le domaine de la motivation et de la mobilisation collective. **La couleur est le vert de l'action éclatante.**

L'objet est donc de fusionner les trois en un ensemble harmonieux. On le constate d'ailleurs :

> « Le mariage de la passion et de la raison, du cœur et de l'esprit, est la clé du succès de l'épanouissement des individus (le corps). On peut aussi donner le même message en couleur : le bleu de la raison froide associé au jaune des sensations chaudes produit le vert de l'action éclatante. »[1]

▨ Réactivité, préactivité, proactivité

En matière de stratégie prospective, on peut proposer des outils concrets :

> « L'anticipation n'est guère répandue chez les dirigeants car, lorsque tout va bien, ils peuvent s'en passer et, lorsque tout va mal, il est trop tard pour voir plus loin que le bout de son nez : il faut réagir, et vite ! Cependant la réactivité n'est pas une fin en soi ; souhaitable à court terme, elle ne mène nulle part si elle n'est pas orientée vers les objectifs à long terme de l'entreprise car "il n'y a pas de vent favorable pour celui qui ne sait où il va" (Sénèque). L'attitude prospective ne consiste pas à attendre le changement pour réagir ; elle vise à maîtriser le changement attendu (préactivité) et à provoquer un changement souhaité (proactivité). C'est le désir, force productive d'avenir. Conclusion pratique pour les décideurs : dorénavant, lorsque vous ferez un plan d'action, ouvrez trois colonnes, pour la réactivité, la préactivité et la proactivité. Aucune ne doit être trop vide ni trop remplie. Malheureusement, dans un contexte de crise, la réactivité l'emporte sur le reste alors qu'il faudrait plus que jamais anticiper les changements et les provoquer, notamment par l'innovation. Les évolutions ne sont pas fatales, tout dépend des hommes et de leur capacité à s'approprier les futurs possibles pour agir et marcher ensemble vers l'avenir autrement. »[2]

▨ Planifier la communication

Toute communication réussie passe par une série de PPO, les points de passage obligés. Remontons la filière : tout d'abord la communica-

---

1. Michel Godet, série « L'art du management », *Les Échos*, 30 mai 1997.
2. Michel Godet, *opus* cité.

tion est soumise à un stratégie de communication ; plus en amont encore, **la stratégie de communication est au service de la stratégie tout court et doit donc être connectée aux intentions générales, à l'activité et à la culture de la personne, de l'entreprise ou organisation qui communique**. Proposons le plan classique de mise en stratégie de la communication orale, adaptable à tout fournisseur d'informations, qu'il s'agisse d'un individu ou d'une entrepriseou organisation :

▶ **Pourquoi je m'exprime ?** Définir ses intentions afin de respecter ensuite la recherche d'objectifs clairs, précis... et pas trop nombreux. À qui veut-on s'adresser ? Dans quel but ? À quel niveau d'interlocuteurs ? Quelle est la cible première ? Quelle est la cible finale ? Quel est le résultat tangible et concret qu'on veut obtenir ? À quel terme ? Quels doivent être les effets internes et externes ?

▶ **Qui suis-je pour m'exprimer ainsi ?** Respecter la culture d'origine de l'émetteur d'informations afin qu'en un second temps il n'y ait pas décalage entre l'expression verbale et cette culture. S'il le faut, mener une réflexion pour définir et/ou prendre conscience de cette culture.

▶ **Comment faire ?** Choisir les techniques et outils, les messages, l'organisation, l'insertion dans le temps, les moments, les lieux, les occasions, les supports.

▶ **Juger et évaluer** : faire passer le point ci-dessus au crible du premier et réadapter en permanence l'action de communication orale. Car une stratégie appliquée sans évaluation et re-pilotage terminera rapidement dans les sables...

Les conséquences d'une stratégie de communication sur la préparation

> « *Plus l'art est contrôlé, limité, travaillé, et plus il est libre.* »
>
> Igor STRAVINSKY[1]

Préparer est un outil essentiel de facilitation de la prise de parole. Pratiquer la préparation présente deux avantages incontournables quand on doit communiquer oralement :

- bénéficier d'une intervention travaillée ;
- assurer le maximum de sécurité.

---

1. Cité par *Le Magazine Accor*, juillet/août 2000.

C'est pourquoi il faut s'imposer de vrais et longs temps de préparation. C'est aussi la raison pour laquelle on ne doit pas accepter de se retrouver dans une situation de communication orale si on n'est pas sûr de pouvoir bénéficier du temps suffisant pour préparer : **le pire ennemi de la prise de parole, c'est l'improvisation, qui mène à la confusion ou la médiocrité.** D'où la nécessité de pratiquer en gérant son emploi du temps à rebours, afin de caler des moments de préparation suffisamment longs et nombreux avant la prise de parole. Inutile de prendre la parole sans avoir usé de cette arme d'or : la préparation. Autant se lancer dans le sport de compétition sans entraînement. L'exemple de l'intervieweur américain James Lipton est éloquent. Pour un homme qui dans son émission de télévision reçoit pourtant les plus grandes stars du cinéma, rien n'est laissé au hasard :

> « La scène est dépouillée, le fond parfaitement noir. James Lipton est assis à gauche, face à un énorme paquet de fiches bleues, fruit de deux semaines de recherches sur son invité, lequel, assis bien droit sur une chaise moderne, marque chaque fois sa stupéfaction devant la connaissance encyclopédique de son interlocuteur. "Où avez-vous trouvé ça ? Vous avez parlé à ma mère ou quoi ?" demande Julia Roberts. "Mon Dieu, il a mis la main sur mon journal intime !" s'exclame Sally Field. "Vous savez que vous êtes effrayant ?" sourit Billy Cristal. "Vous me corrigerez si je me trompe !" glisse carrément Vanessa Redgrave, qui tente de démêler son incroyable généalogie théâtrale. »[1]

Travailler son intervention

Travailler son intervention, c'est fonder l'art. Cela procurera immédiatement deux avantages : on va pouvoir organiser sa communication, et se mettre en condition.

Organiser sa communication

▒ Défricher avant, et non pendant...

Préparer, cela permet de façonner le texte, donc de l'organiser, mais, ce faisant, de mieux mener les recherches qui s'imposent, défricher le sujet, étudier son contenu et son environnement. Ainsi respectera-t-on ce principe :

> « Accepter d'être soumis à la nécessité et n'agir qu'en la maniant. »[2]

---

1. Annick Cojean, « Lipton, disciple de Pivot », *Le Monde*, 29 juin 2001.
2. Simone Weil, citée par le magazine *Enjeux les Échos*, septembre 1996.

Plus précis encore :

« Rien ne va de soi. Rien n'est donné. Tout est construit. »[1]

Il faut bien comprendre et admettre que l'improvisation est à bannir dans notre domaine. Lorsque, par les circonstances, ou par jeu, on est amené à improviser, il existe des techniques pour cela, nous le verrons, mais cela reste une situation qu'il faut éviter à tout prix. Le fait de travailler son intervention est inévitable. Travailler, travailler et travailler encore. La récompense ne peut que passer par ce point obligé. Saint Paul l'avait bien énoncé :

« Que celui qui ne veut pas travailler ne mange pas. »[2]

Et plus tard Proudhon ne dira pas autre chose :

« Tout ce que nous possédons, tout ce que nous avons provient du travail ; toute science, tout art, de même que toute richesse lui sont dus. La philosophie n'est qu'une manière de généraliser et d'abstraire les résultats de notre expérience ; c'est-à-dire de notre travail... Par le travail nous spiritualisons de plus en plus notre existence. »[3]

Organiser, c'est aussi définir l'ordre des interlocuteurs

Les laboratoires allemands Bayer subissent en 2001 ce qui malheureusement peut arriver aujourd'hui à toute grande entreprise : plus de 50 morts après absorption d'un médicament anti-cholestérol. Et pourtant, ces décès surviennent souvent du fait d'une incompatibilité médicamenteuse bien expliquée sur la notice. Alors, pourquoi Bayer est-elle roulée dans la boue et non les médecins ? Comment ce laboratoire, jusque-là admiré dans le monde entier pour avoir un jour inventé l'aspirine, devient-il soudain la cible de toutes les critiques ? Pour une raison simple et précise : l'entreprise a d'abord parlé aux actionnaires pour leur décrire le problème, et seulement deux jours après aux médecins. Il n'en faudra pas plus pour ruiner en quelques instants une image mondialement établie. La presse de la planète s'en empare, relayée par des avocats qui réclament des dommages et intérêts astronomiques. Et l'opinion publique suit, très réactive à tout ce qui touche à la sécurité dans

---

1. Gaston Bachelard, cité par *Le Magazine Accor*, juillet/août 2000.
2. Cité par le magazine *Enjeux les Échos*, mars 1996.
3. *Ibidem*.

l'alimentation et la santé. Le laboratoire décidera finalement de retirer le médicament du marché, alors que sur le plan médical ce n'était pas la bonne solution, avouant ainsi trop tard une faute qu'il n'avait pas commise ! Ou quand la parole dans les médias domine la médecine sereine...

▣ Organiser, c'est enfin déterminer, puis hiérarchiser ses buts

On ne prend pas la parole sans s'être posé préalablement les questions suivantes :

- ▶ Quel est le rapport que je choisis avec la cible ? Quelques exemples :
  - Amuser ? Alors il sera question d'humour, la chose la moins bien partagée...
  - Faire agir ? Alors il faudra faire preuve de conviction, et d'énergie.
  - Choquer pour réveiller ?
  - Délivrer des informations ? Alors il faudra utiliser les faits, donc bien les connaître.
  - Échanger ? Alors il faudra établir la conversation, et donc pas seulement parler mais aussi écouter.
  - Argumenter pour convaincre ? Alors il faudra savoir enlever le public, ce qui nécessite confiance, enthousiasme et conviction.
- ▶ Quelle image je veux donner de moi-même ?
- ▶ Quel est mon objectif ?
- ▶ Quel est mon message ?
- ▶ Qu'est-ce que je veux laisser dans les mémoires ?
- ▶ Que sont les éléments de mon intervention ?

Se mettre « en condition »

Seconde conséquence : en préparant, on se met inconsciemment « dans les conditions du direct », et on adapte donc au mieux son intervention au public et aux circonstances qui seront vécues au moment de prendre la parole, adoptant l'attitude marketing décrite plus loin dans cet ouvrage. **C'est ainsi qu'on réduit l'imprévisible et qu'en même temps on renforce ses potentialités de confiance en soi.**

▓ Gare au lapsus !

C'est aussi la meilleure manière d'éviter le terrible lapsus, ce petit mot de trop qui fait dire très précisément ce qu'on n'avait pas envie de dire et occultant le message prévu, au minimum par l'ironie qu'il génère, au pire par la déstabilisation durable. Les forêts de caméras et micros tendus sous le nez d'un interlocuteur déjà stressé par sa situation, ou peu habitué, ou peu préparé, sont les circonstances idéales pour ce dérapage non contrôlé. L'avocat de Stéphane Krauth, maître Martial Cagneux, doit s'en souvenir : chargé de défendre celui qui était présenté mi 2001 comme l'auteur d'un accident de voiture ayant ensuite achevé sa victime, la jeune Karine, intervient devant le palais de justice de Sarreguemines pour affirmer que son client n'a pas tué la jeune fille. La preuve : ils sont apparemment, dit-il, revenus ensemble sur les lieux de l'accident. Mais au lieu de dire « accident », il dit « sur les lieux du crime » ! Il aura beau tenter ensuite de se rattraper confusément, le mal était fait... Il mettra plus tard ce lapsus sur le compte d'un manque de préparation de son intervention. Dans tous les cas le lapsus, s'il est léger, ne doit pas être relevé par celui qui le pratique : on passe ou on demande pardon, en glissant dans la conversation l'expression « Pardon ! », puis on reprend. S'il est plus lourd, on tente d'en rire, au premier degré, ce qui a au moins pour avantage de maintenir le lien avec les interlocuteurs. S'il est lourd, on sera obligé de compenser par des excuses, exprimées séparément si possible, envers les personnes qu'on a peut-être blessées.

Assurer la sécurité

Le fait se de mettre mentalement en situation « dans les conditions du réel » permet par ailleurs de réduire le champ d'incertitude. C'est ici une notion fondamentale : pour maîtriser une situation dans laquelle, sur le plan psychologique, on se trouvera en danger – et la prise de parole, particulièrement devant un public, en est un cas typique – il faut chercher à être capable, le jour venu, de se comporter « presque » naturellement, « presque » normalement, afin de pouvoir ne se consacrer qu'aux choses importantes. Comme pour le trac, il s'agit donc de réduire le champ d'incertitude, de réduire le champ de danger, d'accroître l'impression de sécurité. La clé pour y arriver, c'est la préparation, d'une part, la répétition, d'autre part, que nous abordons ci-dessous. **Dans l'art oratoire, préparer et répéter correspondent donc à ce que dans l'art culinaire on appelle mijoter, mitonner : l'essentiel de la préparation est mené à l'avance, puis on laisse reposer. Ce type de plat**

a un avantage : le temps de finalisation est très rapide. Ainsi la prépa-ration a-t-elle deux effets inattendus : elle permet de prévoir, elle per-met de faciliter le travail en le rendant agréable.

Prévoir

La préparation permet de deviner, en « se mettant dans la bain », l'ambiance de la salle, ou plutôt les ambiances possibles. Cela sert à s'en imprégner et ainsi à se mettre mentalement en situation de s'y adapter, sans surprise. On peut alors presque prédire les réactions du public et, de ce fait, envisager et programmer les solutions de repli, les modifications et adaptations d'attitude qu'on devra pratiquer. Établis-sons un parallèle avec un domaine – le pilotage d'un avion – qui semble lointain mais qui pourtant, sur le plan psychologique, est proche dans le sens où, comme dans la prise de parole, on se sent en grand danger et l'insécurité est grande. Dans l'aviation, l'un des premiers principes qu'on inculque au pilote est de ne jamais se trouver « dans son avion » mais de toujours être « devant l'avion ». Cela signifie que **non seule-ment toutes les actions requises à un moment donné sont bien réa-lisées, mais** qu'**en plus, l'ensemble des actions du futur proche** – celles qui sont programmées comme celles qui par malheur seraient impo-sées : déroutement sur un aéroport non prévu, dégradation météorolo-gique, panne mineure ou partielle – **sont déjà intégrées, ce qui permet, en cas de problème, de s'adapter sans se déconcentrer.** C'est la même chose en communication orale.

Faciliter

Faciliter la prise de parole : quoi de plus sécurisant, au cours d'une intervention, de n'avoir à penser qu'à la partie la plus agréable de ce qui m'arrive (on m'écoute, on me regarde, je décide de la poursuite des événements) plutôt qu'à la partie très désagréable (le stress, le trac, la peur) ? Or justement la préparation va permettre d'évacuer considéra-blement celle-ci au profit de celle-là.

S'entraîner et répéter

> « *On prête à saint Antoine la parole :*
> « *Chaque jour je me dis : aujourd'hui je commence* ». »
> Dom André LOUF[1]

Il est essentiel de pratiquer l'entraînement et la répétition afin de fonder l'habitude. La notion d'entraînement correspond à deux idées :

▶ D'une part, **l'engrenage, la transmission**. De quoi ? Du mouvement. Et surtout du mouvement des techniques de la parole : on répète sa prise de parole pour enchaîner des réflexes, pour constituer une chaîne de petits comportements qui feront la réussite d'ensemble de la communication orale.

▶ D'autre part, **l'exercice, l'apprentissage**. C'est le côté pédagogique, didactique de l'entraînement. C'est aussi l'acquisition d'une forme de professionnalisme, d'un « métier », d'un « art » de la parole. Cet exercice sera à l'origine d'habitudes qui permettront d'asseoir une expression plus naturelle, donc de faire reculer le champ d'incertitude devant lequel nous nous trouvons tous lorsque nous devons prendre la parole, et qui nous angoisse.

Répéter pour du vrai

La répétition sera réalisée dans les conditions du direct, éventuellement devant un miroir et en s'enregistrant avec un magnétophone. Le miroir permet de corriger la tenue, le regard ; le magnétophone permet de découvrir une voix étrangère : la nôtre... étrangère parce qu'on l'entend d'habitude par l'intérieur du corps alors que, grâce au magnétophone, on l'entend comme les autres la reçoivent : par les vibrations de l'air. Quant à la vidéo, elle est tout aussi bienvenue. **Toutes ces techniques servent à objectiver**, et donc aident à éliminer les tics de langage, les effets d'accent, le débit, etc. **Cependant, en aucun cas la répétition ne doit tuer l'enthousiasme d'origine : elle sert simplement à réduire l'appréhension.**

S'entraîner autant que possible en situation réelle

Il est recommandé de profiter de toutes les occasions pour s'exprimer, car seules les situations réelles font progresser fortement. Il est bien

---

1. *La voie cistercienne. À l'école de l'amour.* Desclée de Brouwer, 1991.

difficile de se trouver un public « à l'essai » pour une prestation orale, et même si c'est le cas, rien ne dit qu'on a le public d'essai qui correspond à celui qu'on aura en réalité en face de soi. C'est pourquoi l'activité professionnelle est un lieu idéal pour pratiquer l'entraînement : sautons sur le maximum d'occasions !

Persévérer

> « Pour atteindre des objectifs personnels, il vaut mieux avoir une bonne estime de soi. La persévérance n'est pas, en effet, la caractéristique des sujets à basse estime de soi, qui ont tendance à renoncer dès qu'ils rencontrent des difficultés ou qu'ils entendent un avis contraire au leur. La réussite d'un régime alimentaire, par exemple, dépend beaucoup du niveau d'estime de soi : s'il est bas, les bonnes résolutions ne durent qu'un temps ("Ça ne marchera jamais") ; l'estime de soi n'en sort pas grandie, ce qui altère un peu plus les chances de réussite à la prochaine tentative. »[1]

N'oublions pas qu'en matière de progrès dans l'apprentissage, nous subissons le phénomène des « paliers de la connaissance » : pendant tout un temps, on a l'impression de ne pas progresser, et puis soudain on se rend compte qu'on a gravi une marche importante. **L'apprentissage est un escalier : la montée se fait par à-coup.** C'est pourquoi il faut être très patient et ne pas se laisser aller au découragement en attendant la progression suivante.

Tirer parti de ses échecs

> *« Moi, mes souliers ont beaucoup voyagé :*
> *Ils m'ont porté de l'école à la guerre.*
> *J'ai traversé sur mes souliers ferrés*
> *Le monde et sa misère. »*
> Félix LECLERC[2]

En matière de communication orale, mieux vaut, pour se rassurer et continuer à progresser, considérer qu'un échec n'est pas une défaite, mais simplement un insuccès. Plutôt que de se dire de manière absolue : « j'ai tout perdu », autant penser de manière relative : « je n'ai pas tout gagné ». **Un échec de communication ne touche par définition pas au fond des choses mais à une partie de leur mise en forme** : la

---

1. Christophe André et François Lelord, *L'estime de soi. S'aimer pour mieux vivre avec les autres*, Éditions Odile Jacob, 1998.
2. Chanson *Moi, mes souliers*, paroles et musique de Félix Leclerc, Éditions Raoul Breton.

communication. Ce n'est donc pas la ruine, mais simplement parfois la malchance, comme dans tout jeu qui comporte un risque. Et la prise de parole n'est effectivement jamais une science exacte :

> « Il arrive à tout le monde d'échouer ; ce n'est pas un drame. Du moins, si votre estime [de vous-même] n'est pas trop basse... Dans ce cas, on se remet difficilement d'un échec, on ne le range pas au rayon des souvenirs ; au contraire, sa trace émotionnelle reste douloureuse et durable. Prenons, par exemple, un groupe d'étudiants venus chercher leurs résultats à un examen de fin de cycle. L'échec entraîne une "réaction dépressive" immédiate chez tous les étudiants collés. Cette réaction est, bien sûr, passagère... sauf chez les sujets à basse estime de soi : en les revoyant quelque temps plus tard, on constate en effet sa persistance. »[1]

L'effet négatif de l'échec sur le comportement est d'autant plus fort que nos personnalités sont coincées entre deux mâchoires d'un étau :

▶ D'un côté, **notre problème de confiance en soi** : l'échec, à travers les réactions passives – le seul regard, déjà... – ou les jugements et opinions d'autrui, sera d'autant plus mal vécu qu'on manque de confiance en soi, et c'est la cas par définition pour celles et ceux dont les circonstances d'action – prendre la parole en public – sont relativement nouvelles ou inhabituelles.

▶ D'un autre côté, **le sur-respect contemporain voué** – encore trop souvent et à tort – **à la « société de communication »**. Il fonde une tendance à l'échec général et systématique. Ne commettons pas l'erreur encore trop répandue, qui illustre, quelques dizaines d'années après son avènement, la difficulté relative à maîtriser ce que nous appelons « société de communication » ; **ne prenons pas la technique pour le sujet, ne confondons pas le moyen et la fin**. Philippe Bouvard, grand maître de la prise de parole s'il en est, nous le rappelle :

> « Parce que la prise de pouvoir passe par la prise de parole, la vie sociale et politique est de plus en plus verbeuse, alors qu'elle maîtrise de moins en moins le verbe. »[2]

---

1. Christophe André et François Lelord, *opus* cité.
2. Philippe Bouvard, « Bloc-Notes », *Le Figaro Magazine*, 12 février 2000.

▨ « L'endurance : l'aptitude à transformer les échecs en expérience »

Hervé Sérieyx définit l'endurance comme l'aptitude à transformer les échecs en expérience pour pouvoir mieux poursuivre sa route vers l'objectif qu'on s'est donné :

> « Il n'est pas fréquent de se retrouver dans un débat de table ronde avec un champion cycliste. Ce fut néanmoins mon cas, voici quelques mois, à l'École supérieure de commerce de Clermont-Ferrand. Mon interlocuteur m'impressionnait : Bernard Thévenet, double vainqueur du Tour de France. Pour le Breton que je suis, féru de vélo et lecteur passionné de tout ce qui concerne le sport, la rencontre était d'importance. En revanche, je ne voyais guère en quoi elle allait permettre un échange nourri sur le management. Erreur. La leçon qu'il nous donna fut infiniment plus riche que les miennes. Il nous fit prendre conscience que plus on devient un champion de haut niveau, plus on est confronté à d'autres champions de haut niveau et donc plus on augmente ses chances de perdre. "Ce que j'ai vraiment appris dans le cyclisme de haute compétition, c'est à savoir perdre et à toujours tenter de tirer des leçons de mes échecs." Et il ajoutait que c'était précisément cette capacité de tirer de ses échecs des remises en cause qui avait facilité sa reconversion au terme de sa carrière de coureur cycliste. »[1]

Pour pouvoir appliquer à soi-même le principe d'endurance, Hervé Sérieyx rappelle qu'il existe une série de conditions. Il faut concrètement se libérer de trois défaillances, et exploiter un avantage :

▶ **Les défaillances qu'il faut combattre en soi-même :**

L'obstination. Comme une pièce de monnaie, elle comporte deux faces : l'une est positive, c'est la ténacité et la persévérance, qui s'appuient d'ailleurs souvent sur une autre qualité, la patience ; l'autre doit être corrigée, c'est l'acharnement, d'autant plus dangereux qu'il s'applique à un comportement ou un jugement erroné. Car il y a bien peu d'espace pour passer du têtu au borné...

La précipitation. Là aussi on peut trouver un côté positif – la vivacité, le désir de servir rapidement l'interlocuteur – mais bien souvent elle est la conséquence du manque de réflexion, et peut exprimer ou mener à l'affolement et donc à la perte de maîtrise de la situation.

---

1. Hervé Sérieyx, *La nouvelle excellence*, Maxima – Laurent du Mesnil, 2000.

> **La démoralisation**. Elle mène à la démobilisation, voire à l'absence ou l'inexistence.

▶ **L'avantage qu'il faut valoriser en soi-même** : comme on dit au rugby, « **transformer** ». Il s'agit ici de changer l'échec en recommençant, mais de manière adaptée. Il faut intégrer l'échec et non le subir à long terme. Évidemment, il faut être doté de l'aptitude (et du goût...) à ne pas montrer son ressentiment, voire à donner le change par une attitude qui feint d'ignorer l'échec. Bref il faut être à même de reprendre ses esprits !

Se former à la parole ?

> « *Tout homme, parce qu'il parle, croit pouvoir parler de la parole.* »
> GOETHE[1]

▨ **Pourquoi se former à la communication orale ? Parce qu'« on n'est pas bon par hasard »**

Pour quelle raison dispenser une formation dans le domaine de la communication orale ? Parce que nous sommes jugés en permanence sur notre aptitude à la communication orale. Cette compétence est un bagage, comme un diplôme. Et la communication orale devient un outil de vie en société. D'autant que la parole est éminemment perfectible. Pour illustrer ce propos, un exemple nous est donné par l'Américain James Lipton, animateur de télévision, metteur en scène, acteur. Lui qui a mené l'une des séries d'interviews et *talk-shows* les plus marquants de l'histoire de la télévision américaine, la série *Inside the actors studio*, en a fait en réalité une occasion de cours et de formation. Concrètement, quand il reçoit les stars du cinéma, son émission se déroule dans un amphithéâtre, et l'interview y devient séminaire. La logique a été poussée jusqu'au bout : cette école, destinée aux jeunes auteurs, metteurs en scène, acteurs, porte un nom ; c'est la New School University, dont les fondements sont ainsi rappelés par Arthur Penn, ancien président de l'Actors Studio, qui finance le projet depuis 1994 :

> « On ne peut fabriquer des Brando ou des Pacino, mais on peut aider un acteur à s'enrichir, se développer, se solidifier, gagner en courage pour être lui-même sur scène, et constamment se réinventer. Jouer est un engagement et un travail qu'on développe toute sa vie. Ici, on croit au labeur, à la formation, à la discipline, à l'entraînement. On n'est pas bon par

---

1. *Pensées*, cité par le site internet « citationsdumonde.com ».

> hasard. Et j'espère que l'exigence de cette école transformera la scène et le cinémas américains, si désastreux en ce moment. »[1]

Magnifique profession de foi. Car la notion de formation signifie qu'un individu est considéré *a priori* comme perfectible, prêt à progresser et se réformer. À une condition cependant : qu'il soit psychologiquement clairvoyant sur son environnement et sur lui. Dans la citation de James Lipton ci-dessus, on retrouve **tous les ingrédients d'une bonne formation à la communication orale** :

▶ **« S'enrichir, se développer »** : voici l'un des problèmes fondamentaux de la formation et de la pratique qu'on appelle la spécialisation. C'est comme en médecine, où bien des praticiens spécialistes n'apprécient en rien les liens avec d'autres disciplines, rendant souvent leur diagnostic intéressant mais leur traitement partiel. Ici aussi, dans le domaine de la communication orale, les formations sont éclatées et il est bien souvent difficile de les connecter entre elles en tant que personne formée ou en cours de formation : il est rare d'avoir affaire à un formateur qui globalise la formation en enrichissant et en développant chaque partie – pour reprendre les termes ci-dessus – en rapport avec les autres. Régulièrement, comme formateur, le professionnel de cours de jeu de scène, adapté au cinéma ou au théâtre, insistera sur la gestuelle et la performance, le psychologue abordera les relations avec autrui et le comportement, le sémanticien et le linguiste traiteront le rapport avec l'écriture, le politique sera sensible à l'influence de l'interlocuteur, le philosophe définira les liens entre la communication orale et la culture, les valeurs, la démonstration et l'intellect. Or **il est impératif que le formateur soit au minimum sensible au caractère global de la communication orale, et qu'il soit éventuellement capable de l'exprimer dans sa formation.**

▶ **« Se solidifier »** : la formation permet de consolider un ensemble cohérent de savoir-faire, comme un mur qui ne tiendra que grâce à son ciment. **L'objectif est ici de donner du corps, de la densité, de la profondeur à une pratique, afin de raffermir le socle de savoir sur lequel on pourra ensuite compter pour s'exprimer correctement.**

---

1. Cité par Annick Cojean, « Lipton, disciple de Pivot », *Le Monde*, 29 juin 2001.

► « **Gagner en courage pour être lui-même sur scène** » : c'est l'un des thèmes cruciaux de la prise de parole que de bien prendre conscience de ce paradoxe... plus on a préparé – et donc *a priori* plus on est artificiel – plus en réalité on est naturel ! Pourquoi ? Parce qu'on élimine de son activité de parole tout risque de commettre une erreur sur le plan de la technique de communication. Et, ce faisant, on peut alors se consacrer à l'essentiel : parler le plus naturellement possible. **C'est en effet parce qu'on s'émancipe de la technique, grâce à une bonne maîtrise de cette dernière du fait de la formation, qu'on pourra en un second temps laisser s'exprimer la spontanéité de manière efficace.** C'est bien le travail qui permet de conquérir une forme de liberté et au moins de décontraction.

► « **Constamment se réinventer** » : les registres dans lesquels on pourra jouer seront d'autant plus nombreux et variés que la base des connaissances pratiques est assurée. **On peut alors aller plus loin qu'une simple reproduction limitée de soi-même, et se transformer en révélant des facettes de personnalité et d'expression insoupçonnées.**

► « **Jouer est un engagement et un travail** » : il s'agit de la partie au départ la moins agréable, mais c'est un point de passage obligé. N'oublions jamais que « travail » vient du latin *trepalium* qui signifie « instrument de torture »... **Derrière l'engagement se trouve la double notion de promesse** – on prend contrat avec soi-même – **et de combat** : on lutte pour résoudre un problème, on dépense de l'énergie pour générer une évolution... même la salle où se prépare un accouchement s'appelle « salle de travail ».

► « **Qu'on développe toute sa vie** » : on parle bien de formation « continue ». C'est le côté tragique de la formation en communication orale sous forme de séminaire unique : le gâteau n'est jamais complet parce que, comme pour l'électricité, **la formation est plus un flux qu'un stock.**

► « **Ici, on croit au labeur, à la formation, à la discipline, à l'entraînement. On n'est pas bon par hasard.** » : on opposera utilement le hasard et la nécessité : **en matière de formation à la parole les résultats ne s'obtiennent pas par coïncidence.**

Une condition pour une formation réussie : un public cohérent

Les participants à une séance de « formation à l'action » (qu'on appelle aujourd'hui la formaction) doivent constituer une cible relativement cohérente :

- quant au niveau de responsabilité ;
- quant à l'âge (par exemple 30 à 40 ans, 50 à 60 ans) ;
- quant au niveau socioprofessionnel (des cadres, ou des dirigeants, ou des exécutants) ;
- quant à la répartition hommes/femmes (moitié-moitié ou, au maximum, une dérive jusqu'à 2/3, 1/3, dans un sens ou dans l'autre) ;
- enfin, quant au niveau potentiel d'intervention vis-à-vis de leur cible (devant des publics définis, devant les médias, etc.).

Il peut, dans ce cadre, s'agir de différents publics :

- membres du conseil d'administration d'un organisme ;
- permanents au meilleur niveau (secrétaires généraux) ;
- responsables ou animateurs de structures proches ;
- dirigeants d'organismes satellites ou parallèles d'une entreprise ;
- cadres du siège ;
- responsables des antennes locales ;
- responsables des centres de formation, etc.

Quels exercices ?

Les ouvrages et séminaires de formation regorgent d'exercices aujourd'hui devenus basiques, mais qui restent fondamentaux. Nous n'avons pas l'intention d'épuiser ici le sujet, mais de recommander, autant que possible, de passer par une bonne formation à la communication orale. **L'objectif** (et l'intérêt) **des exercices est triple :**

- **créer le lien entre l'écrit et le verbal**, car bien des exercices sont fondés au moins en partie sur la lecture ;
- **sensibiliser à la communication orale de qualité**, car l'exercice permet de faire de l'élève un juge de sa propre capacité, de ses propres progrès, de sa propre compétence ;

- **se mettre en situation réelle**, comme par exemple lorsqu'on utilise la vidéo.

Les relations avec les médias

Non pas améliorer les journalistes, mais nous améliorer nous-mêmes

« Les journalistes parlent de ce qu'ils ne connaissent pas », « Ils sont incompétents : pour mon exposition on m'a envoyé une journaliste qui ne couvre pas l'art, d'habitude », « Ce sont les vacances : j'ai encore eu droit à un stagiaire », « J'ai dû commencer par expliquer de quoi il s'agissait... Même le vocabulaire, il ne le maîtrisait pas ». Voici quelques-unes des nombreuses réactions qu'on peut glaner lorsque la presse intervient. Les jugements positifs sur cette profession sont rares. S'il est bien un métier incompris et tout à la fois au contact permanent de notre réalité quotidienne, c'est bien celui-là ! Alors, d'où vient cette réaction, et comment remédier à cette situation ? Non pas en améliorant les journalistes, mais en nous améliorant nous-même ! Car vingt ans d'expérience des relations avec la presse, d'abord pour un ministre dans sa région d'origine, puis pour l'ensemble régional des systèmes de représentation des employeurs dans le Nord de la France, m'amènent à une réaction toute différente, voire opposée à ce qu'on peut ainsi entendre autour de nous.

Les relations avec la presse : des clés et de nouveaux types d'échange

Notre propos n'est pas ici de brosser un tableau complet des relations avec les médias mais de relier ce domaine à la communication orale, et, à ce titre, de montrer les fractures ou évolutions en cours et les impératifs qui en découlent pour le fournisseur d'informations. Nous envisagerons rapidement ce que sont les clés des bonnes relations avec les journalistes pour ensuite aborder les nouveaux types d'échange qui se mettent en place avec cette profession, et parfois à l'insu de cette dernière.

Les clés pour créer, développer et/ou entretenir des relations efficaces avec les médias

> *« Les médias et les politiques français ne semblent s'intéresser*
> *qu'aux success stories ou, inversement, aux plans sociaux. Mais ils ignorent*
> *le mouvement d'ensemble de l'économie vers le progrès économique et social. »*
>
> Denis KESSLER, vice-président délégué du MEDEF[1]

Quelle politique, quelle stratégie, quelle terme ?

Ou la mise en situation et en perspective des relations avec les médias : dans les relations avec la presse il faut respecter un phasage dans le temps. Comme dans toute activité humaine, et particulièrement dans le champ du relationnel, on n'échappe pas à un traitement stratégique. Il sera donc question ici de mise en situation et en perspective des relations avec les médias, selon le trépied bien connu : avant, pendant, après.

Jamais au coup par coup : construire un réseau de journalistes…

On ne doit pas travailler avec un journaliste, pas plus qu'avec un fournisseur, un client, un médecin, un ami, au « coup par coup ». Et c'est pourtant la technique de gestion du temps presque toujours utilisée, surtout par celles et ceux qui ne disposent pas de service de presse structuré, ce qui est le cas de la plupart d'entre nous. **La réussite des relations avec la presse passe par la construction d'un réseau relationnel de contacts.** Ce réseau, comme tout réseau, il faut le construire. Pierre par pierre, c'est-à-dire occasion par occasion, journaliste par journaliste, support de presse par support de presse. Et cela peut prendre des années. Et cela peut sembler ne pas être rapidement productif. C'est normal : **il s'agit d'un investissement.** Et tout bon investisseur sait que le « retour » sur son investissement, pour reprendre une expression d'entreprise, n'intervient pas dans la minute et peut parfois demander des mois ! Alors, patience !

… Puis entretenir le réseau de journalistes

Quand le réseau est construit, est-on enfin au bout de ses peines ? Non : les ennuis ne font que commencer ! Car ce réseau il va falloir maintenant l'entretenir. Et les contacts fondateurs du réseau qu'on a pu mener

---

1. *La Revue des entreprises*, août 2001.

avec les journalistes, il va falloir les doubler, puis les tripler de contacts d'entretien. Parce qu'**un réseau, ce n'est pas comme la retraite à la française : ça ne marche pas par distribution, mais bien par capitalisation !** Toujours se remettre au travail sur le métier... c'est cette attitude et elle seule qui permettra, le jour venu, parce que les circonstances l'imposent, d'engager un contact « coup de poing » avec le minimum de pertes en ligne et de dégâts pour tout le monde : on sait alors en effet qui appeler, et pourquoi, et comment. On ne parle pas avec quelqu'un qu'on découvre du jour au lendemain comme avec quelqu'un qui bénéficie avec nous d'un relationnel diversifié, lentement construit dans le temps.

Le fichier-médias : connaître et rationaliser

▪ Un fichier ciblé mais humanisé

C'est le premier outil de lien avec la presse. **Le fichier-médias sera construit en croisant trois critères**, selon les besoins qu'on aura à exprimer :

- **les données constitutives du média** : ses sujets de prédilection, ses lecteurs, son territoire, sa périodicité ;
- **les caractéristiques des informations qu'il traite et diffuse** : sérieux, validité, crédibilité, rythme ;
- **le poids du média** : diffusion, histoire, tirage, nombre d'éditions, suppléments.

Il ne s'agit là que des critères de sélection. Lorsque la réalité journaliste aura été passée à leur crible et qu'on aura défini la liste de presse dont on se servira, il faut alors particulariser l'ensemble en l'humanisant :

- ▶ **On sélectionne un ou plusieurs individus pour chaque support de presse**, en n'oubliant pas qu'il s'agit d'être humains, et pas seulement de « rédacteurs en chef » ou de « secrétaires de rédaction » ; on indiquera donc soigneusement leur nom et leur prénom : quand un document, un dossier de presse, une invitation parviennent de manière anonyme dans une rédaction, a-t-on pensé au fait qu'aucun journaliste n'est payé pour désanonymiser l'information ? Et si un secrétaire de rédaction peut en théorie être amené à le faire, encore faut-il que le support en question en soit doté et, si c'est le cas, rien de tel que de lui mâcher le travail en faisant parvenir l'information directement au bon destinataire.

► Comme pour tout fichier, **on gradue l'approche** : certains journalistes feront l'objet d'un traitement systématique rapproché et attentif ; **ce sont les journalistes « référencés », qu'on privilégiera systématiquement.**

► **Enfin on tiendra compte de la relation que tel ou tel journaliste entretient avec le temps**, et on n'hésitera pas à alerter le journaliste d'un mensuel deux mois à l'avance, là où pour le journaliste de télévision quotidienne quelques jours seulement suffisent.

Connaître la presse

Condition préliminaire incontournable : il faut connaître la presse, connaître les supports de presse, connaître la photographie du journalisme qu'on veut concerner par sa propre information. Combien de fournisseurs d'information voit-on pester contre les journalistes, mais, quand on les interroge sur leurs connaissances à eux, on constate qu'ils sont d'une incompétence rare, non seulement sur **la psychologie de ce milieu** – ce qui pourrait à la rigueur être accepté – mais aussi, et c'est bien plus grave, sur **ses contraintes**, sur **ses règles de fonctionnement**, sur **ses droits et ses devoirs**, et même tout simplement sur **la cartographie de la presse concernée par les informations qu'on veut faire passer.**

Dresser une cartographie de la presse qui nous intéresse

Sur ce denier point on dressera donc son fichier-presse selon une cartographie précise. En voici un exemple, adapté à un organisme de niveau régional :

Type de support	Répartition	Subdivisions	Éléments de base
Presse régionale écrite		Quotidienne (PQR)	Nom Prénom Adresse postale Téléphone Fax E-mail
		Non quotidienne	Idem
Presse régionale audio (radio)		Radios d'information	Idem
		Radios musicales	
Presse régionale visuelle (télévision)		Service public	Idem
		Chaînes privées	
Correspondants de la presse nationale	Presse écrite généraliste		Idem
	Presse écrite spécialisée	Par domaine : économie, culture, etc.	Idem
	Agences de presse		Idem
	Presse audiovisuelle	Par type de présence : correspondance nationale seulement ou décrochage régional également	Idem
Presse locale écrite	Ville par ville		Idem
Presse d'entreprise	Interne		Idem
	Sous-traitée en agence		Idem

Comme on le voit **il est tout simplement question de professionnalisme**, du même professionnalisme que bien des fournisseurs d'information exigent de la presse mais que trop souvent ils négligent de s'appliquer à eux-mêmes.

Être professionnel, en tant que fournisseur d'information

Adapter l'information fournie

On ne donne pas la même information à des journalistes différents, qui travaillent sur des supports différents, avec une rapidité différente. **Afin de viser l'efficacité, on individualise les contacts et on sélectionne l'information** : on en donne le minimum mais le moins anodin possible, et surtout le plus illustré possible : encore une fois, en communication orale, un exemple vécu ou une histoire racontée valent souvent preuve.

▨ Qui connaît l'embargo ? Et le off ?

Trop peu de fournisseurs d'information savent ce que veut dire une information sous embargo ou une information off. Et, ne le sachant pas, ils ne l'utilisent pas, se privant d'outils de travail essentiels avec la presse. Un rapide rappel :

▶ **On peut parler librement avec un journaliste, sur tout sujet et au moyen de tout éclairage de la conversation. Mais il faut respecter une condition : lui avoir préalablement précisé qu'il s'agit d'une situation off et avoir reçu son accord explicite.** À partir de ce moment, le journaliste s'est engagé à ne pas communiquer l'information que vous donnez, en tout cas pas en vous citant ni en la redonnant de manière directe et brute. Tout au plus peut-il la recouper, plus tard, avec d'autres informations. Trois avantages à cette technique, qui peuvent être exploités séparément ou simultanément :

  • établir une complicité avec le journaliste ;

  • pratiquer une attitude pédagogique, didactique ;

  • expliquer le fond des choses en présentant la partie cachée de l'iceberg...

  • Le off peut être utilisé :

  • soit en permanence tout au long d'un entretien ; il faut dans ce cas le préciser dès la prise de rendez-vous et le confirmer formellement au début de la conversation ;

  • soit à certains moments seulement : une conversation avec un journaliste peut n'être off qu'en partie ; il suffit alors, comme pour des parenthèses dans un texte écrit, d'annoncer clairement le début d'une partie off puis de lever la situation off lorsqu'on revient à l'entretien normal.

▶ **Quant à l'embargo, il s'agit d'une technique consistant à obtenir préalablement l'engagement formel du journaliste à ne pas utiliser une information avant tel moment,** qui peut être très précis : mois, jour mais aussi heure. Cela permet de prendre les devants face aux événements ou de doubler un autre auteur d'information, qui ne réagira qu'en un deuxième temps.

Se donner des occasions de rencontrer des journalistes

Un organe de presse domine-t-il le paysage du territoire sur lequel on travaille ? Dispose-t-il d'une imprimerie performante ? Il est probable qu'elle se visite. Voilà une occasion parfaite de prendre contact avec la partie industrielle de la presse. Si en plus on peut se faire guider par un journaliste pendant la visite, c'est encore mieux : cela permettra non seulement d'apprécier une facette différente de son métier vue par lui-même, mais également de tisser des rapports qui pour une fois ne seront pas marqués par l'intérêt direct de faire diffuser une information... Un conseil cependant : prévoir une nuit courte ou une grasse matinée : sauf exception pour *Le Monde*, les journaux s'impriment... la nuit !

Collaborer avec la presse

Dans la mesure du possible, on adoptera la franchise dans la communication orale, même si tout ne peut pas être dit. Surtout on réagit le plus rapidement possible à une demande, même si c'est pour aboutir à une fin de non-recevoir. On ne fait pas plus attendre un journaliste qu'on ne fait attendre un client. Pour la même raison : un client a toujours raison, même s'il a tort, surtout s'il a tort. En France nous avons bien souvent des difficultés à adopter cette attitude, parce que notre culture nous fait encore croire que la presse est une institution, comme l'État, ou l'Église. **Nous avons du mal à construire une relation de co-développement avec les journalistes : nous préférons entretenir une relation de pouvoir.** Il en est de même bien sûr des journalistes. C'est d'ailleurs la même attitude qui fait de notre pays la lanterne rouge de la négociation sociale collective entre entrepreneurs et salariés. Alors posons-nous les bonnes questions : quels sont les besoins de ce journaliste ? Comment puis-je y répondre ? Pourquoi je (le « je » est important) n'y arrive pas ? Et non pas : « Tous nuls ces journalistes : ils n'ont rien compris ! »

Ne pas appeler les journalistes quand on a rien à dire

Si on invite les journalistes pour une conversation de salon, autant le leur dire car eux viennent pour entendre quelque chose de nouveau. Rappelons qu'« une information » se traduit en anglais par *news* : des nouvelles (au pluriel). Combien de fois assistons-nous au spectacle affligeant d'organisations professionnelles ou syndicales ou politiques, par exemple, qui dans une ville « convoquent » la presse (au fait : on ne

« convoque » pas la presse, on l'« invite »...) pour le seul motif que leur responsable national vient de faire une déclaration fracassante (sur laquelle il n'est en fait pas utile de gloser...), ou qu'il vient les rencontrer dans leur ville, sur le terrain (mais dans le seul but de les rencontrer, pas de rencontrer la presse). L'histoire des « conférences de presse » est pleine de ces flops systématiques. Ainsi en 1992 François Périgot, président du CNPF de l'époque, vient-il deux fois dans la région Nord-Pas-de-Calais, mais avec deux résultats de presse opposés. Et pourtant c'est le même homme, pour le même mandat, qui vient dans la même région, visiter à chaque fois un MEDEF local. À Dunkerque le résultat dans la presse est consternant d'inexistence ; quelques semaines plus tard, à Douai et Arras, le résultat est exceptionnel : large couverture par pages entières dans *La Voix du Nord* et la presse hebdomadaire régionale, dépêche AFP reprise sur tous les médias. Où est l'erreur ? On la détermine aisément par comparaison entre les deux opérations, pourtant bâties selon le même schéma et toutes deux parfaitement organisées : visite des locaux, conférence de presse, débat avec les entrepreneurs. Mais tous les éléments préparatoires étaient en faveur de l'opération Douai-Arras, selon quatre mots clés qu'on peut retenir comme une leçon :

- ▶ **Ensemble** : à Arras et Douai, deux MEDEF locaux, sur deux villes différentes mais proches géographiquement, s'étaient entendus pour co-organiser le déplacement, ce qui donne du poids à l'opération et entraîne une sorte de densification de l'information.

- ▶ **Événement** : à Douai, le MEDEF local fête à cette occasion son cinquantième anniversaire, ce qui donne un intérêt vécu à l'information et permet d'envisager des développements intéressants (comparaison historique, visite d'installations nouvelles, etc.).

- ▶ **Message** : à Dunkerque, l'actualité est telle que le président du MEDEF n'a pas de message particulier à présenter ; c'est par contre au cours de la conférence de presse de Douai qu'il réagit officiellement, à chaud et en direct, à l'élection de Bill Clinton à la présidence des États-Unis, ce qui générera une dépêche AFP reprise par toute la presse, les radios et télévisions : « C'est à Douai que le président du MEDEF a réagi, etc. ».

- ▶ **Accueil** : à Dunkerque la presse n'est pas conviée à la séance de contact avec les entrepreneurs, à Douai et Arras c'est le contraire ; cela donne un effet de caisse de résonance que les journalistes eux-mêmes vont pratiquer.

Esprit (des médias) es-tu là ?

> « *Les journalistes, ils coupent ce que je dis, c'est dangereux :*
> *après je passe pour un mec taré.* »
> Jean-Claude VAN DAMME[1]

Pour apprécier pleinement le positionnement psychologique incontournable des relations avec les médias, rappelons tout d'abord ce qu'est ce milieu de la « presse ». Que font réellement les médias dans notre société ? Quelle est leur fonction propre ? Autrement dit, quelle est leur valeur ajoutée spécifique ? Cette question, bien rarement on se la pose ! Or ce métier a ceci de particulier qu'il pratique trois tendances :

▶ L'activité médiatique est un amplificateur.

▶ Comme son étymologie l'indique, le média est un filtre déformant, ce qui est dû à sa nature même : le journaliste doit mettre en forme une réalité, comme un artiste il re-forme la réalité, selon le principe qui veut que la culture – c'est-à-dire le propre de l'activité humaine, et le journalisme est bien une activité du champ culturel – a horreur de la nature et transforme donc la réalité pour la présenter.

▶ L'acte « média »tique – comme l'inter « médiaire » qu'est le journaliste – va donc consister d'abord à regarder la réalité, puis à la sélectionner, et enfin à se rendre disponible pour la partie qu'on a sélectionnée, donc pas pour les autres parties de la même réalité.

Le suivi de la presse pendant une année est éblouissant d'illustration de ces trois tendances : les journalistes passent brutalement d'un sujet phare à un autre et, pendant un temps, se focalisent sur le sujet phare en cours. Prenons l'année 2001 dans la presse nationale française : Concorde, tunnel du Mont Blanc, Koursk, Erika, Lu, affaire Dumas en janvier 2001, mort de Charles Trenet en février, élections municipales en mars, Loft Story en avril, guerre d'Algérie et livre de Paul Aussaresses en mai, trotskisme de Lionel Jospin en juin, manifestations anti-mondialisation du sommet de Gênes en juillet, assassinat du Corse Santoni en août, attentats de New York en septembre, guerre en Afghanistan en octobre, manifestations de policiers et de gendarmes en novembre.

---

1. *Max*, 2001, cité par *Voici* du 30 juillet 2001.

Seuls les journalistes locaux peuvent échapper à ce comportement et pratiquer une grande diversité de centres d'intérêts. Le journaliste est donc un **amplificateur**, plus un **re-formateur** (donc un dé-formateur, mais ce terme n'a rien de péjoratif, au contraire...), **plus un sélectionneur partiellement indisponible**. Voilà qui cadre déjà précisément les rapports que nous pouvons, par la communication orale notamment, entretenir avec la presse !

▩ Le journaliste médiateur

Les journalistes se définissent ainsi :

> « Le journalisme est un métier qui s'apprend. Sans culture forte, sans éthique et sans formation professionnelle, le journaliste ne peut pas tenir le rôle qui est le sien : être le médiateur entre le public et les sources d'information de tout ordre : politiques, économiques, sociales, culturelles... »[1]

Les techniques pour les relations avec les médias

Les techniques traditionnelles : l'interview, la conférence de presse

▩ Qui dit technique, dit bon technicien

Comment les utiliser ? Dans quelles circonstances, dans quel but, pour quel résultat ? **Ces cinq techniques sont le publi-rédactionnel, l'interview, le dossier de presse, la conférence de presse, le communiqué de presse**. Nous ne retiendrons ici que celles qui s'appuient sur la parole : l'interview et la conférence de presse. Ce sont des techniques, ce qui veut dire que le minimum de choses doivent être laissées au hasard, et qu'il s'agit d'être parfaitement professionnel pour maîtriser autant que possible le relationnel avec les journalistes. On rappellera qu'aujourd'hui la conférence de presse est de moins en moins utilisée : en dehors des grands rendez-vous nationaux ou internationaux, pour lesquels elle reste adaptée, elle se réduit bien souvent, pour des informations locales ou régionales, à un excellent lieu d'entraînement dans lequel les supports de presse envoient... les stagiaires. D'autant que les journalistes, comme tous les acteurs de notre société, sont pris par le temps, et que les sollicitations ne manquent pas. La conférence de

---

1. Page de garde du site internet du CFPJ (Centre de formation et de perfectionnement des journalistes, 35 rue du Louvre – 75001 Paris) : www.cfpj.com

presse est aussi un outil lourd et donc peu souple et peu adaptable : on réunit beaucoup de monde en un lieu unique et à un moment imposé ; en communication orale l'exercice est limité sur le contenu puisqu'elle oblige à rechercher un petit commun dénominateur entre des interlocuteurs variés et différents.

La conférence de presse se prépare comme un spectacle

La conférence de presse sera donc réservée à des occasions importantes, et la parole sera appuyée sur des éléments environnants par un solide dossier de presse. Car **l'objectif est d'obtenir de fortes retombées, qualitatives et quantitatives**. On ne prendra donc pas la parole dans une conférence de presse sans une préparation d'ambiance : contrairement à l'interview, il s'agit en partie d'un spectacle, même si en aucun cas le champagne final ne fera avaler la pauvreté des informations délivrées... On se pose donc des questions préalables :

▶ **Est-elle nécessaire** ou puis-je l'éviter en utilisant d'autres techniques : réunions publiques auxquelles la presse est conviée, interviews ciblées ?

▶ **Est-ce que je dispose des moyens de la réussir** : conseil ou collaborateur compétent pour la préparer et la construire ? On ne prend la parole dans une conférence de presse que si les éléments annexes sont parfaitement au point, avant et pendant : rédaction des invitations et appui téléphonique, accueil, accès et parking, mobilier adapté, aides visuelles.

▶ **L'information délivrée en vaut-elle le jeu ?** Car il faudra s'exprimer un quart d'heure sous forme de mini-conférence, puis engager le jeu des questions-réponses avec les journalistes, ce qui impose d'être rompu à cette situation complexe, et surtout de dominer parfaitement et totalement son sujet.

Interview : réduire le champ d'incertitude

Quelques conseils de base pour cet exercice qui reste le grand classique de la relation avec les journalistes :

▶ **Si on n'est pas habitué, ne pas accepter d'interview non cadrée et négociée**, c'est-à-dire dont au moins les grandes lignes n'ont pas été préalablement débattues avec le journaliste. Il ne s'agit pas là à proprement parler d'une négociation, mais plutôt d'une conversation préparatoire permettant aux deux parties de limiter globalement le contenu et l'orientation de l'interview.

▶ **Préparer soigneusement**, information par information, les deux éléments complémentaires :

- d'abord **l'argumentaire**,

- ensuite **les illustrations, preuves et exemples ou histoires vécues.**

▶ **Le but est d'apparaître le plus objectif possible**. Sur les informations et argumentaires, ne pas hésiter à suggérer au journaliste la hiérarchie des priorités : « Je vous ai invité pour vous délivrer ce message essentiel : », « J'insiste particulièrement sur tel point : », « Je développerai en trois points : ». Dans tous les cas, **le langage doit être d'une grande clarté et il revient au fournisseur d'information d'avoir décidé des idées clés qu'il veut promouvoir.**

▶ **Prévenir les pièges dans lesquels on s'enfonce soi-même**, à l'aide d'un correctif simple : envisager à l'avance ce que peuvent être les réactions inattendues du journaliste. **L'anticipation est nécessaire.**

▶ **Mettre le journaliste au centre de la conversation** :

- on précise à l'avance le temps dont on dispose ;

- le téléphone et le secrétariat n'interrompent pas une interview ;

- l'interview ne se déroule pas en public ;

- le climat est détendu (café, etc.) ;

- on conclut en demandant au journaliste si l'ensemble convient.

Rappelons que d'excellentes formations existent sur le marché, notamment au sein des grandes écoles de journalisme où, comme à Paris et Lille, elles sont données par des journalistes !

L'effet-réseaux

Parler ou se taire : « imposture ou journalisme » ?

Rappelons l'histoire du Monicagate aux États-Unis et du comportement de la presse, que nous avons traitée plus haut. Au-delà des faits eux-mêmes et du choc ressenti par les milieux médiatiques lorsqu'un non-

© Éditions d'Organisation

journaliste s'est emparé du dossier sur l'internet, le problème de fond a été rapidement posé par les journalistes : **chaque citoyen, en prenant la parole, peut-il être journaliste ?** Les erreurs et informations fausses délivrées par la presse sont légion, mais le site de Matt Drudge n'est pas non plus exempt d'avoir commis des fautes d'information monumentales. Au moins les journalistes en parlent... On pourra sur ce thème consulter le site du CFPJ.[1]

Les vertus du off

Pour préparer son reportage « Les hommes de la Maison Blanche » diffusé sur *Arte* en novembre 2000, William Karel balaye un demi-siècle de politique américaine, intérieure et extérieure, et présente plus de 25 témoins capitaux. Comment a-t-il pratiqué pour faire parler les proches conseillers de Kennedy, de Nixon, de Carter ou de Reagan ? Car ils savent tout, et le reste... mais vont-ils le dire, et ce qu'ils vont dire est-il vrai ? William Karel utilisera pour résoudre ce problème plusieurs techniques journalistiques. Par exemple, il fait intervenir des experts, il laisse parler :

> « Le vrai danger pour une enquête comme celle-là, c'est la langue de bois. On a discuté trois heures avec Richard Helms, dont une heure et demie pour rien. Harold Brown, secrétaire à la Défense sous Carter, nous avait prévenus qu'il parlerait de tout, sauf de la libération des otages en Iran. On a accepté en se disant qu'après une heure de conversation, mis en confiance, il parlerait peut-être, et c'est ce qui s'est passé. Ma méthode : je les laisse s'expliquer. Ils mentent parfois. Alors je dis que j'ai rencontré Untel. Ils changent de tête, ils savent ce que je sais et ils se mettent à parler. C'est arrivé avec Lawrence Eagleburger, qui niait que Nixon était ivre le soir de la mise en alerte des forces nucléaires dans la guerre du Kippour. »[2]

Ou bien il exploite le off :

> « – Y a-t-il des sujets qui n'ont pu être abordés ?
> – La façon dont Che Guevara a été éliminé. Pourquoi ils n'ont pas pu se débarrasser de Saddam Hussein. Mais les Américains pratiquent beaucoup le *off the record*. C'est un contrat moral qu'il faut absolument respecter. En général, il s'agit plus d'appréciations personnelles que de révélations d'État. Par exemple quelqu'un vous dit que, tout compte fait, Bush [*note*

---

1. Centre de formation et de perfectionnement des journalistes (35, rue du Louvre – 75001 Paris) : www.cfpj.com
2. Propos recueillis par Catherine Humblot, *Le Monde Télévision*, 5 novembre 2002.

de l'auteur : il s'agit de Bush père] était un assez bon président. Puis il se tourne vers la caméra : "Vous pouvez arrêter deux secondes ?" Et il lâche : "C'est l'homme le plus nul que j'ai rencontré en trente ans." »[1]

On voit donc que les techniques traditionnelles ont des limites. Comment s'adapter en inventant de nouvelles relations avec les médias ? Au-delà des quelques pistes ci-dessus, nous étudierons plus loin, en détail, l'effet lobby avec la presse (par l'exemple des *think tanks* américains) et l'effet réseau avec la presse (par l'exemple du Comité Grand Lille).

Clé 8. Soumettre la communication orale à une stratégie de communication.

1. *Idem.*

Chapitre 5

Positionnement vis-à-vis d'autrui : où il est question de marketing et de cible pour prendre la parole

« *La parole est moitié à celui qui parle, moitié à celui qui écoute.* »
MONTAIGNE
Cité par le site internet « citationsdumonde.com »

« D'une société de consommation à une société de service »
« Je ne crois pas à ce que l'on a appelé la "déconsommation". Sans doute, notre société connaît-elle une certaine panne de désir, saturée qu'elle est de gadgets électroménagers, d'accessoires hi-fi, de mode qui rallonge une année pour raccourcir la suivante. Mais cette panne s'applique, me semble-t-il, surtout à des objets, à de l'avoir. Qu'en est-il de cette soif de qualité de vie, de qualité de temps que la consommation traditionnelle ne saurait étancher ? Dans ce domaine tout reste encore à faire. Pour les mères qui travaillent, les adultes qui vieillissent seuls, les jeunes gavés de sollicitation mais en mal de situation. Tout est encore à inventer dans le service du client, parce que tout est encore à inventer en matière de mieux-être, et non plus, cette fois, d'avoir. Cette ère à venir s'appellera peut-être alors d'un nom moins matérialiste que celui de « société de consommation ». Et ce sera tant mieux. Tant mieux si la dynamique du client permet de passer d'une société de consommation ou de consommateurs à une société tournée vers l'épanouissement de l'être. Tant mieux, parce que cela sera créateur d'emplois sur le court terme, en même temps que facteur de grandissement et de paix sur le long terme. »[1]

OUI, TOUTE COMMUNICATION EST MANIPULATION... MAIS DE QUELLE MANIPULATION S'AGIT-IL ?

> *« Feindre, toujours feindre !...*
> *Il faut que tout soit factice, mais crédible ! »*
> Federico FELLINI[2]

▨ La manipulation du kinésithérapeute ou du prestidigitateur ?

Le terme « manipulation » est pris ici au sens du kinésithérapeute ou du chimiste. Ceci étant, on peut aussi le prendre au sens du prestidigitateur ! **Notre objet est justement de proposer que nous pratiquions la manipulation du chimiste et non celle du prestidigitateur.** Rappelons que le mot vient du latin *manipulus*, qui signifie « poignée ». Dans ce sens positif, il est caractérisé par trois éléments :

- **agir sur les êtres**, les événements et les choses ;
- **exercer sa compétence**, par la capacité à manier, à exploiter le bon usage ;

---

1. Gérard Mulliez, fondateur et président du groupe Auchan. Présentation et commentaires de Gérard Mulliez dans *La dynamique du client* de Richard Whiteley, Éditions Maxima, 1994.
2. Entretien avec Damien Pettigrew en 1992, diffusé sur *Arte* le 15 mars 2001.

- **transmettre un mouvement**, donc convaincre pour influencer.

Car nous cherchons systématiquement, dès que nous parlons, à influencer : la parole n'est presque jamais gratuite.

▨ Éviter les dérives de la manipulation

> *« Savoir-faire sans attitude n'est que manipulation.*
> *Attitude sans savoir-faire n'est que vœu pieux. »*
> Pierre GOURGAND[1]

La question fondamentale est alors : comment éviter la dérive de la manipulation, qui consiste à utiliser et manœuvrer quelqu'un pour l'amener sournoisement, perfidement, insidieusement – bref trompeusement –, là où on le souhaite ? Comment éviter la manipulation dans le mauvais sens du terme ? La réponse est simple... tout est question d'attitude : **la manipulation doit consister à influencer autrui, à croiser des informations de manière complémentaire les uns envers les autres. La manipulation respecte alors la morale et l'honnêteté.** Dans le domaine de la communication orale, nous retiendrons donc deux éléments constitutifs de la manipulation :

- le maniement, l'emploi, l'usage, et cela nous renvoie au professionnalisme de la communication, à sa formation aussi ;
- l'influence, et cela nous renvoie à l'objectif de la prise de parole : on est là pour convaincre.

La communication orale, c'est un fournisseur, plus un client

La personne qui nous écoute est au moins en partie notre client puisqu'elle va acquérir cette information dont elle est ou non preneur, qui correspond ou non à ses besoins. Ne dit-on pas « vendre » une idée ou une information ?

▨ Pour une approche « marketing » de la communication orale

Pour en apprécier toutes les applications dans le domaine de la communication orale, établissons la comparaison point par point avec la défi-

---

1. *Les techniques de travail en groupe*, Privat, 1989.

259

nition du monde de l'entreprise, dont nous rappelons les éléments constitutifs :

▶ C'est d'abord une technique qui, comme tout art, doit être maîtrisée.

▶ Son objet, ce sont les envies des consommateurs, qu'il faudra repérer, deviner ou prévoir, comprendre et analyser, caractériser, et enfin contenter.

▶ L'objectif est l'amélioration du rendement et de la productivité du capital placé sur une entreprise.

▶ Concrètement, dans l'entreprise ou l'organisation, il s'agit de fabriquer et fournir (vendre ou non) avec un gain (profit ou autre : politique, etc.) un bien ou un service qui réponde aux besoins du client (au sens le plus large du terme). L'activité chapeaute donc de nombreux métiers et fonctions :

  • des enquêtes, sondages, études de marché ;
  • la recherche et le développement du bien ou du service ;
  • une définition de la valeur (prix, etc.) ;
  • un emballage et une présentation ;
  • la diffusion (distribution, etc.) et la commercialisation ;
  • la communication : marque, promotion, publicité ;
  • le fameux SAV : le service après-vente.

Comment, dans le domaine de la communication orale, intégrer un rapport de fournisseur à client avec l'interlocuteur : comment mener une approche marketing de la communication orale ? Nous allons envisager ici quelques pistes de réponse :

▶ Se considérer comme sur un marché : quelle est la cible et quel est l'objectif ?

▶ Le rapport au « client » implique : dire ce que les autres veulent entendre, plus dire ce qu'on a à dire.

▶ Ne parler qu'après avoir déterminé ses objectifs, et donc respecter son plan de travail.

▶ S'identifier à son public : lui parler de ce qui l'intéresse.

▶ Enfin, qui dit client, dit « terre à terre » : comment assurer et rassurer ?

Individualiser

Chaque client, ou groupe de clients, est unique ; il faut donc adapter la communication orale en l'individualisant :

▶ **Personnaliser et singulariser** : même devant une salle importante il faut faire « comme si » on se trouvait devant un interlocuteur unique. *A fortiori* quand on est devant un groupe restreint d'auditeurs ou un interlocuteur unique, le « discours », notion neutre et standardisée, doit être individualisé par rapport à la personnalité unique de chaque auditeur. Chaque auditeur est unique et non interchangeable ; c'est cette originalité irréductible qui oblige à remplacer psychologiquement le « je parle » par un « c'est moi qui écoute » en se mettant à la place des autres.

▶ **Caractériser.** C'est l'une des conséquences : il faut adapter le discours, lui donner une couleur, c'est-à-dire un rythme et une tonalité d'ensemble conforme à l'attente d'autrui, et donc à même de rendre l'autre réceptif au contenu.

Pratiquer la souplesse

> « *Dire que l'homme est un composé de force et de faiblesse,*
> *de lumière et d'aveuglement, de petitesse et de grandeur,*
> *ce n'est pas lui faire son procès, c'est le définir.* »
> DIDEROT[1]

Trois comportements de base permettent, en communication orale, de pratiquer la souplesse. Ce sont les trois manières de traduire la souplesse en prenant la parole : fuir la généralisation, suivre les réactions, laisser épuiser la parole de l'interlocuteur.

Fuir la généralisation

Quoi de plus désagréable que d'entendre quelqu'un généraliser ? C'est immédiatement ressenti comme une atteinte à mon libre arbitre, puisqu'on m'empêche de relativiser le discours que j'entends, puisqu'on disqualifie ma capacité à imaginer des exceptions aux propositions émises. Or, seules ces exceptions peuvent fonder le dialogue. **La généralisation, c'est donc l'arme absolue du monologuiste** : je parle et on

---

1. *Pensées philosophiques*, Pléiade, cité par le magazine *Enjeux les Échos*, avril 1997.

m'écoute. Ce sont tous les discours qui accablent sans exception toute une catégorie d'idées ou de personnes (« Les fonctionnaires... »), sans aucune finesse. Ce sont aussi toutes les interventions qui indiquent la voie à suivre sans aucun doute : les discours dits « Y'a qu'à... Faut que... ». Bien évidemment, tous les discours des sectes s'appuient sur la généralisation, la systématisation. Dans chaque cas, cela consiste, à partir d'un élément unique, singulier, donc remarquable, à construire une théorie abstraite qui s'applique à tous les cas ou à tous les individus similaires, ressemblants ou approchants. On construit un modèle incontournable.

Préjugés et généralisation sont liés

Nous touchons à la notion de « pré » jugé : juger avant d'avoir pesé, avant d'avoir pensé. Le préjugé (appuyé sur une anticipation infondée, donc sur la précipitation) et la généralisation (donc le systématique, le commandé, l'absolu) sont intimement liés. Leur lien : le machinal, le réflexe, le mécanique (dans une machine on parle d'« asservissement »), l'automatisme. Le marquage par des origines sociales ou socioprofessionnelles peut aboutir à ce résultat. Il s'agit en fait d'une réaction de défense : **on n'agit pas, on réagit, donc on ne maîtrise pas.**

Suivre les réactions du public

C'est le meilleur moyen de respecter la règle qui consiste à se mettre à la place de l'autre : l'autre exprime, par ses réactions, et en temps réel, la manière dont il perçoit, dont il ressent notre intervention. Quelle stupidité, quel gâchis ce serait de se priver de cette véritable agence d'espionnage gratuite ! Il suffit en effet d'être attentif aux attitudes, et d'abord aux expressions du visage. Deux exemples...

▶ Dans tout bon entretien d'embauche, il est utile de placer, incidemment, dans le flot de la conversation, un élément qui semble essentiel aux yeux du recruteur, afin d'évaluer immédiatement, par l'éventuelle grimace du candidat, si ce dernier se trouve dans ou hors du champ du recrutement en cours. Un exemple : au début des années quatre-vingt, lorsqu'en France ont explosé les radios privées locales, le recrutement des journalistes de radio se réalisait toujours auprès de journalistes de presse écrite, et pour cause : il n'y avait pas, jusqu'alors, de journalistes localiers en radio. Or les journalistes de presse écrite, dont les journaux bouclent en général la nuit pour paraître le lendemain matin, ont une journée de travail décalée vers le soir. Il était alors très simple et redoutablement efficace de glisser dans la conversation : « Bien évidemment, pour que le premier journal, celui de 6 heures 30 le matin, soit prêt à temps, il est nécessaire d'être au travail dès 4 heures... » La mimique de réaction était plus parlante que de longs discours pour poursuivre – ou arrêter !... – l'entretien.

▶ Lors d'une intervention sous forme de conférence, l'endormissement de certains spectateurs, particulièrement si nous intervenons immédiatement après le repas du midi, reste le meilleur révélateur : c'est une sonnette d'alarme, qui là aussi se tire toute seule, automatiquement, comme par enchantement. Concrètement, on peut mesurer la qualité de l'attention d'une salle au nombre de bâillements. Aucun bâillement pendant une conférence, et c'est la garantie du sans faute en matière de communication orale.

Laisser épuiser la parole de l'autre

Ne pas interrompre épuise... l'autre

Ne pas interrompre présente deux avantages :

▶ **L'interlocuteur, en épuisant sa parole, s'épuise lui-même.** En parlant, il se vide de ses informations mais aussi, en partie au moins, de son énergie et donc de son agressivité. Reprendre la balle ensuite, lorsque à un moment il s'arrête, permet de ce fait de reprendre la main !

▶ **Le fait de l'écouter va permettre de situer son discours, d'analyser son argumentaire.** On pourra alors envisager de définir et de lui proposer un ou plusieurs compromis. Attention, il ne s'agit pas de se laisser aller à la dérive du compromis – la compromission –, mais bien de réfléchir aux idées ou thèmes de l'autre qui peuvent faire l'objet d'un rapprochement dans le débat.

Ce second point oblige de plus à passer les compromis possibles au crible d'un tamis, de respecter un critère de choix des champs de compromis. Concrètement, cela oblige à avoir, si possible en amont, réfléchi à adopter un projet idéologique et intellectuel clair, qui servira de référence pour définir le ou les champs de la compromission, et les champs qui par contre sont réservés au maintien ferme des idées qu'on exprime. Car **c'est bien notre projet personnel qui va dépasser nos** propres préjugés, nos propres intolérances, même inconscientes, et les « évidences » que nous nous forgeons pour nous protéger. Réfléchir à ce projet personnel sur tel ou tel sujet relativise la plupart des sujets de discorde, parce que cette définition d'un but permet d'éclairer ce qui est essentiel, ce sur quoi on se bat. Cela permet donc par défaut de laisser dans l'ombre les nombreux thèmes secondaires de litige. **Paradoxalement, on peut affirmer que le fait de construire son corps d'idée et de s'y tenir permet d'établir le meilleur relationnel avec autrui.** Pour une simple raison : ce faisant nous éliminons toutes les bonnes occasions de nous « regarder dans la glace » en chassant l'inutile.

La communication orale, c'est un émetteur, plus un récepteur

Les éléments d'une « émission de message » sont nombreux. Citons-en quelques-uns :

- créer le contact, le lien entre un émetteur et un récepteur ;
- porter un contenu ;
- utiliser un canal intermédiaire ;
- se référer à un environnement et un contexte ;
- exprimer une émotion ;
- générer un certain comportement ;
- mettre en forme une esthétique propre.

J'entends ce que je veux bien

▨ Réduire l'espace entre le message voulu et le message capté

Dans *Rien n'est simple*[1], le dessinateur Sempé représente une dame qui assiste à un accident effroyable : un camion fou défonce la devanture d'une épicerie à Paris ainsi qu'un échafaudage devant l'immeuble. Seconde image : un couple sort de l'entrée de l'hôtel voisin pour regarder ce qui se passe. Troisième image : la vieille dame court, affolée, à travers le quartier chez sa meilleure amie pour lui raconter le drame. Conclusion et quatrième image : elle lui raconte en détail l'événement dans toute son horreur : le fait que M. X. et Mme Y. se retrouvent à l'hôtel... ! De même qu'on ne voit que ce qu'on veut bien voir, notre

_____

1. Denoël, 1962 – Le livre de poche.

© Éditions d'Organisation

interlocuteur n'entendra que ce qu'il veut bien entendre. C'est pourquoi il faut réduire – c'est tout le jeu d'une communication orale réussie – cet espace entre le message voulu et le message capté.

Les limites de la transparence

Ainsi, dans un couple, est-il bon de tout dire et de tout se dire ? N'y a-t-il pas, dans cet espace aussi, à revendiquer, comme nous le proposons par ailleurs vis-à-vis des médias, un droit au silence ?

> « Parler. Être à l'écoute de l'autre. S'exprimer. C'est la sauvegarde du couple. Selon les psys. Mais, dans le banal quotidien où un mot en entraîne plein d'autres qu'on comprend de travers, un usage modéré de la communication est plus sûr. Et rend la vie conjugale plus sereine. [...] Communiquer dans le couple : une grande idée. Comme pour les OGM et les 35 heures : application floues, résultats hasardeux. »[1]

Les pertes en ligne

Je parle... Que va-t-il en rester ?

Il faut tenir compte des importantes pertes en ligne, qui ne caractérisent pas que le transport de la seule électricité. Le transport de l'information subit le même phénomène, selon plusieurs stades entre l'émetteur et le récepteur :

► La question que je pose en tant qu'émetteur d'informations est : qu'est-ce que je veux exprimer ?

► Mais il me faut retirer ce qui a trait à la trahison de ma propre parole par rapport à ma pensée ou à mes intentions. Résultat : qu'est-ce que je dis réellement ?

► Il me faudra ensuite retirer ce que mon interlocuteur n'entend pas (par inattention), ce qu'il n'écoute pas (par blocage ou désaccord), et même ce qu'il ne comprend pas (par inadaptation de mon discours à ses capacités et/ou à ses connaissances). Résultat : qu'est-ce que mon interlocuteur reçoit réellement ?

► Sans oublier, même si on sort de la communication verbale pour envisager son prolongement, de se poser la question du suivi,

1. Sylvie Barbier, *Marie France*, janvier 2002.

des effets : que va-t-il en retirer ? Que va-t-il mémoriser ? Que va-t-il en rester ? Que va-il en faire ?

L'exemple « parlant » de l'aviation

L'un des meilleurs exemples des problèmes posés par la circulation orale de l'information a trait à l'aviation, exemple intéressant parce que celle-ci est soumise à une double exigence. La première est l'impératif du respect absolu de procédures et d'action correctes, le risque en cas d'échec étant la sanction de la mort du pilote et des passagers. Cet impératif implique ce qui nous intéresse ici : le respect bien sûr des procédures techniques – entretien des avions et des pistes, check-lists, etc. – mais aussi une bonne communication orale entre les opérateurs : les pilotes, les autres membres de l'équipage, les contrôleurs au sol, etc. L'analyse de la plupart des accidents d'avion est à cet égard – sans mauvais jeu de mots – « parlante » : dans la plupart des cas, l'erreur humaine est à l'origine de l'événement, et elle se caractérise presque toujours par une communication orale déficiente ou inexistante. Rappelons quelques accidents, dont ils est bon de souligner qu'ils peuvent nous concerner personnellement dans notre vie quotidienne, les déplacements en avion étant appelés à prendre une place croissante dans la vie courante des Occidentaux.

Quatre-vingt-sept morts dans l'Airbus du soir

Le crash du mont Sainte-Odile à Strasbourg, le 20 janvier 1992 : on se souviendra longtemps de cet accident parce qu'il s'agissait d'un vol intérieur, simple, court, routinier et quotidien : la liaison entre deux villes françaises. Quatre-vingt-sept morts dans l'Airbus du soir... Pourquoi ? Il existe deux types de causes à un tel événement : des causes directes, humaines ou techniques, et des causes plus profondes, qui touchent à la manière de fonctionner – ou de ne pas fonctionner... – de notre société. Analysons ci-dessous les deux types de causes, d'abord parce que l'étude des causes proprement avioniques éclaire les causes profondes, humaines, et permet éventuellement de ne retenir que ces dernières...

► Pour ce qui est des causes directes, les conclusions de l'enquête ont pointé une apparente erreur de pilotage, mais ce n'est pas totalement certain :

Première explication possible : l'équipage a confondu deux commandes, impliquant chacune un type de descente différent de l'avion, la commande choisie par erreur ayant amené l'avion à mettre le mont Sainte-Odile sur sa trajectoire. Mais même s'il est vrai que la commande correcte, en enclenchant un autre type de descente, aurait permis à l'avion de passer au-dessus du mont, on n'aura jamais la preuve irréfutable de ce qui s'est passé, personne ne pouvant en témoigner : les membres de l'équipage sont décédés dans l'accident.

Autre explication : on sait que ces appareils et systèmes de descente subissent parfois des défaillances techniques et donc affichent ou pratiquent des anomalies inexplicables. Mais ceci est pris en compte par les procédures de certification des appareils : on exige des équipages de ne jamais abandonner la surveillance de ces systèmes, dans ce que ces derniers affichent comme dans ce qu'ils engendrent. Et on retrouve bien la primauté de l'humain sur la machine dans les procédures...

Explication complémentaire, par défaut, puisqu'il est question ici d'un outil qui n'existait pas : les avions de cette compagnie, Air Inter, ne disposaient pas de la balise de proximité de sol qui alerte l'équipage, une dizaine de secondes avant le crash, de l'imminence de ce dernier. Pourquoi ?

> « Destinés, comme leur nom l'indique, à prévenir le pilote d'un appareil que celui-ci se trouve à proximité immédiate du sol à l'aide d'un écho-radar, ces éléments de sécurité, pourtant considérés comme essentiels par nombre de pilotes, n'étaient pas installés sur la flotte d'Air Inter parce que les pilotes, effectuant toujours leurs atterrissages sur les mêmes aéroports, connaissaient parfaitement ceux-ci, selon ce qu'avaient à l'époque expliqué les porte-parole de la compagnie. Il est vrai qu'à la fois pour des raisons de masse embarquée [...] et d'économie [...], Air Inter avait obtenu des autorités de tutelle l'autorisation de faire voler ses appareils sans cet équipement. Mais, dès les premières constatations sur les circonstances du crash, Paul Quilès, ministre des Transports de l'époque, avait demandé que les appareils de la compagnie en soient dotés le plus rapidement possible. »[1]

► Maintenant que nous maîtrisons les éléments de l'enquête directe, pour ce qui est en revanche des causes profondes, posons la question véritablement polémique dans cette affaire : avant l'accident, et afin de l'éviter, s'était-on suffisamment parlé au préalable, entre équipages, compagnie et administration ? On est en droit d'en douter. Ce dont on a par contre la certitude, c'est que, bien

© Éditions d'Organisation

---

1. Jean-Paul Croizé, *Le Figaro*, 19 janvier 1993.

en amont dans le temps par rapport à ce tragique accident, de nombreux problèmes de communication, et particulièrement et principalement de communication orale, ont été à l'origine de dysfonctionnements ou de manquements. Ces dysfonctionnements ou ces manquements ont – indirectement, certes, mais inéluctablement – conduit l'événement à se produire, ou plus exactement conduit à produire les conditions qui rendaient sa réalisation possible, sinon probable. Ces dysfonctionnements sont au nombre de trois : ils concernent l'entreprise, les syndicats, les clients.

Que dire de la communication interne à l'entreprise ? Que dire d'une direction habituée depuis des décennies à pratiquer presque exclusivement une culture étatique, militaire, hiérarchique, directive ? Cette direction était-elle la plus à même de gérer, dans le cadre d'échanges appuyés sur une communication orale avec l'ensemble des personnels, l'insertion dans l'air d'un avion élaboré sur des concepts très modernes d'invention et de construction : interactivité, souplesse, faible présence humaine, etc. ? C'est pourtant bien à ce double niveau, celui de la présidence et de la direction générale des grands groupes industriels et celui de l'État et de son administration, que se gère le relationnel entre l'économie et la société humaine dans son ensemble et que, concrètement, on doit se poser, et en parlant (séminaires, colloques, etc.), les questions fondamentales de la fonction industrielle, du rapport homme-machine, de l'aménagement du territoire et de la mondialisation, du caractère aujourd'hui globalisé et systémique des décisions. C'est cette insuffisance de la parole qui fera titrer ainsi ses articles par le magazine *L'Usine Nouvelle*[1] : « Airbus : des ingénieurs trop en avance ? » ou encore « Un "avion d'ingénieurs" qui dérange parfois les pilotes ».

Et en face, que trouvait-on ? Pour ce qui est des pilotes et de leur représentation syndicale, comment leur communication était-elle vraiment possible avec les autres acteurs ? Car il ne faut ni le négliger ni l'oublier : la majorité des pilotes étaient à l'époque en conflit ouvert, et depuis longtemps, avec l'apparition sur le marché de cet avion qui devait se piloter à deux

---

1. Du 30 janvier 1992.

© Éditions d'Organisation

et non plus à trois. Conséquences : la mauvaise foi, consciente ou inconsciente, dont ils ont pendant des mois et à l'évidence fait preuve pour accueillir l'arrivée de ce nouvel appareil dans leur compagnie a généré indirectement un déficit d'échange – et particulièrement d'échanges oraux – entre le monde des pilotes et celui des ingénieurs de construction :

« À l'époque où a été conçu l'A 320, en France, la guerre faisait rage entre les pilotes, les compagnies et les constructeurs à propos de la suppression du troisième homme à bord (le mécanicien). Et il est vrai que les syndicats de navigants ont refusé, dans un premier temps, de s'associer aux réflexions qui étaient menées sur le nouvel avion. »[1]

Certes, lorsqu'on négocie, ou *a fortiori* lorsqu'on lutte, à titre syndical, contre un projet, il est de bon ton, pour donner le change, de donner l'impression que le projet n'aboutira pas, en se comportant comme si on était persuadé qu'il tombera à l'eau. Et probablement les contacts et échanges qui doivent normalement se dérouler entre l'utilisateur qu'est le pilote et le concepteur qu'est l'ingénieur ne se sont pas déroulés dans la sérénité et l'ambiance constructive qui doivent caractériser ces moments essentiels de l'invention d'un nouvel outil qu'est un avion. C'est l'un des maux profonds de la société française – et on est bien au cœur de la notion de capacité à se parler, à communiquer oralement – que la difficulté des milieux syndicalistes à évoluer. Des syndicalistes arc-boutés sur des notions issues du XIXe siècle : les droits acquis, l'attitude de négation, la peur du changement, la résistance à l'adaptation, la conception idéologique du « patron exploiteur », etc. Des notions décalées par rapport aux réalités du moment, et surtout caractérisées par une culture du « non » : contestation, refus, et non-construction d'un projet. Ces syndicalistes étaient-ils les mieux placés pour participer efficacement, donc oralement, dans des réunions adaptées, à la gestion humaine de l'intégration du nouvel appareil dans le monde de l'aviation ? Car cet appareil était le produit d'une nouvelle génération d'avions, ce qui entraîne, comme l'écrit le magazine *L'Usine Nouvelle* que « *d'une génération à l'autre, c'est toute la philosophie du dialogue homme-machine qui change* ».

---

1. Jean-François Jacquier et Sylvie Bommel, *L'Usine Nouvelle*, 30 janvier 1992.

Et les clients dans tout cela ? Les a-t-on consultés ? A-t-on parlé avec eux ? A-t-on communiqué avec eux ? Y a-t-on d'ailleurs jamais vraiment pensé, dans une entreprise où pendant des décennies on les a appelés des « usagers » ?... Un terme qui en dit long puisqu'il place l'utilisateur final quelque part entre le « client » et le « sujet ». Cela correspond bien à un système qui n'était pas fondé sur la demande du client mais sur les financements publics et sur l'impôt.

Au moins ce crash aura-t-il peut-être servi d'électrochoc à un ensemble humain qui pratiquait un déficit outrancier de communication, et notamment de communication orale :

> « Quoiqu'il en soit, on souligne dans les milieux proches de la DGAC [la direction générale de l'aviation civile] que ce rapport sera certainement celui de la conciliation, pilotes et constructeurs devant enfin se trouver d'accord sur son contenu, c'est-à-dire, fondamentalement, sur la manière dont les avions modernes comme le A 320 doivent être conçus et exploités pour voler en toute sécurité. »[1]

Alain Faujas renchérit[2] : après cet accident, la commission a recommandé différentes améliorations, dont le journaliste cite en premier : « *une meilleure formation des pilotes au travail en équipe* » ! Bref, nous pourrions presque affirmer : « Vous auriez dû vous parler, plus et mieux, et ils seraient toujours en vie... »

▦ Déficit de réunion pour parler : sept morts dans un vol d'essai

Crash d'un Airbus le 30 juin 1995 à Toulouse : survenu au cours d'un vol d'essai, cet accident fait sept morts. Et que dit l'une des recommandations dans le rapport préliminaire de la commission d'enquête, rendu public le 2 août ? Elle préconise « *d'effectuer systématiquement une réunion de préparation des vols d'essai même en cas d'essai réputé de routine* ». Et le siège d'Airbus Industrie fait savoir que les propositions de la commission « *étaient déjà appliquées dans l'entreprise depuis le lendemain de l'accident* ». Autrement dit, aujourd'hui les personnes concernées par ce type de vol extrême se parlent, en tout cas au niveau requis, préalablement au décollage.

---

1. Jean-Paul Croizé, *Le Figaro* 19 janvier 1993.
2. *Le Monde* du 2 mars 1994.

Les commissions d'enquête

Au-delà de ces deux événements différents, la procédure même de la commission d'enquête respecte des règles fondamentales de la communication orale et particulièrement en ce qui concerne les choix de réponse à la question « de quoi parle-t-on ensemble ? » (quel est notre sujet ?), qui induisent eux-mêmes les réponses à cette autre question : « de quoi ne parle-t-on pas ? » (sachons nous limiter) :

> « Son but premier [celui de la commission d'enquête] est d'identifier l'ensemble des faits pour reconstituer le scénario ayant conduit à la catastrophe. Il s'agit de détecter la défaillance qui a échappé à l'organisation ou au contrôle permanent du système. Pour parvenir à ce résultat, il ne faut pas penser en termes de responsabilité ou de faute, mais effectuer un travail amoral et technique. Le système judiciaire, lui, est là pour préciser ultérieurement les réparations et les sanctions. »[1]

Même la culture nationale, qui peut influencer la communication orale comme les comportements entre les individus, n'est pas éliminée des critères de constitution des commissions d'enquête ! Communiquons par la parole mais ne restons pas entre nous :

> « La commission d'enquête est formée de personnes compétentes, représentantes de l'État de la compagnie, de l'État du constructeur et de l'État où s'est produit l'accident. Quand elle risque de ne regrouper que des représentants d'une même nation comme dans le cas de l'Airbus du mont Saine-Odile, elle s'ouvre à des étrangers : deux Américains, un Canadien, un Allemand et un Britannique. »[2]

Clé 9. Considérer l'interlocuteur comme un client.

© Éditions d'Organisation

1. Paul Arslanian, directeur du Bureau enquête-accident français, cité par Alain Faujas, *Le Monde*, 2 mars 1994.
2. Alain Faujas, *opus* cité.

PAS DE COMMUNICATION SANS CIBLE

> *« Ceux qui comprennent ne comprennent pas qu'on ne comprenne pas. »*
> Paul VALÉRY[1]

Quand on parle, comment prendre le vent ? Quelle mission, quel but, quel résultat vise-t-on ? Et, en même temps, comment se mettre au niveau de l'interlocuteur, comment lui dire ce qu'il veut entendre ? Pour résoudre le dilemme, notre société, depuis la Seconde Guerre mondiale et plus encore depuis la fin de la guerre froide, exploite deux outils en plein développement : le lobbying, le réseau.

Le lobbying : influencer et convaincre

D'où vient cette activité ?

Pourquoi le lobbying se développe-t-il ?

▨ Le nouvel ordre politique impose le lobbying

On peut dénombrer trois explications à l'apparition puis à la modification et à l'adaptation de cette activité : la modification du champ des pouvoirs, de la communication, de l'action...

> ► **La cause profonde de l'apparition et du développement d'une activité de lobbying et de réseau dans nos sociétés est la relativisation du politique.** À partir du moment où le pouvoir politique ne contrôle plus tout, comme il le faisait auparavant par la parole en donnant des ordres, un autre ordre s'installe. Le lobbying est un vrai métier, qui implique professionnalisme. Il a envahi le domaine de l'entreprise et même celui des systèmes de représentation des entrepreneurs. Car aujourd'hui le politique et le social sont mêlés, l'économique et le social aussi, donc l'économique et le politique également. Principe de réalité : l'évolution et le déplacement du champ politique, qui n'appartient plus au seul personnel politique. Notre société pratique désormais une intégration réciproque et partagée, c'est la politique mutuelle. Les meilleures idées prévalent, mais, pour les réaliser dans ces circonstances, il faut s'adjoindre les autres :

---

1. Cité par Patrick Audebert-Lasrochas, *La négociation*, Éditions d'Organisation, 1999.

> « La remise en cause, lente mais profonde, de la suprématie étatique abou-
> tit en effet à la reconnaissance progressive – ou au moins la tolérance –
> par la sphère politique de l'importance de la société civile et de la nécessaire
> adhésion du citoyen en amont comme en aval de la prise de décision. Cela
> correspond à une "perte de capacité d'action réelle du politique". »[1]

▶ **La seconde cause en est la circulation croisée des informations,
qui fonde les nouveaux pouvoirs.** Jadis le contenu de la communication dominait ; aujourd'hui tout influence tout : de quoi
parle-t-on, mais aussi à qui, avec qui, comment ?

> « L'explosion des moyens de communication, l'ampleur de l'accès à l'infor-
> mation en temps réel – quitte à ce que celle-ci soit contradictoire – remet
> au centre du débat politique la nécessité de convaincre constamment de
> la légitimité même de son action. »[2]

▶ **La troisième cause en est le rééquilibrage entre tous les acteurs
de la société politique et économique.** L'économique doit satisfaire les clients, mais aussi les fournisseurs, les salariés, les actionnaires ; le politique doit satisfaire les électeurs, les journalistes,
les entrepreneurs. D'où l'utilité d'un système d'influence et
d'échange, d'interaction. Parce que tout le monde empiète sur le
champ des autres, chacun est l'acteur du changement : de lui, des
autres, de l'ensemble. On est donc obligé, pour maintenir sa
crédibilité et sa légitimité, de s'intéresser aux autres domaines,
de comprendre puis d'incorporer des cultures autres. D'où une
accélération des occasions de contact, anodins mais aussi structurants. Jusqu'à se dire : que fait-on ensemble ?

On peut signaler une autre cause, complémentaire des précédentes mais
spécifiquement française... : le mélange des genres pratiqué par l'État,
qui non seulement est tour à tour législateur, entrepreneur, actionnaire,
financeur, inspecteur, mais en plus utilise des passerelles permanentes
pour son élite de hauts fonctionnaires, parfois dirigeants d'entreprise :

> « Dans un régime politique où le parlement a, depuis plus de quarante
> ans, été souvent traité en simple chambre d'enregistrement, un appel clair
> et fort est fait en faveur de groupes de pression puissants et organisés
> capables de proposer des analyses macroéconomiques fiables pour contrer
> les schémas gouvernementaux préétablis. »[3]

---

1. *La Revue des entreprises*, septembre 2001.
2. *Ibidem.*
3. *Ibidem.*

▨ Le lobbying, c'est plus que de la publicité

C'est pourquoi le lobbying, c'est bien autre chose que de la publicité qui, elle, se limite à l'ensemble des activités et techniques de promotion concernant la commercialisation d'un bien ou d'un service. **La publicité fait vendre, le lobbying fait comprendre**, c'est-à-dire « prendre ensemble », appréhender collectivement.

▨ Toujours s'exprimer, toujours parler pour ne pas laisser aux autres le soin de le faire : aujourd'hui l'entreprise n'est plus apolitique

L'entreprise et l'entrepreneur ne peuvent plus être apolitiques et non-partisans. L'entrepreneur ne peut plus contourner la communication ; elle est inévitable parce qu'elle est fondée sur le lien indissociable entre les sphères d'activité humaine de la société, dont font partie les sphères de la politique d'une part, du médiatique et de l'entreprise d'autre part :

> « L'entreprise est non partisane, mais tout sauf apolitique. [...] L'entreprise, ses intérêts sont directement concernés par la décision politique. Deux raisons sont, le plus souvent, avancées pour justifier ce lien. Si l'objet même de l'entreprise est de créer des richesses et de satisfaire ses clients, l'entrepreneur ne peut plus aujourd'hui minimiser les conséquences d'une législation ou réglementation protéiforme et d'origine souvent diverse sur son activité. [...] les choix politiques pris en matière de fiscalité, de prélèvements sociaux, de normes sociales, environnementales etc. ont un effet direct sur le prix des produits et parfois sur la pérennité même de l'entreprise dans un marché mondialisé. »[1]

Conséquence de cette évolution de notre société : les entrepreneurs sont sensibilisés au besoin pour eux d'être informés des tendances et des décisions politiques, et même de s'investir dans la sphère politique. Comment le MEDEF, en 2001, propose-t-il de pratiquer pour rétablir les fils du dialogue entre ces deux mondes, alors que leurs liens sont plus émotionnels que réfléchis, et que les fonctionnaires sont sur-représentés dans l'activité politique en France ? Principalement par le dialogue : faire renaître le dialogue social, par la re-fondation sociale, et aboutir à la négociation du contrat plutôt qu'à l'obéissance à la loi, parce que **la loi est uniforme alors que le contrat est adapté et diversifié, souple**... Voilà comment le monde économique s'affirme et s'affiche acteur du débat démocratique.

---

1. *Ibidem.*

L'enjeu du lobbying : convaincre

Qu'est-ce que le lobbying ? L'objet est de persuader l'interlocuteur du bien-fondé de notre décision – ou de la tendance d'évolution des événements – que nous soutenons. En voici une définition couramment admise :

> « Lobbying, action des groupes de pression organisés pour infléchir, dans le sens le plus conforme à leurs intérêts, les décisions de la puissance publique. Les groupes de pression, ou lobbies, ont pour fonction de défendre les intérêts d'acteurs économiques ou sociaux les plus variés : secteurs industriels ou agricoles, syndicats de salariés, professions libérales, anciens combattants, épargnants, mouvements écologistes, associations de consommateurs, de protection des droits de l'homme, minorités raciales ou sexuelles. L'action des lobbies, le lobbying, s'est traditionnellement développée en marge des institutions démocratiques (parlements, ministères) sous forme de rencontres informelles de responsables politiques ou administratifs, d'où le terme de lobby, qui signifie antichambre en anglais. Elle peut, en ce sens, être comparée à la diplomatie. Au-delà de simples opérations de relations publiques, le lobbying participe parfois de manière indirecte aux processus de la prise de décision en élaborant les amendements que les parlementaires sont susceptibles de déposer avant l'adoption d'une loi. Pratiqué depuis longtemps aux États-Unis, le lobbying s'est particulièrement développé à l'échelon des institutions de l'Union européenne (Commission européenne et Parlement européen). »[1]

On peut reprocher à cette définition d'être limitée aux actions qui ciblent la sphère publique et politique. En voici une définition plus souple et plus large, plus générale : **des organisations, privées (entreprises ou groupements d'entreprises) ou publiques (collectivités, élus politiques, organismes) souhaitent aboutir à la prise ou à l'annulation d'une décision, ou à la motivation d'administrateurs ou d'acteurs économiques, politiques, administratifs, pour résoudre un problème spécifique ou assurer la progression d'une démarche, dans le cadre d'un projet général et d'une culture de développement et non de pouvoir. L'ensemble des démarches menées dans cette optique constituent l'activité de lobbying.**

---

1. Encyclopédie *Encarta*.

La persuasion par la parole : la parole est l'activité de lobbying

▨ Comment mener l'opération de lobbying ?

Comme dans toute opération de communication, le lobbying va exploiter les outils traditionnels, que nous rappelons rapidement :

▶ **Stratégie et objectifs** : savoir ce qu'on veut obtenir des autres.

▶ **Tactique** : choisir les protagonistes, les co-acteurs.

▶ **Étude du contexte** (pour prendre le vent) : cadre légal, état du dossier, repérage des rivalités, sources d'appui, de conflits, moyens financiers, culturels, humains.

▶ **Construction d'un plan de travail**, de réalisation, avec :

- les étapes,
- les capteurs,
- les cibles : directes, indirectes, à éviter, à endormir,
- les chemins.

▶ **Puis retrouver toutes les lignes de la parole** : écouter, ne pas mentir, ne pas promettre inconsidérément, jouer le lieu et le moment. **Ici la certitude et la conviction sont maîtresses.**

▨ Le laboratoire d'idées par la parole : colloques, forums, journées d'étude, conférences

> « L'origine de cette institution remonte au début du XXᵉ siècle, où de richissimes philanthropes, tels Robert Brookings ou Andrew Carnegie, rêvaient à des "universités sans étudiants". Après la Deuxième Guerre mondiale, des instituts, sous contrat, fournissent données et études aux militaires ou à l'administration, avant que ne se créent des organismes à vocation plus idéologique. [...] La dernière génération, la plus récente, ressemble plutôt à des "niches" d'experts spécialisés dans un ou deux domaines pour qui la visibilité par le biais de l'organisation de colloques, de conférences et d'articles de presse constitue une conditions sine qua non de prospérité. »[1]

La France semble à la traîne par rapport aux Anglo-Saxons ou aux Germaniques dans ce domaine, même si l'expérience menée par Valéry Giscard d'Estaing aux début des années soixante-dix, les Clubs Pers-

---

1. Nicolas Weil, *Le Monde*, 16 septembre 2001.

© Éditions d'Organisation

pectives et Réalités, sera couronnée de succès puisque celui-ci devient président en 1974 :

> « En Europe, les laboratoires d'idées, en l'occurrence britanniques, ont fait parler d'eux lors de l'arrivée au pouvoir de Tony Blair, qui tentera d'exporter sa "troisième voie" vers l'ensemble du mouvement socialiste. Mais, en France, la réflexion continue à être traitée au sein des partis. Il n'existe pas, comme en Allemagne, des fondations – la Friedrich Ebert Stiftung pour le SPD ou la fondation Adenauer à droite – capables de mobiliser des centaines de chercheurs pour élaborer un programme. Hervé Morin, député de l'Eure, chargé du projet à l'UDF, le regrette : les liens entre intellectuels et politiques en sont au "stade artisanal". »[1]

Comment convaincre la population américaine en faveur d'une nouvelle politique ?

Pour pouvoir faire des affaires, il faut aussi se battre sur le terrain des idées. À la première impression on pourrait croire le monde de l'entreprise bien éloigné du bavardage idéologique. Pourquoi un entrepreneur se mêlerait-il d'intervenir sur les grands sujets idéologiques, conceptuels, politiques de son temps ? Parce qu'il ne faut pas négliger le fait que **le développement est soumis à une loi supérieure : l'acceptation de son principe même par une société.** Ce n'est pas évident à première lecture mais toutes les actions économiques – vendre, acheter, embaucher, licencier, spéculer, gagner de l'argent, s'enrichir, investir – obéissent à la potentialité culturelle d'une société de tolérer, d'accepter, de promouvoir ou de refuser ces activités. Or, quand Ronald Reagan arrive au pouvoir, toute la presse américaine titre : « America is back again ». L'expression est fondée, sauf pour le temps des verbes : ce n'est pas de présent dont il faudrait alors parler, mais bien de passé. Car cette situation n'est pas le fruit du hasard mais le résultat d'un plan concerté mis sur pied bien des années avant. Que s'est-il passé, à un moment donné, dans l'histoire américaine, pour que d'aucuns se saisissent de la situation pour tenter de la modifier ? Retour à l'origine : nous sommes en 1964. À l'occasion de l'élection présidentielle, Barry Goldwater représente les Républicains. Il mord cruellement la poussière. Ce sera le déclencheur d'une réaction face à un phénomène : le recul lent mais manifeste des États-Unis de tous les terrains qui avaient fait de ce pays le premier de la planète. Et ce recul, sensible sur le plan du développement économique, actuel et potentiel, sensible sur le plan diplomatique et politi-

---

1. *Ibidem.*

que, est analysé par d'aucuns comme le résultat d'un effacement des idées qui ont fait le succès de *l'american way of life*, qui ont fondé le « rêve américain », comme si le pays entier faisait preuve, lentement et sourdement mais profondément, d'une sorte d'abandon de lui-même et de ses valeurs prométhéennes. Avec pour résultat un recul économique relatif, notamment par rapport au Japon et en général à l'Asie, sans compter avec l'émergence de l'Europe. Influence croissante de l'État, repli protectionniste, progression du social... comme si l'État américain, poussé par l'ensemble de la population, était entré en guerre intérieure contre ceux qu'ont appelait à l'époque les patrons. Le désastre électoral de 1964 sera un électrochoc pour les adversaires de la sociale-démocratie devenue la nouvelle pensée unique américaine.

L'un des principaux mouvements de lobbying du XXᵉ siècle, essentiellement appuyé sur la parole

Un immense mouvement de lobbying, l'un des plus remarquables du XXᵉ siècle, tant par son poids que par ses résultats, va se mettre en marche. On l'appellera, à tort ou à raison, la révolution conservatrice. Il s'agit en fait d'une révolution idéologique du libéralisme. Ce mouvement va refonder idéologiquement le libéralisme sur la notion de « marché », par définition inorganisé et inconscient de son existence propre, et il va se structurer philosophiquement pour entrer dans une véritable guerre contre les outils de la pensée unique d'alors : les médias, le gouvernement notamment. Une armée de l'anti-establishment sera levée afin de combattre le système mais surtout de le remplacer.

Les lieux du lobbying : les clubs, la presse

Les moyens de la communication orale

Comme l'ont décrit Daniel Yergin et Joseph Stanislaw[1], cette campagne de lobbying utilisera comme principal outil la communication orale. Une stratégie et des moyens financiers vont la servir. Ce sont les principes de base de douze fondations qui sont créées pour modifier la façon dont les Américains conçoivent les rapports entre l'État et l'économie. Ces douze fondations seront entourées d'une nébuleuse d'organismes et d'outils divers, mais elles resteront le fer de lance de cette armée des idées libérales. Leurs principaux outils de travail : des « clubs

---

1. *The commanding heights*, Simon and Schuster, New York, 1998.

où l'on parle ». C'est la reprise de l'influence des « salons » français sous la Royauté. **Parlez, convainquez, il en restera quelque chose.** Rapidement l'actif de cet ensemble dépassera, au milieu des années quatre-vingt-dix, la somme du milliard de dollars. En deux ans, au début de la même décennie, ils auront déjà distribué le tiers de cette somme.

Les *think tanks* ou comment déverser la pensée en parlant

Et puisqu'il s'agit d'idées et de convictions, on va monter des lieux de pensée qui vont servir de réservoir, comme un lac supérieur pour irriguer une vallée. Ils resteront dans l'Histoire comme les *think tanks*, les « réservoirs de la pensée ». Dotés de moyens considérables, ils vont influencer et formater l'opinion du pays. Par des études, des conférences, des relations avec la presse, des débats, des réunions publiques ou privées, des commentaires de l'actualité, les *think tanks* conservateurs vont s'attaquer à l'Amérique profonde. Rapidement leur présence est dominante : l'activité politique et médiatique s'en sert comme d'une source d'idées et d'arguments. Ce ne sont pas des cercles secrets ni des sectes. Bien au contraire, ils ont pignon sur rue et font tout pour bénéficier de l'influence maximale. Ils portent un nom : American Enterprise Institute, Citizens for a Sound Economy, Free Congress Research, Heritage, etc. Au milieu des années quatre-vingt-dix, les budgets des cinq principaux réservoirs de pensée conservateurs sont quinze fois supérieurs à ceux des principaux réservoirs à pensée démocrates. **Comme quoi il ne faut pas seulement parler, il faut aussi se donner les moyens d'avoir quelque chose à dire, et de se faire entendre...** Car il faut s'entourer des meilleurs penseurs et chercheurs, mener des études professionnelles, construire des banques de données performantes et accessibles.

Parler sur des sujets choisis

Imposer les sujets, décider des termes des débats, arrêter les conditions de la discussion idéologique... voilà la tactique. Sur les sujets par exemple, sont choisis volontairement des questions qui vont occuper tous les rythmes du temps qui passe :

▶ Le court terme. **Le rythme est bien sûr celui des scrutins électoraux et donc des campagnes qui les précèdent.** Les rapports d'étude paraissent évidemment au moment opportun. Les commentaires font l'objet de campagnes orchestrées autour de la parole à la télévision, qui influence considérablement l'opinion aux États-Unis.

▶ Le long terme. **Il s'agit ici de repenser tout le socle idéologique qui caractérisait le pays jusqu'alors** : les sujets sont la politique raciale, la politique sociale, l'interventionnisme de l'État dans l'économie, les causes de la pauvreté, la responsabilisation. Et les outils seront les colloques, les journées d'étude, les séminaires, les forums.

Le terrain du combat : les médias

Comment pouvoir parler autant qu'il est possible sur les médias ? En occupant le terrain :

▶ On crée des centres de recherche médiatique pour poursuivre les médias en permanence, alors résolument favorables à la cause démocrate. On commente, on critique la manière dont les journalistes décrivent ou interprètent la réalité. Ce faisant, on affaiblit le camp adverse. **Petit à petit il s'agit de pousser la presse à se remettre en question** ou au moins de la contenir dans une attitude de défense.

▶ **Mais il s'agit aussi**, positivement cette fois, **de financer un ensemble de journaux et de magazines** qui vont former une mouvance journalistique conservatrice, par la lecture et la parole. Le pauvre *Wall street Journal* ne suffit pas ! Alors on développe *The Weekly Standard*, le *Washington Times*, *The National Interest* et bien d'autres. *The American Spectator* va voir son nombre d'abonnés décupler ! Les magazines intellectuels sont développés. On finance également la formation des journalistes.

Résultat : après quelques années, les médias ont basculé et l'opinion américaine suit. Les populaires *talk shows* de Rush Limbaugh répandent la bonne parole sur tous les sujets. Petit à petit on obtient le résultat escompté : la pensée est toujours « unique », mais ce n'est plus la même... On se reportera utilement, sur le net, aux sites qui abordent ce sujet (comme www.geoscopie.com).

Le réseau : faire agir

Si l'enjeu du lobbying est de convaincre, cela s'avère parfois insuffisant. Il faut alors aller plus loin : faire agir, voire faire agir ensemble. C'est tout l'objet des réseaux.

D'où vient cette pratique ?

Pourquoi les réseaux se développent-ils ?

▪ L'entreprise, système ouvert, gère l'économie : elle fait de la politique

L'entreprise, devenue un système ouvert, se voit imposer trois tendances fortes :

- elle doit toujours gérer au jour le jour mais elle est appelée en plus à gérer l'économie ;
- elle doit donc parler de plus en plus avec le personnel politique ;
- parfois en retard sur cette évolution, elle impose à ses systèmes de représentation, en tout cas aux plus évolués d'entre eux, de la convaincre du bien-fondé de ces pratiques nouvelles.

▪ C'est la parole qui est utilisée pour convaincre : l'enjeu est un transfert de culture comportementale

Ce dernier point est essentiel, et il est renforcé par le fait que, bien souvent, pour éviter l'isolement de l'entrepreneur face au monde public et politique, **c'est de manière collective et groupée que les entreprises construisent ces nouveaux ponts avec les aménageurs de notre société**. Pousser les entreprises à consommer des ressources technologiques nouvelles, les ouvrir à de nouvelles stratégies en marketing, les guider vers la qualité et la sécurité, améliorer leurs relations avec la presse... **autant de situations et de défis qui obligent les organisations collectives d'entrepreneurs à améliorer la réceptivité des entreprises aux informations externes**. C'est la parole qui est utilisée pour convaincre, parce qu'à chaque fois l'enjeu est un transfert de culture comportementale. Sans cesse ces organisations sont appelées à engendrer le développement économique par le ciblage et l'accompagnement, les actions de sensibilisation en profondeur des entreprises. Or les outils sont appuyés, gérés et animés, principalement sur la communication orale.

▓ Notre monde passe du formel à l'informel et fait passer la parole au premier plan

Toutes les structures de notre société, et notamment les entreprises et organisations, s'adaptent à cette nouvelle norme : nous passons aujourd'hui du formel à l'informel. **L'enjeu pour l'individu comme pour les entreprises et organisations est de développer la vitalité, créer des processus vivants, efficaces, ou s'y intégrer, améliorer la réactivité, éviter la sclérose.** Car il faut non seulement structurer mais aussi vitaliser ; il ne s'agit pas seulement d'organiser, d'automatiser, mais de se poser ces questions : comment accéder à de meilleures informations ? Comment améliorer la recherche d'informations ? L'individu, comme les entreprises ou organisations, doivent être aujourd'hui « à tentacules ». **Cette attitude d'ouverture et de partenariat n'est pas facile à vivre : elle fait exploser nos limites.** Le monde ambiant se caractérise ainsi :

- les structures et les organigrammes jouent un rôle décroissant ;
- les décisions informelles et flexibles se développent ;
- les responsabilités se décentralisent ;
- l'information est abondante et circulante ;
- les décisions se coproduisent.

Manager aujourd'hui, produire aujourd'hui, créer aujourd'hui, c'est travailler en réseau, dans une organisation déconcentrée. L'économie, déconcentrée, spécialisée, diversifiée, impose la gestion en réseau entre des zones de haute qualification, donc complémentaires. On n'est plus obligé de tout avoir au même endroit et, de ce fait, bien des activités sont externalisées, sous-traitées et spécialisées. La gestion en réseau permet les économies d'échelle. Le capital de l'entreprise, mais aussi de nos jours le capital d'un individu, c'est la valeur de ses réseaux. De plus en plus notre efficacité se mesure non seulement par ce dont nous disposons « en interne » (notre niveau d'intelligence, notre catégorie professionnelle, ce que nous produisons, etc.), mais aussi par la valeur de nos réseaux, sur lesquels nous sommes branchés.

L'objectif du réseau : faire agir ensemble

> « *En regardant vivre les hommes, il m'est apparu que leur principale et presque seule préoccupation était de vivre par avance leur avenir.* »
>
> Jean SUTTER, psychiatre[1]

Les réseaux : une démarche complète

Comme dans toute opération de communication, le montage du réseau puis son entretien et son développement, ou sa démultiplication, vont exploiter les outils traditionnels de toute opération de relations extérieures. Mais, spécifiquement dans le cas du de réseau, on appuie la procédure – condition nécessaire de réussite – par une démarche. Son cheminement est maintenant reconnu et balisé :

- un défi,
- puis une idée,
- puis un concept,
- puis un programme.

Un exemple d'efficacité des réseaux : répondre aux défis du développement territorial

Prenons l'exemple de deux réseaux montés dans le Nord de la France au cours des 20 dernières années du XXe siècle : Entreprises et Cités, le Comité Grand Lille. Le but à l'origine est de répondre à trois défis :

▶ **Premier défi : une région frontalière voit, dans les années quatre-vingt, pointer à l'horizon l'ouverture des frontières internes à l'Europe.** Dans le Nord de la France, l'ouverture de ces frontières entraînera la renaissance des grands flux de l'Europe marchande. Car les mémoires des territoires sont longues et les mutations finalement lentes. En effet, dans cette région, les conséquences du passage d'une situation de frontière à une situation de circulation, seront la réapparition, la renaissance des grands flux nord-ouest/sud-est (Grande Bretagne/Benelux/Allemagne/Italie) et sud-ouest/nord-est (Paris et France/Benelux/pays nordiques) dans les deux sens. Ces flux vont s'ajouter au seul flux Paris/Nord-Pas-de-Calais aller-retour qui prévalait depuis trois siècles. Soudain, une région jusque-là protégée par une frontière

---

1. *L'anticipation*, PUF, collection « Psychiatrie ouverte », 1983, cité par Michel Godet en conférence.

n'est plus isolée, ce qui implique que le Nord de la France va se connecter aux quatre pôles d'attraction économique qui l'entourent : Londres, Paris, Hollande et Ruhr. Dans ces circonstances nouvelles, fusent les questions stratégiques : comment la région doit-elle se positionner sur le plan territorial, c'est-à-dire dans quel ensemble économique doit-elle s'intégrer ? Comment la région doit-elle définir ou redéfinir son territoire économique pertinent ? Quelle est son rôle et sa stratégie au sein de l'Europe ? Dans quelle mouvance territoriale et économique doit-elle se trouver dans 20 ans ? Or dans son état au début des années quatre-vingt, le Nord-Pas-de-Calais reste très typé sur le plan économique : c'est une terre d'entreprises, elle attire les implantations internationales, son autonomie comme sa dépendance économiques ont des racines historiques. À tous les points de vue elle est proche de la dorsale économique européenne qui va de l'Angleterre industrielle à l'Italie du Nord en passant par le Benelux et l'Allemagne : histoire, taux de fécondité, densité de population, présence du secteur secondaire, réalisations et projets d'aménagement, notamment d'équipement autoroutier, parenté avec d'autres régions européennes, nombre d'actifs. Mais il faut bien le constater : il lui reste à s'y insérer efficacement, c'est-à-dire en particulier en ce qui concerne l'indice de richesse vive. **Dans ces conditions d'ouverture des frontières, le territoire redevient un élément essentiel du développement et, de ce fait, l'entreprise et ses représentants d'une part, leur territoire d'autre part vont devoir se parler.** Quand on sait à quel point l'économie est aujourd'hui mondialisée, la question se pose ainsi : comment structurer, chez les entreprises, un mouvement d'enracinement, d'ancrage, de maillage dans l'environnement local ou régional ?

▶ **Second défi : l'impérieuse nécessité de définir un projet collectif partagé.** En effet, un aménagement dynamique du territoire interne d'une région ainsi positionnée signifie qu'une stratégie, là aussi, doit être définie quant à l'organisation interne de la région. Il faut relier aménagement du territoire et développement socio-économique. Ce projet doit aussi permettre de ne pas rater la cohésion régionale entre les différents bassins, prompts à se liguer contre la capitale métropolitaine, Lille. Ce qu'il faut éviter : Lille en bureaux, le reste en entrepôts. Ceci entraînerait une perte d'énergie considérable ; les bassins deviendraient ennemis au lieu de devenir partenaires. C'est le rôle d'un projet régional que d'intégrer ces menaces. **La région ne peut prendre toute sa place internationale que si elle s'appuie sur une grande métropole, bâtie en réseau avec les différents bassins.** L'énergie collective sera alors gérée en réseau et non plus en opposition entre les bassins.

▶ **Troisième défi** : assurer son développement sans assistance. Au début des années quatre-vingt, le Nord de la France prend conscience du fait que l'économie assistée, décidée de Paris (le traitement de la reconversion de l'activité autour du charbon), c'est fini : le territoire doit passer de la restructuration assistée à un développement responsable. **La région doit dorénavant gérer ses ruptures culturelles indispensables.** Ce n'est pas parce que la restructuration industrielle se termine que l'effort deviendrait inutile. Au contraire : la mutation devient permanente ; il n'est question d'admettre ni une pause, ni des discours lénifiants. Il s'agit de parler qualitatif et non quantitatif. Après une période de restructuration, le territoire régional entre dans une période de développement compétitif permanent, dans laquelle les aspects qualitatifs (niveau de compétence, recherche, formation) deviennent déterminants. La région doit se prendre en charge : la restructuration industrielle des vingt dernières années consistait en une prise en charge du devenir régional par l'État ou par les grandes entreprises nationales qui dominaient l'économie régionale. Soudain, au contraire, l'enjeu du développement régional consiste et consistera à rassembler les forces, à travailler avec des partenaires, et à se remettre en cause... en un mot à se prendre en charge : ce que la région fera par elle-même, personne ne le fera à sa place.

▨ **L'idée : faire évoluer le management public pour que tous les acteurs du développement, publics et privés, travaillent ensemble**

L'idée, c'est-à-dire l'intellectualisation des défis, leur traduction en objectif général, a été, dans l'exemple décrit ici, exprimée en deux options, conjointes, de création de lien :

- relier, chez les élus de la région et leurs proches collaborateurs, d'une part leur niveau d'information sur le développement régional (qui est posé comme étant insuffisant) et d'autre part leur conscience et leur motivation en faveur de la région (qui sont posées comme étant en général fortes) ;

- relier le niveau d'information (de compétence ?...) économique, d'une part chez ces mêmes élus (niveau qui est posé comme insuffisant) et d'autre part chez les acteurs du développement que sont les entrepreneurs.

Ce sujet couvre un domaine plus large que le champ direct d'action défini ou imposé : est en jeu la capacité d'une région à se mobiliser fortement et de manière unie sur les grands dossiers d'aménagement du territoire et du développement socio-économique. Or l'entreprise, seule génératrice de richesses, a besoin d'un environnement favorable pour y puiser les éléments de sa compétitivité. Il est donc indispensable de donner à cette revendication un contenu régional en tenant compte des caractéristiques de l'intégration de l'entreprise au sein de son territoire :

- l'entreprise a besoin de se situer dans un système complet caractérisé par ses échanges privilégiés avec des partenaires locaux qui lui fournissent biens et services de proximité ;

- l'entreprise se procure dans son environnement un ensemble de ressources indispensables à la conduite de sa propre stratégie : formation, technologies, infrastructures de communication et de télécommunication, cadre de vie... ;

- l'entreprise peut profiter d'avantages dus à son environnement (grands équipements, ressources humaines de qualité, faible pression fiscale), ou subir des freins (pollution, risques industriels, fiscalité excessive).

Or un territoire trouve sa dynamique dans un projet. Il appartient aux élus politiques de proposer et de promouvoir ce projet. Et il appartient tout naturellement à la représentation des entreprises d'avancer des propositions à ce sujet. Car l'entreprise est citoyenne : son objet est la satisfaction du client, la création de richesses et donc le développement personnel des femmes et des hommes qui y contribuent. L'obligation est de répondre aux questions suivantes : quelles démarches engager ? Comment changer le management pour manager le changement ? Comment concevoir ce qui doit présider à un management moderne et cohérent de toute institution ? Quelles sont les lignes clés qui permettent à tout responsable institutionnel de faire le lien entre d'une part le formel nécessaire – c'est-à-dire les structures en place : l'État, la région, les départements, les chambres de commerce et d'industrie, les grandes villes – et d'autre part l'informel qui domine le monde actuel parce qu'il court-circuite tout organigramme ? Comment permettre l'émergence d'une compétitivité régionale, comme il existe une compétitivité d'entreprise ? Comment faire en sorte que les institutions publiques et les entreprises forment un ensemble compétitif ? Comment faire en sorte que la partie publique de la région ne vive plus pour elle-même ? Comment obtenir des institutions publiques qu'elles ne se substituent pas aux acteurs naturels de l'économie que sont les entrepreneurs, par exemple par les subventions aux entreprises, ou en prenant en charge directement et exclusivement des activités normalement accessibles aux entreprises ? Car, ce faisant, elle fait écran entre les entreprises et leur environnement, aboutissant à un appauvrissement du système économique par asphyxie lente de la circulation naturelle des informations du marché vers l'entreprise. Comment générer des propositions autour d'un projet permanent pour la région ? Comment faire de la région une grande zone d'innovations ? La formation, l'environnement, l'aménagement du territoire, la création d'entreprise et la recherche d'investisseurs sont les champs possibles. Quels outils construire pour assurer les conditions globales du développement ? Quels moyens donner aux entreprises pour qu'elles aient le maximum de chances de naître ou de s'implanter, et de réussir dans un monde en mutation ?

Les moyens : parler dans l'informel

Le concept : décloisonner pour travailler ensemble...
Vive le partenariat !

> « Il faut faire sauter les cloisonnements
> pour concourir tous ensemble à une stratégie commune. »
>
> Jean-Pierre GUILLON,
> président de Entreprises et Cités[1]

Comment transformer l'idée, émise ci-dessus, en concept, c'est-à-dire en mode de fonctionnement stratégique ? Manager une région implique de se parler. Et cela devient possible, au-delà des chapelles, grâce à deux évolutions au début des années quatre-vingt :

---

1. *La Gazette Nord-Pas-de-Calais*, 26 juin 2002.

▶ Les élus politiques évoluent vers des responsabilités économiques et sociales croissantes. Mais cette multiplication des initiatives publiques subit quatre contraintes :

- des échéances électorales régulières, qui imposent une action visible et à court terme ;
- une gestion difficile à maîtriser, du fait d'une comptabilité publique inadaptée ;
- une concurrence stérile entre collectivités locales ;
- un système public français inflationniste, donc incompréhensible et incontrôlable : Europe, État, région, département, villes et tous les systèmes urbains (communautés urbaines, agglomérations, pays).

▶ Quant aux milieux d'entreprise, ils reconnaissent une communauté d'intérêts entre tous les acteurs, publics autant que privés. Le mépris des milieux d'entreprise pour la politique s'estompe, et les différences idéologiques – entre la gauche et la droite, le « patronat » et les ouvriers, les « classes » – ne sont plus dans le champ culturel des entrepreneurs, qui se situent désormais de plus en plus dans une culture évoluée, très moderne et planétaire.

Les temps sont mûrs : **manager le changement et l'adaptation, ce n'est plus imposer l'idéologie, quelle qu'elle soit. C'est reconnaître qu'il y a entre tous les acteurs d'une région une communauté objective d'intérêt. Ils sont ensemble au coude à coude dans un même combat, et au coude à coude ils peuvent faire évoluer le management trop traditionnel des institutions régionales selon ce choix : s'adapter ou sombrer. Les acteurs veulent réfléchir, travailler et agir ensemble sur un territoire régional. Ils sont prêts à dialoguer dans ce but. Ils veulent faire preuve d'une véritable volonté régionale de travailler en réseau avec d'autres acteurs,** ils sont prêts à favoriser l'environnement des entreprises pour favoriser leur développement.

Le concept se construit par la parole dans des séances d'animation

Comment passer de l'idée au concept ? Concrètement, ce dernier sera détaillé, précisé et validé au cours de séquences d'animation – appelons-les séminaires de construction – qui serviront à nourrir le projet grâce à une réflexion menée par une équipe restreinte d'experts de ce type de situation. Voici la base de travail de cette équipe :

© Éditions d'Organisation

▶ **Une formulation claire** : bâtir une formule originale de perfectionnement dont l'ambition est de donner à la région une chance de développement supplémentaire, par le progrès du personnel politique, considérant que la compétitivité de la région dépend aussi de la qualité de ses dirigeants politiques et administratifs et de leurs proches collaborateurs.

▶ **Technique** : il faudra insister sur la nécessité de séduire les participants potentiels, on évitera donc les techniques de la conférence ou de la séance de formation. Il faut mettre les participants au travail en leur proposant d'être des acteurs du projet, qui apportent eux-mêmes une valeur ajoutée personnelle. Il ne s'agit donc pas d'un cycle de perfectionnement classique, ni non plus d'auto-formation, mais de la promotion d'un concept pédagogique nouveau qui permet aux personnes concernées de :

  • profiter de la richesse d'un réseau d'informations et d'hommes,

  • recevoir des réponses concrètes à des questions concrètes.

En tout cas, la pédagogie utilisée vis-à-vis de cette cible doit être spécifique : on ne forme pas du personnel politique comme on forme des étudiants. On leur donne matière à réflexion, on ne leur donne pas une leçon. Ils refuseront l'enseignement mais accepteront l'échange.

▶ **Cible**...Il s'agit du monde politique, ainsi délimité :

  • ouvert à toutes les tendances (sauf les extrêmes) pour assurer l'unité du groupe sur les problématiques du développement ;

  • étendu aux collaborateurs, officiels ou officieux.

Le programme

▦ L'entreprise et son environnement territorial : parler et se parler

Le programme sera également bâti au cours du séminaire de construction. On s'y attachera à définir une procédure et une charte, ce qui permettra de préciser les réponses à plusieurs questions pratiques, par exemple :

▶ À qui s'adresse-t-on ? Quels hommes politiques ? Quels collaborateurs ?

▶ Comment inscrire cette formation dans la durée pour améliorer en profondeur les comportements, créer des mentalités nouvelles et entraîner une transformation véritable ?

▶ Comment définir une gamme d'axes de réflexion pour les séances ? Quel est le rôle de la cible dans la sélection finale des thèmes retenus ?

▶ Combien de rencontres seront organisées ? Comment les structurer (gestion du temps d'une part, contenu d'autre part : rapports d'experts, échanges...) ?

En matière de construction de réseaux de prospective stratégique, pour une région par exemple, il faut insister sur l'intérêt de respecter une méthode adaptée :

> « L'action sans but n'a pas de sens et l'anticipation suscite l'action. La complexité des problèmes et la nécessité de les poser collectivement imposent le recours à des méthodes aussi rigoureuses et participatives que possible pour les reconnaître et faire accepter leurs solutions. [...] Avant de se lancer dans un exercice plus ou moins lourd de prospective stratégique, il est sage de prendre le temps de la réflexion sur la nature du problème posé, sur la manière dont on entend s'y prendre pour chercher des réponses et les mettre en œuvre. En effet, il est inutile de perdre du temps sur des faux problèmes et un problème bien posé est à moitié résolu. Lors du lancement d'une réflexion de prospective stratégique, devant impliquer souvent plusieurs dizaines de personnes sur de longs mois, il est aussi utile de simuler l'ensemble de la démarche qui va être suivie, en faisant le compte à rebours des objectifs et des échéances intermédiaires, le choix des méthodes étant non seulement subordonné à la nature du problème identifié, mais aussi aux contraintes de temps et de moyens du groupe chargé de la réflexion. »[1]

▨ Tout est dans la manière de le dire...

Michel Godet ajoute :

> « On se souvient de l'affaire du CIP (contrat d'insertion professionnelle). L'idée de proposer aux jeunes diplômés une rémunération pour acquérir une première expérience professionnelle était pourtant excellente. Mais elle a été perçue comme l'instauration d'un sous-Smic pour jeunes diplômés et de ce fait rejetée. Il aurait plutôt fallu présenter ce projet comme une bourse d'insertion professionnelle et non comme un sous-salaire. Une bonne nouvelle cependant, ce qui n'a pu se faire d'en haut, s'est fait en bas dans les régions. En Poitou-Charentes, la région a instauré un système équivalent au CIP mais baptisé "passerelles pour l'emploi" et en région Bretagne ils ont mis en place un "chèque insertion" pour jeunes diplômés.

---

1. Michel Godet, conférence.

Conclusion : ce ne sont pas les idées qui font défaut mais les méthodes pour les faire passer en actes. »[1]

Premier outil : Entreprises et Cités, le lieu où les entreprises et la Cité se parlent...

> « *Vous voulez un exemple d'initiative locale particulièrement réussie ?*
> *Hé bien la Maison des Professions !* »
>
> Michel GODET[2]

▓ Structurer un campus d'entrepreneurs...

Entreprises et Cités se donne pour objectif d'opérer une véritable mutation économique et institutionnelle dans la région Nord-Pas-de-Calais. Elle conjugue les impératifs économiques, par une démarche d'entreprise, et les activités d'intérêt général, par la représentativité des entrepreneurs. Elle est à la disposition de ces derniers pour les aider à réussir, selon deux axes de travail : les accompagner, insérer l'ensemble des acteurs du développement dans des réseaux *intuitu personae*. Jean-Pierre Guillon préside aux destinées de cet outil, unique en France, à la double vocation de cœur de développement d'une région et de campus d'entrepreneurs. **L'ensemble est caractérisé par sa séduction comme par sa capacité à structurer les réseaux. Paradoxalement, il s'appuie d'abord sur la mise en synergie et sur la relation humaine ; et cette dernière est fondée sur la conviction permanente par la parole.** Si les origines de la Maison des Professions (c'est la dénomination d'Entreprises et Cités pendant les années quatre-vingt et quatre-vingt-dix) se situent en 1936 dans le monde professionnel et institutionnel, elle adopte depuis les années quatre-vingt une optique d'organisation d'entrepreneurs. Elle pratique une connexion très forte avec ceux qu'elle a pour mission de conseiller, et une approche marketing des besoins et attentes des entreprises. La Maison des Professions fonde donc le développement socio-économique sur... un état d'esprit : elle conjugue les impératifs économiques et les activités d'intérêt général. Entreprises et Cités regroupe 2 000 entreprises : implantée sur sept hectares à Marcq en

---

1. *Ibidem.*
2. Forum de la CNIL (Commission nationale des initiatives de développement), Cité des Échanges, Marcq en Barœul, mai 1998. « Maison des Professions » est la dénomination d'origine de Entreprises et Cités.

Barœul, dans la métropole lilloise, depuis 1975, elle travaille aux stratégies de développement des entreprises du Nord de la France.

▨ Pour une mutation économique et institutionnelle, mais par une évolution culturelle et comportementale

Le préalable, au début des années quatre-vingt, est d'amener les entrepreneurs de la région, à travers une évolution, voire une révolution, culturelle, à un accord en faveur de cette démarche politique. Car avant de monter les réseaux entre les secteurs privé et public, encore faut-il que les entrepreneurs eux-mêmes soient mûrs pour accepter puis intégrer ce comportement ! Voici quelques précisions sur trois des montages organisationnels actifs mis sur pied : un ensemble de compétences multiservices, les pôles de compétitivité, la Cité des échanges. Autant de lieux où l'on cause... entre entrepreneurs.

▨ Construire un réseau d'entrepreneurs par une pédagogie du développent économique

La première activité d'Entreprises et Cités sera donc l'accompagnement des entrepreneurs dans les défis de la compétitivité. Accompagner les entrepreneurs, c'est diffuser la culture managériale. Cela passe par la mise à leur disposition d'un pôle d'information et de compétence multiservices, qui couvre l'ensemble de leurs domaines d'activité. Comment procède-t-elle ? Par sa capacité de mobilisation de moyens importants en matière grise, destinée à promouvoir une gestion performante dans l'entreprise. Ainsi est-elle souvent qualifiée de « campus d'entrepreneurs ». Elle affiche clairement l'ambition d'accompagner et de susciter une croissance forte de l'économie régionale. Promouvoir une gestion performante de l'entreprise : de sa création à sa transmission, l'entreprise, petite ou grande, franchit des étapes décisives, difficiles, qu'il est indispensable de maîtriser. Pour les accompagner dans le défi de la compétitivité, Entreprises et Cités met à leur disposition une « grappe » de compétences multiservices, présentes à tous les stades de leur évolution et couvrant l'ensemble des domaines d'activité de l'entrepreneur. Bien des services sont structurés en clubs : ressources humaines, veille juridique, juristes en droit du travail et des affaires, logistique et transport... Elle mène également un partenariat avec des associations professionnelles, comme par exemple l'Association progrès du management (APM), qui lui permet de proposer une formation stratégique aux entrepreneurs.

▨ Améliorer la compétitivité par les pôles de compétitivité

L'un des outils exploités par Entreprises et Cités au cours des années quatre-vingt-dix, sera le pôle de compétitivité, par définition transversal et flexible. Le pôle de compétitivité va bien au-delà de la traditionnelle notion de « métier » ou de convention collective qui fondaient encore toute action « patronale » après-guerre. Le monde change... la manière de structurer les relations entre les entreprises également. Le pôle structure les entreprises tout à la fois en les unissant et en leur fournissant des services concrets. C'est donc une nouvelle richesse régionale. Le pôle de compétitivité a trois grandes fonctions :

- ▶ **Regrouper les entreprises pour qu'elles communiquent entre elles, échangent et se parlent**. Pourquoi participer à un pôle de compétitivité ? Un pôle de compétitivité regroupe les entreprises qui volontairement veulent se désenclaver géographiquement, culturellement, commercialement, humainement. Il traite donc certains besoins collectifs des entreprises et construit des outils concrets pour y répondre avec l'ensemble des acteurs du développement de la région. Ces pôles de compétitivité recouvrent des domaines divers : industries alimentaires, commerce interentreprises, distribution, domotique, électronique, informations et technologies de la formation.

- ▶ **Permettre à la profession d'agir avec les acteurs régionaux**. La construction d'un pôle permet aux entreprises, en un second temps, de créer ou de renforcer les liens avec d'autres acteurs, comme par exemple les lieux de recherche et les universités. Cette formule permet aux hommes d'entreprise, représentatifs d'un métier ou d'un savoir-faire spécifique, de créer des moyens d'action avec les acteurs régionaux. Ainsi l'ensemble de ces pôles regroupe-t-il, dès le milieu des années quatre-vingt-dix, près de 1 500 structures dans le Nord-Pas-de-Calais : des entreprises, mais aussi des laboratoires et des grandes écoles et universités.

- ▶ **Fournir des services transversaux aux entrepreneurs**. Il faut en effet répondre à leurs besoins, collectifs parce que communs, sur trois axes : le marché, les savoir-faire et technologies, les nouveaux enjeux (certification, environnement, information, qualité). Ensuite il faut construire des outils concrets qui répondent à ces besoins, généralement sous forme de clubs où l'on se parle, afin de bâtir des projets stratégiques, organiser la veille, lever les projets dormants, imaginer les nouveaux enjeux.

293

▨ La Cité des échanges : insérer l'ensemble des acteurs du développement dans des réseaux humains

On s'approche ici de l'exemple suivant : voici comment les entrepreneurs du Nord de la France ont fondé un système de compétences croisées, appuyé au départ sur de l'échange par la parole, entre les sphères entrepreneuriale et politique. Présente sur tous les fronts de l'entreprise – l'entreprise dans son environnement et, plus généralement, dans sa recherche de compétitivité –, Entreprises et Cités facilite aussi le rassemblement des acteurs locaux afin d'établir les partenariats nécessaires au développement de la région Nord-Pas-de-Calais. C'est pourquoi son second axe d'activité est de favoriser le développement régional. Elle rassemble les énergies autour de projets communs – monde politique, université, milieu de la recherche – en mettant en réseau des compétences dans une optique de développement local, par la gestion de projets concrets, indépendamment de l'appartenance institutionnelle des acteurs, pour construire une vision commune au service du développement de la région. Entreprises et Cités joue donc le rôle d'interface entre cet environnement et le monde économique. L'outil porte le nom de Cité des échanges. Elle milite pour une approche-terrain des problèmes, considérant que c'est à l'échelon de la microéconomie qu'on trouve des solutions, par exemple aux questions d'emploi. La mise en réseau de compétences, dans une optique de développement local, est à même de re-dynamiser le besoin d'emplois. En clair, les différents acteurs pratiquent la gestion de projets, indépendamment de leur appartenance institutionnelle, et construisent une vision commune pour le développement de leur territoire régional. La Cité des échanges, créée en 1991 et destinée à favoriser les contacts entre les différents acteurs du développement économique régional, est devenue une source du décloisonnement.

Deuxième exemple : Le Comité Grand Lille

Comment structurer un lieu qui soit en même temps tribune et forum, consacré au thème du développement de la métropole lilloise ? Ce sera le Comité Grand Lille, animé par Bruno Bonduelle. Cet organisme informel associe des professionnels de la culture, des dirigeants d'entreprise et des représentants des pouvoirs publics, issus de la région lilloise, au sens le plus ouvert et le plus large du terme, et réunis de manière informelle afin de promouvoir et de soutenir des projets à vocation internationale susceptibles d'affirmir l'image extérieure de la région. Le Comité Grand Lille, qui regroupe 200 acteurs du Nord de la France, a notamment engendré en 1997 la candidature de Lille aux Jeux olympiques, puis celle de Lille-Métropole à être capitale européenne de la culture en 2004. Le Comité Grand Lille a considérablement fait progresser l'idée de métropolisation, c'est-à-dire de dépassement des chapelles préexistantes : les villes de la métropole lilloise les unes contre les autres, la métropole contre le reste de la région. **Son objectif est de promouvoir et soutenir des projets à vocation internationale**. En octobre 1993, à sa naissance, il est ainsi défini par Pierre Mauroy, alors maire de Lille :

> « Il associe des professionnels de la culture, des dirigeants d'entreprise privée et des représentants des pouvoirs publics, issus de toute la région lilloise et réunis de manière informelle afin de promouvoir et de soutenir des projets à vocation internationale susceptibles d'affirmer l'image extérieure de notre région ».

■ La candidature aux Jeux olympiques : l'important c'est... d'en parler

La candidature de Lille pour les Jeux olympiques de 2004 a été menée au sein du Comité Grand Lille. Orchestrée en 1997 par le professeur Charles Gachelin et Francis Ampe (Agence de développement et d'urbanisme), elle a été cadencée par un calendrier rythmé au gré des rencontres de réseau :

▶ Le 7 novembre 1995 : le président du Comité national olympique sportif français, Henri Serandour, proclame Lille candidate française aux Jeux olympiques de 2004. Le 4 mars 1996, le Conseil de candidature de Lille 2004 se réunit pour la première fois, à la communauté urbaine de Lille, sous la présidence de Pierre Mauroy. La société civile, initiatrice du projet olympique à travers le Comité Grand Lille et Lille Europe Olympique 2004 y compte 33 représentants sur 67.

▶ Le 4 novembre 1996 : après le déplacement en juillet d'une délégation de Lille 2004 aux Jeux olympiques d'Atlanta, et le dépôt du dossier de candidature le 15 août auprès du CIO à Lausanne, le Comité Grand Lille, à l'invitation du gouverneur de Flandre Occidentale, se rend à Ostende pour l'inauguration de l'exposition « De Ensor à Delvaux ». C'est la deuxième opération culturelle à caractère transfrontalier, après le concert organisé également à Ostende, en 1994, avec José Van Dam et l'Orchestre national de Lille sous la direction de Jean-Claude Casadesus.

Le 7 mars 1997, Lille n'est pas parmi les cinq villes retenues dans la *short-list* par le CIO. Bonne chance à Athènes, Buenos Aires, Le Cap, Rome et Stockholm qui restent en lice ! Quant au Grand Lille, il a perdu les JO mais il a gagné de s'être durablement inscrit sur la carte des métropoles qui osent et entreprennent, en sachant fédérer tous les acteurs de la Cité. Pour longtemps, ces acteurs ont acquis un savoir-faire nouveau qui, lui, restera – Jeux olympiques ou pas : travailler ensemble.

▨ Lille, « capitale européenne de la culture » en 2004

La candidature de Lille-Métropole à être « capitale européenne de la culture » pour 2004, est menée par Emmanuel d'André, par ailleurs PDG de 3 Suisses International, au sein de l'un des groupes de travail du Comité Grand Lille. Depuis juin 1997, les groupes d'objectif du Comité Grand Lille s'articulent désormais autour de quatre axes majeurs : unité, qualité, notoriété, créativité. Le 5 novembre 1997, à Luxembourg, Lille se porte candidate au titre de « capitale européenne de la culture ». Le dossier réussit son examen de passage en 1998 : le conseil des ministres de la Culture de la Communauté européenne, réuni à Bruxelles, désigne Lille et Gènes « capitales culturelles de l'Europe » pour 2004. Comme il se doit, Emmanuel d'André passe le témoin aux élus politiques, et notamment à Martine Aubry, devenue maire de Lille.

Clé 10. Avoir défini préalablement ses objectifs et sa cible, pour réussir son lobbying par le réseau.

Troisième partie

Le savoir ou les connaissances et techniques

◼ L'ABC des outils de la communication orale

Ne confondons pas l'art oratoire de l'Antiquité et la technique du débat télévisuel. Même si les deux situations peuvent, en général, être traitées de la même manière, il n'en reste pas moins vrai que les techniques ne sont pas forcément identiques. La communication orale souffre de son apparente évidence : on ouvre la bouche et on parle. C'est *a priori* plus facile que de peindre, jouer de la musique ou conduire un engin de chantier complexe. C'est une erreur : pour pouvoir comparer ce qui est reçu et ce qui est dit, des techniques de prise de parole existent et sont incontournables. Ces savoirs techniques fondent la parole, l'écoute, la formulation et la reformulation. C'est bien ici que le mythe de l'orateur doué, de l'orateur né s'effondre : **tout le monde est capable, redisons-le, d'acquérir l'excellence en communication orale**. La parole se fonde bien peu sur la magie, et beaucoup sur les efforts. Sa réussite vient plus de ces efforts que d'un soi-disant don. Le don est un enfer car, lorsque nous en sommes pourvus, il a tendance à nous faire oublier les procédures, les *check-lists*. Alors, comme le lièvre de la fable de La Fontaine, doué pour la course, on se fait doubler par la tortue...

Chapitre 6

Les techniques oratoires

Nous allons ici gérer le contenu et le contenant de la communication orale. Et constater que la communication orale, c'est facile, à condition de respecter certains « trucs »...

LE CONTENU : QUEL EST LE SUJET ?

L'encadrement du contenu

Le contenu d'une communication orale répond à trois éléments de cahier des charges : se soucier d'abord du public, ensuite de ses propres objectifs, enfin de l'environnement, mais avant tout... raconter une histoire.

Tenir compte du public

Pour s'adapter au public, il faut s'informer auparavant :

- ▶ Qui organise ?
- ▶ Dans quel but ?
- ▶ Qu'attend le public de mon intervention ?
- ▶ Est-il prévenu ?
- ▶ Qui passe avant moi ?
- ▶ Et après moi ?
- ▶ Le public est-il assis ou debout ?
- ▶ Mange-t-il ou non ?
- ▶ Peut-il écrire ou non ?
- ▶ Quel est son état d'esprit par rapport à moi ?
- ▶ Quel est son état d'esprit par rapport au sujet ?
- ▶ Me connaît-il ?
- ▶ Quel est son âge ?
- ▶ À quelle catégorie socioprofessionnelle appartient-il ?
- ▶ Pourquoi est-il là ?
- ▶ Etc.

Autant de réponses à ces questions qui vont permettre d'adapter le plus précisément possible la communication aux besoins des interlocuteurs, ce qui permet de garantir presque à coup sûr le succès. Rappelons que le public, selon les circonstances, le sujet, son rapport à moi, sera plutôt dirigé vers l'un des quatre sens suivants, qu'on n'est pas en position de contester et auquel il faudra s'adapter :

► **Le sens du *Quis*** (qui) : les interlocuteurs sont dirigés vers l'humain, le psychologique, le relationnel, l'intuition, les valeurs ; ils se comporteront de manière directe, libre, naturelle, impulsive, franche : c'est un public avec lequel on prend le temps de parler.

► **Le sens du *Quid*** (quoi) : les interlocuteurs sont dirigés vers la production, l'exécution, l'agissement ; ils se comportent de manière simple, concrète, vive : c'est un public avec lequel il faut être rapide et viser les objectifs.

► **Le sens du *Cur*** (pourquoi) : les interlocuteurs sont dirigés vers les opinions, les visions, les doctrines, l'intellectualisation ; ils se comportent de manière créative : c'est un public avec lequel on est calme et persévérant.

► **Le sens du *Quibus auxiliis*** (avec quels outils), **du *Quomodo*** (de quelle façon), **du *Ubi*** (où) **et du *Quando*** (quand) : les interlocuteurs sont dirigés vers les procédures, la programmation, la planification, la tactique ; ils se comportent de manière calme, raisonnable : c'est un public avec lequel il faut être structuré, exact, rigoureux.

Tenir compte de ses objectifs

Avant de préparer son intervention, on exécute un exercice de réflexion sur les buts et on se pose, crayon à la main, les questions suivantes :

► De quoi je parle ? Qu'est-ce que je dois transmettre ? Quel est le résultat que je veux obtenir : comment le public doit-il se situer, à la fin de mon intervention, vis-à-vis de moi comme vis-à-vis du thème ? Quelle sera donc la conclusion, quel sera le plan ?

► Où en sont-ils avant que je ne démarre, vis-à-vis de moi comme vis-à-vis du thème ? Quelle sera donc mon introduction : quelle est l'image de départ que je tiens à donner, en les faisant réagir comment ?

► Qu'est-ce que je veux faire mémoriser quand tout sera oublié ? Quelles seront donc mes aides visuelles, mes exemples, mes preuves, mes documents ?

301

► Quels sont les besoins du public par rapport au thème ? Je décide donc de mon registre dominant :

- amusant : je veux détendre, distraire ;
- enflammé : je veux séduire, convaincre, exhorter ;
- entraînant : je veux pousser à l'action ;
- informatif : je veux documenter ;
- négociateur : je veux rassembler ;
- pédagogique : je veux éduquer, former.

Tenir compte de l'environnement et des circonstances

Quel est le contexte, le cadre, l'ambiance, l'entourage ? Autant de circonstances différentes, autant de discours différents. On variera les registres : est-on dans l'entreprise, dans le spectacle, dans la politique, dans le commerce, dans la formation ?

Raconter une histoire

Malheureusement, tous les intervenants peu habitués inversent les rôles avec la salle. Ils pensent que la salle a un vécu uniquement pratique sur le sujet et que leur rôle de conférencier est donc d'élever le débat, d'intellectualiser, de conceptualiser le thème. Dans la salle, tout au contraire, chacun pense qu'il sait bien des choses sur le sujet et attend simplement du conférencier qu'il illustre le thème, notamment par son expérience personnelle. Ce malentendu est à l'origine de la plupart des échecs en matière de prise de parole. Tenons-nous en donc si possible à raconter de belles histoires quand on parle en public ; **cela n'empêche en rien de faire progresser la démonstration intellectuelle : les histoires sont uniquement un moyen technique qui fonde l'écoute.**

Les outils pour étayer l'argumentation

Les statistiques

Dans la mesure où on est vraiment obligé d'exploiter cet outil, **on essaiera de ne pas en abuser** ou de s'en servir pour établir des comparaisons, en se référant à des éléments simples qui permettent aux interlocuteurs de situer les chiffres qu'on utilise. **La meilleure présentation** visuelle reste le « camembert », qui a l'avantage d'une visualisation directe et d'une simplification : on est passé des chiffres aux proportions.

Les détails

On évitera les détails : on ne parle pas pour diffuser des vétilles, des broutilles, sinon rapidement le public assimilera l'intervention entière à quelques balivernes, futilités ou bagatelles. **Ils peuvent être parfois utilisés comme accessoires ou comme compléments.** Dans ce cas ils seront précis, par définition, parce qu'on répond par des précisions aux questions suivantes : qui, quoi, où, avec quels outils, pourquoi, de quelle façon, quand ?

Les histoires drôles

À utiliser avec précaution ! Si l'intelligence est la chose la moins bien partagée, pour l'humour c'est pire encore : il y a autant de formes d'humour que de situations ou d'individus ; c'est donc une arme collective très délicate à manier. Dans tous les cas, on n'annonce pas le trait d'humour comme la cavalerie à la fin des westerns : « Je vais vous raconter une histoire amusante... ». **L'humour doit être naturel ou banni.**

Les familiarités

C'est là une dérive négative de la proximité, de l'union, de l'intimité, qui peut :

- tourner à la désinvolture ; or, le fait d'être un « facilitateur » de la communication, quand on parle, n'autorise pas à tomber dans les « facilités » car il n'y a pas loin entre la désinvolture et le mépris, et c'est au minimum une marque d'absence de rigueur ;
- révéler un abandon de soi, par lequel on perd la maîtrise de la communication et du fil qui relie l'émetteur au récepteur.

Les familiarités dans un discours seront donc exploitées exclusivement si elles sont parfaitement adaptées à la situation, quand il n'y a aucun doute sur leur utilisation à bon escient, et, quoi qu'il en soit, parcimonieusement.

Les analogies

Par une analogie, on crée le lien avec le public. Elle fait travailler l'imagination de l'interlocuteur. Par exemple, si on parle de l'évolution de la Bourse, on comparera à un hélicoptère, si on parle de l'économie, on comparera à un moteur de voiture, on comparera la scène politique à un spectacle. À chaque fois, l'analogie permet d'imager, de faire mémoriser, on peut même entrer dans le détail de la comparaison. Ce n'est pas pour rien que la Bible est le grand livre des analogies : les pages en sont pleines... et rappelons que c'est le plus grand tirage de l'histoire de l'humanité !

Les exemples

Le plus d'exemples possible ! Les plus imagés et concrets possible ! Présentés le plus possible sous forme d'histoires ! C'est une technique fondamentale de preuve et de validation du contenu de la parole, et tout à la fois de détente. Par les exemples et les anecdotes, l'intervention orale s'humanise, se simplifie, se rapproche de l'auditoire.

Les images

Chaque idée, chaque fait, chaque chiffre peut être présenté sous forme d'image : une superficie peut être donnée en hectares ou kilomètres carrés, mais cela parlera bien plus si on précise qu'il s'agit de l'équivalent de tel bois ou de la surface de telle commune ou de telle région.

Les citations

Le fait d'utiliser des citations est très positif, comme preuve. À trois conditions :

- **la citation est dans le sujet et apporte un éclairage sur ce dernier** : elle illustre, elle prouve, elle valide, elle image ;
- **elle est exacte** : on n'hésite pas en la citant et on fait référence précisément à l'auteur et à la source (article, livre, support de presse) ;
- **elle est parlante** : l'auteur est une « référence », pour le public, sur le sujet de notre intervention.

Les termes techniques et sigles

Les sigles sont utilisés sans leur déclinaison (TGV, SNCF) si on est sûr que tous les interlocuteurs comprennent, bref lorsque le sigle est devenu un mot comme un autre. Dans tous les autres cas on donne la déclinaison du sigle.

Clé 11. Savoir se limiter.

LE CONTENANT : METTRE EN FORME LA PAROLE...

Outils de construction : l'armature de la communication orale

Par cœur ou notes ?

Le par cœur est l'ennemi de l'intervenant par la parole : un jour ou l'autre on subit le « trou » de l'élève face à sa récitation, et alors c'est l'affolement, avec pour corollaire non seulement de ne plus pouvoir reprendre le fil de son discours, mais en plus de ne même plus savoir de quoi on parle ! On ne conseillera pas pour autant de lire un discours écrit mais de **s'appuyer sur des notes rédigées sur une ou plusieurs fiches et ne comportant que les idées et mots clés**, à condition de répéter préalablement bien sûr.

La longueur : respecter le temps

Il est essentiel de respecter le temps qui nous est imparti. C'est celui qu'on nous a indiqué, ou sinon celui... auquel le public s'attend ! **Une fois de plus, mettons-nous à la place de l'autre !** L'un des exercices de la préparation de toute communication orale consiste à expulser de l'intervention tout ce qui n'est pas utile à la stricte démonstration.

▨ Trop long : sacrifier des pans entiers

Il faut savoir se limiter : on ne parle pas pour s'écouter mais pour être écouté. Si l'intervention, au stade de la répétition, apparaît être trop longue, **on évitera de tenter de réduire un petit peu chaque partie, parce que naturellement on aura tendance, malheureusement, à sacrifier tout ce qui fait le sel de la parole : preuves, images, histoires, illustrations, exemples.** Pour éviter qu'il ne reste que le squelette, il faut impérativement s'obliger à sacrifier un ou plusieurs pans entiers de la communication. Sinon, en poussant le défaut à son terme, l'intervention se limitera à un sommaire...

▨ Trop court : illustrer, imager, détendre...

Si l'intervention est trop courte, **on n'ajoute en aucun cas des concepts nouveaux, des idées supplémentaires.** Au contraire, on se limite à ajouter des preuves et de la détente : images, histoires, illustrations, exemples.

Quel est le « bon plan » ? Douze bonnes raisons de structurer son discours

> *« Au commencement était le verbe : c'était déjà mal parti. »*
> Roger NIMIER[1]

▨ Vendre le panier d'œufs avec les œufs

C'est l'un des défauts majeurs de la pratique de la prise de parole : croire qu'on peut se lancer facilement, même avec de l'expérience, sans avoir planifié l'évolution de la communication en cours. Structurer la communication orale, à quoi ça sert ? Comme sur les marchés, à vendre le panier d'œufs avec les œufs, et non les œufs tout seuls. Les œufs se comptant encore comme au Moyen Âge par douze, voici les douze bonnes raisons de structurer un discours par un plan, présentées par ordre alphabétique : arranger, assembler, associer, charpenter, combiner, composer, constituer, construire, disposer, former, organiser, structurer.

---

1. Cité par le site internet « citationsdumonde.com ».

Arranger

Pour comparer avec la musique, rappelons que cette dernière regroupe trois éléments : la mélodie, le rythme et l'harmonie. C'est toute la fonction de l'arrangeur, qui à partir d'une simple mélodie – en communication orale on pourra dire qu'il s'agit de l'idée, du message – va arranger l'ensemble pour donner un morceau de musique, le chanteur n'intervenant au final sur scène, la plupart du temps, que comme un simple « interprète ». On utilise le même terme en décoration florale : on « arrange » un bouquet, ou, en décoration... capillaire : on « arrange » sa coiffure ! **Il est donc bien question de modifier quelque chose, un matériau brut, pour lui donner une utilité** : on « arrange » un roman pour en faire une pièce de théâtre ou un film.

Assembler

Le menuisier « assemble » sa table ou sa charpente. **Sans cette action, la même charpente ne sera qu'un amas de morceaux de bois** ; seul le montage et la mise en place des chevilles donneront à l'ensemble la capacité de remplir sa fonction : protéger la maison. Dans une imprimerie, la machine qu'on appelle une « assembleuse » permet au présent texte de prendre la forme d'un livre, avec des pages numérotées, alors qu'il ne s'agit encore, au stade précédent de la fabrication, que d'un amas illogique de pages de texte.

Associer

En latin, *socius* voulait dire « allié ». En associant les parties du plan, on sert le principe de création de tout lien : « ensemble ». On allie les parties de l'intervention, mais, comme cette alliance est réalisée dans le but d'exprimer quelque chose de cohérent pour convaincre, **ce faisant, on s'allie avec son interlocuteur**. Et une bonne partie du chemin qu'on voulait parcourir à l'aide de la communication orale est, par l'enchantement du plan, déjà parcourue !

Charpenter

La comparaison avec la charpente (cf. ci-dessus : « assembler ») permet d'illustrer une autre fonction du plan : **le renforcement du discours par sa solidité**. Dans le règne animal, la « charpente », c'est le squelette, donc ce qui fait « tenir debout ». En construisant son intervention, **on organisera ses idées dans un ordre logique afin qu'elles s'ancrent,**

307

s'attellent et se cousent vers la conclusion choisie. Dans le doute, rappelons le plan classique :

- **capter l'attention** : on débute en créant un lien avec le public, soit par une histoire, soit par une image forte ;
- **décrire, raconter** : c'est le moment du concret, du vécu ;
- **persuader, prouver** : la fin approche et il faut songer à intellectualiser, tout en jouant sur tous les registres de la preuve ;
- **conclure** : ce moment doit convaincre, pousser à agir.

Combiner

Comme en peinture on « combine » les couleurs, le but en communication orale est de pouvoir atteindre le stade utile, en même temps le stade final : la synthèse. Ce qui en grec – *sunthesis* – veut dire « réunion ». Après avoir analysé, débattu, argumenté, **on concilie, on coordonne, on homogénéise deux choses : l'objectif (l'idée) et le moyen (le discours)**. Et seul le plan permet d'atteindre ce stade nécessaire et incontournable de la communication orale : globaliser le sujet. Parce que – faut-il le rappeler ? – la synthèse est bien plus et même bien autre chose qu'un simple résumé : elle seule permet en réalité de dépasser le sujet en cours et de progresser vers d'autres débats...

Composer un ensemble

Le tout, comme dans la salade du même nom, sera supérieur à l'addition des parties qui le « composent »... une salade sans vinaigre, c'est bien triste, mais le vinaigre seul... quelle horreur ! **L'ensemble dépasse donc en lui-même la simple somme des éléments qui le forment**, comme en chimie où on appelle un corps qui combine différents éléments un « corps composé ». En art, ne parle-t-on pas de la « composition » d'une peinture ? Ne dit-on pas « composer » de la musique ? Et précisément « composer » un accord, assemblage de plusieurs notes jouées en même temps et qui, ensemble, ouvrent un univers supérieur en lui-même à celui des notes jouées séparément, (qu'on appelle la mélodie), univers qui porte un nom qui donne à réfléchir : l'« harmonie » ! Or la communication orale est bien aussi un art. Même un tas de jarres ou de carreaux brisés, dans l'Antiquité, pouvaient passer de ce stade à celui d'une œuvre d'art : on disait « composer une mosaïque ».

Constituer

Apparaît ici, au-delà de la création d'un tout supérieur à la somme des parties (cf. ci-dessus : « composer »), **une notion importante** : **le choix des parties**. Et donc en conséquence l'élimination d'autres parties qu'on ne retiendra pas. Pour un pays, la « Constitution » est ainsi faite : non seulement les articles fondamentaux n'ont un intérêt que s'ils sont regroupés dans ce texte fondamental, mais en plus on est obligé d'y ajouter un préambule. Sa fonction est éminente : il donne l'ambiance et l'éclairage des articles qui suivent, en montrant ce que sont les choix – en l'occurrence politiques – des rédacteurs. Cette notion de choix se retrouve dans toute planification : on « constitue » son équipe ou son gouvernement, mais aussi sa collection de sculptures... et **en l'occurrence cette action consiste également, voire principalement, à éliminer**.

Construire

Il s'agit ici – au-delà de la notion d'assemblage (cf. ci-dessus) – d'édifier un bâtiment, donc :

- d'une part de **l'élever** : **on va rehausser le débat, le tirer vers le haut** ;
- mais aussi de **le fonder** : comme une statue à besoin d'un socle, comme une bâtisse a besoin de fondations, **ce support qu'est le plan est nécessaire à l'intelligence du discours**.

Lorsqu'on prendra la parole, **on n'hésitera pas à donner le plan succinctement**, en énumérant par exemple à chaque partie les deux ou trois idées qui seront ensuite traitées, et en rappelant même à la fin de chacune d'entre elles que la première est terminée et qu'on aborde la seconde, et ainsi de suite. **Cela permet au public de se situer en permanence, de co-maîtriser notre intervention, et fonde une forme de complicité**.

Disposer

En plus de ce que cette notion révèle en un premier temps (cf. ci-dessus : « arranger »), **il est aussi question de maîtriser** : on « dispose » ou non de son temps, et la centrale nucléaire recèle bien des « dispositifs » de... sécurité. Quant au général en chef, il « dispose » ses régiments en formation de combat. Cela permet de se rassurer.

Former

Par le plan du discours on pourra en même temps « mettre en forme » et « respecter les formes » :

▶ C'est le propre de tout art : il « **met en forme** » la nature. Non seulement la nature qui nous entoure, mais aussi et surtout la nature humaine. On parle de la « forme » d'une œuvre d'art, et, en communication orale, **on rend complémentaires le « fond » et la « forme » en mettant cette dernière au niveau du contenu.**

▶ Nous pourrons aussi « **respecter les formes** », c'est-à-dire **exprimer les égards et la considération – bref le respect – que tout interlocuteur attend de nous.**

Organiser

Le plan dans le discours, comme lorsqu'on parle d'une « organisation représentative » dans le domaine du lobbying – association de consommateurs, syndicat – **permet directement d'influencer, de faire pression sur les interlocuteurs. Les deux moments les plus importants sont le démarrage et la conclusion.**

Démarrer par une histoire

Le démarrage d'une intervention orale est important pour deux raisons :

- il donne le ton de l'ensemble du discours,
- il permet d'accrocher l'attention.

Un départ raté sera difficile à remonter, et, à l'inverse, il faut être très mauvais pour abîmer un départ réussi, par une suite insipide... Le règle d'or pour le démarrage : marquer l'auditoire. Le meilleur moyen reste de raconter une histoire. **Bien sûr cette histoire doit servir la démonstration et le message général qu'on veut faire passer.** On commence non pas par l'introduction, au sens classique de nos rédactions au lycée, mais par un tableau, une image, qui en tant que tels vont jouer le rôle de métaphore, d'allégorie, grâce à l'imagination des auditeurs, exactement comme un article de presse débute par une photo parlante. **En réalité, en prise de parole, l'illustration et l'introduction ne s'opposent pas : elles ne font qu'un.** Ainsi, pour faire adhérer une entreprise à un organisme collectif de défense, rien ne sert d'expliquer intellectuellement les bonnes raisons politiques d'une telle action : mieux vaut, par quelques exemples choisis, montrer à l'entrepreneur, en lui racontant l'histoire à chaque fois, que ses collègues adhérents ont pu, grâce à cette démarche, pour l'un résoudre ses problèmes relationnels avec la presse grâce à une formation adaptée de ses cadres, pour l'autre économiser de fortes sommes par un bon suivi prud'homal, pour le troisième rendre plus efficaces ses dépenses en environnement par une représentation collective face aux associations ou à l'État, plutôt que de se retrouver isolé.

▨ Conclure : savoir s'arrêter, permettre la suite, remercier...

Tout d'abord on apprend à s'arrêter : il faut savoir s'arrêter... **On prépare donc la chute.** Cela évite de finir dans les sables de la confusion en ajoutant : « voilà, c'est tout ce que j'avais à vous dire... ». **On conclut son intervention en rappelant les idées principales** par **quelques phrases fortes.** On n'hésitera pas, plutôt que de fermer le sujet, à le rouvrir en invitant à d'autres débats ou réflexions sur le thème. Cela permet de **finir sur une note d'ouverture.** Les tout derniers mots sont consacrés au remerciement, très bref, appuyé par un sourire sincère, un regard direct et une voix ferme.

Structurer

La mission de la structuration du discours a un objectif : **permettre à la rigueur de s'exprimer, donc à l'intelligence de jouer pleinement son rôle, mais dans le cadre de procédures.** Il ne s'agit pas ici de la « rigueur » du froid ou de l'hiver, à la fois cinglant et intraitable, mais bien, d'une part, de sérieux, de réflexion et de professionnalisme et, d'autre part, de minutie, de conscience, de précision, de justesse et d'exactitude.

Les outils du verbe

La voix

■ « La bouche, zone éminemment sexuelle... »

> « *Sur sa bouche en feu qui criait "sois sage"*
> *Il posa sa bouche en guis' de baillon...* »
> Georges BRASSENS[1]

Relions le son, la voix, la parole, la communication et la bouche :

> « L'oralité renvoie en priorité à la voix et au rapport bouche-oreille même
> si elle englobe toutes formes d'attitudes corporelles et sensuelles comme
> le geste, par exemple, et se répercute sur des ensembles complexes de
> signes autres que l'écriture. [...] Avec la bouche et à travers ses types d'émis-
> sion qui vont du plus brut, le cri inarticulé, au plus sophistiqué de la parole
> et des modulations en passant par toute la gamme des bruits de gorge,
> de langue, nous sommes au cœur de l'archaïsme qui assimile le corps à
> un système en circuit fermé dont chaque partie est soumise à la question
> symbolique. [...] Au Proche-Orient, une bouche grande ouverte colporte
> un signe d'indécence. Les femmes se voilent la bouche. [...] Dans les palais
> des califes, musiciennes et musiciens chantaient derrière un rideau, tradi-
> tion instaurée par les rois sassanides. [...] La bouche, zone éminemment
> sexuelle, est la courroie de transmission du potentiel érotique contenu dans
> la symbolique vocale. »[2]

■ Le son, plus... humain que la lumière ?

La voix s'intègre à une partie importante de l'environnement d'un être humain : le monde du bruit, et en son sein l'espace du son qui comprend à son tour différentes parties, dont la parole humaine. Il n'est donc pas inutile de rappeler ce que sont les lignes forces de cet espace du son. Tout d'abord il est bien plus humain que la lumière. Là où cette dernière va en effet pouvoir se propager avec ou sans air, **le son, lui, comme l'homme, a besoin de cet élément vital pour naître, se diffuser et être perçu** : l'air. Parce qu'il ne se diffuse qu'en faisant vibrer le corps au sein duquel il se répand. Nous l'entendons parce que notre corps vibre sous son effet, et particulièrement notre système auditif. Encore faut-il qu'entre la source du son et notre oreille se trouve un intermédiaire qui

---

1. Chanson *La chasse aux papillons*, paroles et musique de Georges Brassens, Warner Chappell Music France, ex Éditions Musicales Ray Ventura.
2. Dominique Salini, *Musiques traditionnelles de Corse*, A Messagera/Squadra di u Finnusellu, 1996.

vibre lui aussi. L'air remplit cette fonction. C'est un Allemand qui, au milieu du XVIIe siècle, fabrique une pompe pour faire le vide dans une cloche ; et il constate ainsi que la cloche (qui tinte) qu'il avait placée sous la cloche (qui fait le vide) sonne bien physiquement, visuellement, mais sans aucun bruit.

Le son est lent

C'est la première grande différence entre le bruit et la lumière : on voit la cloche qui balance et donc les chocs du battant, ce qui montre que l'image se déplace dans le vide, mais on ne l'entend pas. On pourrait dire, d'une certaine manière, que les phénomènes sonores sont beaucoup plus physiques, primaires, presque humains, par rapport aux phénomènes visuels. Le seconde différence, c'est bien sûr la rapidité de la diffusion. Chacun a pu faire l'expérience du tonnerre, dont on voit presque instantanément l'éclair, mais dont on entend le son bien après. C'est le lièvre et la tortue : **le son a besoin de 3 secondes pour se déplacer de 1 kilomètre dans l'air, là où la lumière en avalera 360 000 en... 1 seconde.**

Le son est toujours là

Comme l'œil dans la tombe, le son ne nous quitte pratiquement jamais. On peut imaginer aisément une pièce dans laquelle on fait le noir complet. **On peut éviter l'énergie lumineuse, on n'évite pratiquement jamais l'expression de l'énergie sonore. Le « noir » sonore est inexistant dans l'environnement de l'être humain.** L'Américain Graham Bell a donné son nom à l'unité de mesure de cette intensité, de cette « présence » sonore : le bel ; et il a, pour des motifs de commodité, inscrit les bels sur une table logarithmique : un son de 10 décibels (on écrit « dB ») dont on multiplie la puissance, la force, par 10, donne un son de 20 dB. Si on multiplie par 10 la puissance du son de 20 dB, on obtient un son de 30 dB, et ainsi de suite. **Un son de 30 dB est donc 1 000 fois supérieur en puissance, et non 3 fois, à un son de 10 dB.** Cela montre à quel point l'échelle est étendue, dans le domaine de la force du son, entre les sons faibles et les sons forts. Conséquence : un son fort fait mal et peut être à l'origine directe de la surdité. Autre conséquence : un son très faible se mesure également, ce qui est cohérent avec le fait que le son est toujours présent dans notre univers. Ainsi, même le silence le plus profond, la nuit dans la campagne, émettra un son de 10 à 20 dB !

Le son dur ou le son doux

> *« Si ce soir, j'ai pas envie d'fermer ma gueule,*
> *Si ce soir, j'ai envie d'me casser la voix. »*
> Patrick BRUEL et Gérard PRESGURVIC[1]

On peut traiter et différencier le son par la distance et l'écho. Un organisateur de spectacles le sait : un ensemble de polyphonie par exemple va exiger une salle qui réverbère le son, ce qu'on appelle un son « en long ». Pourquoi ? Parce que **plus le son réverbère, plus il est doux**. L'opposé en serait le claquement, très sec. D'où l'acoustique particulière d'une cathédrale, dans laquelle on entend décliner le son pendant plusieurs secondes, jusqu'à une petite dizaine, après que les chanteurs ou les musiciens ont cessé d'émettre le son, par le simple jeu passif de la distance qui crée l'écho. Cela adoucit le son, ce qui est propice à la méditation, à l'harmonie, au religieux. À l'inverse **une petite pièce créera un son très sec, puisqu'en dessous d'une quinzaine de mètres on ne capte pas l'écho** : il faut au moins un dixième de seconde entre le son d'origine et son écho pour que notre oreille ressente ce phénomène de la réverbération. Cela a des conséquences fondamentales pour la construction des salles de concert ou de conférence. **On peut d'ailleurs renforcer, réduire, orienter le phénomène par le type de matériaux qu'on utilise dans la salle concernée et la manière dont ils sont appliqués.**

Un décodeur dans la tête : l'oreille

La complexité de l'oreille humaine, et en général de l'oreille des mammifères, **est étonnante**. Un son qui fait vibrer l'air passe par huit éléments de ce superbe décodeur, regroupés en trois parties :

▶ L'oreille externe est hors du crâne :

- Le pavillon et le conduit auditif externe canalisent les sons jusqu'au tympan.

- Le tympan est une membrane tendue, à l'étymologie parlante : le grec *tumpanon* signifie « tambour ». Ce tympan est une branchie chez le poisson... rappelons que nos espèces ancêtres ne sont sorties de l'eau que voici 360 millions d'années. Chez le

---

1. Chanson *Casser la voix*, paroles et musique de Patrick Bruel et Gérard Presgurvic, 14 Productions § Scarlet O'Laura.

poisson, qui vit dans un liquide à pression constante (on peut décomprimer et comprimer l'air, pas l'eau), cette branchie correspond plutôt au sens du toucher, et si le poisson analyse les vibrations de l'eau par cet organe, c'est en fait pour lui permettre de remarquer les évolutions du milieu ambiant. Sa branchie lui servira surtout à s'équilibrer ou par exemple à rester intégré au banc de poissons. Pour l'homme en revanche le tympan sert à communiquer. Il est probable que cette évolution s'est réalisée par adaptation au sortir de l'eau : le caractère extensible-compressible de l'air a modifié la fonction, mais il n'en reste pas moins vrai que quelque part dans les profondeurs de notre histoire d'espèce, le tympan, ou plutôt son prédécesseur la branchie, servait au toucher[1]...

▶ **L'oreille moyenne** regroupe une enchaînement, qui est en même temps un engrenage, de petits os :

- • **le marteau**, un premier os que le tympan fait vibrer : le manche de ce marteau est dépendant du tympan et sa tête s'assemble dans l'enclume ;

- • **l'enclume**, un os intermédiaire de transmission ;

- • **l'étrier**, un troisième os.

L'oreille moyenne est par ailleurs reliée à la bouche, et donc au système respiratoire, par la trompe d'Eustache. Pour maintenir le lien avec nos lointains ancêtres les poissons, rappelons que c'est par ce lien qu'un plongeur, lorsqu'il est en descente, souffle de l'intérieur sur ses tympans (il suffit de se boucher le nez en soufflant...) pour accroître la pression que les tympans subissent de l'intérieur afin d'équilibrer l'accroissement de pression qu'ils subissent de l'extérieur.

▶ **L'oreille interne** :

La cochlée, ou limaçon, est un tuyau en spirale dans l'oreille interne. L'Américain Georg Békésy, Hongrois d'origine, a reçu le prix Nobel de médecine dans les années soixante pour ses travaux sur la cochlée. Il a montré que ce canal osseux en colimaçon est coupé en deux parties par une membrane centrale qui suit l'enroulement dans le sens de la longueur. Or

© Éditions d'Organisation

---

1. On lira utilement l'article de Jennifer Clark : « Nos ancêtres respiraient-ils par les oreilles ? », *La Recherche*, n° 222, p. 770, juin 1990.

cette membrane, qu'on appelle basiliaire, ne vibrera qu'à un endroit précis selon la fréquence du son : juste après les osselets elle réagit aux sons aigus parce qu'elle est fine, alors qu'au fond de la cochlée la membrane, devenue épaisse, ne réagira qu'aux sons graves.

- **Les cils du limaçon** bougent et excitent les 16 000 cellules nerveuses, dites « cellules ciliées ».

- **Le nerf auditif** envoie ces signaux jusqu'au cerveau.

Si nous nous intéressons ici à ces cellules ciliées qui se trouvent dans la cochlée, c'est parce qu'elles permettent d'entendre donc de communiquer ; d'autres cellules ciliées se trouvent également à la suite des osselets, mais dans une sorte de dérivation par rapport à la cochlée, les canaux vestibulaires. Et à quoi servent ces cellules-là ? À l'équilibre... Merci les poissons ! Mais revenons à notre oreille interne : que faire lorsqu'elle meurt ? L'appareil amplificateur du type « Sonotone » ne sert plus à rien puisque ce n'est plus une question de puissance du son : rien ne passe plus. C'est alors qu'interviennent les appareils de dernière génération pour compenser la surdité : les implants cochléaires. L'implant est placé sous la peau derrière l'oreille et, à partir d'une antenne (qui reçoit des signaux électriques venant d'un appareil placé dans une poche et qui traduit les sons), va exciter directement le nerf auditif par des électrodes. En réalité l'ensemble implant plus appareil remplace l'oreille. L'individu implanté devra simplement apprendre ce nouveau langage par une longue rééducation.

L'oreille humaine : essentielle, sophistiquée, faible

On pourra utilement comparer les travaux récents sur l'ensemble oreille-cerveau chez l'homme et ceux qui ont été réalisés sur l'abeille, que nous citons plus haut. Quelques éléments fondamentaux sur ce sens essentiel qu'est l'ouïe :

- ▶ C'est l'un de nos sens fondamentaux, et le principal pour le sujet de ce livre. Or **son importance est insuffisamment reconnue** parce que c'est notre vue qui domine nos sens.

- ▶ L'ouïe, c'est-à-dire l'ensemble cerveau-oreille, se compose de deux parties très sophistiquées ; on le sait du cerveau, mais il en est de même, contrairement à ce qu'on croit, de l'oreille. Ce n'est certes pas un système du niveau du cerveau, mais c'est déjà un élément de nous-mêmes redoutablement complexe et subtil, comme nous venons de le décrire.

▶ C'est un outil faible : **le vieillissement l'attaque plus que le reste de nos facultés**. La raison : le stock de nos cellules ciliées, que nous décrivons ci-dessus, est petit et de plus ne se renouvelle pas. Selon le Laboratoire de neurologie de l'évolution (Inserm Montpellier), dirigé par Rémy Pujol[1], cette situation est due aux choix sélectifs d'évolution de l'humanité : là où un oiseau, pour lequel une ouïe intacte est vitale jusqu'à sa mort, pourra fabriquer de nouvelles cellules ciliées, mais en revanche se verra limité à une bande passante de 4 000 à 5 000 hertz seulement, et sans capacité fine d'y distinguer des fréquences différentes, l'homme, lui, a subi ou pratiqué des choix exactement inverses : la nature ne permet pas à une espèce de tout faire... Ainsi le chien entend-il certains sons qui pour nous sont des ultrasons : il nous est supérieur d'une octave et peut monter jusqu'à 40 000 hertz. Mais c'est moins bien que la chauve-souris qui ajoute encore deux octaves dans ses capacités, montant à 160 000 hertz. Même chose pour les infrasons : la taupe doit entendre sous terre, où les sons sont plus graves, et elle percevra donc des infrasons de quelques hertz seulement.

La meilleure partie de la « bande passante » de l'homme : celle de la parole

Tout être vivant possède sa « bande passante », limitée vers le bas par une vibration minimale qu'il peut capter et vers le haut par la vibration maximale qu'il peut capter. Pour l'homme, la vibration maximale est de 20 000 hertz, ce qui signifie qu'un son qui fait vibrer l'air plus de 20 000 fois par seconde n'est pas entendu. C'est le son le plus aigu capté par l'homme. Il en est de même pour le minimum, c'est-à-dire le son le plus grave, qui se situe à 20 hertz. On le voit : la largeur de cette bande est importante, même si, il faut le reconnaître, **un pic de qualité se situe dans les 1 000 à 2 000 hertz.** Pourquoi ? Parce que c'est la zone de la parole humaine. C'est la raison pour laquelle on peut parfois s'étonner de pouvoir écouter un interlocuteur dans un environnement très animé et bruyant : **notre oreille « sur-éclaire »** – pour pren-

---

© Éditions d'Organisation

1. La visite du site de l'équipe de Rémy Pujol est vivement conseillée dans ce domaine, comme pour tout ce qui touche à la cochlée (www.iurc.montp.inserm.fr/cric/audition).

317

dre un équivalent dans le domaine de la vision – **le son humain et néglige relativement le reste du bruit.**

Les harmoniques

Cette notion de bande passante est essentielle dans l'industrie de la reproduction sonore. Pourquoi ? Du fait des harmoniques. Car **la beauté d'un son**, notamment en musique – mais c'est également vrai pour la parole – **est en bonne partie due à ses harmoniques.** De quoi s'agit- il ? Ce sont d'autres notes, d'autres vibrations, qui vont être émises par d'autres sources que la source initiale, et selon un ordre harmonique bien précis. Ce sont ces harmoniques qui font la plénitude d'un son, ou sinon sa platitude... Ainsi, si on joue do sur un piano, on joue aussi, un peu moins fort, le sol de l'octave supérieure, puis, encore moins fort, le ré de l'octave encore au-dessus et ainsi de suite. Il en est de même vers le bas, avec, toujours pour un do de base, le fa puis le si bémol et ainsi de suite. **Cette harmonisation naturelle d'un son, au départ unique, permet finalement à tout l'environnement de vibrer en résonance ; c'est l'une des sources du plaisir de l'écoute d'un son ou d'une voix. Car la différence entre le son et le bruit réside pour le bruit dans l'absence de fréquence, donc de résonance, donc d'harmonique.** L'industrie de la reproduction sonore doit ainsi concrètement se situer à un point optimal entre deux tendances contraires :

▶ Une tendance artistique et de satisfaction de l'auditeur sur le « rendu » : rendre la reproduction d'un son, de la parole ou d'une œuvre de musique, la plus exacte possible, donc la plus proche de la réalité, disons la plus « naturelle ». Cela implique de construire et de financer des matériels à la plus large bande passante possible, à l'enregistrement comme à la reproduction.

▶ Une tendance commerciale : réduire la bande passante de l'enregistrement comme de la reproduction, afin d'investir le moins cher possible et de livrer le matériel à l'auditeur – qui est aussi un consommateur... – le moins cher possible.

Passer du son au bruit

Ce qui différencie le son musical, expression sonore idéale, d'un bruit quelconque, c'est la capacité d'un instrument de musique à vibrer de manière constante. C'est ce qui explique que, jouant sur l'inconscient de la pratique de la parole, **le fait de prendre des cours de chant améliore le timbre et la régularité d'une voix.**

Les bonnes voix...

Il n'y a pas de bonne ni de mauvaise voix : Albert Simon, Frédéric Mitterrand, Carlos n'auraient jamais dû parler en public si on avait écouté leurs détracteurs du début de leur carrière... **Il faut en fait se contenter de sa voix.** Dans tous les sens du terme : non seulement il faut l'accepter comme sienne, mais en plus il faut en être « content ». Qu'on se console et qu'on se rassure : elle fait partie de la personnalité, et on ne « change » pas plus de voix qu'on ne peut « changer » de visage, sinon par une opération. **L'amélioration de la voix, s'il faut l'améliorer, passe donc par deux chemins :**

▶ **Une « amélioration » de la personnalité**, ce qui signifie que les gains dans l'amélioration de sa voix passent par un travail sur l'expression de la personnalité et la manière dont on est ou non naturellement à l'aise. Bizarrement, l'amélioration de la voix passe donc par le sport, le fait d'être « bien dans sa peau », pourquoi pas par le chant ; mais, dans tous les cas, même lorsqu'il s'agit apparemment d'un travail direct sur la voix – le chant, le théâtre –, en réalité **l'amélioration viendra indirectement d'une meilleure manière d'être avec soi-même, donc avec les autres.**

▶ **Une amélioration de la voix elle-même**, toute relative, **qui peut être obtenue par le travail au magnétophone** : à défaut de nous amener à changer notre voix, cela nous amènera au moins à prendre conscience de la manière dont elle est reçue par les autres. Faut-il rappeler que chacun, à la première écoute de sa voix au magnétophone, ne se reconnaît pas ? La raison en est double : lorsque nous parlons, nous pensons à ce que nous disons, tandis que quand nous écoutons, nous nous concentrons plus sur le son reçu ; de plus, nous entendons notre propre voix beaucoup plus par des vibrations internes de la tête que par l'air, alors que quand nous nous entendons au magnétophone, ou lorsque les autres nous entendent, la voix n'est reçue que par les vibrations aériennes, ce qui la change considérablement. En nous écoutant au magnétophone, posons-nous simplement ces questions : ma voix donne-t-elle envie de m'écouter ? Est-elle suffisamment claire, forte, puissante, chaleureuse, souriante, sincère, variée ?

De la magie de la voix...

On peut parler même de l'« érotique du son » :

> « [...] tous les mythes de la création en témoignent : à chaque fois que la genèse du monde est évoquée, un élément acoustique – très souvent d'ailleurs d'origine vocale – intervient au moment décisif. La source dont émane le monde est toujours sonore ; dès l'instant où un dieu manifeste la volonté de "donner naissance", il produit un son : il expire, soupire, parle, chante, crie, hurle, tousse, hoquette, vomit, tonne ou joue d'un instrument ; le son, issu du vide, est une onde qui fait vibrer le néant et en se propageant crée l'espace. Ce "son-substance" remémore indéfiniment l'origine corporelle du son et le lien indissociable qui l'unit à une cosmogonie. »[1]

Dominique Salini rappelle que la mythologie hindoue crée le son à partir d'un mélange de feu et de souffle. Non seulement la voix a un rôle symbolique parce que c'est elle qui, du corps humain, extrait les sons, mais il en est de même des instruments, qui sont au départ de simples prolongements de ce même corps humain. La manière dont ils sont fabriqués en un premier temps est révélatrice : on utilise le corps des animaux, et particulièrement leurs boyaux. Or de semblables boyaux, de brebis, de mouton, de loup ou de lion, sont utilisés, dans les coutumes traditionnelles ancestrales, pour les cérémonials divinatoires, parce qu'ils représentent l'élévation, le lien de ce qui monte au ciel pour revenir sur terre.

Notre voix nous trahit

La voix trahit chacune et chacun : **c'est l'une de nos plus fortes signatures.** Essayons de répondre nous-mêmes au téléphone pour dire que nous sommes absent : ça ne marche jamais. La voix trahit aussi parce qu'elle exprime notre âme profonde : au premier mot prononcé au téléphone par quelqu'un qu'on connaît, on sait si ça va bien ou non, si la personne est fatiguée ou non, soucieuse ou détendue.

La diction

La diction peut avoir deux sens différents, ou plutôt un unique sens (le style de la parole) mais qui peut différemment s'appliquer à deux domaines :

---

1. Dominique Salini, *Musiques traditionnelles de Corse*, A Messagera/Squadra di u Finnusellu, 1996.

- c'est **la manière de parler**, en ce qui concerne la sélection des termes, mots ou expressions : on parlerait d'arrangement en musique ou d'accommodement en cuisine, et, à ce titre, la diction fait bien partie du style rédactionnel ;
- sur la parole elle-même, il s'agira de **la manière de dire** : une diction monocorde, chantante, etc.

Le défaut de prononciation, ça n'existe pas plus que le défaut de gueule...

Rappelons une fois encore que la nature nous a fait comme nous sommes, et qu'il n'existe pas plus de « défaut » de prononciation que de « défaut » de voix : **chaque prononciation à son charme**. La scène est pleine d'acteurs de théâtre ou de cinéma à qui on a dit que leur prononciation ne leur permettait pas de poursuivre, et les Jean-Christophe Averty, les Frédéric Mitterrand ou Isabelle Mergot ont fait de superbes carrières... Il en est de même des défauts de prononciation que des soi-disant défauts de gueule : les Michel Simon, Jean-Paul Belmondo et tant d'autres en sont la preuve *a contrario*.

Le débit

Moins vite !

Généralement, nous parlons trop vite, lorsque nous sommes amenés à prendre la parole en public. Stress, volonté inconsciente d'en finir au plus vite, protection par l'étourdissement génèrent un débit trop rapide pour les interlocuteurs. **Il faut donc se forcer à adopter un rythme qui sert l'intelligibilité du discours. Une fois de plus, le magnétophone est utile** : on prend un texte et on le lit après en avoir compté le nombre de mots, ou bien on s'enregistre librement sur un sujet et on compte ensuite le nombre de mots. Résultat : **en français, il faut se trouver à 120 mots par minute**. L'anglais, par le fait qu'on avale certaines syllabes en n'insistant en général que sur la moitié d'entre elles, permet, lui, un débit plus rapide.

Du répit !

Il faut se ménager, et ménager aux auditeurs, des pauses, qu'on marquera à l'avance sur ses fiches. **Il faut également, en parlant, reprendre régulièrement sa respiration**, voire son souffle, notamment à la fin d'une partie ou d'une sous-partie de l'intervention. Dans ces moments le public admet tout à fait qu'on se taise, parfois pendant quelques secondes.

La respiration

▓ Le rythme de la respiration

La respiration bien maîtrisée respecte quelques techniques :

- ▶ **Elle doit être profonde** ; rappelons que les chanteurs, maîtres de la respiration, inspirent très fort en s'emplissant la cage thoracique, puis chantent « sur » l'air qu'ils expirent lentement et régulièrement, selon les besoins du chant, jusqu'à la prochaine « respiration » de ce dernier. La première leçon de chant vous servira même à apprendre à inspirer par le ventre et non par le thorax, contrairement à ce qu'on pourrait penser, afin de mieux respecter ce principe.

- ▶ **La parole intervient dès la fin de l'inspiration, et exclusivement sur l'expiration.**

- ▶ Il ne faut jamais se laisser dépasser par l'élan de la parole afin de ne pas épuiser la réserve finale d'air : **on doit ré-inspirer suffisamment à temps pour ne pas se retrouver « à bout de souffle ».**

▓ Parler debout ou assis ?

C'est évident : **lorsqu'on est debout**, pour des motifs physiques, **il est toujours plus facile de respirer**, donc de maîtriser sa respiration, donc d'éliminer ce problème ou au moins de le réduire. Conséquence : parlons debout autant que possible. Bien évidemment, toutes les circonstances ne s'y prêtent pas, mais **lorsqu'on a le choix, on se lève !**

▓ Une bonne leçon de chant

Le meilleur conseil qu'on puisse donner est de prendre quelques leçons de base de chant dans un conservatoire, une bonne école municipale ou à domicile avec un professeur compétent. **Cela ne servira pas directement à mieux communiquer oralement, mais permettra sans aucun doute de prendre conscience des aspects incontournables de cette technique fondamentale qu'est la respiration.** Un peu comme un pilote d'avion n'a pas d'intérêt direct à maîtriser totalement le rapport avec le vent, mais quelques bonnes leçons de voile le « brancheront » ensuite avec naturel et inconsciemment sur les techniques de base que sont la

322

dérive en croisière, la navigation en crabe, le décrabage à l'atterrissage ou le gradient de vent !

S'entraîner à ne pas respirer

Puisque la première année du millénaire fut en France l'« année Henri Salvador », rappelons comment le chanteur procède :

> « – Comment travaillez – vous ?
> – Chez moi, je suis couché dans mon lit et je me vois sur scène. Sur scène, la chanson me porte. Selon les réactions de la salle, je garde ce qui est bon, je jette le reste. Je travaille sur le vif. Au début, mes tournées durent une heure et demie, elles finissent parfois par durer trois heures... Mais l'important, c'est de ne pas ennuyer. Crooner, je raconte des histoires entre trois chansons. À l'Alhambra, Boris Vian m'a dit un jour que j'étais "l'homme qui raccourcit les heures".
> – Quel est le secret de votre forme ?
> – Beaucoup de musiciens de jazz noirs ont cru que la vraie vie, c'était de boire, de faire la fête, de se détruire. La vraie vie, c'est de respecter son corps. Je ne fume pas. Je ne bois pas. J'entretiens mes poumons, qui me permettent de bien chanter. La respiration est la base de la vie. Les Indiens disent que Dieu a insufflé la vie à l'homme en lui soufflant par le nez. J'ai appris à retenir ma respiration en lisant. D'abord deux lignes, puis trois, puis un jour, quatre pages. Je me suis aperçu que j'avais une facilité à mettre en valeur les mots. Et puis, je me sens porté : l'amour est invisible et c'est une force puissante. »[1]

Un excellent exercice consiste à apprendre à parler « sur le souffle ». La technique est simple : on prend un texte d'intervention orale d'une page et on le lit plusieurs fois en tentant à chaque fois de tenir de plus en plus longtemps sans inspirer, après s'être bien sûr rempli les poumons d'air en démarrant. Le texte sera préalablement marqué aux endroits qu'on s'oblige à atteindre pour l'inspiration suivante, ces marques étant de plus en plus espacées à chaque lecture. Afin de ne pas tricher, l'articulation restera correcte, comme si un interlocuteur devait à chaque fois être à même de comprendre.

---

1. Propos recueillis par Laurence Benaïm : « Henri Salvador », *Le Monde*, 3 mars 2001.

L'articulation

« Je ne connais pas de gens qui aiment plus à parler que les bègues. »
Denis DIDEROT[1]

L'articulation se perd...

Sous l'influence de la télévision, elle-même dominée par les agences d'information anglo-saxonnes, la pratique de la langue française subit l'influence de la pratique de l'anglais. Or l'anglais est une langue rythmée de manière binaire : une syllabe renforcée, une syllabe « mangée », etc. C'est la raison pour laquelle l'anglais se prête admirablement à être chanté, le rythme binaire de la langue correspondant, sans qu'il soit nécessaire d'ajuster, au rythme binaire de tout chant : temps puis contre-temps. Il n'en est rien du français, qui nécessite de prononcer toutes les syllabes, clairement et à un relatif niveau d'égalité entre elles. **Une bonne communication orale en français impose donc de reconquérir ce champ de l'articulation, qui consiste avant tout à prononcer toutes les syllabes.**

Prononcer toutes les syllabes et « faire du cinéma »

Rappelons qu'une syllabe est la conjugaison de deux éléments :

- une consonne, qui la charpente et la structure,
- une voyelle, qui l'exprime et la fait chanter.

La technique de l'articulation consiste donc à ouvrir largement la bouche, puis à donner à cette dernière la forme de la voyelle au sein de la syllabe qu'on prononce :

- le « a » fera penser à l'étonnement : bouche largement ouverte, et yeux écarquillés ;
- le « e » demande une expression sérieuse, la bouche se trouvant dans la même situation que pour le « o », mais moins nettement, et le front est plissé et le regard intense ;
- le « i » rappellera le rire : il se caractérise par les yeux plissés et par un large sourire, les commissures des lèvres relevées vers le haut et les lèvres relativement rapprochées ;
- dire « o » impose de former un « o » avec la bouche : lèvres en avant, bouche presque fermée et lèvres formant une cercle, en « cul de poule » ;

---

1. Cité par le site internet « citationsdumonde.com ».

- le « u » sera plus profond et plus intérieur, avec la bouche avancée, particulièrement la mâchoire inférieure, et pratiquement fermée.

Bref, articuler impose, comme disent les enfants, de « faire du cinéma ». C'est également ce qu'apprennent les professeurs de chant dès les premières leçons : **l'articulation est indissociable de l'expression du visage.** Une preuve simple en est administrée quand on regarde une chanteuse ou un chanteur d'opéra à la télévision, dans un livret en français, en coupant le son. Il est alors saisissant de constater à quel point on peut deviner très facilement les voyelles qui font chanter le texte.

Un exercice pour l'articulation

L'un des meilleurs exercices d'articulation consiste à lire un texte d'intervention orale (discours, etc.), en respectant deux conditions :

- prendre son souffle avant de commencer, donc ne pas débuter essoufflé ;
- lire le texte en le débitant à une vitesse normale.

L'exercice est enregistré en lisant rapidement, une première fois sans soin particulier, puis une seconde fois en soignant particulièrement l'articulation, c'est-à-dire en grimaçant les sons. Le résultat est net sur la compréhension quand on écoute ensuite les deux versions. En un troisième temps, on enregistre le même texte une fois très vite mais encore normalement, une fois anormalement vite, enfin une dernière fois si rapidement qu'on est à la limite de manger les mots. On se rendra compte qu'**on ne peut accéder à la compréhension du texte pour l'interlocuteur, quelle que soit la vitesse, qu'à la condition que l'articulation soit parfaite** ; d'ailleurs le succès de l'exercice est proportionnel à la qualité de cette articulation. L'objectif, en même temps, est ici de maîtriser la respiration tout en ayant l'impression, et en donnant l'impression de ne pas souffrir : les efforts sur l'articulation permettent d'éviter les souffrances sur le reste, tout en restant compréhensible. Un excellent cours : regarder Jean-Paul Belmondo ou Gérard Depardieu, l'un au théâtre, l'autre au cinéma, dans la tirade des nez de *Cyrano de Bergerac*.

La ponctuation et les liaisons

Comment nous avons « perdu le rythme »

C'est la grande maladie phonétique de ce début de siècle : on ne fait plus les liaisons, et tout en même temps on ne ponctue plus. L'écoute attentive de bien des journalistes de radio ou de télévision en France est troublante : on dirait parfois des vieillards édentés ressurgis d'une époque précédant la pratique de la parodontie dans nos sociétés. La plupart des liaisons ont en effet disparu. **Conséquence : la langue perd toute possibilité d'être rythmée.** Ou plus exactement, le rythme, qui doit pouvoir très souvent « dépasser », transcender la coupure artificielle des mots entre eux, devient aujourd'hui réduit, limité, ramené au petit commun dénominateur des mots. Nous le faisions, enfants à l'école, lorsqu'on nous faisait ânonner, c'est-à-dire lorsque nous lisions « mot à mot ». C'est grave parce qu'on confond deux techniques de communication fondamentalement différentes : la parole et l'écriture. L'explication est simple : là où les animateurs en radio ou télévision improvisent la plupart du temps – et donc conservent à la langue toutes ses possibilités de rythme – les journalistes, eux, la plupart du temps lisent leur texte sans aucune improvisation. Seuls les très grands s'extirpent de cette pratique réductionniste : Yves Mourousi, qui présentait le journal télévisé de 13 heures sur la première chaîne française, pendant les années quatre-vingt, peut être cité comme l'exemple d'un journaliste qui « osait » se lancer librement à l'antenne. De même aujourd'hui la plupart des journalistes qui travaillent sur des supports sonores ou visuels où on leur demande de lire (un « papier » préparé pour le journal par exemple), reviennent naturellement à une bonne pratique des liaisons lorsqu'ils peuvent parler naturellement et librement, comme par exemple dans une interview au pied levé et en direct.

Les tics de langage

> « *C'est vrai qu'on abuse du "c'est vrai que..."* »
> Philippe BOUVARD[1]

Le tic verbal est à la parole ce que la grimace est au sourire, et l'obsession à l'équilibre psychologique. Pour Philippe Bouvard, auteur

---

1. Titre d'un « Bloc-Notes », *Le Figaro Magazine*, 12 février 2000.

d'une chronique sur ce sujet, titrée par la citation ci-dessus, la situation empire :

> « [...] au démagogique "si vous voulez", au consternant "disons que", au tortueux "on ne saurait s'empêcher de penser...", à l'inénarrable "je crois personnellement", s'ajoutent désormais des "quelque part" ("ça m'interpelle quelque part") qui font référence à des endroits non localisés, des "un peu" ou "un petit peu" qui n'ont aucune signification quantitative, des "il est évident" qui préludent à tout ce qui ne l'est pas, des "d'accord" faussement interrogatifs et des "en l'espèce" qui révèlent un fond de cuistrerie technocratique. »

Il nous rappelle tout d'abord les raisons directes (inconscientes) de ce comportement, qui traduit :

> « 1) la peur d'être contredit ; 2) la volonté de faire passer ses petits mensonges pour des vérités révélées ; 3) le conseil à l'auditoire de ne pas perdre son temps à aller vérifier l'exactitude des propos tenus. »

Philippe Bouvard précise que, plus profondément, ces tics de langage sont des « paliers de réflexion » et ont donc à ses yeux un rôle bien établi :

> « [...] il est difficile de commencer un discours ou d'aborder la deuxième partie d'un exposé en avouant qu'on ne sait pas très bien où l'on va et en précisant qu'on a besoin d'un moment pour délabyrinther sa pensée. »

▨ L'avantage de la répétition : éviter les mots inutiles

Le fait de répéter permet de maîtriser sa parole et donc de réduire l'incertitude qui a pour conséquence qu'on se cache derrière ces protections :

- les tics de langage ;
- les concepts purement intellectuels et abstraits ;
- les poncifs, évidences, banalités, généralités ;
- les expressions à fuir, qui sont les filles de l'absence de répétition ; rappelons-en quelques-unes, preuves de l'amateurisme et tellement répandues :
  - « Rassurez-vous : je ferai court... »
  - « Soyez indulgent : je ne suis pas coutumier de la parole en public... »

327

— « J'ai en réalité bien peu de choses à exprimer sur ce thème... »
— « J'espère que ce sujet va vous intéresser... »
— « Et voilà : j'ai terminé ! »

Les outils d'entourage du verbe : les outils d'expression de la personne

L'apparence

> « *Un beau visage est un avantage préalable à toutes les lettres de recommandation.* »
> ARISTOTE[1]

Attention, l'apparence n'est ni la frime, ni la feinte, ni le simulacre. Le respect de son apparence correspond au respect de son auditoire :

▶ Cela oblige à se mettre en situation et à réfléchir à l'avance à l'air qu'on veut se donner, à l'allure qu'on assume, à la mine qu'on affichera ; c'est aussi la gestion du premier contact avec autrui : le mot « mine » viendrait du breton *min*, qui signifie « museau », « bec ».

▶ On gère ainsi une bonne part de son attitude, de son maintien devant le public, d'autant que cela influence la manière de se comporter, de se déplacer.

Fard et bijoux : gare au sapin de Noël...

Sur l'utilisation du fard et du maquillage pour les femmes, rappelons que Carnaval a, en France, surtout lieu à Dunkerque et Nice, et exclusivement autour de Mardi-Gras. Un conseil donc : de la classe, donc de la discrétion et du naturel. Le fard, lorsqu'il est utilisé jusqu'à la dérive, c'est-à-dire l'exagération, est une barrière pour se cacher. Pour le port de bijoux, on évitera le « sapin de Noël », ce qui vaut également pour les hommes : attention à la gourmette qui tape régulièrement sur la table ou le pupitre, ou cliquette à chaque mouvement de bras ou de poignet...

---

1. Cité par le site internet « citationsdumonde.com ».

▨ Il n'y a que des bonnes apparences

Rassurons les petits qui se trouvent trop petits, les grandes qui se trouvent grandes (idem pour les vieux, les jeunes, les grosses, les maigres, les chauves, etc.) : il n'y a pas de bonne ni de mauvaise apparence physique et **nous sommes comme nous sommes**. La plus belle silhouette féminine ne compensera jamais, bien au contraire, le fiasco verbal. Le seul cas dans lequel l'apparence apparaîtra comme un élément négatif, c'est lorsqu'il ne s'agit plus de l'apparence naturelle, mais d'une apparence calculée et négative : posture de laisser-aller, propreté douteuse, allure d'alcoolique, etc.

Les gestes

▨ Ne pas confondre gestes et posture

La posture, ou tenue, concerne le positionnement général du corps (jambes, bras, tronc, tête). **Mieux vaut adopter une posture ouverte**, d'autant que non seulement la tenue du corps exprime en soi une relation avec les tiers, mais qu'elle a en plus une influence en effet-retour sur notre propre manière de nous exprimer :

- **jambes** : ne pas les croiser (signe de fermeture) ni les écarter ou les allonger (signe de relâchement et de distraction, voire d'absence) ;
- **bras** : ne pas les croiser, ni derrière le dos ni devant ;
- **mains** : ne pas tapoter la table ou le pupitre, ne pas tripoter son stylo ou sa feuille, ne pas se toucher le visage, boutonner et déboutonner sa veste. Qu'on soit assis ou debout, les mains servent soit à tenir le micro et/ou les fiches, soit à accompagner la parole par un appui gestuel léger.

▨ Des gestes, pas de gesticulation

Les gestes ne doivent constituer ni des gesticulations ni une pantomime. Les gestes forment un mouvement, il faudra donc assurer :

- l'animation de sa prise de parole ;
- la mobilité : un orateur ne fait pas que parler, il bouge, il circule.

On y gagnera un atout formidable : **l'appui physique à la fluidité de la parole.**

Choisir et maîtriser ses gestes : passer des gestes à la gestuelle

Rappelons les différents types de gestes :

▶ **L'ensemble des gestes non maîtrisés**, des mouvements, qui seront bannis :

 Le mouvement originel : il est difficile à maîtriser (tremblement, rougissement, rire nerveux), et **seule la préparation bien menée permet d'éviter de voir le corps nous dominer ainsi.**

 Le mouvement instinctif : il est automatique et on le pratique machinalement, sans aucune réflexion, donc sans aucune maîtrise, pour exprimer une émotion autrement que par la parole. **Il faut donc tenter de l'éliminer** : haussement d'épaules en signe d'impuissance par exemple, grimaces et mimiques du visage, contractions des mains sur un objet ou le pupitre, impulsions saccadées du pied ou du genou, main devant la bouche ou dans les cheveux.

▶ **L'ensemble des gestes maîtrisés, conscients, forment la gestuelle, c'est-à-dire le système gestuel culturel.** Il s'agit des gestes-images : ils expriment, volontairement, les sensations, émotions, symbolisations, concepts. **On en usera sans limite** : le prêtre qui tend les bras vers le bas, paumes ouvertes vers l'assemblée en signe d'accueil, le doigt tendu au bout du bras tendu pour solliciter le public, les coups légers au front pour mettre en doute l'intelligence d'une démonstration, les hochements de tête pour marquer l'affirmation ou la désapprobation.

Le regard

> « *Les vieux ne parlent plus,*
> *Ou alors seulement parfois du bout des yeux.* »
> Jacques BREL[1]

Le regard trahit

> « *Ils parlent de la mort comme tu parles d'un fruit.*
> *[...] Aux Marquises...*
> *Le rire est dans le cœur, le mot dans le regard.*
> *[...] Aux Marquises...* »
> Jacques BREL[2]

Le regard traduit tout : il trahit tous les sentiments, toutes les réactions, pour qui sait y prêter attention. C'est en effet le premier outil du contact entre deux personnes, si elles ne sont pas limitées par la technologie (téléphone par exemple). Parmi les premiers sens, le contact (le toucher de la main qu'on serre) en dit beaucoup moins. Un seul regard vers le regard de l'autre permet d'y déceler la distraction ou l'absence. Le regard exprime quatre réactions utiles qui montrent à celui qui parle si l'interlocuteur est attentif ou non, et si oui de quelle manière il l'est, et si non pourquoi :

- **l'attention**, qui prouve l'intérêt envers l'interlocuteur, ce qui est en soi une forme de respect : on marque sa présence sur le sujet ;
- **l'application**, qui prouve l'effort d'écoute et d'adaptation ;
- **la concentration**, qui permet d'exprimer le soin, la peine qu'on met à réfléchir avec la personne qui parle ;
- **le sérieux**, donc la solidité du rapport humain qui s'établit, à partir duquel pourra se développer la confiance : on donne de l'importance à celui qui s'exprime.

Mais, attention, si le regard des autres permet de les trahir, il en est de même du nôtre, qu'on soit en train de parler ou en train d'écouter.

© Éditions d'Organisation

---

1. Chanson *Les vieux*, paroles de Jacques Brel, musique de Jacques Brel, Gérard Jouannest, Jean Corti, Éditions Pouchenel.
2. Chanson *Les Marquises*, paroles et musique : Jacques Brel, Éditions Pouchenel.

▓ Le regard manipule

C'est une autre fonction du regard : **il peut servir à troubler l'autre, parfois pour le séduire, parfois pour l'affaiblir**. À Londres, le 2 novembre 2000, Vladimir Kramnik est sacré nouveau champion du monde d'échecs. Il vient de battre l'implacable et jusqu'alors imbattable Garry Kasparov, apparemment éternel. Lorsque Pierre Barthélémy lui demande comment il s'est préparé sur le plan psychologique, Vladimir Kramnik répond :

> « Comme Garry est quelqu'un qui montre beaucoup ses émotions pendant une partie, j'ai décidé de ne pas le regarder pour que cela ne me perturbe pas. »[1]

Et il ajoute :

> « La préparation psychologique, c'est aussi ce genre de détails. »

▓ Le regard... regarde

Dans tous les cas, quand on parle on fixe le public, pas le tableau, ni le pupitre, ni le papier. Ces différents éléments peuvent bien sûr être regardés par moments, mais pas fixés durablement. On parle à des êtres humains, pas à son papier ni à son tableau, parce que parler à son papier ou à son tableau, c'est une manière de ne parler qu'à soi-même. La timidité pousse aussi à regarder dans le vide, au-dessus des visages, le fond de salle, ou bien à fixer en permanence, les yeux dans le vague, le paysage à travers la fenêtre. Les communicants habitués, lorsqu'ils sont dans une salle munie d'une vidéo en direct, retransmise sur des écrans, latéraux ou en fond de scène, arrivent assez rapidement à fixer la lumière rouge de la caméra en service : en même temps, ils font semblant que ce point lumineux est le regard d'un individu, mais, en plus, la technique a pour avantage d'afficher sur l'écran un regard direct pour chaque personne présente dans la salle. Enfin, devant une salle au public nombreux, **la solution reste le « truc » de métier très classique, qui consiste à choisir une personne et à la fixer comme si on s'adressait à elle seule, en tentant d'ignorer la présence de la salle. L'effet se fera rapidement sentir : le « naturel » d'une conversation à deux remplacera rapidement la tension due au trac qu'impose une foule impersonnelle. Et on se surprend non seulement à se détendre, mais à utiliser**

---

1. *Le Monde*, 14 novembre 2000.

des outils de parole propres à la conversation intime ; ils seront du meilleur effet sur le cœur des auditeurs : onomatopées, questions simulées, mimiques, gestes. Bien évidemment, au bout d'un certain temps, pas très long, il faut changer d'interlocuteur avant que ce dernier ne se demande ce qui lui vaut cet intérêt soudain, et surtout avant – pire encore – que le reste de la salle ne se pose cette question !...

Les vêtements

Pas de règle particulière, sinon d'adapter sa tenue vestimentaire aux circonstances et au public, en se posant toujours la question sacrée : « Quelle est la tenue que les auditeurs apprécieront le plus ? » **On évitera toutefois le défilé de mode** : c'est la parole qui compte. Les femmes y penseront à l'avance : dans le cas où elles portent une jupe déjà courte, si on leur impose de parler dans un fauteuil bas, la jupe devient très, très courte, ce qui empêche le public masculin de se concentrer comme on le souhaite... Le fauteuil bas est aussi traître pour les hommes que pour les femmes, en ce qui concerne les chaussettes : sont-elle suffisamment longues pour ne pas laisser entrevoir quelques centimètres de jambe poilue et débronzée ? Sont-elles bien droites ou tirebouchonnées ? Sont-elles discrètes ?

Le moment et le lieu

▨ Quand ? Gare à la digestion !

Quand on peut choisir le moment de la journée pour parler, **retenons que les auditeurs sont le moins attentif en début d'après-midi** : on digère...

▨ Où ? Se renseigner à l'avance

Dans la mesure du possible, il faut connaître la pièce ou le lieu dans lequel on intervient. Cela permet de se rassurer et de réduire le champ d'incertitude. Le fait de s'y rendre à l'avance permet aussi, éventuellement, de choisir l'endroit d'où on s'exprimera. On tiendra notamment compte des angles morts, de la distance maximale entre soi et les interlocuteurs. On pourra, en se renseignant préalablement, savoir également ce que sont les aides visuelles, où elles sont positionnées, ne pas être surpris par l'écho ou l'éclairage. On évitera d'accepter de parler devant des auditeurs qui mangent : le bruit des couverts est particulièrement à même de couvrir la parole ; quand cette situation est imposée, on vérifie que la sonorisation est suffisante pour imposer la voix. On s'inquiétera également à cette occasion du niveau de confort dont profiteront les auditeurs...

Une estrade ? Parler debout

> *« Prenez la position la plus élevée, c'est la moins encombrée. »*
> Charles DE GAULLE à Maurice SCHUMANN[1]

Une scène sera toujours la bienvenue, sauf pour quelqu'un de grand. Le pupitre est utilisé dans les cas où on veut marquer la distance, le formalisme. Sinon, rien de tel que de parler librement, le micro dans une main, les fiches dans l'autre. Au bilan, autant prévoir un pupitre, parce que cela permet de varier, parfois en l'utilisant, parfois en s'en éloignant : qui peut le plus peut le moins !

Les distances : la proxémique

La proxémique est l'étude de la façon dont les être humains exploitent l'espace, et notamment l'espace entre eux, afin de donner à cet espace un sens dans leurs relations entre eux :

> « Moins de 30 cm : proximité amoureuse ou agressive
> À partir de cette distance, on peut distinguer les points noirs de son voisin dans un métro bondé, et sentir son haleine dans notre cou. C'est l'espace de l'amour, des caresses, de la mère avec son enfant. C'est aussi l'espace de la bagarre si un intrus le franchit sans y avoir été autorisé. Oblige à un comportement de fuite intérieure ou d'évitement (regard pointé vers les chaussures ou le plafond).
> Moins de 45 cm : promiscuité intime
> L'espace compris dans ce rayon est réservé, du moins chez les Français, à la conversation intime et aux chuchotements avec les proches (famille, relation amoureuse, amicale).
> De 45 cm à 1,20 m : promiscuité sociale
> Interaction sociale courante, autrement dit espace nécessaire pour être à l'aise dans une conversation avec des collègues de travail, des amis pas trop proches, les beaux-parents...
> Plus de 1,20 m : promiscuité officielle
> C'est l'espace réservé aux transactions officielles : négociations avec un commerçant, conversation avec son patron, rendez-vous de travail, première prise de contact avec un inconnu...
> 15 m : promiscuité auditive

---

1. Cité dans *La Voix du Nord*, 11 février 1998.

Distance à partir de laquelle on entend la conversation de quelqu'un. Elle peut s'étendre encore plus loin s'il parle fort, crie ou part d'un grand rire de gorge hystérique.

De 100 m à 40 000 km : promiscuité psychologique

Grâce au téléphone, on peut partager une certaine forme d'intimité avec ses proches (parents, amis) malgré l'éloignement. Une mère "intrusive" le sera quelle que soit la distance géographique la séparant de sa fille. »[1]

Les outils d'accompagnement du verbe

Les documents

Les documents sont distribués pour appuyer, pour illustrer la parole. Il faut donc les limiter à cette fonction. N'oublions jamais que le visuel l'emporte sur l'auditif : la distribution de documents à l'avance, ou à un moment inopportun, aura pour effet de dissiper les auditeurs. Pour éviter ce piratage, **le document doit être distribué au moment même où on s'en sert, au moment même où on le commente.** Sinon, la distribution la plus adaptée aura lieu... à la fin de la conférence ; on pensera tout de même, dans ce cas, à informer les participants de ce qui sera distribué plus tard : cela les rassure et leur évite parfois de prendre des notes.

Les aides visuelles

▪ Être vu

Le principe des aides visuelles est simple : il faut qu'elles soient vues ! C'est malheureusement bien peu souvent le cas. Qu'il s'agisse d'un tableau à craie, d'un tableau-papier, d'une projection de transparents ou d'un objet qu'on montre, **il faut dans tous les cas que le détail le plus petit soit perçu par l'auditeur le plus éloigné et le plus myope.** Conséquence pour la projection de transparents : **peu de mots, mais lisibles, et sans effort.** Il en est de même lorsqu'on écrit au tableau : par pitié, des grandes lettres ! Ne nous trompons pas d'outil : si le tableau se remplit trop, alors c'est qu'il fallait plutôt préparer un polycopié...

▪ Ne pas tourner le dos

Lorsqu'on écrit sur un tableau, on fait en sorte de ne pas tourner le dos à l'auditoire. **C'est une question de correction, mais aussi d'efficacité** :

---

1. Magazine *20 ans*, août 2001.

le fait de parler dos tourné réduit considérablement le champ des harmoniques de la voix et celle-ci porte beaucoup moins loin, et surtout beaucoup moins bien. Dans le même état d'esprit, lorsqu'on se sert du transparent, du tableau ou de l'objet, on continue pour autant à parler au public en le regardant, et non en regardant le tableau. **Le fait de maintenir le contact visuel avec les interlocuteurs permet de soutenir leur attention.** De toute manière, au cours de l'utilisation d'aides visuelles, on reste psychologiquement très « présent » : l'aide visuelle ne parle pas d'elle-même, c'est l'orateur qui parle.

▓ Les graphiques : faire simple !

Lorsqu'on est obligé d'utiliser une présentation visuelle chiffrée, les graphiques sont les bienvenus, à la condition que la technique de lecture soit la plus simple possible : **la représentation par « camemberts » est la plus frappante.** Elle évitera que nos interlocuteurs ne perdent trop d'énergie et de tension à comprendre, en oubliant alors de nous écouter !

▓ Préparer le matériel

À éviter à tout prix : le matériel non prêt. Les conférences regorgent de (contre) exemples de tableaux-papier sans feutres ou avec des feutres desséchés, de projecteurs qui tombent en panne pour qu'on découvre qu'il n'y a pas de lampe de rechange disponible ou de carrousels de diapositives qui ne sont pas rangées dans l'ordre. **L'amateurisme ne doit pas plus s'appliquer au matériel qu'au communiquant.** On pensera également, si on utilise un projecteur (carrousel de diapositives, projecteur de films transparents) à éviter de créer des angles morts pour certains participants, du fait de la présence de l'appareil. Grand classique également : l'intervenant qui trébuche sur le fil mal placé. Effet humoristique garanti, effet de communication inexistant.

Les aides sonores

▓ Être audible

La même règle s'applique au matériel sonore (bande-son) ou visuel et sonore (film, vidéo) : **la qualité doit être irréprochable** et, cela va sans dire, il faut rester dans le sujet et utiliser le plus possible des aides brèves ou légères.

© Éditions d'Organisation

▓ **Le micro est un outil**

Le micro est un outil ; on s'en sert donc convenablement :

▶ **On parle le plus près possible du micro**. N'oublions pas que le son est une forme d'énergie et qu'il diminue donc au carré de l'inverse de la distance ; ainsi, par exemple, si le fait de passer de 1 à 2 centimètres de la bouche fait perdre la moitié de la puissance reçue par les auditeurs, le passage à 3 puis à 4 ou 5 centimètres a des effets accélérés sur la puissance qui rapidement disparaît jusqu'à nous rendre inaudible.

▶ **On ne touche pas le bout du micro, ni de la main ni de la bouche**, ce qui évite les bruits de frottement qui piratent la parole.

▶ Comme pour tout outil, **si possible on essaie préalablement** : on règle la hauteur du pied, l'inclinaison du micro, et on fait un essai de voix en demandant à un témoin dans la salle de corriger.

Le contre-outil du verbe... le silence !

> *« Le meilleur moyen de tenir sa parole est de ne jamais la donner. »*
> Napoléon BONAPARTE[1]

Nous avons déjà abordé plus haut le sujet du silence, mais dans sa seule fonction d'outil au service de l'écoute, cette attitude étant comprise comme une marque de respect vis-à-vis de l'interlocuteur. D'ailleurs, en parlant de respect nous posions la question : la communication est-elle un acte d'amour ? Ici l'éclairage est différent, et nous aborderons le silence sous d'autres angles :

- comme **un outil qui exprime la conscience qu'on a de ses limites**... c'est le silence-méconnaissance, le silence-pauvreté ;
- comme **un outil de mise en forme de la parole**, de construction et de soutènement de cette dernière... c'est le silence-réflexion ;
- comme **une tactique**... c'est le silence-calcul.

N'oublions jamais qu'en notation musicale, sur la portée le silence a la même place qu'une note : comme une note on le dessine, comme une note il a une durée.

© Éditions d'Organisation

---

1. Cité par le site internet « citationsdumonde.com ».

Se taire pour éviter les ennuis

> *« Ell'm'parlait anglais tout l'temps, J'lui répondais deux trois mots bidons,*
> *Des trucs entendus dans les chansons... Consternation. »*
>
> Alain SOUCHON[1]

Quand il intervient publiquement, Claude Bloch (cité ci-dessus sur la nécessité de relativiser l'expression de ses jugements) se plaît à illustrer ce principe sous forme d'une chronique :

> « Une très vieille fable du XIVe siècle attribuée à quelque moine de l'Ordre de Citeaux raconte : « Ci nous dit comment un noble lion demande à un agnelet s'il lui trouve forte haleine. L'agnelet lui répond : "Certes, sire oui et puante." Et sur l'heure, le lion le tue. Après le lion de demander à une truie. Elle répond : "Certes, mon cher Seigneur, je suis toute emboufinée de votre douce haleine." Et parce qu'elle ment, il la tue. Après le lion le demande à un renard, qui lui répond : "Vraiment, mon Seigneur, je suis tout enrhumé, et je ne sens rien..." Et si, comme le dit la morale de la fable, "on doit donc blasurer ou blasonner le mal et louer le bien", il faut aussi user d'une saine prudence dans les cas périlleux, en limitant le risque aux devoirs de la charge. La Fontaine, reprenant sans doute cette fable, en tirait une "morale" sans ambiguïté :
> "Ne soyez à la Cour, si vous voulez y plaire,
> Ni fade adulateur, ni parleur trop sincère,
> Et tachez quelquefois de parler en Normand." »

Se taire plutôt que de parler sans réfléchir

> *« Il y a beaucoup de gens dont la facilité de parler*
> *ne vient que de l'impuissance de se taire. »*
>
> Cyrano DE BERGERAC[2]

Autre rappel plaisant, par Claude Bloch, de l'intérêt tactique du silence :

> « Nous nous entretenions avec conviction et quelques amis Présidents, des perspectives d'avenir de notre pays. Notre débat se prolongeait avec passion depuis de longs moments. La nuit, une belle nuit de juin, venait de monter de l'horizon. C'est alors que l'un d'eux me dit : « Dans tout cela, comment vois-tu notre situation ? ». Je lui répondis : « Beaucoup moins clairement depuis quelques instants. » Je me donnais ainsi l'occasion d'y réfléchir... et de ne pas me mettre au lit trop tard. Le lendemain, je me suis dit : plus on est Président et plus il faut prendre de temps entre une

---

1. Chanson *Bidon*, paroles d'Alain Souchon, musique de Laurent Voulzy, Éditions Train Bleu.
2. Cité par le site internet « citationsdumonde.com ».

question et la réponse à y apporter : celle-ci doit être claire et comprise de tous, et pour cela elle doit dépendre de multiples écoutes. »[1]

A contrario, combien de fois les conseillers en communication d'un homme politique doivent-ils se dire que leur employeur aurait mieux fait de se taire ! La lecture de *L'incroyable bêtisier des fonctionnaires* de Jérôme Duhamel[2] le prouve à chaque page. Le fait de pratiquer le silence aurait souvent évité bien des sorties inoubliables :

▶ François Mitterrand : « *Le bicentenaire ça ne se fête pas tous les ans : ça se fête tous les cent ans.* »

▶ Idem pour Jacques Chirac : « *On s'est interdit le retour en arrière, qui serait une régression.* »

▶ Jack Lang : « *La montée du chômage prouve paradoxalement la bonne santé de notre démographie.* »

▶ La palme pour Lionel Jospin : « *Si je suis élu, il n'y aura plus d'inondations.* »

Mais d'autres citations du même ouvrage montrent que les hommes politiques peuvent aussi manier l'erreur paradoxale volontairement, pour fonder une démonstration par l'inversion :

▶ Alain Madelin : « *Le remède contre le chômage, tout compte fait, c'est de créer des emplois.* »

▶ Raymond Barre : « *La meilleure façon de réduire le chômage, c'est de travailler.* »

Voilà pourquoi les moines Cisterciens se motivent vers le silence. Ils rappellent deux éléments liés au silence : la plénitude, la pauvreté. Nous avons déjà abordé le silence-équilibre ; que dire du silence-pauvreté ?

> « Il est souvent nécessaire que le silence nous vienne d'abord du sentiment de notre pauvreté. Cela se passe tout simplement lorsque nous nous rendons compte que nous ne sommes pas encore capables de prononcer la parole comme il le faudrait. Jésus a été sévère pour les paroles inutiles qu'un croyant prononcerait étourdiment (Mt 12,36). La parole a été donnée à l'homme pour rendre témoignage à la parole de Dieu ou pour rendre grâce et bénir Dieu. Or nos paroles sont devenues l'une des occasions les plus faciles pour offenser Dieu et pour faire tort à nos frères. Une certaine

---

1. Août 1991.
2. Albin Michel.

retenue dans la parole est le signe que nous en sommes conscients et que nous désirons sincèrement ne prononcer d'autres paroles que celles qui sont arrivées à maturité dans notre cœur. Un tel silence provient d'un vide en nous, mais d'un vide lucidement accepté. »[1]

▓ Être sympathique, mais plus encore empathique...

> « Il faut de l'esprit pour bien parler, de l'intelligence suffit pour bien écouter. »
>
> André GIDE[2]

> « L'empathie est la capacité de se mettre à la place des autres, écouter, observer, se déplacer vers l'autre, en direction de ses centres d'intérêt, comprendre ses références verbales, culturelles, gestuelles et l'ensemble de son comportement. Cette capacité à se mettre "dans la peau" de l'autre est d'abord un respect. Respect de son mode de comportement. »[3]

Mais l'auteur montre qu'au-delà de cette écoute-respect peut se découvrir une écoute-intérêt, même si elle est passive :

> « L'empathie est aussi le premier pas vers l'influence. L'autre sera rassuré d'être compris, écouté et de trouver en face de lui un individu qui communique comme lui. L'empathie est donc un réflexe de comportement, le souci constant de vouloir écouter, comprendre, se mettre à la place de l'autre. Évidemment, il ne s'agit absolument pas d'abandonner ses objectifs... Mais une meilleure compréhension de l'autre, la connaissance du "terrain d'en face" et la capacité à s'identifier à l'autre sont les meilleures stratégies pour gagner et influencer. »[4]

▓ Concrètement, quelle perception les autres ont-ils de moi ?

> « Mondanités : occasions de parler quand on n'a rien à dire
> avec des gens que rien n'oblige à rencontrer. »
>
> Philippe BOUVARD[5]

La parole ne remplacera jamais en elle-même le comportement. Elle peut même cacher de véritables problèmes de comportement. **Les mots peuvent être des murs de protection.** Bizarrement c'est un outil de culture – les mots – qui parfois, et même bien souvent, cache l'absence

---

1. Dom André Louf, *La voie cistercienne. À l'école de l'amour*, Desclée de Brouwer, 1991.
2. *Journal*, cité par le site internet « citationsdumonde.com ».
3. Dominique Gilbert, *ZA. Comment réellement influencer un interlocuteur*, Éditions Dominique Gilbert, 1988.
4. Dominique Gilbert, opus cité.
5. « Petit lexique des grandes vacances », *Le Figaro Magazine*, 2 août 1997.

340

totale de cette même culture. **Ou quand la forme creuse veut masquer l'absence de fond...** Michel Déon l'exprime dans son ouvrage *Taisez-vous... J'entends venir un ange*[1], et la presse a repris cet éclairage lors de la parution du livre, comme le montre cet extrait d'un article, et notamment la dernière phrase de cette citation :

> « C'est l'été, la nuit tombe à Corfou. La bonne société bobo se retrouve sur les hauteurs dans des villas de rêve. Pas le genre de lieu hollywoodien et démesuré où l'on s'attend à trouver un plongeoir dans les salles de bain. Le style tomettes, murs bruts, champagne et vieux livre reliés en cuir : la classe. Les invités ont fait Normale sup, connaissent Georges Bush, ont négocié pour la Couronne avec l'Ira... Ils sont plus sûrs de leurs bons mots que de leur équilibre. »[2]

Parler pour exprimer, sinon se taire

> « *Il est bon de parler et meilleur de se taire.* »
>
> Jean DE LA FONTAINE[3]

Parler n'est utile que si on exprime quelque chose. Allons plus loin :

- de même qu'on « exprime » la joie par le rire, on « exprime » son idée par la parole ;
- cela implique qu'on « manifeste » cette idée : on « manifeste » quelque chose – donc on démontre et on fait participer – et on évite de « se manifester », c'est-à-dire simplement de se faire remarquer pour exister ;
- de plus on n'« exprime » quelque chose que si on l'« imprime » dans la pensée de l'interlocuteur. Et que veut dire « imprimer » en latin ? « Laisser une empreinte ».

Moralité : toute communication orale qui ne peut ou ne veut pas laisser une trace – aussi diverse soit-elle – peut être utilement remplacée par le silence ! **Nos parents nous apprennent à parler ; la société nous apprendra à nous taire.** Les mots, comme les choses, sont emplis de mystères. En conséquence, si nous ressentons qu'il est vain de parler, il est tout aussi douloureux de se taire. Si certains paraissent brillants

---

1. Gallimard, 2001.
2. Gilles Martin-Chauffier, « Du venin dans le champagne de Michel Déon », *Paris Match*, 9 août 2001.
3. *Le rat et l'huître*, cité par le site internet « citationsdumonde.com ».

jusqu'à ce qu'ils prennent la parole, ce n'est pas seulement parce que la lumière se déplace plus rapidement que le son !...

▨ Gare au bavard !

> *« C'est une grande misère que ne n'avoir pas assez d'esprit pour bien parler,*
> *ni assez de jugement pour se taire. »*
> Jean DE LA BRUYÈRE[1]

Le danger, dans le fait de parler pour meubler, est de passer pour un « bavard ». **Le bavardage s'identifie à une mauvaise communication orale, mauvaise parce que déplacée.** L'effet du bavardage est la disqualification de celui qui le pratique. Pour quatre raisons :

- parlant trop, il parle de tout, donc de rien ; il se répète et s'égare ;
- sa parole est exprimée avant la pensée, ce qui pose un problème de maîtrise ;
- il prend du temps aux autres ;
- il n'écoute pas les autres.

À l'inverse la gestion du silence peut s'imposer par des choix stratégiques, et il s'agit alors du silence tacticien : je pense à ce que je vais dire. **On peut aussi pratiquer le silence complice** : par de rares interventions ou des gestes appropriés, on marque la proximité vis-à-vis de la personne qui s'exprime. Attention toutefois à éviter les dérives du silence tacticien, notamment si on en abuse ; elles sont au nombre de deux :

- passer pour absent ou inexistant : le retrait peut être ressenti comme un manque d'intérêt, ou même un manque d'assurance, voire de personnalité ;
- passer pour quelqu'un de méprisant.

---

1. Cité par le site internet « citationsdumonde.com ».

▨ Gare à la promesse ! Il faudra la tenir...

> « *Moi je file un rencart à ceux qui n'ont plus rien,*
> *Sans idéologie, discours ou baratin.*
> *On vous promettra pas les toujours du grand soir,*
> *Mais juste pour l'hiver à manger et à boire* »
> Jean-Jacques GOLDMAN[1]

Attention à la promesse ! On ne peut plus ensuite se dérober :

> « – Au début de votre carrière, vous aviez annoncé que vous tourneriez dix films. Actuellement, vous en êtes au huitième ?
> – Je ferai les deux autres puisque je l'ai promis. Pour l'instant je n'ai pas envie. Je ne sais pas faire autrement que de tomber amoureux d'un sujet. Il le faut pour tourner un film, car on vit avec lui pendant deux ans et on doit le porter moralement pendant vingt autres années. »[2]

Plusieurs éléments dans ce témoignage :

► Attention à la promesse faite : elle vous « tient » ; et plus votre métier ou votre réseau relationnel vous impliquent dans des systèmes qui mémorisent la promesse – les journalistes en font partie – pire ce sera.

► Ici Luc Besson ne se dérobe pas : il prend ses responsabilités en confirmant tout à la fois pleinement et simplement – donc sereinement – sa promesse.

► Enfin et surtout, il rebondit sur ce qui aurait pu être une critique en réouvrant le débat ; pour ce faire, il aborde un sujet annexe – ce qui lui permet en même temps d'argumenter et de sortir du sujet : en l'occurrence le lien de l'artiste avec son film.

Autre exemple : Olivier de Kersauson annonce en 1999, deux ans après son record pour le Trophée Jules Verne, qu'il définit ainsi son prochain défi : battre tous les records du monde à la voile !... On parle de la Route de la découverte, de la Route du thé, de la Trans-Pacifique, de la traversée de l'Atlantique ! Galéjade ? Moquerie d'un habitué des *Grosses têtes* de Philippe Bouvard sur RTL ? On ne sait trop, et d'ailleurs l'information retombe pendant quelque temps, comme un soufflet, et

---

1. Chanson *Au bout de mes rêves*, paroles et musique de Jean-Jacques Goldman, BMG Music Publishing France.
2. Luc Besson, entretien avec Jérôme Béglé, *Paris Match*, 9 août 2001.

© Éditions d'Organisation

on n'entend plus parler de ce projet, sinon subrepticement. **La position de « prometteur » est d'autant plus difficile à tenir qu'on est dans une situation reconnue quant aux compétences et qu'on a, aux yeux du public, déjà prouvé beaucoup.** C'est le cas d'Olivier de Kersauson lorsqu'il lance ce défi : que prouver encore quand on a été le second d'un Éric Tabarly ? Quand la course en solitaire à la voile est devenue une seconde nature ? Quand on est titulaire du Trophée Jules Verne pour le tour du monde en équipage et sans escale ? Et pourtant, soudain, la réponse tombe deux ans plus tard : mi 2001, dans toute la presse, *Paris Match* en tête, paraissent les photos de l'« Amiral » sur un nouveau bateau. La promesse ? Elle est largement tenue, et c'est un journaliste qui l'affirme objectivement :

> « C'est un marin aux anges. À 57 ans, il s'offre le plus fou des bateaux, un maxi trimaran, bourré de technologie, long de 34 mètres et large de 25, avec un mât de plus de 40 mètres. Cinq années et 200 personnes ont été nécessaires pour mettre au point ce monstre des mers. [...] Le navigateur le plus célèbre de France veut perpétuer les défis de son maître, Éric Tabarly. Grâce à ce voilier d'avant-garde, [...] Olivier de Kersauson est décidé à battre les 27 records océaniques. »[1]

▧ Le rebelle des océans tient sa promesse

Promesse tenue, en tout cas dans son intention. Olivier de Kersauson en fait-il trop dans ce domaine ? Certainement pas, car le dosage de sa communication est exclusivement basé sur un principe : la réalité. Ses promesses du présent pour l'avenir sont fondées sur un préalable du passé : le stockage d'un certain nombre d'informations. Deux avantages à cette attitude :

- il maîtrise son sujet – on ne maîtrise bien que ce qu'on connaît, et la réalité, on peut la connaître ;
- et il ne s'engage que sur du solide, assurant ainsi sa crédibilité et une forme de validation automatique de ses dires.

Une litanie d'articles suivront, à partir de l'époque du grand départ en février 2002, à commencer par une pleine page du quotidien *Le Monde*, et sous ce beau titre : « Olivier de Kersauson, rebelle des océans »[2].

---

1. Rémi Pelletier, *Paris Match*, 9 août 2001.
2. Le 25 janvier 2002, sous la signature de Gérard Albouy.

▦ Promettre, mais ne pas tout dire...

Dans l'article de Rémi Pelletier[1], Olivier de Kersauson exprime magistralement le second point ci-dessus, donnant en même temps, involontairement mais clairement, une remarquable leçon de relations avec la presse sur la gestion des promesses dans le temps :

> « – Sait-on combien ça coûte de réaliser un pareil trimaran ?
> – Oui... mais je ne vous le dirai pas ! Notre armement communique devant le réel. On a communiqué quand le bateau était en chantier depuis six mois. On communique aujourd'hui parce qu'on le met à l'eau. On communiquera à la fin de l'année maritime, donc en septembre. À ce moment-là on pourra vous livrer des choses très claires et intéressantes : ce que le bateau a fait, les performances acquises, la direction vers laquelle on va et les investissements envisagés. Mais, pour l'instant, laissez-nous dans le travail, la concentration et la réalité maritime. »

▦ Mettre la promesse en cohérence avec toute la communication, même par le net...

L'information sera ensuite reprise régulièrement, mais toujours sur le ton du sérieux et de l'engagement, jusqu'au départ en décembre 2001, appuyée sur des réalités pratiques et conviviales. Ainsi le supplément du principal quotidien économique français, *Les Echos.net*, titre-t-il deux semaines avant le départ :

> « Les défis marins d'Olivier de Kersauson seront à suivre sur le web. Pendant quatre ans, les internautes seront tenus informés des tentatives de record de vitesse à la voile que tente le célèbre marin breton sur son maxi-trimaran baptisé "Géronimo". »[2]

Et on apprend par le même article que les moyens de chaque outil de communication sont cohérents par rapport à l'apparente énormité surhumaine de la promesse initiale. Bref, rien n'a été laissé au hasard, afin qu'aucun maillon de la chaîne de communication ne soit plus faible que les autres ni surtout que l'image générale du projet :

> « Alors qu'Olivier de Kersauson et son équipe (une dizaine de marins aguerris) peaufinent à Vannes le maxi-trimaran [...] le site internet de cet ambitieux projet est déjà ouvert. "La préparation des courses est à suivre sur www.grands-records.com (en français et en anglais) depuis le 1er octobre", indique Bertrand Semaille, directeur du projet. Les deux sponsors du navi-

---

1. *Paris Match*, 9 août 2001.
2. Le 3 décembre 2001.

gateur breton, Cap Gemini Ernst § Young et Schneider Electric, ont confié à l'agence interactive DareStep du groupe Cap Gemini le soin de concevoir et dessiner le site. [...] Le site [...] vivra pendant quatre ans – le temps consacré aux records – et emploie une personne à temps plein et cinq ou six lors des tentatives de record. [...] Pas facile toutefois de garder l'attention des internautes. Pour y parvenir, "une évolution permanente du site a été planifiée" [...]. »[1]

Se garder des contre-promesses... venues des amis

Lorsqu'on répète une promesse, encore faut-il ne pas être contredit par ses partenaires. Lionel Jospin en a fait l'expérience en 2001 quand, après avoir répété à l'envi qu'il n'y aurait pas d'amnistie en Corse, notamment pour les assassins du préfet Jean-Claude Erignac, il subit la contradiction du candidat déclaré à l'élection présidentielle pour les Verts, Alain Lipietz. Lipietz déclare début août que l'amnistie est inévitable, obligeant la ministre des Verts, Dominique Voynet, à des contorsions sémantiques pour contredire celui-ci, mais pas trop, afin de satisfaire celui-là, autant que possible. Et Lionel Jospin devra décrocher son téléphone et appeler l'épouse du préfet assassiné pour confirmer la promesse de l'État... Tout cela fait bien désordre, et finalement coûtera à Alain Lipietz sa place de candidat.

La double promesse devient difficile à pratiquer dans une société médiatisée

Yasser Arafat, passé maître, au cours des décennies soixante à quatre-vingt, dans l'art de la parole et de la promesse adaptées au public et parfois, sinon souvent, contradictoires selon le public qui l'écoute, assoira en bonne partie son succès politique, chez les Palestiniens comme sur la scène internationale, sur cette parole-caméléon. Mais, à partir de la décennie quatre-vingt-dix, et surtout au début des années 2000, cette attitude de double (au moins) langage aura tendance à se retourner contre lui, dans un monde devenu, à l'image du *Loft* et après la chute du mur de Berlin, complètement transparent. Cette difficulté d'expression sera particulièrement visible à l'occasion de la seconde *intifada*, en 2000, puis des attentats-suicides de 2001 et 2002 : le vieux chef de la Palestine aura de plus en plus de mal à faire admettre aux capitales occidentales sa bonne foi et sa croyance en la paix, alors que les informations circulent librement dans le monde sur l'engagement

---

1. Alain Echegut, *Les Echos.net*, 3 décembre 2001.

de beaucoup de ses proches dans les actes en question ou dans leur organisation. Et d'une position d'interlocuteur incontournable parce qu'au-dessus de la mêlée, petit à petit il sera isolé et, à tort ou à raison – mais en prise de parole seul le résultat d'image compte –, assimilé partiellement aux terroristes[1].

S'engager par la parole : le serment

« Je jure de dire toute la vérité… » : cela sert-il à quelque chose de faire prêter serment ? Oui, car **il en restera toujours quelque chose, sur le plan psychologique**. Le serment est un acte positif, donc, même si on le prend à la légère ou par le sarcasme, on ne peut complètement évacuer le simple fait qu'on l'a fait : « I did it ! » Ainsi, dans le cadre des procédures d'adaptation que les pays européens sont obligés de pratiquer face à l'exceptionnelle immigration dont ils sont l'objet, les Britanniques ont-ils pris la décision d'être tout à la fois plus sélectifs pour les étrangers dont ils jugent la présence sur leur sol inopportune et très fermes sur l'assimilation et l'intégration de ceux qui sont acceptés. Sur ce second point, ils créent en 2002 un examen linguistique : il faut savoir s'exprimer dans la langue du pays. Sinon il faut passer par une série de cours. Et, second élément, il faudra s'engager, par un serment, à exprimer son allégeance à la Reine ! Ou comment débuter une politique de lutte contre les pratiques moyenâgeuses, notamment vis-à-vis des femmes – mariage imposé aux jeunes filles, excision, bigamie ou polygamie – par la prise de parole, et même par l'action de « donner » sa parole…

Technique de l'improvisation

Toute la technique consiste ici à corriger la situation, à la fois, et par définition, imprévue, inattendue, brutale et déconcertante, donc inquiétante. D'abord, rassurons-nous, **ce type de situation est très rare. Mais d'autant plus déstabilisante**. Deux règles doivent être respectées. Mais tout d'abord, on ne croit pas en sa bonne étoile : on réussit dans ce cas rarement par hasard, ou par génie naturel ! Comment faire ?

---

1. Sur ce sujet des promesses et des langages aux couleurs changeantes dans l'expression palestinienne, on se reportera aux travaux de l'universitaire et politologue israélien Ilan Greilsammer : il est peu suspect de sympathie pour la politique guerrière d'Ariel Sharon, ce qui rend son témoignage d'autant plus digne d'intérêt, pris sous l'angle du traitement du double langage. Ilan Greilsammer est notamment l'auteur d'*Une nouvelle histoire d'Israël*, Gallimard, collection NRF essais, 1998.

▶ Surtout, **on se met régulièrement en situation d'improvisation,** ce qui permettra d'éviter les écueils propres à l'improvisation : la surabondance de tics verbaux et l'absence totale de contenu... D'autant qu'on se dit généralement ensuite : « Que je suis bête, j'aurais du dire ceci, et cela, et cela, c'était l'occasion ou jamais ! » Bien souvent, on refuse même la proposition, en bégayant une excuse plus ou moins fondée. Se mettre en situation, cela signifie qu'on se dit régulièrement, quand on est en public (réunion, etc.) : « Si on me demandait d'improviser, ici et maintenant, de quoi parlerais-je, et pour dire quoi, et comment ? » Le fait de pratiquer cet exercice dans sa tête, en s'aidant éventuellement de quelques notes essentielles qu'on écrit, a pour résultat d'être prêt si l'occasion se présente. Mais cela a aussi pour objectif d'apprendre à rassembler ses idées rapidement, tout en faisant autre chose (écouter les interventions en cours), ce qui permettra, au moment où l'improvisation est imposée, de rassembler, par habitude, facilement, ses idées en faisant autre chose, et notamment en prononçant les premiers mots de remerciement. **C'est uniquement une histoire d'entraînement.**

▶ Enfin, concrètement, pour assurer cette clarification de l'esprit, **on débute une improvisation en utilisant des « trucs » qui permettent de se stabiliser pour commencer « au carré » et de gagner du temps :**

- se lever, ranger sa chaise : des gestes simples et sûrs ;
- parler clairement dès le départ pour des informations introductives : remercier, rappeler l'enjeu ;
- ensuite, si l'improvisation doit durer, pas de remplissage, mais uniquement des preuves qui assoient les idées ou propositions émises et sont de plus faciles à exprimer : histoires vécues, témoignages, appel à faire intervenir un tiers, etc.

Clé 12. Maîtriser les outils de la parole

© Éditions d'Organisation

7

Les ensembles oratoires : circonstances et situations

> *« Je ne sors pas de scène en demandant autour de moi :*
> *"alors c'était comment ?"...*
> *Il peut toujours y avoir quelqu'un qui vous dise que c'était nul. »*
>
> Mick JAGGER[1]

© Éditions d'Organisation

---

1. Entretien au journal *Le Monde*, 13 novembre 2001.

Ça y est, « demain, je parle en public » ! Dans ce chapitre, nous aborderons cette question : prendre la parole, pour quoi ? Et nous envisagerons deux grandes situations :

▶ Je parle pour servir les intérêts de ma parole : la conférence, la réception festive, le débat (première section).

▶ Je parle pour faire agir les autres : la réunion (seconde section).

JE PARLE POUR SERVIR LES INTÉRÊTS DE MA PAROLE : CONFÉRENCE, RÉCEPTION, DÉBAT

> « *L'orateur pense et la parole suit.* »
> Saint AUGUSTIN[1]

Les situations sont nombreuses : assemblées, célébrations, colloques, conférences, congrès, débats, forums, galas, journées d'étude, présentations, rassemblements, remises de diplômes, réceptions. Nous évoquerons les principales d'entre elles : la conférence, la réception festive, le débat.

La conférence

> « *Certains hommes parlent pendant leur sommeil.*
> *Il n'y a guère que les conférenciers*
> *pour parler pendant le sommeil des autres.* »
> Alfred CAPUS[2]

La conférence n'échappe pas à son origine latine : « porter avec d'autres » ; la notion « ensemble » ne sera donc jamais évitée. La conférence – bizarrement, puisqu'en principe on parle seul – est d'abord un rassemblement. Pour dire « je suis en réunion », ne dit-on pas souvent : « je suis en conférence » ? Mais **la conférence reste d'abord un exposé** : une allocution, un appel, un discours **qu'on adresse à un public nombreux et qu'on consacre à un sujet intellectuel**. Nous sommes ici dans le champ de la culture – tous les arts peuvent être concernés – ou de la politique et des idées, ou des techniques et de la science. **La confé-**

---

1. Évêque, cité par le site internet « citationsdumonde.com ».
2. Cité par le site internet « citationsdumonde.com ».

rence se réalise dans le monde de l'influence : est-il possible de susciter l'adhésion ? Comment persuader les autres ?

Comment traiter un public ?

« La répétition est la plus forte des figures de rhétorique. »
Napoléon BONAPARTE[1]

La notion de conférence peut être comprise dans deux sens :

- un sens restreint : **une personne debout sur une scène, avec un micro, devant une assemblée silencieuse, et intervenant sur un thème précis** ;
- un sens large : toute situation équivalente ; ainsi **une intervention longue et sous forme de monologue à la radio** sera-t-elle assimilée à une conférence.

On distinguera par ailleurs, et de manière croisée, deux types de contenu :

- **la conférence descriptive**, comme par exemple la description d'un voyage ou d'un pays ;
- **la conférence sur un sujet de recherche ou de controverse**, idéologique, conceptuel ; dans ce cas, comme pour la participation à un débat, **il s'agit d'argumenter**.

On se reportera à la partie consacrée plus bas au débat, les principes de base pour l'argumentation étant globalement les mêmes. Arrêtons-nous sur l'exemple d'une intervention assimilable à une conférence : l'Appel du 18 juin du général de Gaulle.

L'Appel du 18 juin

L'Appel du 18 juin 1940 du général de Gaulle, sur les ondes de la BBC, est un excellent exemple d'application du **procédé du trépied** : **l'appel à l'ensemble réflexion-sentiments-action**. Il s'agit en l'occurrence d'un enjeu majeur, puisque, à partir de cette « conférence », s'édifiera la Résistance française et, indirectement, la légitimité et donc le pouvoir de Charles de Gaulle pour des décennies. L'enjeu de stratégie politique est évident :

- se donner un objectif général et distant,
- motiver les interlocuteurs pour le rejoindre et gagner.

---

1. Cité par le site internet « citationsdumonde.com ».

De Gaulle procède par imbrication naturelle de l'argumentation en cinq étapes.

▶ Tout d'abord **décrire la conjoncture de manière pragmatique** :

- Quelles sont les circonstances ?
- Quel est notre état ?

De Gaulle exploite le thème « Des gouvernements de rencontre ont pu capituler... » :

> « Les chefs qui, depuis de nombreuses années, sont à la tête des armées françaises, ont formé un gouvernement. Ce gouvernement, alléguant la défaite de nos armées, s'est mis en rapport avec l'ennemi pour cesser le combat.
> Certes, nous avons été, nous sommes submergés par la force mécanique, terrestre et aérienne, de l'ennemi.
> Infiniment plus que leur nombre, ce sont les chars, les avions, la tactique des Allemands qui nous font reculer. Ce sont les chars, les avions, la tactique des Allemands qui ont surpris nos chefs au point de les amener là où ils en sont aujourd'hui. »

▶ Ensuite, très rapidement, **choquer, pour déstabiliser, et au minimum capter l'attention**, par deux moyens :

- **afficher une invraisemblance et une contradiction avec la réalité**, qui crée une quasi-agression ;
- et, en même temps, énoncer ou plutôt **suggérer déjà une incitation, une stimulation.**

De Gaulle exploite le thème « La France n'a pas perdu la guerre ! » :

> « Mais le dernier mot est-il dit ? L'espérance doit-elle disparaître ? La défaite est-elle définitive ? Non !
> Croyez-moi, moi qui vous parle en connaissance de cause et vous dis que rien n'est perdu pour la France. Les mêmes moyens qui nous ont vaincus peuvent faire venir un jour la victoire. »

▶ L'environnement étant décrit, donc compris, **remettre les pendules à l'heure** :

- **donner de la distance** ;
- et donc **évoquer le panorama pour le futur.**

De Gaulle exploite le thème « Rien n'est perdu, car cette guerre est une guerre mondiale » :

« Car la France n'est pas seule ! Elle n'est pas seule ! Elle n'est pas seule !
Elle a un vaste Empire derrière elle. Elle peut faire bloc avec l'Empire britannique qui tient la mer et continue la lutte. Elle peut, comme l'Angleterre,
utiliser sans limites l'immense industrie des États-Unis.

Cette guerre n'est pas limitée au territoire malheureux de notre pays. Cette
guerre n'est pas tranchée par la bataille de France. Cette guerre est une
guerre mondiale. »

▶ Afficher le but, comme aboutissement d'une action, et donc **définir la mission**, sur le thème « Il faut que la France, ce jour-là,
soit présente à la victoire » :

« Toutes les fautes, tous les retards, toutes les souffrances, n'empêchent
pas qu'il y a, dans l'univers, tous les moyens nécessaires pour écraser un
jour nos ennemis. Foudroyés aujourd'hui par la force mécanique, nous
pourrons vaincre dans l'avenir par une force mécanique supérieure. Le
destin du monde est là. »

▶ Enfin **lancer l'« appel » proprement dit**, qui sera en même
temps :

- une **invitation**,
- un **rassemblement**.

De Gaulle exploite le thème « Je convie tous les Français, où
qu'ils se trouvent, à s'unir à moi dans l'action, dans le sacrifice
et dans l'espérance » :

« Moi, Général de Gaulle, actuellement à Londres, j'invite les officiers et
les soldats français qui se trouvent en territoire britannique ou qui viendraient à s'y trouver, avec leurs armes ou sans leurs armes, j'invite les
ingénieurs et les ouvriers spécialistes des industries d'armement qui se trouvent en territoire britannique ou qui viendraient à s'y trouver, à se mettre
en rapport avec moi.

Quoi qu'il arrive, la flamme de la résistance française ne doit pas s'éteindre
et ne s'éteindra pas.

Demain, comme aujourd'hui, je parlerai à la Radio de Londres. »

La réception : remettre ou recevoir un prix

Remettre un prix : discret !

On remet un prix à quelqu'un en respectant trois attitudes : **court,
sincère, simple**. Le plan est simple, en trois parties :

- on rappelle le pourquoi de la récompense, l'**enjeu** ;
- on précise **l'intérêt de l'activité du récipiendaire**, vu par le
  public ;

- **on le félicite** en lui présentant ses vœux pour l'avenir, en les appuyant éventuellement par une présentation rapide de son prochain projet.

▨ Recevoir un prix : discret !

C'est simple, on évite les défauts systématiques pratiqués dans ce cas – le visionnage d'une cérémonie comme les Césars du cinéma peuvent servir de cours *a contrario*... : on **évite le murmure incompréhensible comme l'exagération**, on essaie d'être un minimum **original sur le contenu**, même simplement, et enfin on respecte le plan classique :

- **remercier** chaleureusement le public ;
- **rendre hommage** à ceux qui nous ont aidé ;
- exprimer **ce que ce prix représente** ;
- le montrer bien haut et **dire ce qu'on a l'intention d'en faire** ;
- finir par un « **merci !** ».

Le débat, la rhétorique

> « *Du bon, du beau, du boniment !* »
> Jean YANNE[1]

Animation de colloques, forums, conférences-débats, assemblées générales. Qu'est-ce qu'un débat ? **Tout sauf une discussion.** Parce que dans le débat il y a différence d'opinion. N'oublions pas que le mot « battre » se trouve dans « débattre ». On y trouvera donc une attitude d'agressivité – même si elle peut être positive et contrôlée – qu'on ne trouvera pas dans la simple discussion ni, *a fortiori*, dans le monologue qu'est la conférence. Sur le plan psychologique, **le débat laisse transparaître de la chaleur et de la passion**, là où la discussion correspondra plus à la notion de réflexion.

Le fondement : la rhétorique

▨ « Le verbe, la ruse et l'épée »

Jean-Pierre Langellier l'illustre dans le cadre de la série du quotidien *Le Monde* titrée « Douze héros de l'an Mil »[2]. Citons l'étude du cas de

---

1. RTL, mai 1968, cité dans *Pensées, répliques, textes et anecdotes*, Le Cherche midi Éditeur, 1999.
2. Parue en été 2000, à raison de deux pages par jour pour chacun d'entre eux.

Olaf 1er de Norvège, qui fit basculer le monde viking dans la chrétienté. Son attitude marque bien l'évolution qu'il représente par rapport à l'épopée viking des décennies précédentes, ainsi décrite :

> « Tout Viking est d'abord un commerçant surdoué et un navigateur hors pair. Il a pour premier souci de s'enrichir. Il quitte son pays en juin, avec un été devant lui pour faire fortune. Il est marchand par définition, guerrier par rencontre, et mercenaire à l'occasion. Ce voyageur de commerce audacieux et résolu guerroie pour l'argent. »

Marchand, guerrier, mercenaire... Or il s'agit maintenant pour Olaf 1er de s'ouvrir à une nouvelle activité, bien différente des précédentes, même si elle est complémentaire, afin de répondre à ce défi : comment Olaf 1er de Norvège, dit le Viking ardent, qui sera le grand missionnaire marquant la fin de l'époque viking, s'y prendra-t-il pour évangéliser le Nord de l'Europe ? Quels ingrédients ce « roi fier et courageux en diable qui tua au nom du Christ » mélangera-t-il pour arriver à ses fins ? Comment pratique ce roi en mission ? Réponse de Jean-Pierre Langellier :

> « À terre, Olaf impose sa nouvelle religion, par le verbe, la ruse et l'épée. »

Trois ingrédients : si la ruse et l'épée se comprennent dans le cadre de l'épopée des Vikings, axée sur le commerce et la guerre, il est clair qu'ici le « verbe », pour convaincre, prend toute sa dimension.

Le process de la parole

> *« La rhétorique est à l'éloquence ce que la théorie est à la pratique, ou comme la poétique est à la poésie. »*
> Diderot[1]

La rhétorique est la méthode de la parole : c'est la connexion, la chaîne d'outils qui permettent de s'exprimer oralement, tout à la fois conformément à la société qui nous environne et de manière convaincante. Il s'agit donc :

- d'une part de **s'adapter à son public**, c'est-à-dire de mener excellemment **une expression qui respecte les formes**... on l'appellera « conforme » ;

---

1. Cité par *Le Petit Robert*.

- d'autre part d'**être efficace en obtenant l'adhésion des inter-locuteurs** ; c'est ce second point qu'on appelle l'**éloquence**.

L'art de la communication orale n'a pas existé sous ses formes modernes depuis que l'homme existe, loin s'en faut. Les formes modernes – le débat, la discussion – correspondent à des réflexions en même temps philosophiques, psychologiques et techniques du milieu du Ier millénaire avant Jésus-Christ. On assiste alors à un gigantesque brassage de pratiques – comme le forum public –, d'inventions, de concepts, qui vont construire la parole moderne, telle que nous la connaissons et vivons toujours aujourd'hui. Cette révolution crée une rupture définitive entre les formes primitives de la parole et la parole moderne. Une telle révolution ne sera jamais plus égalée dans le domaine de la parole. Deux millénaires et demi plus tard, la « société de communication », que nous vivons aujourd'hui, fait fortement évoluer au mieux la rapidité et la technologie autour de la parole, mais en aucun cas la parole elle-même. L'étude rapide de l'ensemble de ce mouvement montre précisément ce que sont les parties de l'art de la communication orale, telle qu'il est toujours pratiqué deux millénaires et demi plus tard.

L'exemple de l'Antiquité est significatif parce qu'il fait la part belle à la parole

L'exemple historique de la période antique est d'autant plus intéressant pour notre sujet qu'il s'agit bien de la seule parole, et qu'il était peu question d'écrit, au départ en tout cas. **Le leçon de la rhétorique antique reste intacte aujourd'hui, du fait même qu'elle n'était pas piratée par l'écrit.** Ainsi l'ensemble des rhéteurs – c'est ainsi qu'on appelait les pratiquants de la rhétorique –, Grecs puis Romains, citeront-ils en tout **cinq éléments** qui **forment la rhétorique**, présentés ici dans l'ordre alphabétique et non selon la chronologie de leur apparition :

▶ Ce qu'ils appellent l'**action**, qu'on traduirait par mouvements : **la parole** n'est plus seule, elle **est désormais accompagnée de postures, de gestes**.

▶ Ce qu'ils appellent **la disposition** : on l'a compris, il s'agit de l'organisation des arguments « inventés » ; désormais **la parole** n'est plus un hasard et simplement un élément d'actualité, elle **devient un système et une projection stratégique**.

▶ Ce qu'ils appellent l'**élocution**, qui pour eux est le moyen d'agrémenter, d'enrichir, de **rehausser la communication orale par des outils qu'ils appelleront « figures »**.

► Ce qu'ils appellent l'**invention**, c'est-à-dire la génération, la création de l'argumentaire ; dorénavant **la parole est réfléchie, pensée à l'avance**.

► Ce qu'ils appellent **la mémoire**, qui est le lien entre la préparation de la prise de parole et la prise de parole elle-même : **la communication orale s'appuie dès lors sur une préparation, sur un entraînement**.

On le voit, la modernité de leur théorie est telle qu'on pourrait aujourd'hui en faire le plan du présent ouvrage : tout y est !

La rhétorique, art de bien dire pour persuader

Ce grand mouvement s'appelle la rhétorique, mais c'est là une généralisation, parce que la rhétorique ne sera que le départ de toute une série d'évolutions importantes. Le mot rhétorique vient du grec « art de bien dire ». Il semble que les premières manifestations d'une « école de rhétorique », dont l'objet est donc d'élever (comme on « élève » un enfant) par la parole bien dite, se situe à Syracuse. C'est là qu'un avocat, Corax, y écrit le premier traité de la parole devant un tribunal. C'est un traité pour aider les paysans siciliens spoliés de leur terre. Cette première source de la rhétorique est pleine de sens : **la parole passe du langage à la conviction**. Elle prend un sens, elle sert à « ex-primer » et à « con-vaincre ». Le maître de Corax avait été le philosophe Empédocle d'Agrigente, démocrate convaincu, qui affirmait que le monde était mu par deux forces : Éros et Polemos, c'est-à-dire l'amour et la haine. Tous les éléments des notions de débat sont posés... Le grand jeu des élèves de Corax consiste **à faire monter en gamme un argument fragile pour en faire un argument puissant et convaincant, en considérant à la base qu'il faut se méfier de l'évidence** : une idée « évidente » est trop évidente pour être honnête ; **ils remettent donc en cause les habitudes, les opinions reçues, le bon sens populaire et se mettent au service de la recherche d'une vérité objective**.

Éloquence + Persuasion = Argumentation

L'éloquence, c'est la verve et l'inspiration. Le persuasion, c'est la conviction qu'on a, et qu'on transmet, d'une certitude. L'ensemble forme la rhétorique, c'est-à-dire l'art de bien dire et d'argumenter. Nous l'avons vu ci-dessus : les premiers rhéteurs étaient issus du monde judiciaire. **Le premier métier du rhéteur, c'était le métier d'avocat.** Et le métier d'avocat consiste à argumenter, par un argumentaire, en faveur de sa propre opinion (celle de son client), et/ou contre l'opinion contraire (celle de l'autre plaideur). On donne un « point de vue », et donc un éclairage choisi de la réalité, volontairement au détriment d'un éclairage total de la réalité. Le rhéteur est comme le directeur de la photographie et ses éclairagistes sur un plateau de cinéma : la manière de projeter la lumière crée des effets d'ombre qui peuvent donner à un visage ou à une scène des sens tout à fait différents, voire opposés. La rhétorique, ce n'est pas l'art du journaliste de reportage mais celui du journaliste d'opinion ou du commentateur en radio ou en télévision. L'art rhétorique fait entrer dans la communication orale le côté non impartial, non équitable : la parole devient amie ou ennemie. On peut désormais parler pour reprocher, pour attaquer, pour critiquer. **La parole est devenue une arme**.

▨ Les figures de rhétorique : la déviation de la langue

C'est le sicilien Gorgias, un disciple de Corax résidant à Athènes pour y enseigner la rhétorique, qui en enrichira la pratique. Il utilise des lieux communs dans des discussions à l'argumentaire charpenté. Avec lui la parole s'enrichit, s'affine : elle n'est plus seulement utilitaire, elle devient littéraire et esthétique. Il va fonder la notion de « figure », qui est une forme d'ornementation du langage. Rien d'étonnant : on fait appel à la notion virtuelle de représentation, d'image, ce qui montre à quel point on n'est pas très éloigné des mathématiques ! **Concrètement, on emploie un mot ou une expression, mais en le déviant de son sens direct pour lui donner un sens indirect, voire virtuel. Les figures de rhétorique ne sont pas la spécialité des seuls rhéteurs : on les utilise déjà dans la communication orale quotidienne, pour exprimer parfois des choses très simples de la vie de tous les jours. C'est peut-être en partie pourquoi la plupart de ces outils ont traversé deux millénaires et demi**. Distinguons entre les figures de pensée, les figures de mots et les figures de construction, par quelques exemples. On constate à quel point ils sont utilisables dans une intervention orale, qu'on peut volontairement émailler de leur présence bien répartie afin d'argumenter, de faire réfléchir, de diversifier et d'ornementer, d'enseigner, de faire mémoriser. Il s'agit ci-dessous d'une reprise imparfaite et incomplète des travaux sur la rhétorique, qui ont eu cours dans l'Antiquité grecque puis romaine, puis à la Renaissance et de nos jours, sous la plume d'une vingtaine de penseurs ou d'auteurs. Cela donne à cette liste un caractère incomplet et parfois sujet à discussion puisque chaque auteur a cru bon d'insister sur tel ou tel point, rendant impossible une codification parfaite et normalisée des figures de rhétorique :

▶ **Les figures de pensée**, par lesquelles on exprime une réflexion déconnectée des mots :

› **L'antiphrase.** On donne au mot, volontairement, le sens contraire de ce qu'on exprime, mais pour en réalité exprimer notre idée ; on dira « te voilà propre ! » à un enfant qui rentre les vêtements tout sales et la figure boueuse.

› **L'apostrophe.** L'orateur s'adresse soudainement et brutalement à une personne, ou bien à un objet ou à une idée qu'il personnifie ; l'objectif est d'interroger et sonder, ou d'attaquer et contester.

› **La comparaison.** Elle permet d'éclairer les similitudes ou les différences ; comparer permet souvent de mesurer.

› **L'exclamation.** N'oublions pas que *clamare* signifiait « crier » en latin ; mais ici nous serons dans l'univers de la spontanéité : les paroles sont criées et brutales mais elles manifestent une impression, un émoi, une sensation ; nous sommes dans le domaine de l'instinctif, des sens, du réactionnel.

› **L'énumération.** Elle sert à lister, inventorier, dénombrer ; l'objet est parfois de classer ou de répertorier.

› **La gradation.** Elle correspond à un évolution de l'expression par une avancée en escalier : on monte les marches les unes après les autres ; cette progression peut parfois être descendante, mais dans tous les cas elle est faiblement perceptible.

› **L'interrogation.** Elle est le fait de poser des questions, afin d'éviter d'affirmer ou pour ouvrir un débat.

› **L'ironie.** Par elle on affiche l'inverse de ce qu'on pense, pour frapper par humour l'imagination de l'interlocuteur : en grec *eirôneia* signifie « interrogation, en faisant semblant d'ignorer » ; ainsi un homme politique fera-t-il soudain, sur un ton faussement enjoué, l'éloge du camp adverse.

› **Le paradoxe,** du grec *paradoxos* (« opposé à la position commune »). Opinion qui s'appuie sur une affirmation contraire à ce qui est communément admis, généralement pour lutter contre un préjugé : « le trac, c'est un bienfait ! ».

› **La périphrase.** Avec elle on s'exprime par un détour : « l'idole des jeunes » pour désigner Johnny.

‣ **La personnification**. On présente un concept, une idée, une abstraction, comme si c'était un être vivant, un individu.

▶ **Les figures de mots**, par lesquelles on travestit la signification des mots :

‣ **La catachrèse**. Elle permet de prendre un mot dans son sens figuré ou imagé pour le remplacer par un autre mot, ou tout simplement parce qu'il n'existe pas de mot : une « langue » de terre.

‣ **La métaphore**. Elle est un transfert par comparaison, réussi grâce à la similitude entre deux mots ou concepts : la « fleur » de la jeunesse, l'« automne » de sa carrière.

‣ **La métonymie**. Elle est un transfert par proximité entre deux mots, par exemple physique (« manger toute son assiette »), ou d'outil à utilisateur (« c'est un bon fusil ! »), ou de localisation à organisme (« Londres a rappelé son ambassadeur »).

▶ **Les figures de construction**, qui sont des figures particulières de mot, par lesquelles on utilise le mot dans son sens direct, mais en le travestissant cette fois dans sa fonction d'élément de phrase :

‣ **La répétition**. Elle permet d'insister sur un point important.

‣ **L'anaphore**, forme particulière de répétition. On martèle le mot ou l'expression au début de chaque phrase, plusieurs phrases en suivant.

‣ **Le pléonasme**. Il consiste à se répéter par un mot ou toute locution ou formulation ; cette redondance est souvent fautive – comme dans « descendre en bas » – mais elle peut aussi servir une attitude pédagogique.

La dialectique, art de la discussion

> « *C'est pas parc'que you are me*
> *Qu'I am you...* »
> Renaud[1]

À la même époque, les dialecticiens, à Athènes, défendront, eux, que **toute idée et son contraire peuvent être... défendues**. Ils constatent en effet que le réel est peuplé de contradictions. **À partir d'un concept et de son opposé**, les dialecticiens ont un objectif : **dépasser cette**

---

1. Chanson *It is not because you are*, paroles et musique de Renaud Séchan, Mino music.

© Éditions d'Organisation

opposition pour arriver à une conclusion. Ils vont donc développer toute une technique d'argumentation et de démonstration. *Dialektiké* signifie en grec « l'art de la discussion ». Nous y reviendrons ci-dessous.

L'éloquence en plus

Gorgias développera une théorie de l'éloquence devant les tribunaux. À Athènes, un autre de ses admirateurs, Isocrate, fait sortir la rhétorique du ghetto du droit. Il affirme que **pour parler correctement en public on doit respecter une règle**, en plus du fait de bénéficier d'un don pour la parole : **apprendre et travailler, pratiquer régulièrement et souvent**. Il reliera d'ailleurs maîtrise de la communication orale et maîtrise de soi : pour lui, **style de parole et style de vie vont de pair**. La rhétorique ne lâchera plus l'Europe au cours de son histoire. Aristote la théorisera et sera à Rome suivi par Cicéron et Tacite. Puis l'Église l'exploitera : saint Augustin affirme que **l'art oratoire sert à trois fonctions : charmer, convaincre, instruire**. Au service de la foi. **La rhétorique** aura pris dans l'Antiquité une place éminente, et parfois contestée par les plus grands philosophes. Elle **deviendra l'art de convaincre et persuader par la parole organisée, c'est-à-dire le discours**. Il s'agit bien d'un art, et pas d'une doctrine ni d'un procédé. **On veut alors permettre à l'homme de résoudre et de dépasser, par la pratique de cet art, les situations d'asservissement et d'oppression**. Aristote pose ainsi l'intérêt de la rhétorique, voici 2 500 ans :

> « Tous les hommes se mêlent de questionner sur une thèse et de la soutenir, de se défendre et d'accuser. Seulement, la plupart des hommes le font sans aucune méthode. »[1]

Il s'agit donc bien ici d'un univers construit que celui de la rhétorique. N'oublions pas qu'Aristote sera le formateur d'Alexandre le Grand et que c'est la rigueur qui fonde sa théorie : il reste dans l'Histoire comme le père de la logique formelle.

De l'importance de la preuve

De nos jours, la rhétorique s'appuie principalement sur la preuve : c'est ainsi qu'on convainc son interlocuteur. Le montrent clairement les travaux de Yves Rajaud[2], qui classe les preuves en trois catégories :

---

1. Cité par Patrick Audebert-Lasrochas, *La négociation*, Éditions d'Organisation, 1999.
2. Un des responsables du réseau APM (Association Progrès du Management), l'un des meilleurs sinon le meilleur système de formation des entrepreneurs, lancé dans les milieux proches du MEDEF (dénommé à l'époque CNPF).

« – Les preuves logiques

Ces preuves sont apportées par des faits, des démonstrations, les expériences (les statistiques, les conclusions logiques, etc.).

– Les preuves psychologiques

Celles qui sont données par les opinions et/ou par l'affectivité dans la relation (J'ai confiance en lui donc je le crois, par exemple).

– Les preuves analogiques

Obtenues par la métaphore ou la parabole (Rien ne sert de courir, il faut partir à point, par exemple). »[1]

Participer à un débat

Un discours, ce n'est pas seulement une succession de phrases, mais aussi un ensemble cohérent avec un sens général, et surtout un outil de relation avec autrui, donc agréable et convaincant. **Nous passons ici de la rhétorique à la dialectique. La rhétorique est l'art de parler, la dialectique celui de débattre.** Dans la conversation simple, c'est la démonstration et la raison rigoureuse qui auront droit de cité. Dans le débat, **l'argumentation va intégrer le cœur.** Vont prendre de l'importance des éléments particuliers dont il faudra tenir fortement compte : le lieu, le public, les émotions. Là où la discussion pourra aborder un sujet sous un éclairage théorique, le débat sera plus chaleureux. **Il s'agit de pratiquer l'influence et la conviction** : persuader, argumenter, objecter, répondre aux objections.

▧ De la conversation à la conversion...

Le débat a aussi une autre fonction ou un autre effet potentiel : il peut être l'An I de la conversion. **Non seulement de la conversion des autres par celui qui parle, mais aussi de la conversion de celui qui parle par les autres !** Par le débat, l'orateur va peut-être prendre conscience d'éléments qu'il n'avait pas intégrés dans son argumentaire, modifier sa pensée ou son comportement, se forger des idées nouvelles.

Persuader : l'éloquence

C'est l'aptitude à communiquer oralement, naturelle d'abord, travaillée ensuite. C'est l'aisance dont certains font preuve pour exprimer ce qu'ils ont à dire, leur manière de solliciter les émotions et de convaincre par la parole. Son fondateur est Démosthène. Athénien dans la Grèce antique, au cours du IVe siècle avant Jésus-Christ, c'est

---

1. Cité par Patrick Audebert-Lasrochas, *opus* cité.

un redoutable orateur. Malgré un physique déficient, compensé par l'opiniâtreté et l'entraînement. D'abord avocat, il s'engage ensuite en politique. Il devient rapidement maître de la cité, et ce par la parole, grâce à des harangues – les « Philippiques » – contre Philippe de Macédoine. Ce dernier n'en viendra à bout que bien plus tard, et il faudra une guerre pour cela... puissance de la parole ! **Persuader est un art qui synthétise trois actions différentes** :

▶ **Convaincre, c'est-à-dire décider l'interlocuteur à adopter une position ou une décision** ; les outils sont ici la démonstration par l'argumentation, la garantie par la preuve, le raisonnement par la méthode de pensée et par l'appel à l'intelligence. En pure rhétorique, le but est bien de faire croire, et pas de faire faire.

▶ **Déterminer, donc amener l'interlocuteur à agir**, le conduire vers une attitude, l'encourager pour le futur à s'engager dans un sens : c'est un second sens admis de nos jours.

▶ **Amadouer, donc domestiquer**, c'est-à-dire en même temps modérer, adoucir, et séduire, charmer, plaire, courtiser, flatter.

Argumenter et prouver

Argumenter, c'est démontrer par la preuve

L'argumentation est un outil de la persuasion : c'est la démonstration méthodique qui sert à prouver ou démentir une idée. La notion de preuve est ici fondamentale. Il ne s'agit pas de chicaner, discutailler, ergoter, mais de :

- développer, penser, déduire, induire ;
- démontrer, prouver, réfuter.

La preuve : par la raison ou par la passion

La preuve, *a priori*, sert seulement d'appui à la raison : on exprime une caution, un gage, une garantie, une assurance. Mais cette définition est trop limitée : nous ne sommes pas dans le cadre d'une enquête de police ni d'une instruction judiciaire. Ces notions sont certes incluses dans la notion de preuve, mais elles sont insuffisantes pour en donner toute la richesse. Si l'argumentation exploite cet outil incontournable qu'est la preuve, rappelons en effet que cette dernière peut être exprimée, avec un être humain, de deux manières différentes et complémentaires... la conviction par le raisonnement logique, mais aussi la séduction et le charme :

► **Une manière lente : c'est la logique (ou bien l'analogique), qui fait appel à la raison.** On est alors déductif et cartésien, sans tomber dans le perfectionnisme ou le côté moralisateur et censeur. C'est la manière de l'intelligence, dont on sait qu'elle n'est pas la chose la mieux partagée au monde...

► **Une manière rapide : elle fait appel à l'émotion, qui elle-même fait appel aux sentiments.** On est alors engagé, complice, chaleureux, sans tomber dans la frénésie, la fougue ou le matraquage. C'est la manière du cœur, dont on sait qu'il a ses raisons que la raison ne connaît pas...

Il faut y ajouter un raccourci : l'invitation à l'action, qui fait appel au caractère ; on est alors attentif, rassurant, sans tomber dans l'admonestation ou la menace. On peut donc au total poser l'équation : argumentation = appel à la raison (logique et analogique) + appel aux sentiments + appel au caractère.

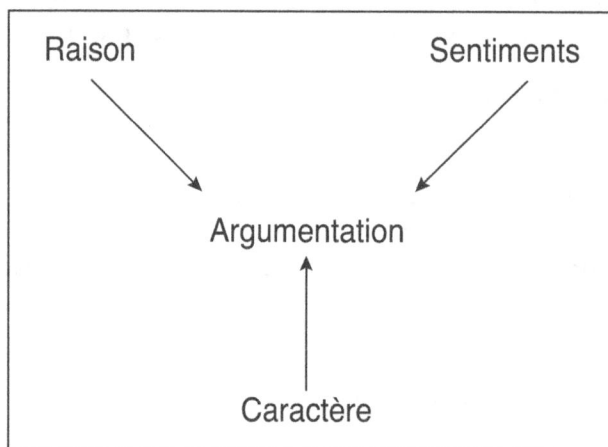

Raison   Sentiments

Argumentation

Caractère

▨ Argumenter, c'est démontrer par l'avantage d'usage

Dans le doute sur la manière de s'y prendre, on appliquera utilement **le plan classique :**

► **Quoi ?** Quel est mon objectif, qu'est-ce que je veux éclairer ?

► **Comment ?** Quelles sont les principales idées que je vais développer ?

► **Pourquoi ?** Quelle est l'orientation par l'usage que je vais donner ? Profitons en effet ici de la leçon particulière de l'argumentaire commercial : « pour quoi » (en deux mots), dans le sens « pour faire quoi ». Rappelons que par définition un argumentaire est, dans le commerce, l'ensemble des arguments destinés à présenter et promouvoir le produit. **Présenter et promouvoir.** Car nous vivons aujourd'hui dans une économie au sein de laquelle le consommateur a pris une place plus importante que par le passé, au sein de laquelle le service fourni a autant sinon plus d'importance que l'objet acheté. Conséquence : on argumente non seulement en présentant le produit (bien ou service), c'est-à-dire en le décrivant, mais aussi en précisant à chaque étape son utilité d'usage. **Dans le commerce, argument = description + usage. Ce principe peut aujourd'hui être étendu à toute activité d'argumentation.** Ainsi, dans un débat, l'argumentation sera-t-elle scindée en deux parties, pour chaque argument :

- une idée, qui fait appel à la compréhension ;
- l'avantage de ce choix, qui correspond à l'usage que le public peut en tirer, et qui fait appel à l'accord.

Objecter et répondre aux objections

> « *Les méchants ont sans doute compris quelque chose*
> *que les bons ignorent.* »
> Woody ALLEN[1]

▨ Les trois fonctions de l'objection : contester, répliquer, comparer

La parole, c'est aussi la guerre. L'objection est un outil de la parole destiné à remplir trois fonctions, séparées ou groupées :

- contester, contredire, attaquer ; donc nier, refuser de reconnaître une information ou une idée, voire affirmer le contraire, le tout sur fond d'opposition ;
- rétorquer, répliquer, répondre ; donc faire preuve d'agressivité et d'un esprit de « retour à l'expéditeur » : en latin *retorquere* signifie renvoyer ;
- opposer, comparer ; donc au pire créer un obstacle, rechercher l'affrontement, au mieux valoriser les avantages de sa

---

1. Cité par Daniel Pennac, *Au bonheur des ogres*, Gallimard, 2000.

propre pensée dans le but d'établir une comparaison avec celle de l'interlocuteur.

◾ Éviter la dérive de l'objection : la rupture

L'objection est une forme de refus ou d'hésitation, exprimés clairement ou non. **Le risque pour une objection est de devenir par principe le contre-argument de ce qui vient d'être dit, ce qui entraîne vite la dégénérescence de tout débat vers la rupture, c'est-à-dire vers l'absence de débat. Lorsqu'une telle tendance s'installe dans un débat, le mieux est pour l'animateur de faire parler les parties, en revenant à l'utilisation de la technique du questionnement.** Les objections elles-mêmes peuvent d'ailleurs être exprimées sous forme de questions. Nous pouvons aussi rendre difficile l'expression d'objections par une partie adverse en nous exprimant au départ du débat dans un esprit positif, en amenant l'autre partie à reconnaître le bien-fondé de nos propositions : les premières propositions exprimées attireront son acquiescement. Puis, petit à petit, on enferme ainsi l'autre sur le chemin qui mène aux arguments qu'on veut développer.

◾ Les formes de l'objection

L'objection peut prendre des formes bien diverses :

- **un simple rappel de la réalité**, descriptif, qui conteste en lui-même l'argumentation de l'interlocuteur ;
- **la répétition des propos de l'interlocuteur**, mais en les rendant outranciers, ou en les prolongeant pour en faire ressortir les conséquences négatives ;
- **le pointage d'une confusion**, d'une erreur ou d'une contradiction ;
- **la présentation de ses propres arguments** exclusivement sous forme de contre-exemples pratiques et vécus.

◾ Répondre par l'objection silencieuse

On peut utiliser le silence pour déstabiliser ou ridiculiser une personne qui intervient ou pose une question. La technique consiste à la regarder dans les yeux fixement d'un air dosé, tout à la fois méprisant mais en la prenant en pitié, sévère mais indulgent, en restant ainsi de longues secondes sans bouger, éventuellement en s'accompagnant d'un léger hochement de tête désabusé. **Le résultat est très efficace, à condition toutefois de ne pas abuser de la pratique.** L'exercice est dangereux dans le cas d'une question précise et déstabilisante mais, bien mené, il permet au minimum de rassembler ses idées.

Répondre aux questions

Et qu'en est-il de la personne questionnée ? Comment doit-elle se comporter, surtout si le débat se déroule normalement, c'est-à-dire si la salle produit l'élément qu'on attend alors d'elle : des questions ? Voici sept conseils pratiques :

▶ **Ne pas être pris au dépourvu.** Il faut penser à l'avance à toutes les questions qui peuvent surgir, en se mettant à la place des interlocuteurs : quelles peuvent être les plus inattendues ? Si le public est hostile ou risque de l'être, ne serait-ce que faiblement ou pour une partie seulement de la salle, on ne prend pas de risque et on cherche donc à identifier ses points faibles afin de pouvoir combler aisément ce déficit.

▶ **Répondre sur un ton constant.** La constance fait partie des qualités qu'un public attend d'un intervenant qui répond à ses questions car elle fonde la maîtrise de soi, et cela rassure – à tort ou à raison mais peu importe – les interlocuteurs sur la fiabilité du contenu. Ce ton sera bien sûr, dans la mesure du possible par rapport aux circonstances et au sujet, un ton chaleureux, simple, souriant et décontracté.

▶ **Faire répéter ce qui n'est pas clair.** Si une question n'a pas été entendue par toute la salle, par exemple parce que les conversations n'avaient pas cessé, il ne faut pas hésiter à la faire répéter. On peut également la répéter soi-même. Ce dernier comportement est de toute manière conseillé si on subit une question peu claire.

▶ **Ne jamais contredire.** Si un débat est structuré en « questions de la salle + réponses de notre part », alors par définition on ne peut pas contester ce que dit l'interlocuteur : comment contester une question ? On peut éventuellement en contester le bien-fondé, mais comme il s'agit d'une formulation par une question, on le fera dans le courant de la réponse et relativement discrètement. Bien évidemment, on rencontrera le cas fréquent du questionneur qui ne se limite pas à seulement poser sa question, mais qui engage un véritable débat avec l'intervenant, soit en contestant une idée ou une proposition, soit en faisant état d'un expérience vécue contraire. Dans ce cas la réponse se fera en deux temps : d'abord on répond à la partie-question de l'intervention du questionneur, puis on passe à la partie-débat en un second temps, afin de toujours marquer le rapport question-réponse.

▶ **Ne jamais rabaisser**. Le cas, fréquent, du questionneur qui n'a rien à dire, donc *a fortiori* rien à demander, ne sera pas traité par le mépris, car la salle a déjà repéré le défaut et une telle attitude risque de décrédibiliser l'intervenant. N'oublions pas en effet que cette question vient de la salle et que la salle aura toujours tendance à s'identifier à la salle. Mieux vaut donner l'impression de ne pas prendre les choses de haut, soit en répondant brièvement puis en sollicitant la question suivante, soit en reformulant la partie intelligente de l'intervention et en demandant à la salle si elle peut exprimer d'autres questions sur le même thème, dans le but de les regrouper.

▶ **Ne pas changer de point de vue**. Certes, comme dit le proverbe, seuls les imbéciles ne changent pas d'avis, mais ce proverbe peut s'appliquer sur une période longue, pas sur le court temps d'un débat. La solution reste : préparons nos interventions, y compris en réfléchissant à notre propre argumentaire et en le passant au crible de notre propre jugement critique.

▶ **Reconnaître sa méconnaissance**. Plutôt que de prendre le risque d'être contesté – et cette fois de manière fondée – par une personne de la salle qui serait plus experte que l'intervenant sur un sujet, ce dernier a tout intérêt à organiser le repli stratégique, en reconnaissant, franchement et directement, qu'il ne connaît pas suffisamment tel ou tel point du sujet. Il peut même demander en compensation au questionneur de bien vouloir lui laisser ses coordonnées (adresse, fax, e-mail) après la séance afin d'interroger entre-temps un spécialiste pour lui faire parvenir ensuite des éléments.

Poser une question

Pour poser une question correctement, voici quelques conseils :

▶ On s'exprime **calmement et posément**.

▶ Toutes les règles de la **maîtrise du micro**, si on doit s'en servir, s'appliquent pour le questionneur au même niveau d'exigence que pour un conférencier ou l'animateur.

▶ Dans la mesure du possible, **on pose sa question debout**. Si on doit se déplacer, de la salle par exemple, pour rejoindre un micro, on retourne ensuite à sa place afin d'éviter d'avoir à patienter debout pendant que se déroule la réponse.

▶ On se présente avant de poser sa question. Sommairement : **la question posée ne doit pas être une occasion de décliner son curriculum vitae**... On donne donc son nom et son prénom, et éventuellement sa fonction professionnelle, ou en tout cas le titre en fonction duquel on pose la question.

▶ À la fin de la question, **on reste silencieux et attentif à la réponse** : bien des questionneurs, effarés par leur propre témérité d'avoir osé poser une question, camouflent ensuite leur tension, inconsciemment et pendant quelques instants, en chuchotant ardemment avec leur voisin ! Il faut au contraire montrer la continuité entre la question et la réponse, et le fait de respecter ce lien crédite le questionneur d'une attention positive de la salle tant que son sujet reste en cours de traitement.

Animer un débat

Rechercher l'objectif stratégique

Est-il possible de surmonter les oppositions ? N'oublions pas cependant qu'**un débat n'est pas forcément contradictoire. Il peut même être simplement œuvre de culture**. Le meilleur exemple reste Bernard Pivot et ses émissions de télévision successives : d'abord *Apostrophes* puis *Bouillon de culture*. Et l'illustration nous en est donnée, avec un œil objectif, par un Américain, en l'occurrence James Lipton, animateur de télévision, metteur en scène, acteur, dont nous avons déjà parlé dans la partie du livre consacrée à la formation. Nous sommes en 2000 et James Lipton reçoit le prix du meilleur meneur américain de talk-show pour son émission, *Inside the actors studio*. Au cours de cette soirée des trophées Emmy de la télévision des États-Unis, James Lipton déclare aux journalistes, médusés : « *Dites au monde qu'il faut absolument sous-titrer l'émission du Français Bernard Pivot !* » On connaît la suite : Bernard Pivot invitera James Lipton à la dernière de *Bouillon de culture*, et ce dernier lui répondra par courrier : « *Quoi qu'il puisse m'arriver dans l'avenir, je n'aurai jamais d'honneur plus grand* » ! Qu'est-ce qui peut amener l'intervieweur vedette américain à s'exprimer ainsi sur Bernard Pivot, lui qui aux États-Unis a questionné les plus grands, de Paul Newman à Jack Lemmon, de Sean Penn à Meryl Streep, de Francis Coppola à Spike Lee, de Sharon Stone à Harrison Ford, de Julia Roberts à Gene Hackman ? Qu'est-ce qui peut lui faire dire que Bernard Pivot est le « maître des intervieweurs » ?

« Un soir, dans sa jolie maison située dans le nord-est de Manhattan, tout près de Central Park, James Lipton eut un véritable coup de foudre. Alors qu'il naviguait de chaîne en chaîne, le pouce sur le zappeur, son attention fut soudain attirée par une scène d'une truculence et d'une extravagance inédites sur le petit écran américain. "Rassemblés autour d'une table basse, des hommes devisaient joyeusement en s'abreuvant de beaujolais. Ah ! ah ! ai-je pensé, en voilà qui prennent du bon temps ! Comme ils parlaient français, j'ai dressé l'oreille et je n'en suis pas revenu. Ces gens discutaient livres ! Avec passion, jubilation, gourmandise. La même avec laquelle ils appréciaient sans doute le liquide précieux contenu dans leurs verres. Mais quelle conversation ! Quelle tenue ! Quelle profondeur ! Avant la fin, l'interviewer s'est saisi d'une pile de livres et en a fait l'inventaire en donnant envie de courir à la librairie la plus proche. J'étais scotché à l'écran. Mon Dieu ! Que cela était civilisé !" »[1]

Définir et respecter un cahier des charges et une procédure

Un débat bien mené passe, pour l'animateur, par la mise au point préalable d'un conducteur, comme pour une séance d'enregistrement ou de direct télévisé. **C'est une fiche** – l'une des fiches de l'animateur – **qui restera en permanence à vue** pour ce dernier (posée sur une table basse s'il est assis, sur le pupitre s'il est debout), avec plusieurs colonnes : une pour les horaires, une pour le contenu, divisée en sous-colonnes (qui parle, quel est le sujet, quel est la forme : mini-conférence, projection, débat avec l'animateur, débat avec la salle, etc.), et ce pour chaque mini-tranche horaire. **Cela permet à l'animateur**, qui a d'autres chats à fouetter, **de pouvoir se référer en permanence à l'architecture d'ensemble de son débat**.

Assurer le démarrage

Le débat démarre par **une introduction** de l'animateur, en quatre parties rapides :

- **un mot d'accueil technique**, sous forme d'ordres pratiques (demander aux personnes de s'asseoir, etc.) et d'un remerciement général, qui permet de poursuivre avec une salle silencieuse et prête à l'écoute, comme au cinéma : « attention, ça commence... » ;
- **l'accueil de contenu**, sous la forme d'une rapide présentation du sujet, vu sous l'angle de l'intérêt des auditeurs ; la forme de questions à la queue-leu-leu est donc bienvenue, et ce point peut être traité par le président du débat, ou le responsable de l'institution organisatrice ;

---

1. Annick Cojean, « Lipton, disciple de Pivot », *Le Monde*, 29 juin 2001.

- **la présentation du plan horaire** (le conducteur) ;
- **la présentation des intervenants**.

Présenter un participant, présenter un conférencier

La personne sera présentée en respectant six règles :

- **clairement** : on lui demande éventuellement de se lever un instant, si elle est dans la salle ;
- **rapidement** : c'est surtout elle qui parlera et pas nous ;
- **sobrement** : on présente ses titres ou fonctions sans en rajouter, car c'est au public de se faire ensuite une idée positive ; si on donne des détails, on insiste sur ses réalisations plutôt que sur ses positions, ce qui accroît sa crédibilité ;
- **conformément** : on n'écorche pas le nom ou le titre et on se renseigne donc avant ;
- **convenablement** : on n'hésite pas à remercier le conférencier qu'on présente ;
- **de manière positive et sympathique**, en faisant ressortir l'intérêt de l'écouter, par rapport au sujet choisi, au public ou aux circonstances.

Faire participer au débat sur un plateau : les questions

Fonction des questions

C'est l'outil roi dans le monde de la prise de parole. Le débat s'enlise, nous voulons changer de rythme ? Posons une question. Nous souhaitons obtenir une information ou sonder un interlocuteur ? Posons une question. Nous n'avons rien à dire ? Posons une question. Nous voulons faire progresser une idée ou un projet, faire réfléchir ? Posons une question. Nous voulons contrer un mouvement d'humeur ou d'hostilité ? Posons une question. Nous voulons soutenir un timide, calmer un bavard en reprenant la main ? Posons une question. Même les moines, comme nous l'avons vu plus haut, résolvent en partie la quête de Dieu par cet outil, comme l'affirme le père abbé de l'abbaye du Monts des Cats, frère Guillaume[1] :

---

1. Élu par ses pairs en 1998, à 41 ans, et qui succède alors à Dom André Louf.

> « [Les moines] ne servent à rien, entend-on parfois... Nous vivons peut-être enfermés, mais on parle beaucoup de nous, on voit bien qu'on pose question... Notre rôle n'est pas de répondre à des questions mais plutôt d'en poser. »[1]

Tout l'art de l'animation d'un débat repose sur la manière de poser des questions. La conduite d'un débat se pratique essentiellement par l'interrogation : **il faut faire parler autrui par le questionnement**. C'est d'une grande difficulté pour nos générations, encore (dé)formées par une école et une université qui ont finalement bien peu évolué depuis le XIXe siècle et restent soumises aux critères d'une société industrielle produisant des séries longues à la chaîne et fondée sur une organisation taylorienne :

> « L'école nous a plus appris à répondre à des questions qu'à en poser, en tout cas pour ce qui est de la pédagogie traditionnelle. Pas étonnant dans ces conditions que l'adulte soit mal à l'aise quand il s'agit d'interroger et de manier des questions. »[2]

Car **les questions sont une arme terrible**. Pour de nombreuses raisons :

▶ D'abord parce que c'est une **arme à usages multiples** :
- • c'est évident, par leur première mission, **les questions servent à tirer des informations de l'interlocuteur** ;
- • mais **elles permettent aussi**, derrière cette fonction, **d'affiner** :
  - – éclairer ou préciser les informations,
  - – valider un point douteux,
  - – les mettre en ordre en leur donnant une priorité ;
- • enfin elles peuvent aussi être **un outil d'attaque** :
  - – par exemple en écrasant l'interlocuteur sous un flot ininterrompu et saccadé de questions,
  - – ou en passant volontairement d'un sujet à l'autre pour le troubler et l'égarer afin de finalement fragiliser ou briser sa capacité à argumenter.

▶ Tout en même temps c'est **une arme à usages pas forcément apparents** : les éléments décrits ci-dessus peuvent ou non être ressentis par l'interlocuteur, et ils peuvent être simultanés ou non.

---

1. Propos recueillis par Fanny Magdelaine, « Veilleurs et chercheurs de Dieu » dans *La Croix Magazine Nord-Pas-de-Calais*, 21 juillet 2000.
2. Lionel Bellenger, *Les outils du négociateur*, Éditions ESF, 1991, cité par Patrick Audebert-Lasrochas, *La négociation*, Éditions d'Organisation, 1999.

Formulation des questions

C'est aussi un art, à partir duquel la conviction, l'argumentation, la négociation peuvent se trouver encore considérablement enrichis, au-delà de la liste présentée ci-dessus. Les effets sur la persuasion sont importants :

> « Un ecclésiastique demandait à son supérieur : puis-je fumer pendant que je prie ? La permission de fumer lui fut absolument refusée. Un autre ecclésiastique alla trouver ce même supérieur et lui demanda : puis-je prier pendant que je fume ? La question étant ainsi posée, il lui fut accordé la permission de fumer. »[1]

On le voit : **les questions peuvent être, en communication orale, la pire et la meilleure des choses.** Elles sont tour à tour notre bonheur ou notre malheur. Elles peuvent être des inconvénients ou des atouts, une force ou une faiblesse. Elles peuvent, selon les circonstances et le questionneur, être des pièges ou au contraire une ouverture généreuse à autrui. Pour pratiquer ce second choix, Bernard Pivot était un orfèvre. Il en est de même de son grand admirateur l'Américain James Lipton, célèbre par ses interviews de stars du cinéma :

> « Ah ! Rien à voir avec les simulacres d'interviews de cinq ou huit minutes enchaînées par lesdites stars lors de la sortie d'un film. Rien de comparable avec ces talks-shows populaires où questions, réponses et plaisanteries sont préalablement écrites à la virgule près. Ici, on parle. Et on écoute. En confiance. Entre nous. Enfin entre pairs. La caméra n'est qu'une intruse. [...] le programme TV dure une heure, tandis que les "maîtres" de passage, décidément à l'aise, et souvent émerveillés de l'ambiance presque fraternelle, prolongent la conversation et s'attardent parfois tard dans la nuit (Francis Coppola). »[2]

Et la journaliste insiste plus loin sur la « vérité » que James Lipton donne à la parole, par la sincérité et la générosité :

> « Preuve que l'on est entre amis et que l'objectif n'est pas le scoop mais un voyage dans la carrière et le travail de l'artiste, en insistant sur son origine, sa famille, sa formation initiale [...] et en enchaînant sur les rôles, le problème du choix, les conseils aux étudiants auxquels on passe plus tard le micro. »[3]

---

1. Gérard L. Nierenberg, *L'Art de persuader*, Éditions Tchou, 1979, cité par Patrick Audebert-Lasrochas, *La négociation*, Éditions d'Organisation, 1999.
2. Annick Cojean, « Lipton, disciple de Pivot », *Le Monde*, 29 juin 2001.
3. *Ibidem*.

Types de questions

Non contentes d'être complexes et dangereuses, les questions sont éga-lement nombreuses. Voici un classement des différentes sortes de questions, classement qui lui-même peut être considérablement enrichi, puisqu'une seule et même question peut se trouver dans plusieurs rubriques à la fois, non seulement par la volonté de son auteur, mais aussi parfois au gré des circonstances et de l'environnement !

TYPE	OBJECTIF	EXEMPLE	AVANTAGE	INCONVÉ-NIENT
FERMÉE	Obtenir une réponse courte et claire : oui ou non (ou assimilable). La question est formulée sous une forme de choix alternatif (cf. ci-dessous la « question alternative »).	« Vous êtes d'accord, oui ou non ? » « Êtes-vous pour ou contre ce parti politique ? »	Les questions fermées permettent de donner un coup de fouet à un débat qui s'enlise, de par leur rythme. Elles n'exigent que peu de concentration de la part des auditeurs.	Par leur facilité, on en abuse parfois, et le jeu crée alors une forme de blocage de toute vraie discussion. Elles fondent le développement d'une ambiance d'agressivité.
	Obtenir une information précise.	« Y étiez-vous ? »	On obtient assez facilement la réponse qu'on cherche.	
	Mener une enquête à rythme enlevé. Il s'agit d'identifier une situation.	« En réalité, l'avez-vous déjà rencontré ? Où ? Avec qui ? Combien de temps ? » etc.	Elles peuvent aisément déstabiliser un adversaire dans un débat, car la maîtrise en revient au questionneur.	
	Inquiéter l'interlocuteur.	« Combien gagnez-vous ? »	Elles permettent de conclure positivement quand l'animateur les pose en rafale aux participants à un débat, en faisant en sorte, par le choix du sujet et du questionné, que toutes les réponses soient positives.	

TYPE	OBJECTIF	EXEMPLE	AVANTAGE	INCONVÉNIENT
OUVERTE	Obtenir une réponse longue, ample, détaillée, argumentée, complète.	« Quel est le processus exact pour arriver à ce résultat ? » « Quelles solution préconisez-vous ? »	Les questions ouvertes donnent à réfléchir. Ce sont celles qui nourrissent le plus un débat d'idées.	Elles risquent de mettre un débat ou une conversation hors sujet : c'est la personne qui répond qui maîtrise la parole, donc le contenu.
	Demander à l'interlocuteur de s'exprimer sur ses idées.	« Quelle est votre position sur telle idée ? » « Qu'en pensez-vous ? » « Quel est votre problème ? »	Elles permettent de découvrir l'interlocuteur. Elles entraînent une réponse qui engage en profondeur. Elles génèrent de la détente et de l'intimité dans une conversation, du fait du rythme de conversation qu'elles engendrent.	Elles peuvent gêner l'objectif d'aboutir à une conclusion ou à un accord dans un temps rapide. Si tel est le cas, on les exploitera en début de débat.
ALTERNATIVE	Demander à l'interlocuteur de faire un choix, en général sur un point précis du débat. C'est un cas particulier de « question fermée » (cf. ci-dessus).	« Préférez-vous X ou Y ? »	Cf. « question fermée » (ci-dessus).	Cf. « question fermée » (ci-dessus).
COULOIR	Obliger l'interlocuteur à s'exprimer là où il est faible.	« Sans aucun doute vous pouvez proposer mieux que l'idée que je vais exposer... »	Maîtriser sans partage le débat.	Ne doit pas être utilisée à outrance, afin de laisser le débat se nourrir d'une véritable contradiction.
FAUX ACCORD	Enfermer l'interlocuteur temporairement dans notre logique.	« Supposons un instant que vous acceptiez ma suggestion... »	Avoir la main quelques instants, afin par exemple de reprendre son souffle.	Ne dure qu'un temps.

TYPE	OBJECTIF	EXEMPLE	AVANTAGE	INCONVÉ-NIENT
RÉOUVER-TURE	Sortir de l'enfermement dans un piège en mettant momentané-ment l'interlocuteur en valeur.	« Mais dites-nous ce que vous en pensez, vous qui vivez cette situation au quotidien... »	Permet de patienter avant de tenter de reprendre la main.	Signe qu'on est dominé, si on doit l'utiliser souvent...
RELANCE	Obtenir des détails ou une précision. Demander une clarification. Obliger à reformuler. Faire valider.	« Vous affirmez donc que... » Autre technique : laisser l'interlocuteur épuiser son sujet et son argumentation, puis simplement reformuler sur un ton interrogatif ses deux ou trois derniers mots.	Faire parler l'interlocuteur, sans esprit polémique, au contraire, puisque la question est toujours construite à chaud sur la réponse précédente de l'interlocuteur. Évite tout conflit. Relance ou entretient un dialogue difficile avec un interlocuteur peu loquace. Bonne issue de secours.	Inadaptée pour le participant à un débat contradictoire : réservée à l'animateur, à celui qui « fait parler les autres ». Peut agacer le public si elle est utilisée systématique-ment.
PASSE	Appeler à la rescousse un tiers, à un moment difficile.	« Profitons, sur ce point, de la présence de X pour lui demander son avis. »	Nourrit parfaitement l'argumentaire, sur le fond comme sur la forme.	Ne peut être utilisée en permanence.
	Citer un expert parfaitement crédible.	« Que pensez-vous alors de la théorie de X, prix Nobel, qui affirme, au contraire de ce que vous dites, que etc. ? »		

TYPE	OBJECTIF	EXEMPLE	AVANTAGE	INCONVÉ-NIENT
ZIGZAG	Briser l'élan de l'interlocuteur.	« Comment pouvez-vous affirmer que nous ne sortons pas du sujet ? »	Cf. question « faux accord » (ci-dessus).	Cf. question « faux accord » (ci-dessus).
	L'empêcher de m'éloigner du sujet auquel je tiens.	« Pouvez-vous me redire ce que vous affirmiez en prenant la parole au début de l'après-midi sur le sujet X ? » « J'ouvre une parenthèse : sur ce point précis, celui que nous abordons à l'instant, quelle est votre position ? »		
DÉSTABI-LISANTE	Provoquer la réaction de l'interlocuteur en le sollicitant sur un point sensible.	« Et pourtant, votre marge brute ne semble-t-elle pas s'affaisser ?... » « La presse affirme que vous n'êtes plus premier mondial ? » « Cependant votre confrère X affirme l'inverse ; je le cite : etc. »	Fait parler l'interlocuteur, tout en le mettant dans une situation délicate. Nourrit parfaitement l'argumentaire, sur le fond comme sur la forme.	Ne peut être utilisée en permanence.
EN ÉCHO	Renvoyer la balle à l'interlocuteur qui vous critique sur un point X ; l'obliger à reformuler.	« Que voulez-vous dire par le fait que je ne suis pas crédible sur le point x ? »	Cf. question « réouverture » (ci-dessus).	Cf. question « réouverture » (ci-dessus).
FAUSSE	Canaliser le débat en fournissant des informations à l'interlocuteur, mais sous forme de question.		Cf. question « faux accord » (ci-dessus).	Cf. question « faux accord » (ci-dessus).

Délimiter débat-salle et débat-plateau : animer le débat avec la salle

Concilier la liberté et l'ordre

Toute la difficulté consiste ici à respecter deux principes apparemment contradictoires :

- **la règle de la liberté d'expression**, et en même temps la règle de la démocratie, qui veulent que, *a priori*, toutes les personnes présentent dans la salle puissent s'exprimer aussi longtemps, aussi fortement et aussi franchement et directement qu'elles le souhaitent ;
- **la règle de l'ordre que l'animateur doit faire respecter**, sous peine de faire perdre au débat tout intérêt intellectuel.

Comment faire pour concilier – car il s'agit bien de concilier – ces deux impératifs ? **La solution viendra de l'organisation de l'ensemble**, car l'organisation sert les intérêts de l'ordre sans desservir pour autant ceux de la liberté d'expression ni de la démocratie. Prenons l'exemple d'un dîner-débat au cours duquel un conférencier intervient. Comment pratiquer concrètement pour mener le débat qui suit entre le conférencier et la salle ? L'animateur pourra utilement limiter le nombre de questions que chaque table a le droit de poser. Bien évidemment, à condition de préciser cette règle du jeu et de donner ses motivations dès le départ de l'opération ; **l'ensemble sera présenté positivement** : on ne dit pas « je limite le nombre de questions que vous pourrez poser », mais « pour permettre de bénéficier d'un débat riche et afin de faire en sorte que le maximum de participants puissent intervenir, je vous propose de permettre à chaque table de poser deux questions ». Plus organisé encore, le système des « animateurs de table » permet quant à lui, de s'adapter au cas d'une salle très remplie et/ou d'un sujet qui entraîne des réactions chaleureuses ; il est bon de laisser ainsi le débat s'engager séparément au sein des tables pendant le dîner, et le tout suit un plan chronologique établi :

- l'animateur (ou le conférencier) intervient à un pupitre, avant que le repas ne soit servi, ou éventuellement alors que l'apéritif a été déposé sur les tables ;
- en un second temps, le dîner se déroule, les animateurs de table engageant le débat au sein de leur table afin d'en faire ressortir les principales questions ;

- enfin, l'animateur (ou le conférencier) monte à nouveau à la tribune et répond aux questions.

Fournir la règle du jeu à l'avance

Comme toujours, l'animateur aura exprimé rapidement, mais clairement et précisément, la règle du jeu à l'avance. **Ceci afin de montrer qu'il ne s'agit en rien d'une manipulation**. Cette procédure peut utilement être complétée par une rapide séance préalable avec les animateurs de table. Objectif : au minimum leur permettre de se comporter d'une façon assez proche les uns par rapport aux autres, pour éviter que de trop fortes inégalités de traitement d'une table à l'autre ne soient pratiquées.

Comment commencer ?

Dans toute circonstance il peut s'avérer qu'un débat démarre petitement, froidement, parfois même ne démarre pas du tout. Comment faire ? **D'abord en se rassurant** : j'ai animé des dizaines de débats publics, très divers, et jamais je n'ai constaté qu'une salle restait totalement et définitivement froide. Ceci étant il faut en prévoir le cas, et c'est à l'animateur à intégrer dans son conducteur un « programme de rechange », ou à passer rapidement au point suivant de la manifestation. Dans la réalité **ce qu'on constate le plus souvent c'est que le débat a simplement « du mal » à démarrer**. Presque toujours les esprits s'échauffent en un second temps et les choses sont alors moins difficiles. **Pour permettre au débat de s'enclencher on pourra utiliser les questions en stock** :

- soit l'animateur a en poche deux ou trois questions qu'il pose pour lancer le débat, comme s'il était un simple participant dans la salle ; il aura tiré ces questions de conversations avec les organisateurs ou le conférencier ;
- soit il utilise une source autre, assimilable à des questions venant de la salle, et dont il se fait le porte-parole, éventuellement en citant le nom de l'auteur de la question, comme par exemple :
  - des courriers reçus sur le sujet par les organisateurs du débat,
  - des articles parus dans la presse,
  - des réactions entendues au cours des ateliers de travail qui ont précédé le débat plénier.

379

Si le débat ne démarre pas du tout ou s'enlise, encore une fois il ne faut pas insister et passer à autre chose. On évitera en tout cas le « truc » classique consistant à faire poser les premières questions par des participants qui auront été prévus pour cela. L'expérience montre en effet que la plupart du temps soit ils n'osent pas eux-mêmes s'exprimer, soit ils le font mais sur un tout autre sujet, soit la ficelle apparaît trop grosse au reste de la salle.

Comment réagir face à la perturbation ?

C'est un moment bien délicat du débat. Il peut concerner un intervenant comme l'animateur lui-même. La procédure-type sera la suivante, elle procède par étapes :

▶ En un premier temps, **il est important de ne pas se laisser troubler et de maintenir une constance dans son expression**, qui sera bien sûr le résultat d'une certaine habitude. **D'ailleurs la perturbation est, à ce premier stade, bien souvent involontaire**. Elle peut venir de la parole contestataire d'un personne, mais plus souvent de bruits qui polluent l'écoute : porte qui grince régulièrement, individus qui se déplacent, bruits de chaise, discussions.

▶ **Si par contre un perturbateur est nommément désigné ou désignable, on pourra**, afin de monter dans la gradation de la réponse, **le regarder fixement un temps court, avec un air interrogatif**. Dans la plupart des cas cela suffit à faire cesser la perturbation.

▶ **Sinon, il est nécessaire de demander à la personne concernée ce qui ne va pas**. Là également, bien peu de perturbateurs poursuivent, car c'est une chose de faire du bruit ou de se faire remarquer, cela en est une autre de s'exprimer en public...

▶ **Si la perturbation se poursuit**, et notamment si le perturbateur est agressif, la réalisation de la solution ne pourra être le résultat que d'une prévention : **il faut demander au perturbateur de bien vouloir quitter la salle**. Dans le cas d'un refus, l'évacuation physique est nécessaire et donc la présence d'une équipe de sécurité qui peut être requise. C'est, selon le sujet ou les circonstances, un outil qui doit être prévu, car sinon il sera bien difficile de ne pas subir le perturbateur pendant un temps très long !

▶ **La reprise du cours normal du débat doit se faire ensuite le plus calmement et le plus naturellement possible**, afin de faire apprécier par la salle le sang-froid de l'animateur.

Si le perturbateur est un bavard qui pose une question qui n'en finit pas (dans laquelle généralement on ne trouve rien d'interrogatif...), **l'animateur doit reprendre la balle car c'est ce que le public attend.** On peut par exemple le couper sur un sujet donné en prétextant qu'on veut préciser ce « point important ». Bien évidemment, dans la réalité l'animateur en profite pour « reprendre la main » et, à partir du sujet en question, revenir au cœur du débat en cours.

Comment finir ?

La fin du débat-salle doit être amenée, préparée, surtout si les questions sont très nombreuses et si le risque de n'en plus finir menace l'animateur et les participants. Dans ce cas l'animateur peut, en marquant ostensiblement sa motivation par un regard appuyé sur sa montre – le public remerciera toujours inconsciemment l'animateur de faire son travail –, annoncer : « à ce stade du débat nous prenons les deux (ou les trois) dernières questions ». **Il est impossible pour l'animateur de clore brutalement le débat.** C'est uniquement une question de mise en forme, mais le résultat est qu'on évite de laisser dans la mémoire des participants l'impression désagréable d'une fin bâclée.

Clé 13. Savoir pourquoi on prend la parole.

JE PARLE POUR FAIRE AGIR LES AUTRES : LA RÉUNION

Rappelons la définition du management... Les trois éléments qui le composent sont :

- prendre des décisions,
- agir,
- animer une équipe.

À chaque fois que des êtres humains interviennent autour du manager – c'est-à-dire tout le temps ! –, la communication orale prend un présence essentielle. Les liens entre la communication orale et le management humain ont été abordés plus haut. Nous envisageons ici le lien entre prise de décision, action, et communication orale.

L'objectif de la réunion : relier parole et action

La parole est l'ombre de l'action

L'objectif de cette partie de l'ouvrage est clairement centré sur la recherche de l'efficacité de cet outil de communication orale et de management qu'est l'animation de réunion. N'ayons pas peur des mots : **qui dit efficacité dit productivité et rendement, donc bénéfice, profit...** Dans quel sens ?

> « Je parle. Il le faut bien. L'action met les ardeurs en œuvre. Mais c'est la parole qui les suscite. »[1]

De Gaulle voyait juste : quel est ce résultat qu'on recherche ? L'action :

> « La parole est l'ombre de l'action. »[2]

La réunionnite

Si la réunion, l'animation de réunions sont censées en théorie illustrer à merveille le rapport entre la communication orale et l'action, cette

---

1. Charles de Gaulle, *Mémoires de guerre. L'appel*, cité par le site internet « citationsdumonde.com ».
2. Démocrite, philosophe grec, cité par le site internet « citationsdumonde.com ».

illustration est en réalité catastrophique dans le quotidien de la vie de bien des entreprises et organisations. **Il suffit d'interroger les salariés d'une entreprise ou d'une organisation pour être effaré par la pratique systématique de la dérive de l'animation de réunion.** Elle porte un nom fameux : la « réunionnite ». Cette dernière a au moins un avantage : elle permet d'illustrer *a contrario* notre propos. Comment la définir ? **Il s'agit de la pratique de réunions de mauvaise qualité**, même si le plus souvent ceux qui subissent la réunionnite diront qu'ils s'agit à leurs yeux d'un trop plein quantitatif :

> « La réunionnite est une maladie qui désigne la « maladie de la réunion », c'est-à-dire non pas une aversion contre les réunions, une irritation provoquée par les réunions, mais une tendance à organiser les réunions à l'excès. [...] Quand on parle de réunionnite on ne porte qu'un jugement quantitatif alors qu'on dénonce l'inefficacité ou le manque d'ouverture des réunions : le jugement est en fait qualitatif. [...] Ce sont en fait ces réunions mal préparées, mal organisées, mal animées et sans suivi qui étaient à l'origine de la réunionnite. [...] C'est donc plus le défaut de résultats ou le défaut d'association qui gêne, que l'excès de réunion. »[1]

En réalité, **la réunionnite est une maladie entretenue**, sinon inoculée, **par un ou des cadres incompétents**, ou au moins préoccupés de masquer leurs doutes et leurs faiblesses derrière une agitation savamment normée et qu'il est particulièrement facile d'exprimer par la réunion, cet outil permettant à la fois de pratiquer la communication orale et la relation avec autrui :

> « Ces réunions sont une comédie dans laquelle chaque acteur interprète l'un des rôles fascinants suivants :
> - le maître de l'évidence,
> - le sadique bien intentionné,
> - le martyr pleurnichard,
> - le radoteur,
> - le dormeur. »[2]

Les ouvrages de Scott Adams restent la référence majeure dans le domaine du management « vu de l'intérieur », et ils sont d'autant plus faciles à lire que tout est traité sur le plan de l'humour, voire en bandes dessinées. Bien évidemment, il s'agit de critiques acerbes ; qu'on ne s'attende pas à y trouver des propositions constructives, là n'est pas le propos de l'auteur. On conseillera utilement cet ouvrage cité en note,

1. Pierre Lebel, *L'animation de réunions*, Éditions d'Organisation, 1988.
2. Scott Adams, *Le principe de Dilbert*, First Éditions, 1997.

qui reste fondamental dans la production de cet auteur ; on pourra croiser avec ses bandes dessinées. À titre d'illustration, sur ce thème des réunions, voici ce que Scott Adams, au sein de sa galerie de portraits féroces mais tellement vrais, dit du « sadique bien intentionné » :

> « Le sadique bien intentionné croit que les réunions doivent faire mal. C'est fondamentalement l'attitude qu'adoptent les tueurs en série les plus performants. En fait, ils ont la même devise :
> "Est-ce que ça fait mal ? Oui, et ça ?"
> Le sadique bien intentionné dispose de divers outils pour mettre les autres mal à l'aise. Ces techniques peuvent s'employer seules ou combinées :
> • Programmer des réunions excessivement longues quel qu'en soit le thème.
> • Ne pas avoir d'objectif précis.
> • Ne pas prévoir de pause-pipi (surtout lorsqu'on sert du café).
> • Organiser des réunions le vendredi après-midi ou à l'heure du déjeuner.
> Ce rôle doit être interprété avec un mélange de sincérité, de dévouement et surtout avec l'indifférence d'un sociopathe pour tout ce qui concerne la vie des autres. Vous pouvez vous mettre dans la peau du personnage en regardant sans cesse des films où la famille du héros se fait massacrer et où le chien meurt ensuite en prenant une balle à sa place. (Sélectionnez les titres dans lesquels figurent des acteurs particulièrement mauvais mais bons en arts martiaux.) »[1]

Préparer

▧ Permettre aux participants de se mettre en condition psychologique

Le respect d'une procédure de préparation permet d'éviter la réunion-nite, d'éviter les retards des participants, leur scepticisme préalable, leur ennui pendant la réunion. **Ces techniques de préparation, d'organisation et d'encadrement passent très simplement par le respect d'une procédure appliquée point par point**... En préalable, rappelons que **les réunions doivent être aussi courtes que possible, aussi rares que possible, aussi efficaces que possible pour l'action, aussi denses et vivantes que possible.**

▧ Intégrer dans un processus : un avant, un pendant, un après...

Avant, pendant, après : c'est en réfléchissant à ce triptyque que la réunion sera bien un outil au service de l'expression et de la cohésion pour

---

1. Scott Adams, *opus* cité.

l'action. Il faut servir une stratégie d'échanges (nous en verrons les techniques) vers une décision commune : l'objectif est de faire évoluer des équipes dans un sens voulu. **La réunion n'est pas un objet ponctuel et isolé : elle s'intègre à la phase préparatoire d'une décision ou d'une série de décisions, au sein d'un processus systémique et dynamique.**

Définir les objectif(s) et rôle(s) :
le président, l'animateur, le rapporteur, le suiveur

La fonction politique : la présidence

La présidence de réunion se matérialise d'abord dans la signature de l'invitation ou de la convocation. **C'est l'autorité morale, politique, stratégique de la réunion.** Sa présence en réunion est envisageable, mais il ne doit pas se mêler d'animation. **Le meilleur procédé consiste à faire intervenir le président en introduction pour rappeler l'enjeu, avant qu'il ne se retire en faveur de l'animateur.** C'est notamment le président qui décide du type de réunion : information, formation, discussion et échange, négociation.

L'animateur

▨ **Le métier d'animation de réunion : faire réfléchir ensemble pour faire agir ensemble**

Le vrai métier de l'animateur de réunion, c'est de faire réfléchir ensemble à voix haute, afin de faire agir ensemble. En conséquence l'animateur précise deux éléments qui fondent toute réunion :

► **Il indique l'objet, c'est-à-dire la direction, l'objectif de la réunion.** L'objet est imposé, et est donc affirmé.

► **Il rappelle le sujet, c'est-à-dire le contenu de la réunion,** en le posant sous forme interrogative et précise, ce qui obligera à ne pas confondre avec l'objet : « L'amélioration de la pénétration de nos produits » est un objet : c'est le but visé. Mais « Comment améliorer de 10 % cette année la pénétration de nos produits ? », ou « Comment pérenniser la progression de la pénétration de nos produits sur le marché allemand, après la fusion que nous venons de pratiquer ? » est le sujet. En étant clair sur l'expression du sujet, le but est d'éviter le dialogue suivant :

> « – Dilbert, préparez une présentation pour la réunion avec le grand patron.
> – Sur quel sujet ?
> – Il paraît que c'est un crack en géométrie, essayez d'y faire illusion. Pouvez-vous tenir une heure sur les différentes fonctions du rectangle ? »[1]

L'animateur : d'abord une capacité d'écoute...

> *« Il faut écouter beaucoup et parler peu*
> *pour bien agir au gouvernement d'État. »*
> Cardinal DE RICHELIEU[2]

L'animateur doit faire œuvrer une équipe pour la faire avancer. C'est sa première fonction. Sa fonction n'est pas de former, d'informer, de critiquer, de contester, de convaincre, de diriger, de contrôler, d'évaluer ; il a certes aussi ces fonctions, mais de manière secondaire, circonstancielle ou momentanée. Son rôle est de pousser à s'exprimer, d'encadrer les interventions, d'orienter l'ensemble, de réguler le rythme, d'interpréter et de comprendre. **C'est un intermédiaire, un facilitateur de méthode et de procédure, un garant d'indépendance et de liberté de l'équipe réunie, un dynamiseur et un énergiseur pour servir l'efficacité. Il est le producteur de la réunion, celui qui est responsable de son utilité, donc du respect des objectifs.**

... Ensuite une capacité de parler

L'animateur remplira deux critères :

- la qualité de sa voix, de son enthousiasme, de sa présence physique, comme nous l'avons vu ci-dessus ;
- la compétence, par la maîtrise des techniques d'animation, que nous verrons ci-dessous.

Le rapporteur

Le rapporteur a un rôle complémentaire de celui de l'animateur : il est la mémoire écrite de la réunion. Grâce à lui on gardera des traces, et surtout des traces objectives, de ce qui s'est dit. Il ne s'agit pas de relever l'ensemble des interventions, mais uniquement les éléments utiles : propositions, idées, moyens de réalisation. La fonction de rapporteur ne s'improvise pas au pied levé au début, ou pire encore en cours

---

1. Scott Adams, *Le principe de Dilbert*, First Éditions, 1997.
2. *Maximes d'État*, cité par le site internet « citationsdumonde.com ».

de réunion : il est désigné auparavant, afin qu'il se pénètre des tenants et aboutissants de la réunion.

Le suiveur

De la souplesse : le suiveur avance en marchant

En aucun cas, dans un monde de plus en plus interconnecté et désordonné, l'évaluation qui fonde la fonction de suiveur ne peut être menée de manière constante et linéaire :

> « La condition essentielle à respecter pour que l'évaluation soit efficace, c'est de ne la considérer ni comme un instant précis du temps (un an après la décision, deux ans après la décision, etc.) au cours duquel on apprécierait si le but qu'on s'était proposé d'atteindre l'a été ou non, non comme un processus balistique (un coup trop court, un coup trop long, un coup au but), mais comme un accompagnement constant de l'action visant à l'enrichir en permanence non seulement d'une perception de son propre effet sur son environnement mais aussi d'une vision dynamique de l'évolution de celui-ci. Ce type d'évaluation permet de corriger l'action en cours mais aussi, le cas échéant, de faire évoluer l'objectif qui l'avait justifiée. Dans un monde mouvant, l'évaluation sert à ajuster le cours de la flèche et la place de la cible. Il n'existe pas de bonnes évaluations, il n'y a que des évaluations qui continuent. [...] En environnement complexe, la ligne droite est rarement le plus court chemin d'un point à un autre. »[1]

La fonction du suiveur est de contrôler l'utilité de la réunion en vérifiant si ce qui est prévu ou proposé est bien mis en œuvre. Il permet de fonder la réunion aux yeux des participants, de la rendre vraiment utile et crédible. C'est l'une des meilleures techniques pour éviter la réunionnite : à quoi a vraiment servi la réunion précédente ? A-t-on pris les moyens de respecter et d'appliquer ou d'engager ses propositions ? **Le suiveur est le lien entre la réunion et l'action.** De son travail dépend la réussite ou l'échec des réunions suivantes. Il peut être amené à demander une réflexion sur les adaptations des décisions prises par la réunion précédente ou, à l'inverse, à demander qu'on adapte mieux (moyens, etc.) la réalité pour qu'elle respecte les décisions ou propositions de la réunion précédente. Il peut travailler avec des outils affinés, comme des grilles d'évaluation, de suivi, d'analyse et de contrôle.

© Éditions d'Organisation

---

1. Hervé Sérieyx, *La nouvelle excellence*, Maxima – Laurent du Mesnil, 2000.

Respecter les conditions matérielles favorables au débat : matériel, humain

Avant la réunion

Gérer le temps

Gérer le temps avant une réunion concerne trois points :

▶ **La date** : est-elle bien choisie par rapport au contenu et aux objectifs ? Mais d'abord est-elle vraiment choisie ?

▶ **Le rythme** des réunions dans le temps recouvre trois notions :
- la régularité,
- le nombre,
- la fréquence.

On réfléchira à ces éléments à l'avance : **les réunions réussies sont les réunions régulières et adaptées aux circonstances.** Pour le reste, redisons-le : le moins souvent possible...

▶ **L'heure** : on prévoit d'adapter la durée et la tranche horaire à l'objectif de la réunion.

Piloter la participation

Qui participe à la réunion ?

Tout d'abord, **faut-il inviter les personnes auxquelles on pense *a priori* ?**

> « Peter Drucker, dans son livre *L'efficacité, objectif n° 1 des cadres*, cite le cas d'un directeur financier qui s'était rendu compte que les réunions qu'il organisait faisaient perdre beaucoup de temps à ses collaborateurs. [...] Les collaborateurs eux-mêmes les trouvaient sans intérêt. Comme leur directeur craignait qu'ils ne se sentissent laissés à l'écart s'il ne les invitait plus, il a trouvé un autre moyen de répondre à leur besoin de considération en leur faisant parvenir, à l'occasion de chaque réunion, une note libellée comme suit : "Sujet de la réunion – lieu de la réunion – personnes convoquées – Veuillez me faire savoir si ces questions vous concernent et si vous désirez prendre part à la discussion. De toute façon, vous recevrez un compte rendu analytique complet des débats, des décisions adoptées et une invitation à me faire connaître votre point de vue." »[1]

---

1. Pierre Gourgand, *Les techniques de travail en groupe*, Éditions Privat, 1989.

Combien participent à la réunion ?

On prévoit d'**adapter le nombre de participants aux besoins**. Nous verrons, avec les techniques d'animation présentées plus loin, qu'à tout nombre de participants s'adapte une technique particulière.

Quel est l'intérêt de ceux qui participent ?

Sachons-le à l'avance : sont-ils enthousiastes ? Sont-ils qualifiés ? Faut-il les faire travailler avant ?

Quels rapports ont les participants entre eux : solitaires ou solidaires ?

Sont-ils complémentaires ? Sont-ils concurrents ? Y a-t-il des problèmes entre eux ? Des rivalités ? Forment-ils une équipe, sont-ils solitaires ou solidaires ?

Soigner la convocation

De la convocation à l'invitation

La convocation convoque, comme au tribunal ou au commissariat de police. L'invitation invite, ce qui change tout. **La réussite d'une réunion se constate lorsqu'on arrive à inviter les participants tout en obtenant le maximum de leur part** : ponctualité, disponibilité, participation. C'est là la récompense d'une animation bien menée...

De l'« ordre du jour » au pacte

Par la convocation, on s'engage. C'est un pacte entre trois parties : les participants invités, l'animateur, l'organisateur. Il est donc signé. **C'est aussi un protocole**, on y indique :

- qui est invité ;
- les fonctions : président, animateur, rapporteur, suiveur, participants ;
- les éléments pratiques, directs ou annexes : lieu, parking, plan, numéro de téléphone pour tout contact, horaires de début et de fin ;
- l'objet et le but, présentés de manière directive et avec des verbes positifs et d'action : problème(s) à traiter, solution(s) à trouver ;

- la liste des éventuelles annexes, la préparation demandée, les documents à prendre ;
- le bulletin-réponse avec délai butoir ;
- les destinataires d'une copie pour information.

Objectifs : intéresser et rassurer

Par l'invitation, on informe les participants pour rendre la réunion efficace. L'invitation doit donc donner envie de venir et de préparer. Elle est courte, précise, informative, rassurante.

Pendant la réunion

Le sens de l'accueil

Un accueil réussi concerne deux domaines :

▶ **L'accès** : s'il est compliqué, il sera préalablement balisé.

▶ **Le bonjour** : l'animateur débute en saluant les participants, après les avoir mis à l'aise en conversant librement quelques instants à l'occasion de leur arrivée, par exemple autour d'un café et hors de la table de réunion. Lorsque la réunion débute, l'animateur :

- sourit,
- se présente,
- présente les participants ou leur demande de se présenter,
- rappelle l'objet et les buts,
- donne le plan horaire et l'ordre du jour.

Les lieux

Le visuel et le sonore : adaptés

La décoration sera la plus sobre possible. On vérifiera l'excellence de l'acoustique, et dans la salle (non-réverbération) et par rapport à l'extérieur (discrétion, non-piratage par le son des salles voisines).

Les services : professionnels

Les services sont comme le reste : professionnels. Quelques rappels :

- accès simple et balisé,
- parking aisé et suffisant,
- toilettes proches et propres,

- vestiaire proche et sécurisé,
- café et boissons à volonté,
- déjeuner de qualité et peu arrosé.

Le confort : ni trop ni trop peu

Ni trop ni trop peu, ou selon les moments : on adaptera à cette règle les sièges, les tables, les fournitures (papier, etc.). La salle est aérée et à température adaptée, éventuellement climatisée. Le tabac et le téléphone sont clairement interdits. On vérifie que la salle reste disponible au-delà de l'horaire prévu, dans le cas où il faudrait improviser une prolongation, même partielle : rien n'est plus désagréable que de sentir, en fin de réunion, la pression des successeurs ou du personnel de service.

À chaque réunion son agencement

Bien des dessins sont parus sur l'agencement des salles de réunion. Rappelons simplement que le plan de la salle doit être adapté à la réunion :

- agencement en salle de classe, sans tables : l'animateur a ici un rôle sur-éclairé ;
- le même, mais avec tables : le côté scolaire est encore plus marqué, mais c'est plus confortable pour les participants, tout en demandant beaucoup de place, sans permettre la polyvalence (déjeuner sur place par exemple).

Pour rendre ces agencements plus conviviaux, on pensera à donner à l'ensemble le rythme d'un arc de cercle plutôt que d'une salle de classe traditionnelle. En dehors ce ces cas traditionnels, **on peut placer les participants**, comme dans un café, **quatre par quatre autour de tables réparties de manière désordonnée dans l'espace**, l'animateur se déplaçant en permanence, sans qu'un lieu particulier ne lui soit dédié. **Reste l'habituelle table carrée, ronde, ovale ou en « U », autour de laquelle tout le monde trouve sa place**, à condition que les participants ne soient pas trop nombreux.

Maîtriser le temps

Le temps est comme les champs : borné

On a préalablement fourni l'horaire aux participants, selon une double indication : l'heure de début et l'heure de fin. Et on respecte celle-ci autant que celle-là. **Le bornage dans le temps est l'une des exigences essentielles du professionnalisme.**

Après : aboutir à une prise de décision

C'est essentiel : il faut faire mentir l'expression de l'un des modèles de Molière, le poète comique latin Térence dans sa comédie *Phormion* : « *Quot capita, tot sensus* » (« Autant d'hommes, autant d'avis »), qui voulait signifier que **la confusion prend vite le dessus... D'où l'utilité de respecter un plan et des techniques de progression adaptées**, que nous présentons ci-dessus.

Maîtriser, adapter et rendre transparentes les techniques d'animation

Maîtriser : l'animation standard, ou comment assurer le rôle pivot

En un premier temps, nous proposons une technique standard d'animation de réunion. Une précision : **le vote ordonné**, indiqué très souvent ci-dessous, **consiste à demander aux participants de donner une note** (de 1 à 5 ou de 1 à 10 par exemple) **à un certains nombre d'hypothèses présentées au tableau, quel que soit le contenu** (causes, conséquences, solutions, etc.) **; ne sont retenues après le vote que la ou les hypothèses qui reçoivent les meilleures notes et qui serviront de matériau de travail pour la section suivante.** Cette procédure de vote à deux intérêts :

- d'une part elle **donne un résultat clair et quantifié**, là où un vote libre, le plus souvent, donnera un résultat diffus et « à la proportionnelle » ;
- c'est en fait **plus une technique d'élimination que de choix**, puisqu'en général de nombreuses hypothèses restent en lice.

Par principe le vote ordonné est toujours pratiqué par écrit, même si en un second temps chaque participant lit son vote à voix haute. **L'intérêt d'écrire en un premier temps son choix est de fixer définitivement la décision de chacun**, en évitant que les derniers qui s'expriment ne s'adaptent aux choix des précédents, par exemple en les copiant pour éviter d'apparaître trop différents de la moyenne.

Section de la réunion	Éléments constitutifs, matériaux de travail	Activités concrètes

Section 1.
 	
VOIR
	Problèmes
	Faits
		1. Décrire la situation de l'environnement.
		
		2. Décrire notre état et notre positionnement actuel.
		
		3. Définir l'objectif :
		  – problèmes,
		  – personnes concernées,
		  – actions envisagées.
		
		4. Mettre en route et animer la réflexion :
		  – l'animateur s'exprime : il prend la parole sur ce qu'il sait ;
		  – l'animateur questionne : il donne la parole sur ce qu'il ne sait pas ;
		  – il respecte le sujet et le fait respecter ;
		  – il construit la réunion.
		
		5. Travailler sur les faits :
		  – les faire dire et décrire par les participants ;
		  – les faire classer par importance (vote ordonné).

Section 2.
 	
JUGER
	Analyses
	Solutions
		1. Travailler sur les causes :
		  – les faire énoncer et débattre par les participants ;
		  – les faire classer par importance (vote ordonné).
		
		2. Travailler sur les conséquences :
		  – les faire imaginer et débattre par les participants ;
		  – les faire classer par importance (vote ordonné).

Section 3.
 	
AGIR
	Réalisation	Travailler sur les améliorations :
		  – débattre des solutions retenues,
		  – envisager leur réalisation et leur suivi.

Ce plan de réunion est adapté à une équipe relativement peu nombreuse : 10 à 20 participants. Au-delà, et particulièrement dans le cas de groupes nombreux (plusieurs dizaines de personnes), on divisera la réunion en sous-groupes, de 5 à 10 personnes, et chaque groupe sera animé comme une réunion en tant que telle, à une table isolée des autres, l'animateur passant en permanence de l'une à l'autre. Cela impose une animation très préparée afin de pouvoir laisser les sous-groupes travailler sans l'animateur pendant des périodes assez longues. Régulièrement, l'animateur impose une « plénière », soit en réunissant l'ensemble des participants dans une autre salle, soit en faisant « plancher » ensemble les rapporteurs de chaque sous-groupe. L'ensemble de

393

la réunion est ainsi rythmée par un aller-retour régulier entre les groupes et la plénière ; pour les séminaires lourds cela peut durer plusieurs jours ainsi.

Adapter l'animation de la réunion

Au-delà de la procédure très classique présentée ci-dessus, il faut souvent s'adapter aux cas particuliers par des techniques diverses. Envisageons donc ci-dessous des applications particulières pour des situations hors norme ; chacune est, si besoin est, présentée en détail au-dessus du tableau concerné.

Adapter l'animation de la réunion à des situations particulières de recherche de solution

Le classement ci-dessous n'a pas pour critère l'objectif politique ou stratégique de la réunion : la direction d'une équipe, la modification de la réalité, la recherche, la négociation, la commission, etc. **Il s'agit d'une énumération de situations définies selon des critères de technique d'animation**, qui peuvent par exemple toutes s'appliquer à ces cinq objectifs stratégiques. Quatre situations sont envisagées :

- le problème simple ;
- le problème complexe :
  - comment l'énoncer,
  - comment l'approfondir pour trouver la solution ;
- comparer des solutions déjà définies :
  - comparer plusieurs solutions,
  - comparer deux solutions ;
- le problème « table rase »... exploiter la créativité des participants :
  - soit en donnant simplement un caractère créatif aux solutions,
  - soit en partant de zéro.

▨ Trouver une solution à un problème simple

Section de la réunion	Éléments constitutifs, matériaux de travail	Activités concrètes
Section 1. Fixer précisément les limites du sujet	Problème	1. Le borner. 2. Le situer dans son environnement.
Section 2. Travailler sur la réalité du sujet	Faits	1. Quelle est la réalité, quels sont les faits concernés ? 2. Quel est le contexte humain qui encadre cette réalité : – savoirs ? – éléments de culture, valeurs ?
Section 3. Envisager les critères de choix de solution	Expression libre	1. Brainstorming pour lister ces critères. 2. Gradation puis choix du ou des critères par vote ordonné.
Section 4. Définir la ou les solutions	– Propositions – Vote	1. Proposer les solutions. 2. Simuler leur application (contraintes) pour voir si la réalité respecte ensuite le critère retenu. 3. Voter ou sélectionner la solution la plus adaptée au critère choisi.

▨ Cerner et énoncer clairement un problème

Pour un problème complexe, ou dans une situation confuse, il arrive parfois qu'en amont de la prise de décision, il soit nécessaire, avant même de se mettre au travail, de réfléchir en réunion à l'expression du problème, afin de ne pas perdre de temps en s'investissant « à côté du sujet ». **Condition : bénéficier d'un groupe uni et enthousiaste.**

Section de la réunion	Éléments constitutifs, matériaux de travail	Activités concrètes
Section 1. Cerner le sujet	Brainstorming Analyse et destruction	1. Laisser chacun exprimer librement l'énoncé du problème, afin de glaner une liste d'énoncés possibles. 2. Désintégrer l'ensemble de la liste obtenue en une liste de petits problèmes.
Section 2. Définir la solution	Propositions Reconstruction	1. Proposer une solution pour chaque petit problème. 2. Organiser ces solutions en une solution unique moyenne.

Faire approfondir un problème complexe

On n'appliquera pas cette technique, lourde et adaptée au long terme, si on doit prendre une décision simple et rapide. Ce n'est pas une technique de prise de décision, mais plutôt une technique de facilitation ou de préparation à la prise de décision, et surtout de préparation à l'application de la décision. Ainsi un entrepreneur ou un responsable d'organisation pourront-ils l'utiliser pour faire travailler leur équipe à creuser la situation qui pose problème, quitte à s'isoler ensuite pour prendre seul la décision. Il en tirera un bénéfice : quel que soit son choix, il sera d'autant mieux intégré puis réalisé par l'équipe que cette dernière se sera investie pour donner son avis et concourir à la conclusion. **Bien évidemment, l'animateur doit ici être chevronné** ; de plus il ne pourra pas se permettre, du fait de la pesanteur et de la lenteur de l'exercice, de s'investir ni de s'engager sur le contenu : **tous ses efforts devront être tendus vers la maîtrise de la réunion : rationalisation, rééquilibrage, contrôle.**

Section de la réunion	Éléments constitutifs, matériaux de travail	Activités concrètes
Section 1. Assembler des idées	– Écrit – Réflexion individuelle	1. Le problème est soumis aux participants, qui proposent immédiatement une solution, mais par écrit et individuellement, sans se concerter entre eux ni engager aucun débat ; l'animateur donne un temps (1 ou 2 minutes par exemple) pour cette section. 2. L'animateur écrit sur le tableau 1 la liste des propositions, que chacun lit individuellement à tour de rôle sur sa feuille.
Section 2. Engager le débat	– Réflexion – Conversation	1. Les participants peuvent demander à tel ou tel auteur d'une solution de préciser sa pensée, de manière à créer l'homogénéité de la réunion, qui n'était pas atteinte jusque là. On peut même engager un débat libre afin de fouiller totalement chaque partie du sujet.
Section 3. Définir la ou les solutions	– Propositions – Vote	1. L'animateur fusionne les réponses assimilables ou au minimum les relie entre elles afin d'obtenir une liste simplifiée, rédigée sur le tableau 2. 2. Les participants classent ces propositions par vote ordonné. Éventuellement, plusieurs d'entre elles pourront être retenues, si le sujet s'y prête et si bien sûr elles ne sont pas contradictoires (par exemple les deux premières).

▩ Évaluer des situations différentes, nombreuses

Dans certains cas, une situation aboutit à nous obliger à faire un choix entre plusieurs possibilités. Cela peut même parfois être l'aboutissement d'une ou de plusieurs réunions précédentes. **Il s'agit alors de départager les propositions, en demandant aux participants de rouvrir le débat, et d'ouvrir leur esprit à des solutions contraires à celle qu'ils ont initialement retenue, peut-être sur un coup de tête ou par habitude : on fait travailler chacun sur les effets négatifs de sa solution. Le but est d'être bien certain, collectivement, du choix final.** L'animateur devra répondre aux même critères que dans le cas ci-dessus (« Faire approfondir un problème complexe »).

Section de la réunion	Éléments constitutifs, matériaux de travail	Activités concrètes
Section 1. Casser et croiser les raisonnements	– Écrit – Travail individuel	1. Le tableau 1 reproduit les solutions à l'étude. 2. L'animateur demande à chaque participant d'inscrire sur une feuille : – d'une part les avantages, – mais aussi les inconvénients objectifs à sa propre solution, – et enfin un certain nombre (une ou plusieurs, nombre imposé par l'animateur) de demandes d'éclaircissements ou de précisions, destinées à un certain nombre (une ou plusieurs, nombre imposé par l'animateur) de personnes. Ce travail se réalise par écrit et individuellement, sans se concerter entre eux ni engager aucun débat ; l'animateur donne un temps (assez long : plusieurs minutes par exemple) pour cette section. 3. Ces informations sont écrites aux tableaux 2 et 3 et plus : – tous les avantages et inconvénients de la solution 1 au tableau 2, qu'ils viennent de personnes favorables ou défavorables à cette solution ; – de même pour la solution 2 au tableau 3 ; – de même pour la solution 3 au tableau 4 ; – etc.
Section 2. Débattre	Réflexion libre	L'animateur engage un débat libre afin d'ouvrir l'esprit de chacun aux autres solutions.
Section 3. Décider	Vote	Un vote ordonné vient clôturer l'exercice.

▨ Comparer deux solutions différentes

Même chose que dans le cas ci-dessus, mais pour seulement deux solutions qui restent en lice, d'où un tableau simplifié. Mêmes exigences pour l'animateur.

Section de la réunion	Éléments constitutifs, matériaux de travail	Activités concrètes
Section 1. Casser et croiser les raisonnements	Écrit	1. Le tableau 1 reproduit les 2 solutions à l'étude. 2. L'animateur demande à chaque participant d'inscrire sur une feuille d'une part les avantages, mais aussi les inconvénients objectifs à sa propre solution. 3. Ces informations sont écrites aux tableaux 2 et 3 : tous les avantages et inconvénients de la solution 1 au tableau 2, qu'ils viennent de personnes favorables ou défavorables à cette solution. De même pour la solution 2 au tableau 3.
Section 2. Débattre	Expression libre	L'animateur engage un débat libre afin d'ouvrir l'esprit de chacun à la solution opposée.
Section 3. Décider	Vote	Un vote vient clôturer l'exercice.

Imaginer des solutions inventives

Mêmes exigences pour l'animateur que dans les trois cas précédents : impartial et compétent (en animation).

Section de la réunion	Éléments constitutifs, matériaux de travail	Activités concrètes
Section 1. Casser les raisonnements	Expression libre	Comme dans toutes les situations de créativité, ne pas hésiter à mettre (ou « re » mettre) en question le sujet lui-même : cette phase permet, par la destruction des raisonnements préétablis, de déboucher déjà vers l'expression de la créativité.
Section 2. Créativité	Expression libre	Faire exprimer la solution parfaite dans l'absolu, et reconnue comme telle par tous les participants.
Section 3. Préparer l'action	Travail sur le réel	Faire choisir, puis accepter par les participants, la ou les composantes de la situation et/ou du problème posé.

◼ Imaginer du totalement nouveau

Cette méthode s'appuie sur l'une des techniques du lobbying : **si on ne peut pas résoudre un problème en le prenant de face, on imagine un détour par une situation similaire, et on revient ensuite à la réalité qui nous intéresse**. Rappelons par ailleurs **le procédé du *brainstorming***, qui consiste, dans le désordre le plus complet, à laisser tout le monde dire n'importe quoi sur le sujet, dans n'importe quel sens et selon un principe d'absence totale de limite, de règle et de tabou. Ce n'est pas en soi un outil d'animation de réunion, puisqu'il s'agit par définition d'une situation d'anti-outil. Mais ce **peut être** par contre **un moment utile et privilégié, dans le déroulement d'une réunion ou d'une série de réunions**, qui permet de débloquer une situation en trouvant l'idée géniale, selon l'expression « Bon Dieu, mais c'est bien sûr, pourquoi n'y avions-nous pas pensé plus tôt !... »

Section de la réunion	Éléments constitutifs, matériaux de travail	Activités concrètes
Section 1. Imaginer	Rêve puis réveil	1. Concevoir, à l'état « pur » et donc débarrassé des contingences, des circonstances et de l'environnement, ce que doit (et non ce que peut) être la ou les solutions. C'est le détour par le fantasme et l'absolu. 2. Appliquer ensuite ces pistes à la « triste » réalité que nous subissons, de manière à rapprocher solution idéale et faits. Cette section peut même être traitée à partir de techniques complexes décrites dans les tableaux ci-dessus : débat, vote, etc.
Section 2. Personnaliser	– Écrit – Réflexion	Se demander ce que seraient mes réponses si le problème était posé à l'individu que je suis, et non plus à l'entreprise, à l'organisation, à l'équipe, etc. C'est le détour par l'égocentrisme.
Section 3. Évaluer et mesurer	– Enquête – Comparaison	Débattre sur des situations proches vécues par d'autres et sur les solutions qu'ils ont définies et appliquées. C'est le détour par l'exemple.

Adapter l'animation de la réunion à un objectif particulier, autre que la recherche de solution

Trois cas sont ici abordés :

- la focalisation sur l'action,
- la recherche,
- la réflexion stratégique.

Insister sur la mise en action et la réalisation

Il s'agit clairement d'inventer puis d'appliquer une procédure de travail, presque comme pour la production d'un bien en usine. L'animateur devra impérativement s'investir fortement, parfois en intégrant une fonction de direction d'équipe. On peut même imaginer que la fonction d'animation soit, à certains moments, éclatée entre plusieurs animateurs. **Cette formule demande généralement beaucoup de temps :** plusieurs semaines à plusieurs mois. **Elle convient donc à des sujets lourds et ambitieux.**

Section de la réunion	Éléments constitutifs, matériaux de travail	Activités concrètes
Section 1. Définir l'objet	Procédure	Définir ensemble, le problème étant clairement énoncé, la liste des garanties qu'on veut ou doit respecter en proposant la solution, afin de s'imposer une trame, un canal vers la décision. Ces garanties peuvent éventuellement faire l'objet d'une séance de vote ordonné.

Section 2. Causes	– Réflexion
	– Analyse
		Nous reprenons ci-dessous, pour cette section, la proposition standard indiquée dans le premier tableau :
		1. Travailler sur les causes :
		  – les faire énoncer et débattre par les participants,
		  – les faire classer par importance (vote ordonné).

Section 3. Solutions	Décision	2. Travailler sur les conséquences :
		  – les faire imaginer et débattre par les participants,
		  – les faire classer par importance (vote ordonné).

Section de la réunion	Éléments constitutifs, matériaux de travail	Activités concrètes
Section 4. Planifier	– Action – Gestion du temps	Sont définis ensemble les éléments du planning de travail : 1. Traduire les solutions en une succession d'actions à réaliser, chronologiquement articulées. 2. Organiser cette suite détaillée en grandes périodes, en phases. 3. Appliquer l'ensemble à un calendrier, avec ses contraintes : dates butoirs, etc.
Section 5. Vérifier		Comme dans toute situation d'assimilation à une production, il faut penser au service après-vente : une ou plusieurs réunions, plénières ou non, seront donc consacrées à la vérification de la réalisation décidée. Le planning de ces réunions aura déjà été défini dans la section 1.

▦ Réunion de recherche

Les « chercheurs », ou individus à activité assimilables, seront rassemblés à des tables, pour faciliter la prise de notes, et par petits groupes, pour maintenir l'intensité des échanges. Si le problème est vaste, il sera traité ainsi, mais partie par partie.

▦ Réunion de définition d'une stratégie : le « séminaire stratégique »

Ce type de séminaire, le plus complet, respecte certaines règles :

► **Une méthode participative, concrète et dynamique.** Au-delà de la théorie, les participants sont mis en situation par simulation de cas réels correspondant aux différentes étapes de la chaîne de communication dans le domaine concerné. **Aucune préparation n'est exigée au préalable** : le contenu du séminaire, comme la méthode utilisée, permettent des recoupements avec toutes les facettes de le politique et de la stratégie que la réunion doit construire. Bien évidemment, on exploitera l'expérience accumulée par les participants – à bas la « table rase » ! – et leurs avis, réactions, témoignages, propositions, réflexions nourrissent également le séminaire, par des échanges complémentaires.

© Éditions d'Organisation

▶ **Certains préalables.** Concernant le contenu, on ne pilote bien que ce qu'on maîtrise, et qui peut le plus doit pouvoir le moins... aucun chef d'orchestre ne prend la baguette en main sans connaître à l'avance et parfaitement le contenu de la partition des musiciens, mais aussi leur état d'esprit du moment ou leur passé professionnel. **On ne négligera donc pas l'acquisition des outils nécessaires pour définir une stratégie : un séminaire stratégique,** lorsqu'il est étendu dans le temps – plusieurs jours par exemple **– peut faire l'objet, si l'animateur prend conscience de certaines carences des participants dans un domaine, d'une partie consacrée à la formation** ; il est de toute manière utile que les participants soient à peu près du même niveau de connaissances dans le domaine de la définition d'une stratégie. Cette partie consacrée à la formation peut faire l'objet de l'ouverture du séminaire.

▶ **Être au cœur de la formation par l'action.** Un séminaire stratégique est consacré à aider les participants – des élus ou des cadres de direction générale d'entreprise ou d'organisation, etc. – à mieux vivre un moment délicat, qui est un des sujets classiques des relations extérieures de toute équipe qui doit gérer, comme institution politique, ses rapports avec son environnement, au sens le plus large du terme. Car « relation avec le monde extérieur » peut aussi bien se traduire positivement par « lien » ou « pont », que négativement par « chaîne » ou « entrave »... **Les participants à une telle séance de « formation à l'action » doivent constituer une cible relativement cohérente, quant au niveau de responsabilité et au niveau potentiel d'intervention.**

Certaines organisations se lancent aujourd'hui dans la pratique du « séminaire stratégique permanent ». On l'a vu plus haut à titre d'exemple, si aujourd'hui la métropole lilloise atteint le niveau de dynamisme institutionnel qui est le sien, c'est grâce à une démarche de ce type, menée voici 15 ans, qui aura abouti à la création du Comité Grand Lille. Même cause et mêmes effets pour Entreprises et Cités, qui est devenue un cas unique en France, et probablement en Europe, d'un centre d'affaires de niveau régional et national, doublé d'un extraordinaire campus d'entrepreneurs, grâce à une démarche semblable, initiée voici 20 ans autour du concept de décloisonnement. Dans les deux exemples la procédure est identique : création d'un concept de communication, qui se jumelle en un second temps à un ou des outils d'animation, puis se « triple » enfin d'applications par l'action.

Adapter l'animation de la réunion à l'équipe

Comment exploiter le mélange des compétences entre des participants d'origines – professionnelle ou de métier – différentes mais complémentaires par rapport au sujet de la réunion ? Le même procédé sera utile si l'hétérogénéité des individus a une origine autre que le type de compétence : la motivation, la connaissance du sujet. Mais dans tous les cas cela ne fonctionnera bien que si l'équipe est nombreuse, condition pour lisser les différences et permettre de créer l'homogénéité.

▨ Exploiter le mélange des compétences

On reprendra le plan de l'animation standard décrit plus haut, mais en y apportant les adaptations ci-dessous.

Section de la réunion	Éléments constitutifs, matériaux de travail	Activités concrètes
Section 1. Spécialiser	La thèse	Les participants sont groupés par compétence : les informaticiens ensemble, les financiers ensemble, etc. Ces réunions peuvent se dérouler la première demi-journée ou la première journée ou la première heure, avec un objectif donné à chaque sous-groupe.
Section 2. Mélanger	L'antithèse	On reprend l'opération, cette fois en organisant des sous-groupes mélangés, avec à nouveau des objectifs clairs. Grâce à la partie précédente, chaque participant arrive avec l'ensemble des connaissances de ses collègues de même spécialité dans la tête. C'est ici le hasard des contacts qui va créer l'enrichissement, par la démultiplication des croisements de compétences.
Section 3 Croiser	La synthèse	Toute technique de croisement est la bienvenue : – une plénière avec vote pondéré sur les propositions des sous-groupes, spécialisés ou mélangés. – une table-ronde des rapporteurs de chaque sous-groupe mélangé.

Afficher la transparence sur l'animation

> « *Celui qui ne craint pas d'agir ne craint pas de parler.* »
> SOPHOCLE[1]

C'est une histoire de clarté et de crédibilité de l'animateur ; si ce dernier est serein sur sa capacité à animer, il n'y a aucune raison qu'il se prive de la juste transparence sur sa manière de travailler vis-à-vis des participants. Cette attitude présente plusieurs avantages :

- elle assure la clarté, ce qui permet de rayonner sur le ou les interlocuteurs ;
- elle permet, comme une source de lumière dans le noir, d'éclairer le discours ;
- elle exprime la précision de l'animateur, et derrière cette précision transparaît son exactitude et sa justesse, sa rigueur et son professionnalisme ; le tout garantit sa crédibilité ;
- elle rend l'animation lisible, donc intelligible : elle devient accessible aux participants.

CLÉ 14. Parler pour agir et faire agir : pratiquer la réunion.

© Éditions d'Organisation

1. Cité par le site internet « citationsdumonde.com ».

Conclusion

En guise de projection plus que de conclusion, la parole est au poète, en l'occurrence Emmanuel Looten, le poète dunkerquois (Bergues) qui tel un visionnaire a pu décrire voici un demi-siècle les évolutions que nous avons connues depuis et que nous sommes en train de vivre aujourd'hui. Sa vision ne s'applique-t-elle pas à tout, y compris à la communication orale ?

> « Notre art est devenu plein de ruines, de fantômes, de germes, de cris inarticulés, de dragons, voire de longs silences et de larves abstraites. Pourquoi ? Parce que le vieux monde vient d'éclater et que nous sommes pris dans des remous géants. Une préhistoire s'annonce, avec ses germes, ses cris, ses dragons, ses larves qui pullulent prophétiquement dans nos peintures, dans nos musiques et nos poèmes. Il n'est pas malaisé de constater que nous aussi taillons des silex et gravons des cavernes. Nous avons nos danses du feu... Tout est dans l'art d'aujourd'hui qui, à sa façon, se plaint ou se grise de la mort d'une civilisation et qui en prévoit une nouvelle. Tout est encore confus, mais l'artiste nouveau survient, les formes prendront vie. Sans doute, un rôle sacré attend-il les vrais poètes. Contre un conformisme possible – et ce ne sera pas le premier – il leur faudra relutter, c'est-à-dire chanter, révéler, repenser, dans un monde différent, l'éternel appel de la liberté. »[1]

1. Conférence « Univers-île du poème » faite au Louvre, le 8 novembre 1957, sous l'égide du Centre international d'études esthétiques ; publiée dans le livret *Delà mon impossible*, Barbez, Bergues, décembre 1958.

© Éditions d'Organisation

Notes bibliographiques

ADAMS, Scott, *Le principe de Dilbert*, First Editions, 1997.

AMALBERTI, René, *La conduite des systèmes à risques*, PUF, collection « Le travail humain », 2001.

ANDRÉ, Christophe, et LELORD, François, *L'estime de soi. S'aimer pour mieux vivre avec les autres*, Odile Jacob, 1998.

AUDEBERT-LASROCHAS, Patrick, *La Négociation*, Éditions d'Organisation, 1999.

AUDEBERT-LASROCHAS, Patrick, (sous la coordination de) *Les équipes intelligentes*, Éditions d'Organisation, 1999 ; notamment ENRÈGLE, Yves : « Comment construire une équipe ».

BICKERTON, Derek, *Language and Species*, University of Chicago Press, 1980.

BICKERTON, Derek, *Roots of language*, University of Chicago Press, 1981.

CHARON, Jacques, et JOACHIM, Frédéric, *Service patient, service gagnant*, Éditions CdP, 1995.

COLUCHE, *Et vous trouvez ça drôle ?* Le Cherche midi, 1998.

CYRULNIK, Boris, *Les vilains petits canards*, Odile Jacob, 2001.

DESSALLES, Jean-Louis, *Aux origines du langage. Une histoire naturelle de la parole*, Hermès Science Publications, 2000.

ETCHEGOYEN, Alain, *Vérité ou libertés*, Fayard.

GODET, Michel, *Manuel de prospective stratégique* ; t. 1 : *Une indiscipline intellectuelle* ; t. 2 : *L'art et la méthode*, Dunod.

GODET, Michel, « Anticlichés sur l'avenir : les illusions sur les emplois de demain », *Cahiers du LIPS*, n° 14, novembre 2001 (2 rue Conté, 75003 Paris).

HARRIS, Thomas et Amy, *Toujours gagnant*, InterÉditions, 1986.

LANGELLIER, Jean-Pierre, *Les héros de l'An Mil*, Le Seuil, 2000.

© Éditions d'Organisation

409

LASFARGUE, Yves, *Technomordus, technoexclus ? Vivre et travailler à l'ère numérique*, Éditions d'Organisation – Les Échos éditions, 2000.

LOUF, Dom André, *Seul l'amour suffisait* (commentaires des Évangiles), *La voie cistercienne. À l'école de l'amour, Au gré de sa grâce, La grâce peut davantage, Heureuse faiblesse*, chez Desclée de Brouwer, *Seigneur, apprends-nous à prier*, chez Lumen Vitae.

MULLIEZ, Gérard, présentation et commentaires dans *La Dynamique du client*, de WHITELEY, Richard, Éditions Maxima, 1994.

NOYÉ, Didier, *Réunionnite. Guide de survie*, Insep Éditions, 1989.

PETERS, Tom, *L'innovation un cercle vertueux. Ce n'est pas en se faisant tout petit qu'on deviendra grand*, Village mondial, 1998.

SALMON, Jean-Marc, *Un monde à grande vitesse : globalisation, mode d'emploi*, Le Seuil.

Sciences et Avenir, hors série 2000 : « La langue d'Homo Erectus » ; notamment BESNIER, Jean-Michel, « Parler pour ne rien dire » ; PAROT, Françoise, « La langue d'Homo Erectus » ; l'éditorial de MAYET, Laurent, « Le premier qui a parlé ».

SÉRIEYX, Hervé, *La nouvelle excellence*, Maxima – Laurent du Mesnil, 2000.

YANNE, Jean, *Pensées, répliques, textes et anecdotes*, Le Cherche midi, 1999.

Sélection bibliographique pour la partie « polyphonie » :

Polyphonie flamande :

BOSSUYT, Ignace, *De Guillaume Dufay à Roland de Lassus. Les très riches heures de la polyphonie franco-flamande*, Cerf Racine.

Polyphonie corse :

PÉRÈS, Marcel, (sous la direction de) *Le chant religieux corse. État, comparaisons, perspectives*, CERIMM – Fondation Royaumont, 1996.

GOFFRE, Annie, (sous la direction de) *Polyphonies corses. L'orgue et la voix*, L'Harmattan, 1997.

CATINCHI, Philippe-Jean, *Polyphonies corses*, Cité de la Musique – Actes Sud, 1999.

SALINI, Dominique, *Musiques traditionnelles de Corse*, A Messagera/Squadra di u Finnusellu, 1996.

Sélection discographique pour la partie « polyphonie » :

Polyphonie flamande :

De Vlaamse Polyfonie (coffret de 10 CD), Eufoda, Davidsfonds – Blijde Inkomststraat 79 – B 3000 Leuven.

VAN NEVEL, Paul, et Huelgas Ensemble, *Matthaeus Pipelaere : Missa « L'homme armé »*, Sony Classical SK 68258.

BAUWERAERTS, Jorunn, BROSENS, Annelies, et DELCROIX, Nathalie, *Laïs*, Alea WMB 21005, et *Dorothea*, Virgin 7243 8506572 9.

BOURBON, Maurice, *Intégrale des motets a cappella*, Bach, Arion ARN 68305, 1994 ; *Messe pour deux chœurs mixtes, Chants d'Ariel pour chœur a capella*, Frank Martin ; *Messe pour solistes et double chœur*, Ralph Vaughan-Williams, Studio SM D2868 SM 62, 2000.

Polyphonie corse :

TRIO SOLEDONNA, *Les Nouvelles Polyphonies Corses*, Philips 468 100-2.

MUVRINI, I., *A voce rivolta*, Mango IMCD 10 ; *Noi*, Columbia 474419 2 ; *Curagiu*, Columbia 480608 2 ; *A strada*, EMI 7243 5 25345 2 ; *Terre d'Oru*, avec Sting.

POLETTI, Jean-Paul, et le Chœur d'hommes de Sartène, *Fiori di Memoria*, B 6884 ; *Polyphonies corses – Jean-Paul Poletti*, Ethnic B 6841 ; *Polyphonies franciscaines – Jean-Paul Poletti*, Ethnic B 6855 ; *Missa Sulenna*, Jade 198 698-2.

FILETTA, A., *Intantu*, Virgin 7243 8121812 9.

Index des noms propres

© Éditions d'Organisation

Index des thèmes

Mise en pages PCA
Achevé d'imprimer : Jouve, Paris

Dépôt légal : avril 2003
N° d'éditeur : 2689
N° d'imprimeur :
Imprimé en France